台灣島史記

下

蔡正元 著

The Chronicle of Taiwan Island

典藏版

中華書局

總目錄

目　錄

第八篇

南京民國政府之島

（1945年-1949年）

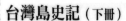

　　本書為彰顯國際法上的中國主權變遷情形，特別將中華民國這一個國家組織分成不同的歷史階段：1912年至1928年北京民國政府、1928年至1937年南京民國政府、1937年至1945年重慶民國政府、1945年至1949年南京民國政府、1950年至2017年台北民國政府。但作為一個國家級的政治組織，「中華民國」並不是在每一個歷史階段都擁有完整的中國領土主權。

　　中華民國作為一個國家組織建立始於1911年10月10日的辛亥革命，1912年1月1日宣佈建國，但直到2月12日大清帝國宣統皇帝頒布《退位詔書》，稱「皇帝將統治權公諸全國，定為共和立憲國體」及「由袁世凱以全權組織臨時共和政府與民軍協商統一辦法，總期人民安堵，海內乂安，仍合滿、漢、蒙、回、藏五族完全領土為一大中華民國」，中華民國才正式從大清帝國手中繼承中國主權。但中國此時並無台灣島及澎湖群島的領土主權，因為中國自1895年簽訂《馬關條約》即割讓台灣島和澎湖群島的領土主權給日本帝國，成為日本的殖民地。

　　一個國家組織可以直接或間接控制的土地，包括本土（Home Land）、殖民地（Colony）、屬地（Dependent Territory）、自治共和國（Autonomous Republic）、自治領（Dominion）、自由邦（Commonwealth）、聯繫邦（Associated State）、租界（Concessions or Settlement）、租借地（Leased Territory）、附屬國（Vassal State）、藩屬國（Tributary State）、保護國（Protectorate）、從屬國（Client State）、扈從政權或國家（Bandwagoning Regime or State）。但只有本土、殖民地、屬地、自治共和國、自治領、自由邦、聯繫邦在國際法上可以稱作該一國家的主權領土（Sovereign Territory）。其他的土地如租界、租借地、附屬國、藩屬國、保護國、從屬國、扈從政權或扈從國家只是國際政治上「勢力範圍」（Sphere of Influence）的現象，不具國際法「領土」（Territory）的意義。

　　日本對台灣島和澎湖群島的主權從1943年開羅會議後才開始流

失，1945年中國依《開羅宣言》、《波茨坦公告》、《日本昭和無條件投降詔書》和《日本降伏文書》等四份國際法文件，再度取得台灣島及澎湖群島的領土主權。1945年當時擁有中國主權的國家組織是首都在南京的中華民國，台灣島自此進入「南京民國政府」治理的時代。

　　1945年至1949年間，中華民國及南京民國政府在國際法上有權代表中國行使對台灣島的領土主權，是毫無疑義的，直到1949年12月7日宣布「遷移」至台北為止。1949年10月1日中華人民共和國成立，「中國」領土上產生新的「主權政府」，取「國號」(state title)為「中華人民共和國」。1971年10月25日中華人民共和國取得中國主權在聯合國的代表權，在1949年10月1日至1971年10月25日間，「中華民國」及「台北民國政府」是否有權代表中國行使對台灣島的領土主權，在國際法上的合法性雖然備受爭議，但在美蘇冷戰框架下，始終維持一定程度國際法上「殘存國家」（Rump State）的主權聲索（Sovereignty Claim）的合法性。1971年10月25日聯合國大會《第2758號決議案》通過後，而且沙烏地阿拉伯提案的「兩個中國、一中一台、人民自決」案被聯合國大會否決，美國提案的「雙重代表權」相關議案也被否決，中華民國的主權國家地位及台北民國政府的主權政府身份，在國際法上開始發生嚴重「主權消損」（Sovereignty Depletion）的危機。「中華民國」聲稱是「主權國家」的舊有地位在政治上更受到嚴厲挑戰，外有中華人民共和國的壓力，內有島內外台獨勢力的挑戰，可說前途多艱。1971年後實際統治台灣島的領導人蔣介石、蔣經國、李登輝、陳水扁、馬英九、蔡英文都仍然以「中華民國」的憲法名義進行統治，國際法的法律意義上卻是「代行」中國主權統治台灣島的「中國台灣當局」式的區域政權，而不具備「代表」中國主權的資格。

第一章
《開羅宣言》與台灣島主權

一、《開羅宣言》規定的領土主權

《開羅宣言》的內容對中國的領土主權有許多國際法及憲法上的重大意義，美、英、中、蘇等四個同盟國，對第二次世界大戰後日本佔領或持有的四類領土的處理方式達成共識，第一類是朝鮮半島，第二類是台灣島、澎湖群島、滿洲地區，第三類是太平洋島嶼，第四類是其他島嶼，說明如下：

1. 《開羅宣言》以《波茨坦公告》第8條規定的國際法條文出現，是第二次世界大戰期間，1942年1月1日《聯合國宣言》發布後，首度有「聯合國」名義出現的國際文件，並且是發布同盟國戰略及戰後有關日本、台灣島、東亞、太平洋島嶼等領土安排的唯一國際法文件。

2. 同意朝鮮半島獨立，中國及日本都放棄對朝鮮半島的領土宗主權。這是繼《馬關條約》之後，中國第二次放棄朝鮮半島宗主權的國際法文件。朝鮮不再是中國和日本的殖民地、附屬國或藩屬國，1910年日本與朝鮮簽訂的《合併條約》將因此無效。

3. 確認滿洲地區、台灣島、澎湖群島是日本人從「中國人」（The Chinese）所竊取之領土，這個「中國人之領土」包括清代中國人曾經所有之台灣島、澎湖群島及民國時期中國人曾經所有之滿洲地區（中國東北地區）。

4. 日本自中國人竊取的「所有領土」（all the territories）都應「復歸」（be resored to）給「中華民國」，意即不承認當時清皇室溥儀的滿洲帝國有收回中國人領土的權利，也不承認清皇室溥儀持有滿洲地區的主權。當時作為國家組織的中華民國持有《聯合國宣言》的中國主權的代表權，國際法上有權代表中

國主權接受這些領土的「復歸」。但中華民國這項中國代表權自1971年喪失聯合國的中國主權代表權後，中國的領土主權在國際法上已由另一個國家組織中華人民共和國繼受。

5. 《開羅宣言》只提及日本自1914年第一次世界大戰後取得的太平洋島嶼，其主權要被剝奪，但未提及太平洋島嶼的日本主權被剝奪後，其領土主權的歸屬應由誰承繼。《開羅宣言》僅對朝鮮、台灣、澎湖、滿洲的主權歸屬做出決定，其他太平洋島嶼在事後的發展，則是「誰的武力驅逐日本人，誰就有權處分這些土地」，最後由美國取得太平洋島嶼的處分或分配權利。

6. 日本以暴力和貪欲攫取的「其他領土」（all other territories），日本人都應被驅離。在開羅會議時，羅斯福與蔣介石有特別討論到「其他領土」包括琉球和香港，但未談到南海諸島。有關琉球問題，在開羅會議上，美國總統羅斯福不只一次詢問蔣介石，中國要不要取回琉球，蔣介石竟然回答「中國贊同琉球由中美聯合佔領，最後在國際組織信託下，由中美共管。」羅斯福總統也提到香港問題，蔣介石建議羅斯福在決定前先和英國當局討論。蔣介石對琉球和香港的態度，令人不解，《開羅宣言》文件也未做說明。

7. 由於蔣介石的疏忽，中國在開羅會議上未取得琉球群島的宗主權或領土主權，琉球群島被概括在「以暴力或貪欲攫取之所有其他領土」，其處理方式也僅限於以「驅離日本人」做出交代。但是1945年4月美國獨力佔領琉球群島後，取得琉球群島的管轄權，先後建立「琉球軍政府」和「琉球民政府」，經過一段時間，卻把琉球還給日本，還留下釣魚台的主權爭論，以及未來的東海紛爭問題。

8. 《開羅宣言》也僅以「以暴力或貪欲攫取之所有其他領土」來概括南海諸島嶼，未提這些島嶼的領土主權歸屬，這議題甚至未在開羅會議上討論過。南海諸島的主權未被具體列為「日本

人自中國人竊取的所有領土」，其歸屬在第二次世界大戰後陷入國際紛爭，可說其來有自。南海諸島嶼在日本人被驅離後留下的主權真空，就成為中國、越南、菲律賓爭奪的目標。

二、〈威爾遜和平原則〉

《開羅宣言》在1943年12月1日發布時，台灣島及澎湖群島仍然是處於1895年《馬關條約》的有效期間，實際上仍是日本的殖民地，具備國際法上殖民地的身份。

殖民地依據1918年〈威爾遜十四點和平原則〉的第5點〈殖民地調整原則〉，是有權行使自決權：

" A free, open-mind, and absolutely impartial adjustment of all colonial claims, based upon a strict observance of the principle that in determining all such questions of sovereignty the interests of the populations concerned must have equal weight with the equitable government whose title is to be determined. "

「一個自由的、開放心靈的、且絕對不偏倚的調整殖民地的聲索，於決定公平政府的名份，在決定所有這些主權問題時，基於嚴格地遵守有關人口的利益，必須有平等份量的原則。」

上述第5點〈殖民地調整原則〉是「調整殖民地的聲索」，被解釋為鼓勵殖民地民族自決，並於第二次世界大戰尚未結束的1941年8月14日羅斯福與邱吉爾聯合發表的《大西洋憲章》（Atlantic Charter），將〈威爾遜和平原則〉落實為其第3點：「尊重所有民族選擇他們願意生活於其下的政府形式之權利；希望看到曾經被武力剝奪其主權及自治權的民族，重新獲得主權與自治。」換言之，《大西洋憲章》〈第3點〉是國際法上「民族自決」或「殖民地自決」的法源。

　　1942年1月1日《聯合國宣言》（Declaration by United Nations）發布，將《大西洋憲章》列為《聯合國宣言》的「共同目標與原則」（a common program of purposes and principles）。《大西洋憲章》就從拘束美國和英國的國際法文件，升級為拘束所有聯合國會員國的國際法。

　　1943年12月1日發布的《開羅宣言》與《大西洋憲章》、《聯合國宣言》、《波茨坦公告》是第二次世界大戰期間最重要的四份國際法文件，共同建構第二次世界大戰後的國際秩序。

　　1945年6月26日《聯合國憲章》通過時，將《大西洋憲章》轉列為憲章的第1條第2款規定：「發展國際間以尊重人民平等權利及自決原則為根據之友好關係」的聯合國宗旨。1960年聯合國大會更以〈1514（XV）號決議案〉通過《給予殖民地國家和人民獨立宣言》，擴大詮釋《聯合國憲章》的「自決原則」。《宣言》第5條規定：「五、在託管領地和非自治領地以及還沒有取得獨立的一切其他領地內立即採取步驟，依照這些領地的人民自由地表示的意志和願望，不分種族、信仰或膚色，無條件地和無保留地將所有權力移交給他們，使他們能享受完全的獨立和自由。」

　　綜上所述，依據1918年〈威爾遜十四點和平原則〉及1941年《大西洋憲章》，「殖民地自決獨立」很快成為國際法通行原則，台灣島當時是日本殖民地，符合此國際法原則，使當時台灣獨立的主張有了國際法原則的依據。孫文於1925年和毛澤東於1935年分別依此〈威爾遜原則〉和國際法通行原則贊成台灣獨立，1928年台灣共產黨也是依此原則成立，且在共產國際指導下，率先主張建立「台灣共和國」。

　　但到了1941年12月7日（美國時間）日本突襲珍珠港事件後，日本殖民政府在台灣島積極推動皇民化，台灣人被馴化成日本天皇的忠誠屬民，台灣島的殖民地性質產生很大轉變。台灣人在1930年代後從未組織抗日政權或游擊隊，在1940年代反對日本侵略的國際鬥爭中，當時台灣人積極支持日本人侵略中國和東南亞，明顯不同於其他殖

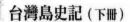

民地。台籍日本兵還涉入1944年至1945年間的「馬尼拉大屠殺」，台灣人出錢出力支持日本侵略，成為日本人忠實的戰爭共犯，戰後軍事法庭判決死刑的戰爭罪犯，台籍戰爭罪犯人數高居第二，僅次於日本人。「福爾摩沙警衛」（Formosa Guard）虐待戰俘的行徑，在國際上是一個僅次於納粹黑衫軍的惡魔。台灣人已失去第二次世界大戰後聲索自決獨立的政治正當性和法律可能性。

1943年《開羅宣言》確立台灣島和澎湖群島是「待復歸」的中國領土，1945年經《日本昭和投降詔書》和《日本降伏文書》確認生效，台灣島從此不再具備殖民地身份，1918年〈威爾遜的殖民地自決原則〉和1941年《大西洋憲章》第3點從此不再適用於台灣島。

依據1945年《聯合國憲章》及1960年聯合國決議《給予殖民地國家和人民獨立宣言》的法理論述，台灣島及澎湖群島作為日本自1895年後統治的殖民地，原本是有法理權利爭取獨立。但是1943年《開羅宣言》確認，台灣島、澎湖群島、滿洲是日本自中國人所竊取的領土，並應復歸當時的中華民國，即表示台灣島及澎湖自1943年12月1日起不被美、英、中、蘇視為「殖民地」，且明確地被認定為「被竊中國領土」，自然不具備殖民地自決獨立的權利，這是《開羅宣言》對中國很重大的領土安排。

「台灣人」也不是一個「民族」的個體，跟「香港人」、「九州人」一樣，不具備可區別的血統、歷史、語言、文化，也不符合1970年10月24日聯合國〈第2625號決議案〉通過的《關於各國依聯合國憲章建立友好關係及合作之國際法原則之宣言》，簡稱《國際法原則宣言》。該《宣言》揭櫫七大國際法原則的第五項是「各民族享有平等權利與自決權之原則」，「台灣人」只是「居民」，不是「民族」，不適用該《宣言》「平等權利與自決權」的相關規定。反而該《宣言》的第一項原則「各國在其國際關係上應避免為侵害任何國家領土完整或政治獨立之目的或以與聯合國宗旨不符之任何其他方式使用威脅或武力之原則」，會使其他國家無法使用「威脅或武力」推動台灣

島「民族自決權」的適用。

　　《開羅宣言》可說是目前「一個中國」原則的國際法源，且自1945年8月15日《開羅宣言》對日本生效起，台灣島、澎湖群島、滿洲在國際法上已確定是中國主權的領土。日本已依《波茨坦公告》「無條件投降」，中國是否與日本簽訂戰後和約，或戰後和約是否規定台灣島、澎湖群島、滿洲的主權歸屬，均不影響《波茨坦公告》的國際法效力。要變更《波茨坦公告》有關台灣島主權歸屬的法律效力，唯一途徑只有中國主權者自願或被迫放棄台灣島主權，否則沒有任何國家、國際組織、人民有權變更此一國際法上的法定效力。中國自1978年12月18日推行「對內改革、對外開放」的政策，國力迅速崛起，已不是中國清代晚期可以被美國或日本強迫放棄領土主權的時代。由《開羅宣言》產生而適用於台灣島主權的「一個中國」原則，目前尚無其他政治勢力或國際法程序能予以改變。

三、《開羅宣言》的爭議

　　1943年12月1日《開羅宣言》是以《新聞公報》的名義由美國白宮發布，其效力卻引起許多爭論。首先，沒有爭議的是《開羅宣言》所揭示的領土安排是美、英、中、蘇等四個國家的共識或意向，但《開羅宣言》有無國際法上的法律效力，或者何時產生法律效力，就成為各方爭論的問題。

　　第一，有人認為《開羅宣言》發布時只是《新聞公報》，美國白宮當時並未取名《開羅宣言》，所以世上從來沒有《開羅宣言》這份法律文件存在。《開羅宣言》在1943年發布時，的確是以《新聞公報》為名發布，甚至也不以《開羅公報》或《開羅宣言》的名義發布。不過1945年7月26日美、英、中發布及隨後蘇聯加入簽署之《波茨坦宣言（或公告）》第八條明訂：「《開羅宣言》之條件必將實施，

而日本之主權必將限於本州、北海道、九州、四國及吾人所決定其他小島之內。」1945年　《波茨坦公告》所說的《開羅宣言》就是1943年的那份《新聞公報》，就這一點相關國家從來沒有質疑過。換言之，1943年的《新聞公報》到了1945年，已經由《波茨坦宣言》正式訂名為《開羅宣言》，所以名稱不是問題。1945年7月28日，日本首相鈴木貫太郎（1868-1948）也聲明美、英、中的《波茨坦宣言》和《開羅宣言》的投降條件並無差異。因此，國際上各當事國已於1945年確認《開羅宣言》的存在。

第二，《開羅宣言》當時未經簽字，未經簽字的宣言是否有法律效力，時常受到爭議。《波茨坦宣言》有經四國領袖陸續簽字，《開羅宣言》已列入《波茨坦宣言》的第八條，已具有四國領袖簽字生效的法律效力。何況《開羅宣言》經美國白宮發佈時，審閱過《開羅宣言》的四國領袖，當時也從未持異議。《維也納國際條約法公約》第十一條規定「一國承受條約拘束之同意得以簽署、交換、構成條約之文書、批准、接受、贊同或加入、或任何其他同意之方式表示之」。《開羅宣言》之效力，只要發佈前經美、英、中、蘇同意，該四國即受《開羅宣言》之拘束。「簽署」不是唯一生效的要件，「贊同」及「任何其他同意之方式」也是生效要件。

第三，《開羅宣言》是否對日本產生效力的爭議。由於在1943年發布時，《開羅宣言》只對美、英、中、蘇四國發生國際法的拘束效力，日本是該宣言涉及的「當事國」，日本當時尚未同意接受《開羅宣言》的拘束，《開羅宣言》尚不對日本產生效力。但1945年8月15日，日本昭和發布《無條件投降詔書》的第二段宣示「朕使帝國政府，對美、英、中、蘇四國通告受諾其共同宣言旨。」《開羅宣言》有關領土的安排立即對日本產生拘束效力。尤其依據當時日本的《明治憲法》第四條規定：「天皇，為國之元首，總攬統治權，依本憲法條規行之。」亦即日本國的主權者是天皇，不是日本國民，亦非日本帝國議會。國際法「當事國」的《日本天皇詔書》通告接受《波茨坦

宣言》時，《開羅宣言》規定台灣島及澎湖群島應歸返中國的條件，立即對日本產生拘束效力。換言之，《開羅宣言》在1943年12月1日起，對美、英、中、蘇四國產生拘束效力；但至1945年8月15日起，才對日本產生拘束效力，且產生可執行的國際法效力。日本是將台灣島及澎湖群島歸還中國的當事人，台灣島及澎湖群島歸還中國的法律效力，自是從1945年8月15日日本昭和發布《無條件投降詔書》起才立即生效。日本對韓國、台灣島、澎湖群島、滿洲地區的殖民統治主權也自1945年8月15日起同時失效。

　　第四，儘管1945年9月2日外相重光葵代表日本天皇及政府，梅津美治郎代表日本軍部（大本營）簽署《投降書》（The Instrument of Surrender），又稱《日本降伏文書》，投降書第六段也宣示：「余等茲爲天皇、日本國政府及其繼續者，承約切實履行《波茨坦宣言》之條款。」還是有人從國際法的細節爭論，認爲只有「條約」才可以規定領土的移轉，《開羅宣言》和《波茨坦宣言》都不是「條約」，不構成台灣島及澎湖群島的領土主權從日本移轉回中國的效力。這些人認爲未經任何「條約或和約」明訂台灣島及澎湖歸還中國，「宣言」或「文書」不生領土主權移轉的國際法效力。重點是，國際法涉及領土主權的移轉，不一定要簽訂「條約」才算數，簽訂的文件也不一定要命名爲「條約」，甚至個別署名的「相互有關文書」，只要領土主權轉移內容的意思表達一致，國際法「條約」效力立即成立。這在編纂國際習慣法而成的《維也納國際條約法公約》寫得很清楚。該公約第二條明訂：「稱『條約』者，謂國家間所締結而以國際法爲準之國際書面協定，不論其載於一項單獨文書或兩項以上相互有關之文書內，亦不論其特定名稱爲何。」換言之，「不論名稱，相互有關文書」都可以構成國際法上的「條約」。歷史上荷蘭東印度公司代表荷蘭共和國將台灣島的領土主權移轉給代表大明帝國的國姓爺鄭成功，也是用兩份意旨相符的《聲明書》所構成，但仍史稱《鄭荷條約》即是一例。第二次世界大戰後德國呈遞《德國降伏文書》（German

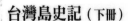

Instrument of Surrender）表示無條件投降，德國許多領土立即被移轉給波蘭、法國、蘇聯等國，既未經德國同意，也從無簽訂任何條約，這證實條約不是移轉領土主權的必要方法。

第五，有人認為只有《舊金山和約》有規定的項目才算數，《舊金山和約》只規定日本放棄台灣島和澎湖群島，並沒有提及台灣島和澎湖群島歸屬中國，因此中國就無權取得台灣島主權。有趣的事實是：蘇聯和中國並未簽署或同意《舊金山和約》，因此《舊金山和約》對蘇聯與中國不生效力。《舊金山和約》的簽約國除了美國外，也沒有任何其他簽約國像蘇聯與中國一樣和日本大規模交戰過，其他簽約國都是美國拉來助陣的「觀眾」或「扈從國家」（Bandwagoning State），不是正牌的「參戰國」。這份《舊金山和約》表面上是多國簽署的國際條約，但蘇聯、中國未簽署，充其量只是《美日和約》。所以《舊金山和約》對《開羅宣言》、《波茨坦公告》、《日皇無條件投降詔書》、《日本降伏文書》等國際法文件，都不生「修訂」效力，也不生取代作用。想以《舊金山和約》作為「台灣地位未定論」的法理基礎，毫無依據。日本昭和《投降詔書》及日本政府《降伏文書》所列投降對象都明確地僅指「美國（the United States）、英國（Great Britain）、中國（China）、蘇聯（Soviet Union）」等四個同盟國，日本與這四個國家以外者簽訂「和約」，沒有國際法上「宣戰、戰爭、停戰、投降、和解」的意義。日本人的投降條件未經這四個國家一致同意，也不會有修正的效力。

第六，有人按字面解釋《開羅宣言》，台灣島「應復歸中華民國」，不是「應復歸中國」或「應復歸中華人民共和國」。問題的關鍵是「中華民國」在1942年1月1日簽署《聯合國宣言》（Declaration by United Nations）是由宋子文以「中國」之名簽署，並非以「中華民國」的國號簽署。在1943年美國發布《開羅宣言》時的「中華民國」是代表中國主權的國家組織，其先決條件是「中華民國」作為一個國家級的政治組織必須擁有國際法上的中國領土主權，其政府是中國唯

一的合法政府。但如果「中華民國」喪失這些國際法上的先決條件，《開羅宣言》規定「台灣島應復歸中華民國」的主權權利，就由繼承中國主權的國家組織所繼承，這項法理殆無疑義。因為一個不擁有中國領土主權的「中華民國」，只是一個殘存國家（rump state）的政治組織，無法聲索《聯合國宣言》及《開羅宣言》所賦予的國際法權利，相關權利將被新的中國主權繼承者所繼承，這就是「主權權利」（Sovereignty Rights）隨「主權」（Sovereignty）而移轉的法理基礎。尤其日本昭和《投降詔書》和日本政府《日本降伏文書》都明確指名投降對象是「中國」（China），不是指名「中華民國」或任何其他國號的國家組織，意即唯有持有中國主權的國家組織才是日本投降條件的履行對象。就如同1991年蘇聯解體，除非俄羅斯聯邦自願放棄，原蘇聯所擁有國際法上的主權權利由俄羅斯聯邦繼承。1971年聯合國大會《第2758號決議案》剝奪台北民國政府以「中華民國」為名所擁有國際法上的中國主權權利，台北民國政府不再是主權政府，雖號稱「中華民國」，也不再是中國唯一的合法政府。1979年4月10日美國自行訂定的「台灣關係法」將台北民國政府定位為「在台灣的統治當局」（the governing authorities on Taiwan），既不是「主權國家」，也不是「主權政府」。2017年國際海洋法仲裁庭更裁定台北民國政府是「中國的台灣當局」，再度確認台北民國政府不是主權政府。

四、遣返日本人

1945年12月27日陳儀政府和安藤利吉合作，開始遣返在台日本人，總數約479,480人，包括「台灣軍」8萬人，加上「台灣軍」的軍屬和家屬共有16萬人。向美軍租借船隻，從1946年2月分批從基隆、高雄、花蓮遣送。全部遣送作業在3月20日完成後，才開始遣送辦理遣送作業的日本官員。另外因中日雙方共識繼續留用的日籍技術人員和教

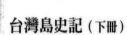

師、學者有7,174人，包括家屬合計27,600多人，暫時不予遣返日本。當時琉球人居留台灣島約有2萬人，但依當時中國法律，琉球人仍是中國的藩屬國人民，得以琉球籍繼續居留台灣島，不必遣返琉球。但1945年3月26日琉球戰役後，琉球宛若廢墟，琉球人急著回家重建，因此決定返回琉球者有10,325人，亦於12月19日全部遣返琉球。這段時間也有琉球籍日本兵1,000多人應陳儀政府要求，協助遣返日本人，也有琉球人利用漁船在台灣島、琉球群島、日本之間走私砂糖、稻米，偷渡通緝犯，謀取重利。爲了遣返期間保障日本人的安全，安藤利吉猛宣傳蔣介石的「以德報怨」政策，也收到效果，使許多日本人免於受到台灣人的報復攻擊。

五、中國接收台灣島主權

　　1945年8月15日日本昭和宣佈《投降詔書》無條件向第二次世界大戰美、英、中、蘇四個同盟國投降，8月29日蔣介石任命陳儀爲台灣省行政長官，9月1日南京民國政府宣佈成立「台灣省行政長官公署」及「台灣省警備總司令部」，任命陳儀兼任警備總司令。10月17日民國政府軍第七十軍由美國軍艦載運抵達基隆港，台北有市民夾道歡迎。10月25日在台北公會堂，即「中山堂」，舉行日本總督及第十方面軍的受降典禮，典禮中陳儀發出《盟軍第一號命令書》，或稱《一般命令第一號》（General Order No.1）給安藤利吉，內容是「本人與本人所指定的部隊及行政人員奉命執行台灣、澎湖島地區的日本軍及其補助部隊的投降手續，並接收台灣、澎湖島的領土、人民、統治權、軍政設施以及資產等」，這是辦理日本軍政人員投降及接收領土手續的命令，跟台灣島主權移轉回中國無關。因爲陳儀及安藤利吉的身份，甚至麥克阿瑟，都無資格涉及領土主權的轉移。台灣島的領土主權已於當年8月15日發生「移轉」，10月25日只是後續「點交」性質的「接

收」而已。陳儀自行訂定10月25日為「台灣光復節」是錯誤的行為，因為台灣、澎湖和滿洲的領土主權都已在8月15日「光復」了，南北韓都訂8月15日為「光復節」才是正確的做法。

　　1945年10月25日日本人在台灣島向中國投降時，繳交人員武器有：兵員18.3萬人，馬匹2.7千隻，步槍8.4萬支，重擲彈筒2.6千個、輕重機槍3.1千挺、野戰砲1,500門，要塞砲88門，舟艇190隻，艦艇14艘，飛機938架，戰車76輛。但是移交作業也有狀況百出的情形，竹中信子記載當年日本政府曾交付165公斤黃金磚塊（美國的資料是120公斤金幣）給安藤利吉，準備再轉交給侵略菲律賓的日本軍隊，作為購買米穀的資金。因美軍飛機阻絕，無法從屏東順利運至菲律賓，暫時存放在台灣銀行金庫內，卻被美軍中校艾文斯（William K. Evans）吞沒超過一半（美國的資料是60公斤金幣），還引起中日雙方的誤會。艾文斯在美軍的台籍翻譯員黃在榮及其弟黃在義的協助下，把黃金運往上海賣掉，得款美金10.6萬元，約當2021年幣值163萬美元，1945年11月26日艾文斯即申請退休。1946年2月2日陳儀發覺日軍移交的黃金

日本殖民政府在台北公會堂的投降儀式

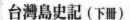

短少，發函要求美軍聯絡組調查，1947年5月17日艾文斯被美國聯邦調查局逮捕，當年陪審團對於艾文斯是否觸犯美國的貪污罪，無法達至共識，因為該筆黃金並非美國的財產。1948年4月23日美國聯邦檢察官只好撤告，停止訴訟。艾文斯變賣的金幣事後追回部分，陳儀共計收到118.5公斤金幣（美國的資料）。安藤利吉同時被陳儀任命為「台灣地區日本官兵善後聯絡部長」，配合進行各級政府移交，以及辦理遣返日軍、日僑等工作。當時日本人在台人數約有48萬人，被遣返46萬人，約有28,000名技術人員、教師及眷屬被允許繼續留在台灣島。

「中山堂」的日本台灣總督府及台灣軍受降典禮後，隨即舉行台灣光復宣達佈告，陳儀代表中國政府宣佈台灣島及澎湖群島的領土主權復歸中國，以及台灣省行政長官公署正式運作。陳儀代表中國政府宣佈：「從今天起，台灣及澎湖列島已正式重入中國版圖，所有一切土地、人民、政事皆已置於中華民國國民政府主權之下。」

受降典禮與宣告台灣光復的儀式是兩件事，陳儀宣告台灣島復歸中國時，是代表中國中央政府依據《開羅宣言》和《波茨坦公告》，有權單方面宣佈台灣島的領土主權復歸（be restored to）中國，這跟安藤利吉無關。受降典禮則是陳儀代表盟軍中國戰區接受安藤利吉所代表的台灣島日本軍政機關進行投降，這是同盟國軍隊與日本軍政機關之間的受降及投降儀式。但有些台獨人士如李筱峰之流，說當時典禮舞台上掛有其他同盟國的國旗，表示台灣島的領土主權是由日本移轉給同盟國，不是移轉給中國。這些差勁的台獨學者連同盟國的受降典禮和中國恢復台灣島的宣達佈告，是前後不同的兩件事，都分不清楚。同盟國的受降典禮當然會掛同盟國的各國國旗，恢復主權的宣達布告只要陳儀代表中國政府宣告即可，跟同盟國無關，也跟日本無關。台灣島原本是日本殖民地，所以中國可單方面根據《日本降伏文書》等文件宣布「台灣光復」。

1945年10月10日北京故宮太和殿前，掛著中、美、英、蘇四國國旗，由中國代表孫連仲（1893-1990）接受日本派遣軍華北司令官根本

博（1891-1966）投降，是同時代表四個同盟國受降，因此會場掛有四國國旗。但「同盟國」不是「國家」，沒有領土主權，投降典禮也沒有領土主權移轉的涵義。北京的日本投降典禮後也無「領土光復的佈達儀式」。「投降典禮」只是軍隊對軍隊的儀式，投降與受降雙方也都是派軍人出面。否則依這些台獨人士的解釋，北京的日本投降典禮掛有四國國旗，中國北京市和華北地區就成了移轉給同盟國的領土，豈不怪事一籮筐。中國戰區除了南京受降是整個日軍的投降儀式外，尚有15個分區受降儀式，由各地的日軍向當地的中國軍隊所代表的同盟國軍隊投降，北京、台北只是其中之二，其他如廣州、汕頭、長沙、南昌、杭州、上海、漢口、徐州、濟南、鄭州、偃城、太原、歸綏，甚至還有河內。

「光復」是源自《開羅宣言》的字眼" be restored to"，「終戰」是日本人遮掩「無條件投降」的用語。台灣島自1945年起都使用「台灣光復」，2000年陳水扁當政後，開始棄用「光復」，改用日本人的「終戰」，表示台獨人士在第二次世界大戰的立場，與日本人保持一致，都是無條件投降的戰敗者。台獨人士沒想到的是：戰敗者沒有領土主權的聲索權利。台獨人士的立場與日本人一致，反而使中國主權者採行武力解決台灣島問題，獲得歷史正當性。

陳儀宣布台灣省行政長官公署正式運作，陳儀政府立即成立，將台灣省分設八縣九市，縣市長由縣市參議會推選數人，再由行政長官陳儀挑選一人派任。縣市參議會的參議員選舉於1946年3、4月間舉行，七成由鄉鎮民代表會選出，三成由職業團體選出。參議員任期2年。這個行政體制在1947年5月，二二八事件後結束運作，改採委員會制的省政府，由官派省主席、省政府委員和民選的省議會共同運作。

這些歷史事實顯現從1945年到1949年，沒有任何主權國家就中國對台灣島的領土主權有所質疑，就如同1945年後至今，從未有任何主權國家對《開羅宣言》同時規定的中國東北地區（滿洲），就其主權歸屬於中國的原則提出異議。可見1949年後有關《開羅宣言》及台灣

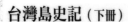
島主權的爭議是起源於國共內戰，導致隔海對峙，美國介入以及台灣島獨立勢力的興起，延伸出有政治需要的「虛假法理」問題。

六、麥克阿瑟的《第一號命令》

台獨份子常說1945年9月2日麥克阿瑟發佈的《一般命令第一號》（General Order No. 1），只授權中國軍事佔領台灣島，並無授權中國接收台灣島主權，當時代表中國的蔣介石政權趁軍事佔領台灣島之便，藉機「非法奪取」台灣島主權。這是台獨份子缺乏國際法常識，或刻意曲解《一般命令第一號》真實意義的謊言。

《一般命令第一號》是1945年8月15日日本昭和宣布依據《波茨坦公告》無條件投降後，美國參謀長聯席會議制訂的對日本發佈的投降命令。8月17日經美國總統杜魯門核准，授權盟軍太平洋戰區最高統帥（Supreme Commander for the Allied Power（SCAP））麥克阿瑟（1880-1964），在1945年9月2日交付給日本帝國政府和日本軍隊大本營，再由日本軍隊大本營轉發給各地的日本軍隊司令官，要求日軍各地指揮官依據《一般命令第一號》進行投降手續的軍事命令。

杜魯門事先徵得史達林及蔣介石同意《一般命令第一號》的內容，史達林曾要求日軍向蘇聯軍隊投降的地區，應包括中國遼東半島、庫頁島、千島群島、北海道；杜魯門沒有接受北海道部分，其他部分兩人達成共識，蔣介石則沒有特別意見。在四個同盟國協商時，蘇聯和英國曾提出比照德國分裂佔領案，由蘇聯佔領北海道和日本的東北地方，英國佔領九州和日本的中國地方，中國佔領四國島，美國則佔領關東、中部、近畿和琉球。如果「日本分裂佔領案」成真，日本也會步上朝鮮半島、越南和東西德的後塵，形成「北日」和「南日」的局面。

此外，蘇聯軍隊在朝鮮半島早已攻抵北緯38度線以南，史達林

也按《一般命令第一號》辦理，下令蘇聯軍隊撤回北緯38度線以北。38度線作爲美軍與蘇聯軍隊受降的分界線，源自1896年6月9日日俄簽訂《秘密議定書》，以38度線劃分兩國在朝鮮半島的勢力範圍，設立「避免衝突的中間地帶」。日本的軍事部署也以38度線爲界，38度線以北歸屬位於旅順的關東軍總司令部管轄，以南歸屬東京的「日軍大本營」的「第一總軍」司令部指揮。因此以北緯38度線爲界，接受日軍投降，符合外交及軍事情況。

中國可以接受北緯16度以北的「法屬印度支那」，指越南、老撾、柬埔寨，所有日本軍隊投降。北緯16度線是日軍部隊指揮系統的分界線，北緯16度以北的日本軍隊歸日軍「中國派遣軍」總司令部管轄，「中國派遣軍」的分支是「南支那方面軍」，再分支就是「印度支那派遣軍」。北緯16度線以南的日本軍隊歸日本「南方軍」總司令部指揮，因此以北緯16度線爲接受日軍投降的分界線，是軍事上的方便之舉。中國軍隊受降後不到半年，即於1946年2月28日與法國簽約，中國承認法國在越南、老撾、柬埔寨的領土主權，法國則放棄在中國的租界和不平等條約的權益，中國軍隊隨後於5月30日撤出，交由原先已投降日軍而被俘的法軍接管。

第二次世界大戰時，日本陸軍的編制有六個「總軍」層級的作戰體：中國派遣軍、關東軍、南方軍、第一總軍（東京）、第二總軍（廣島）、航空總軍（東京）。「總軍」之下設有「方面軍」，「方面軍」之下設有「軍」的編制，「軍」轄下再設立「師團」或「獨立旅團」，包括「獨立混成旅團」、「獨立步兵旅團」、「騎兵旅團」等。當時日本空軍不是獨立編制，而分屬於陸軍和海軍。第二總軍轄下有個師團知名度很高，叫「廣島師團」或「板垣師團」，參加過甲午戰爭、侵華戰爭、南京大屠殺，成員大多是廣島人。在廣島原子彈攻擊下，第二總軍司令本部幾乎被殲滅。

《一般命令第一號》只是軍事投降命令，跟領土主權的變動無關，台灣島、澎湖群島、滿洲的主權已經由《波茨坦公告》確定，即

使滿洲地區的日本軍隊，依《一般命令第一號》的規定，要向遠東蘇聯軍總司令官投降，而非向中國軍隊司令官投降，但不影響滿洲地區已依《波茨坦公告》復歸中國的國際法效果。蘇聯、美國、日本也從未否定滿洲是中國領土的法律依據，與滿洲同時規定在《波茨坦公告》內的台灣島及澎湖群島，當然也依相同國際法依據，主權同屬中國領土。麥克阿瑟在美國政府體系內，職階低於國務卿、國防部長、參謀會議主席，無權發布任何有關領土主權相關的命令，且其對口單位也只是日本外務大臣重光葵和日軍參謀總長梅津美治郎，連《一般命令第一號》也是美蘇兩國領袖敲定後，再由麥克阿瑟交給重光葵和梅津美治郎，麥克阿瑟並無權自行發布該命令。《一般命令第一號》與其說是麥克阿瑟的命令，不如說是同盟國的命令來得正確。

《一般命令第一號》全文只有12條，如下：

1. 日本帝國大本營遵奉日本天皇之指示，下令「所有日本軍隊」向盟軍最高統帥（麥克阿瑟元帥）投降。茲令所有日本國內外之司令官，使在其指揮之下之日本軍隊以及日本管制之軍隊，立刻停止戰鬥行為，放下武器，駐在其現時所在之地點，並向代表合眾國、中華民國、聯合王國暨不列顛帝國、蘇維埃社會主義共和國聯邦之司令官，如下列指定或如盟軍最高統帥所追加指定者，無條件投降。應立即連繫指定之司令官或其指定之代表，並接受盟軍最高統帥對於詳細規定的指示變更，各司令官及其代表之命令應馬上完全地執行。

   a. 在中國（滿洲除外）、台灣及北緯16度以北之法屬印度支那境內的日軍高階司令官及所有陸、海、空軍及輔助部隊應向蔣介石大元帥投降。蔣介石當時已是中國的國家元首，頭銜是「國民政府主席」，但在此的頭銜卻是位階較低的「軍事委員會委員長」，或歐美各國習慣稱呼的「大元帥」。

   b. 在滿洲、北緯38度以北之朝鮮半島部份及庫頁島境內之日軍

高階司令官及所有陸、海、空軍及輔助部隊應向遠東蘇聯軍總司令官投降。

c. 在安達曼群島、尼科巴群島、緬甸、泰國、北緯16度以南之法屬印度支那、馬來亞、婆羅洲、荷屬印度、新幾內亞、俾斯麥群島及所羅門群島境內之日軍高階司令官及所有陸、海、空軍及輔助部隊應向東南亞盟軍司令部最高統帥或澳大利亞軍隊之司令官投降，蒙巴頓與澳軍之確實劃分，由其自行商定後，再由盟軍最高統帥對於此節詳細規定。

d. 在日本委任統治各島、琉球群島、小笠原群島及其他太平洋島嶼之日軍高階司令官及所有陸、海、空軍及輔助部隊應向美國太平洋艦隊總司令投降。

e. 日本帝國大本營在日本主要島嶼、附近各小島、北緯38度以南之朝鮮半島及菲律賓之日軍高階司令官及所有陸、海、空軍及輔助部隊應向美國太平洋陸軍總司令投降。

f. 上述所指定之司令官為唯一被授權接受投降之同盟國代表，所有日本軍隊應只向彼等或其代表投降。

日本帝國大本營且命令其在日本及國外之各司令官，將日軍部隊及在日本策劃下之部隊，無論在何地點完全解除武器，並在同盟國司令官所指定之時間及地點，將所有武器及裝備完整與安全的繳出（在日本本土之日本警察，在另有命令以前，得免受此項解除武裝之規定。警察部隊各留崗位，並應負責維持法律與秩序。此類警察部隊之人數及武裝另行規定之）。

2. 日本帝國大本營應在收到此命令（若干日）內，以關於日本及日本控制下各地區之全部情報供給盟軍最高統帥，如下：

a. 關於一切陸上、空中及防空單位之明細表，說明此類官佐士兵之地點與人數。

b. 所有陸軍、海軍和民用飛機之數量、型式、位置及狀態的完整資料明細表。

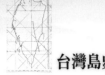

c. 日本及日本控制下之所有海軍艦艇明細表，如水上及潛艇和輔導海軍艦艇，無論其係服役中、非服役中或建造中，均須提出其位置、狀態和航行資料。

d. 日本及日本控制下總噸數超過一百噸之商船明細表（包括以往曾屬於同盟國，但現為日本權力範圍內者），無論其係服役中、非服役中或建造中，均須提出其位置、狀態和航行資料。

e. 現出所有地雷、水雷及其他對陸、海、空造成行動障礙之障礙物的位置與布局，以及與上述相關之安全通道的完整、詳細且附有地圖之資料。

f. 包含機場、水上飛機基地、防空設施、港口及海軍基地、油庫、常設與臨時的陸上及海岸防禦碉堡、要塞及其他設防區在內之所有軍事設施和建築之位置及說明。

g. 所有同盟國俘虜及被拘留平民之收容所或其他拘留場所的位置。

3. 在接獲進一步部署的通知之前，日軍及民間航空當局之一切日本陸、海軍及民用航空機，須確實停留於其所在之陸上、海上及艦上之定點。

4. 在接獲盟軍最高統帥指示之前，日本或日本控制下之所有型式的海軍艦艇或商船，須毫無損傷地加以保存且不得加以移動。至於航海中之船舶須立即放下武器使其無害，並將所有種類之爆炸物拋入海中，而非航海中之船舶則須立即將所有種類之爆炸物移至岸上安全貯藏處所。

5. 日本及日本控制下負有責任之軍事政府及民間政府，須確實執行下列事項：

a. 所有日本埋藏之地雷、水雷及其他對陸、海、空行動之障礙物，無論其位於任何地點，均須依盟軍最高統帥之指示予以去除。

b. 立即修復所有便於航海之設施。

c. 在前項實施完成之前，須開放且明白標示所有安全通路。

6. 日本及日本控制下負有責任之軍事政府及民間政府，在接獲盟軍最高統帥進一步指示之前，應將下列事物保持原狀且盡量維持良好狀態。

　　a. 所有種類之武器、彈藥、爆炸物、軍用裝備、貯藏品、軍需品、軍用器材，及一切軍用物資（除本命令第四項之特別規定外）。

　　b. 所有陸上、水上及空中運輸和通訊設施與設備。

　　c. 所有機場、水上飛機基地、防空設施、港口及海軍基地、油庫、常設與臨時的陸上及海岸防禦碉堡，要塞及其他設防區，包含所有這些防禦設施、軍事設施和建築之圖面。

　　d. 所有工廠、製造場所、工作場所、研究所、實驗所、試驗所、技術數據、專利、設計、圖面及發明，以用來設計或意圖製造、或促成生產，作為提供任何軍事機關或準軍事組織運作所使用的，或意圖使用的所有軍用器材與其他物資，及作為物業用途。

7. 日本帝國大本營於接獲本命令後，應毫無延遲就上面第6項a、b、d中指定之所有項目，將其關於各自數量、型式及位置之完整明細表，提供給盟軍最高統帥。

8. 所有兵器、彈藥及軍用器材之製造及分配應立即終止。

9. 關於日本或日本控制下之政權掌握之同盟國俘虜及被拘留平民：

　　a. 須嚴謹地維持所有同盟國俘虜及被拘留平民之安全及福祉，至盟軍最高統帥接替其責任為止，須提供包括充足的食物、住所、服裝及醫療在內之必要的管理及補給業務。

　　b. 應立即將同盟國俘虜及被拘留平民所在之收容所及其他拘留所之設備、貯藏品、記錄、武器及彈藥，移交予俘虜及被拘

留平民裡面的高階軍官或指定之代表，並置於其指揮之下。

 c. 依盟軍最高統帥所指示之地點，將俘虜及被拘留平民運送至同盟國當局能交接之安全處所。

 d. 日本帝國大本營於接獲本命令之後，應毫無延遲地將所有同盟國俘虜及被拘留平民所在地點之明細表，提供給盟軍最高統帥。

10.所有日本及日本控制下之軍事政府及民間政府，應協助同盟國軍隊佔領日本及日本控制地域。

11.日本帝國大本營及日本軍官應做成準備，在同盟國佔領軍司令官有所指示之際，收集且移交一般日本國民所有之一切武器。

12.日本及日本控制下之軍部、行政官員及無官職人員，應嚴格且迅速服從本命令及爾後盟軍最高統帥或其他同盟國軍事當局所發出之一切指示，若有遲延或不遵守本命令和爾後任何命令之規定者，以及被盟軍最高統帥認定爲係對同盟國有害之行爲時，同盟國軍事當局及日本政府將立即加以嚴懲。

第二章
蔣介石

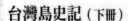

　　蔣介石（1887-1975）是浙江寧波人，1910年日本東京振武學校畢業，是日本陸軍參謀部專爲中國留學生開辦的軍校預科，只有高中一年級的程度，不是正式的軍校，振武學校的現址是東京女子醫科大學。1910年後蔣介石跟著陳其美搞革命，曾赴廣州擔任陳炯明的軍事參謀，事業起起伏伏，並不得志。1924年蔣介石任中國國民黨黃埔軍校校長，事業開始起飛。1925年7月1日「國民政府」在廣東成立，到1928年6月3日北京民國政府（北洋政府）瓦解以前，北京民國政府是合法的中國主權政府，「國民政府」只是中國國民黨在廣東的「軍政府」，是中國南方的革命政權，不具備國際法上的中國主權代表權。

　　蔣介石在1926年6月5日就任「國民政府」的「國民革命軍總司令」，因爲「武漢國民政府」與「南京國民政府」合併，蔣介石於1927年8月14日辭職，稱爲第一次「下野」。1928年1月9日再度就任「國民革命軍總司令」，6月3日「國民政府」成爲「南京民國政府」取得中國主權政府的法律地位。10月10日任「國民政府」主席，成爲中國的國家元首。1931年12月15日因九一八瀋陽事件，蔣介石同意張學良不抵抗日軍，遭咎責而辭職，稱爲第二次「下野」。1932年3月6日至1946年5月30日任國民政府軍事委員會委員長，1938年4月1日任中國國民黨總裁，1943年8月1日至1948年5月20日再任國民政府主席。

　　1945年中國對日抗戰勝利，日本投降，蔣介石8月15日宣布對日本「以德報怨」，不向日本索賠。對照1895年中日甲午戰爭，中國戰敗，日本首相伊藤博文向中國索賠4億銀兩，蔣介石顯然傷害中國人民的情感。用台灣省議員郭國基的批評：「蔣介石在慷他人血海深仇之慨」。

　　1945年10月25日中國光復台灣島的領土主權，11月9日台灣島爆發嚴重通貨膨脹。1946年10月蔣介石首次飛抵台灣島，慶祝台灣光復週年，他當時一定沒想到他的晚年會在台灣島度過。1947年2月28日台灣島爆發二二八事件，蔣介石於3月8日派兵赴台灣島鎮壓武裝奪取各縣市政權的台灣島民兵。7月4日蔣介石下達《剿共戡亂令》正式發動

大型國共內戰。蔣介石1948年5月20日出任中華民國總統，稱「民國總統」，8月19日發行金圓券，強制兌收民間黃金外匯，結果9月30日金圓券就信用破產，軍心民心就此潰散。9月至11月國共遼瀋戰役，國民黨軍隊失敗。11月至隔年1月徐蚌會戰、平津戰役，國民黨軍隊又失敗。1949年1月10日蔣介石下令將南京中央銀行的黃金外匯移至台北。1月21日國共內戰，國民黨軍隊大敗，蔣介石負起政治責任，宣布「因故不能視事」，「暫不行使總統職權」，由副總統李宗仁代行總統職權，稱為「引退」或第三次「下野」。蔣介石仍保有「總統」職銜，但無「總統」職權。李宗仁無「總統」職銜，卻有「總統」職權，只能稱「代總統」。

4月21日中國共產黨軍隊渡過長江，23日攻入中華民國首都南京。5月20日台灣省政府主席陳誠宣佈台灣省戒嚴，5月25日蔣介石自澎湖飛抵高雄，落腳壽山，6月24日抵達台北，入住陽明山。8月3日蔣介石再飛回中國大陸，10月飛返台北。11月14日再飛回大陸，12月7日指示流亡至廣州的國民政府行政院通過決議「遷都台北」，揭開「台北民國政府」的時代。12月10日蔣介石飛返台北，此後終生未再返回中國大陸。

1950年3月1日蔣介石在台北宣布「復行視事」，恢復行使「民國總統」的職權，4月5日釋放二二八事件人犯。1953年1月26日實施「耕者有其田」的土地改革政策，1969年9月16日蔣介石在陽明山發生車禍，身體自此衰弱。1971年10月25日「台北民國政府」被聯合國大會〈第2758號決議案〉，剝奪中國主權的代表權，蔣介石宣示「莊敬自強，處變不驚」。1975年4月5日蔣介石去世，年88歲。蔣介石一生原本有機會成為現代趙匡胤，最後差點落到吳王夫差的境地，殊是可惜。

中華民國從1912年創立至1949年，都是擁有中國主權的國家組織，蔣介石自1928年起就是中華民國的實質最高領導人，縱使1949年辭職，1950年蔣介石在台灣島「復行視事」成立「台北民國政府」，

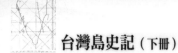
並繼續以「中華民國」的名義持有聯合國的中國代表權，直到1971年由中華人民共和國取代為止。此後「中華民國」的國際法地位只是一個政權，不再是一個主權國家。但是沒有蔣介石，中華民國的歷史實在無法著墨。

一、《國籍回復令》

1942年1月1日中華民國政府及重慶的蔣介石政權是被認定有權代表中國主權簽署《聯合國宣言》（Declaration by United Nations）的政府及政權，1943年12月1日美國總統羅斯福經邱吉爾、蔣介石、史達林同意後發表《開羅宣言》，台灣島被認定是日本人從中國人手中盜取的領土，應該返還當時代表中國主權的中華民國，即確立中華民國及蔣介石政權對台灣島的合法統治權，至少在1971年中華人民共和國取代中華民國的聯合國中國代表權以前，在國際法上，台灣島主權毫無疑義屬於中國，亦即屬於當時擁有國際法上中國主權的國家組織「中華民國」。

1945年10月25日中華民國政府根據《波茨坦公告》，代表中國恢復對台灣島行使領土主權，1946年1月12日宣佈《台灣同胞國籍回復令》，台灣人自1945年10月25日起，恢復中華民國國籍。1946年2月26日頒布《台灣人財產處理原則》，台灣人的財產和中國人一樣受到中華民國法令的保障，與在台灣島的日本人可能被沒收的財產有所不同。換言之，台灣人以「台灣同胞」的身份，取得中國人的身份，原本是日本殖民地屬民的台灣人，由戰敗國的屬民變成戰勝國的人民。原本支持或參與日本侵略中國和東南亞戰爭的台灣人，也免除戰爭共犯的刑事責任。在日本殖民時代棄祖背宗、更名改姓做日本皇民的台灣人，也免除被指控為漢奸的政治處罰，這與南韓國、北朝鮮的狀況有所不同。

　　依法律地位的設定順序，台灣島、澎湖群島、滿洲的領土主權自
1945年8月15日起復歸中國，1945年10月25日起，台灣人恢復中國人
的身份和國籍，台灣人的財產恢復爲中國人的財產，與日本人的財產
作出區隔，不受日本人的財產沒收法令的影響。1945年10月25日以前
參與日本人侵略行爲的台灣人免除漢奸或戰犯的刑事責任。《台灣同
胞國籍回復令》可說是中國收回台灣島和澎湖群島領土主權的善後條
款。但是《台灣同胞國籍回復令》是否適用1945年10月25日以後尙居
留於日本的台灣人有一段時間成了中國政府、日本政府、美國佔領日
本軍事總部等三者之間的棘手問題。

二、陳儀政府

　　1945年10月25日陳儀以「台灣省行政長官」的身份，在台北代表
同盟國接受日本台灣總督及台灣軍（第十方面軍）司令官安藤利吉
投降，同時宣布台灣島及澎湖群島復歸中國版圖，但是日本政府直到
1946年5月31日才宣布撤銷台灣總督府的編制，因爲台灣銀行直到1946
年5月18日才移交給陳儀政府，日本人的遣返工作到5月25日才結束。
「行政長官公署」接替日本的「台灣總督府」成爲陳儀政府的政治招
牌。「台灣省行政長官」陳儀集軍權、行政、立法、司法、情治、警
備大權於一身，陳儀政府完全取代安藤利吉日本總督府的角色。陳儀
政府不受南京民國政府行政院的約束，也不受國民黨中央黨部的節
制，這個特殊的政府體制完全像一個只受蔣介石個人統轄的獨立自治
的軍事政權。陳儀於1945年11月設立「台灣省接收委員會」，12月接
收日本台灣總督府的財產，1946年1月設立「日產處理委員會」，接收
處理日本人的私人財產。1947年2月止，除土地外，陳儀政府接收日本
公務財產的帳面價值有29.38億元台幣，接收日本企業資產71.63億元，
日本私人財產8.88億元，合計台幣110億元。

陳儀受日本的軍事教育，相信統制經濟，卻又無經濟管理的經驗與才能。陳儀在擔任福建省主席時，曾被華僑領袖陳嘉庚公開指控腐敗無能，親日色彩濃厚，勾結日本，損害中國利益。陳儀卻受到蔣介石的寵信，重用陳儀顯示蔣介石用人能力大有問題。陳儀設立「台灣貿易局」，管制進出口貿易，卻貪污橫行，搞得台灣島都會地區民生凋蔽，通膨失控；又實施專賣制度，控制菸草、酒類、食鹽、火柴、樟腦，幾乎是倒行逆施，搞得民怨幾乎像快爆發的火山。蔣介石任命陳儀，原以為日語流利又娶日本女人為妻的陳儀，可以與被日本殖民統治50年的台灣人溝通，蔣介石沒想到陳儀的剛愎無能出乎所有人意料之外，是一項失敗的用人紀錄。一個權力太大，卻又愚蠢的人，必定是時代的悲劇，陳儀就是一例。

　　陳儀思想落後，水平低落的程度，到了不可思議的地步，陳儀卻自以為是進步的思想，例如：第一，陳儀打算把日本人留下來的公私有土地分配給農民，卻光說不練，反而規劃要農民組織「合作農場」。第二，陳儀認為只要二分之一以上的農民參加「農業合作社」，就可以增加農民的收入。第三，陳儀認為要多給農民教育和娛樂的機會，就可以減少疾病的痛苦。第四，陳儀認為要管制農產品價格，卻無視於肥料價格飆漲對農民的傷害。第五，陳儀認為工廠辦好「職工福利社」就可以改善工人生活。

　　陳儀滿腦子「合作社經濟」和「管制經濟」，把以外貿為主體的台灣島經濟搞到窒息，導致民怨沖天。更糟糕的是，思想這麼落伍的官員在南京民國政府內還不少，這是蔣介石政權瓦解和「中華民國」敗亡的重要原因之一。

三、台灣光復與終戰

　　1945年中國取回台灣島的領土主權，史稱「台灣光復」。台獨份

子以台獨化、本土化、去中國化為理論，否定「台灣光復」的意義。台灣光復其實明文寫在《開羅宣言》這份國際法文件上：「日本自中國人竊取之所有領土都應復歸中華民國。」「復歸」的英文用"be restored to"，翻譯成「光復」並無不可。所以「台灣光復」是國際法上的歷史事實，無關統獨，也與本土化或去中國化無關。當時適用《開羅宣言》的〈復歸條款〉的領土還有滿洲地區及澎湖群島。有趣的是，日語裡「投降」（Koufuku）的發音和「光復」完全相同，但意思卻完全相反。

　　但企圖建立台獨理論的歷史學者卻很積極的擬想《開羅宣言》無效論，否定「台灣光復」的歷史事實，歪曲歷史事實去論述所謂的「台灣主體性」，主張配合日本人的說法，把「台灣光復」扭曲成「終戰非法接收」，益增皇民台獨的特色。現列舉台獨理論的說法如下：

　　第一，有人認為依國際法「慣例」，只有「條約」才能表述領土主權的轉移，像《馬關條約》一樣，單憑《開羅宣言》不足以表述台灣島主權可以從日本轉移至中國。這種說法是對國際法的無知，因為「條約」從來就不是領土主權轉移的唯一國際法文件，領土主權移轉的國際法文件也不一定取名「條約」，只要領土轉移雙方有足以表述轉移合意的文件即可，交互換文或交互聲明均可，況且不是所有符合「條約」要件的國際法文件，都會以「條約」命名。第二次世界大戰後，德國的領土立即大量喪失，僅憑1945年8月2日美國、英國、蘇聯三國舉行波茨坦會議會後的《波茨坦議定書》（Potsdam Protocol），又稱《波茨坦協定》（Potsdam Agreement），就決定德國應該喪失奧得河與尼斯河（Oder-Neisse）以東的領土、西普魯士和東普魯士、亞薩斯和洛林等等大塊領土，而且沒有德國任何代表簽訂任何條約，就把土地割給波蘭、蘇聯、法國、比利時、拉脫維亞、捷克等國。德國與日本同為無條件投降國家相較之下，《開羅宣言》、《波茨坦公告》、《日皇投降詔書》、《日本降伏文書》等四份國際法文件，即

已確定台灣島及澎湖群島的主權自1945年8月15日起歸屬中國，並由當時具有中國主權代表權的中華民國收受。這四份文件即可使台灣島的領土主權移轉給中國發生效力，且在1943年《開羅宣言》發布時，對美國、英國、中國、蘇聯產生拘束力。1945年日本昭和發布《無條件投降詔書》時，對日本生效，並無國際法上的疑慮，不須再由其他「條約」補充。《開羅宣言》規定的領土轉移不只是台灣島、澎湖群島而已，中國東北地方的「滿洲」亦在其中，滿洲已按《開羅宣言》的規定歸還給中國，同一條文規定的台灣島、澎湖群島歸還中國的法律效力，當然沒有不同。「滿洲」的領土主權已於同時間「復歸」中國，台灣島和澎湖群島絕對沒有例外的法律空間。台灣島有些國際法知識非常不足的台灣史學者如薛化元就是一例。

第二，有人認爲1951年9月《舊金山和約》，只規定日本放棄台灣島與澎湖群島，並未言明讓與中國，1952年4月28日台北民國政府與日本簽訂和約也是如此，所以推論中華民國無權統治台灣島。台灣島的法律地位就處於「未定狀態」，這是「台灣地位未定論」的論據。這種說法的謬誤在於無視日本是「無條件投降」的國際法事實，無條件投降的敗戰國，無權決定被剝奪的領土或其他權利應該轉移何人，這只有戰勝國才有權決定。與無條件投降之戰敗國的日本簽訂和約，不需要日本的同意去決定這些領土主權如何移轉。中華民國作爲一個國家組織，是否擁有台灣島的領土主權，要看中華民國是否足以代表中國行使主權，而不是看日本人的意思。何況《舊金山和約》只是解除第二次世界大戰同盟國對日本佔領狀態的和約，而且蘇聯和中國作爲《波茨坦公告》的兩大簽約國，也是日本投降對象四個同盟國中的兩個國家，並未簽署《舊金山和約》，不受《舊金山和約》的拘束。未經中國和蘇聯同意，《舊金山和約》無權否定或修改《開羅宣言》、《波茨坦公告》、《日皇投降詔書》、《日本降伏文書》所建立的國際法領土秩序。何況日本在《日皇投降詔書》及《日本降伏文書》上都明白記載，日本只對「美國、英國、中國、蘇聯」這四

個國家投降，並沒有對其他國家投降，美國在舊金山找一堆扈從國家（Bandwagoning States）參與「和會」，簽署「和約」，中國和蘇聯沒有簽署，就沒有國際法上的實質意義，對中國和蘇聯不具拘束力，不影響中國在《波茨坦公告》已取得的權益。有些台灣歷史學者缺乏國際法訓練，對《舊金山和約》做出錯誤解讀，張炎憲就是一例。至於所謂「中國主權代表權」是指從大清帝國繼承而來的國際法及憲法上中國主權的權利和義務。「中國」不是憲法上的國號，卻早在1689年9月7日以拉丁文和滿文簽訂《尼布楚條約》（Treaty of Nerchinsk）時，大清帝國以「中國」之名劃分中俄疆界，確立「中國」一詞是具有國際法人格的國家主權載體，當時台灣島是中國主權領土的一部分。

第三，有人認為日本是對同盟國投降，不是單獨對中國投降，受降的中國主官都是根據盟軍最高統帥麥克阿瑟發佈的《一般命令第一號》的授權，代表盟軍受降，受降典禮都懸掛各同盟國旗幟，而非單獨懸掛中國旗幟。中國軍隊佔領台灣島，是中華民國的軍事佔領，不是合法的領土主權移轉。這又是對國際法無知的說法，領土主權移轉和軍事將領無關，麥克阿瑟只是軍事將領，不是國家元首或內閣總理，無權發佈命令移轉領土主權，各地投降儀式上的雙方將領，只能代表軍隊或機關人員行使投降手續，無權行使領土主權移轉的表述。麥克阿瑟在1945年9月2日交付給重光葵和梅津美治郎的《一般命令第一號》只是以同盟國太平洋戰區統帥的身份，代表杜魯門、史達林、艾德禮和蔣介石對日本軍隊和政府下令，不是對日本國或日本天皇，更不是對中國。1945年10月25日在台北舉行的台灣光復儀式，先舉行日本軍隊的投降儀式，日本的台灣殖民總督及第十方面軍司令官安藤利吉同時代表日本在台灣島的殖民政府和第十方面軍，向代表中國及同盟國的台灣省行政長官及警備總司令陳儀投降，這是戰敗國文武官員的投降儀式，所以現場有各同盟國國旗的佈置，與台灣島的領土主權移轉無關。投降儀式結束後，陳儀代表中國政府宣布光復台灣島和澎湖群島的布達儀式，這是主權移轉後的光復儀式，也非主權移轉

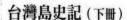

本身。只有《開羅宣言》等四份文件，是經過國家元首或政府首長同意的文件，才足以表述領土主權的移轉行為。台獨歷史學者如李筱峰等人就是對第二次世界大戰後的國際法秩序的安排不了解，才不知道《一般命令第一號》是杜魯門草擬，經史達林、艾德禮、蔣介石同意後，才交給麥克阿瑟的軍事文件，與法律上領土主權的移轉事項無關。

第四，有人說美國、英國或其它第二次世界大戰參戰國，都曾有人發言否定《開羅宣言》的效力，例如邱吉爾、杜魯門，甚至蔣介石等人，這項否認如果發生在日本天皇發佈詔書表示接受宣言之前，是可以產生《開羅宣言》及《波茨坦公告》效力中斷的問題。可是這些發言卻都發生在《開羅宣言》經過《日皇投降詔書》接受而生效之後，除非美、中、英、蘇、日五國同時合意，才可能再度更改《開羅宣言》等四大文件的國際法既定效力，單憑局部當事人變更立場的發言，無礙中國已擁有台灣島領土主權的法律效果。至於位階更低的各國官員發言否定《開羅宣言》的效力，更沒有國際法的意義。1950年1月5日美國總統杜魯門在白宮親自發表《福爾摩沙聲明》（Statement on Formosa）就明白肯定《開羅宣言》對美國的拘束力，儘管事後美國基於冷戰的需要，發表《韓國情勢聲明》，嘗試否定《開羅宣言》，但一來違反國際法的〈禁止反言原則〉，二來也只能拐彎抹角試圖曲解，卻從未成功過，也從未形成國際法的共識。這些都是台獨份子拿無知來做門面的說詞，無法動搖「一個中國原則」已成的國際共識和國際法定事實。

台灣島的領土主權要宣稱不屬於中國，只有兩條路可走：第一，台灣人能說服中國主權政府放棄「一個中國原則」，改採兩個分裂德國或韓國的模式，容許台灣島獨立，使台灣人分裂建國，取得台灣島主權；第二，台灣人片面宣布獨立，像1776年7月2日美洲大陸會議宣布美洲13個殖民地脫離英國獨立，並展開獨立戰爭；或像1861年2月9日美國南方有七個州宣布脫離美國聯邦，另組獨立的美利堅邦聯

（Confederate States of America），引爆美國南北戰爭。所以台灣島片面獨立就必須面臨與中國主權的戰爭衝突。其實歷史上每次台灣島主權變更都是通過戰爭完成的，要有例外不太可能。台獨勢力若戰爭獲勝，可如同1776年美國獨立。台獨若戰爭失敗，結果可能比1861年想獨立的美國南方各州更淒慘。

總而言之，根據《開羅宣言》等四份文件，台灣島及澎湖群島目前的領土主權屬於中國，毫無疑義。有疑問的是「中華民國台北政府」或「中華人民共和國政府」有權代表中國行使這份領土主權。在1945年至1949年當然毫無疑問的，「中華民國南京政府」有權代表中國行使台灣島主權。在1950年至1971年就開始產生爭議，因為「中華人民共和國政府」取得中國絕大部分的領土主權和統治權，「中華民國台北政府」只剩下台灣島等島嶼的統治權，雖宣稱擁有全中國主權，而且也擁有聯合國的中國主權代表權，但「主權消損」（Soverignty Depletion）危機已相當嚴重。1971年後聯合國的中國代表權由「中華人民共和國政府」取得。台灣島主權的行使實際上雖然仍持續掌控在「中華民國台北政府」手上，但「中華民國台北政府」已成為1979年美國《台灣關係法》上的「在台灣的統治當局」，或2016年南海仲裁案裁定書上的「中國的台灣當局」，在國際法上都不具「國家」資格，只是一種「政權」、「自治政府」或「地區性政府」。《開羅宣言》是發佈在《聯合國宣言》之後的國際法文件，也是聯合國正式成立前的國際法文件，且《宣言》上明文寫上「聯合國」，所以國家組織被聯合國承認勇有中國領土主權代表權，是持有台灣島做為主權領土很重要的依據之一。

至於「台灣人」有沒有台灣島的主權，是憲法和國際法問題，要從幾個角度去理解：

第一，領土主權只屬於國家，不屬於居民或民族，除非「台灣人」被承認有權「獨立建國」，並以「國家」身份取得台灣島的領土主權，否則「台灣人」只是台灣島的居民，並非可以擁有領土主權的

法律實體。

第二，如果台灣人仍是準日本人或日本天皇的臣民，絕無法律基礎持有台灣島主權，這種法律狀態的台灣人仍是敗戰且無條件投降之「臣民」，沒有任何聲索領土主權的權利。

第三，如果台灣人是中國人，這時的台灣人是以中國人的身份，參與行使台灣島的領土主權。行使的程序則依據中國的憲法秩序，有疑義的只是依據《中華民國憲法》、《中華人民共和國憲法》或其他憲法秩序而已。

第四，如果台灣人要以「台灣共和國」的身份行使台灣島的主權，認爲「台灣前途由台灣人決定」，並無國際法基礎，除非經由戰爭或其他手段，使中國放棄台灣島主權，改變《開羅宣言》賦予中國對台灣島的領土主權，否則「台灣人」仍如同《馬關條約》的「留島不留人」的條款規定，無台灣島主權。

自陳水扁當政後，台灣島各級政府放棄紀念「台灣光復」，改以「終戰」爲名遮蓋，意圖表現台灣人的「本土立場」，其實這反而凸顯台灣人曾是日本戰敗國臣民的身份，更無權行使台灣島主權。「台灣人」的國際法身份，是經由「台灣光復」所具有的法律程序，才轉換爲戰勝國人民，而有權參與行使台灣島主權。陳水扁這種「去中國化」的分離主義行徑，只會回復到戰敗國臣民的身份，反而喪失台灣島主權的行使權利，失去與中國主權者談判的立基點，或產生與中國爭奪台灣島領土主權的武力衝突。

四、台灣人祖國情懷的瓦解

台灣人在日本殖民統治時代，因仍具中國民族主義情結，存有「祖國情懷」。林獻堂（1881-1956）在「祖國事件」時，遭日本人攻擊，還不改其志，寫下詩句「祖國我欲乘風歸」，就是最好的例子。

　　日本無條件投降後，大部分台灣人突然發覺自己由戰敗國屬民，翻身為戰勝國國民，熱烈迎接「祖國政府」，各地籌組「歡迎國民政府籌備會」，教唱國歌，興建牌樓，訂做國旗，張燈結綵。作家吳濁流（1900-1976）在《台灣連翹》書中，描述歡迎首批抵台的政府軍熱烈的情況：

　　「10月17日，從祖國來了第七十軍的三千人，與長官公署的官員一起在台灣登陸，這一天的歡迎情形，真是不得了，台北市不用說，遠從台中、台南、高雄等地趕來的也不少。軍隊所經過的道路兩旁，砌成了人牆，其中有些日本人乖乖的並排著，使我覺得異乎尋常。學生、青年團員，還有樂隊，連謝將軍和范將軍也被抬了出來，大刀隊和藝閣也著實不少！軍隊進入台北市區時，有三十萬市民夾道歡呼，高唱『國軍歡迎歌』。」

　　10月25日受降典禮在台北市公會堂舉行，爭睹盛況的民眾把會場外廣場擠得水洩不通。各地均有盛大遊行，只有以「如醉如狂」四字來形容。但隨著11月8日米價暴漲3倍，日本人發行的貨幣「台灣銀行券」的惡性通貨膨脹開始出現。接著台灣人在公家機關和公營事業遭受歧視和排擠，南京民國政府官員貪污腐化，軍警人員紀律敗壞，陳儀奉南京民國政府指令，以寬大為名，釋放監獄人犯，返國台籍日本兵未經妥當處理安排，社會治安突然江河日下，台灣人的「祖國情懷」也瞬間瓦解。

　　吳濁流在《無花果》書中描述：「《台灣新報》也被接收而改為《新生報》了。….台籍的日文記者仍然留用，但中文的編輯則交給大陸人。……日文的編輯和中文編輯，各自分開，不過新進的中文記者的薪水幾乎比日文記者多一倍。……至於這種新的俸給制度的差別，不僅是《新生報》，就是其他政府機關也有相同的情形。……在日據時代，嚐過那種比日本人要低六成的可憐的差別待遇的記者，光復後又同樣要接受這種命運，那當然要比日據時代感到更痛苦了。」陳儀政府所代表的南京民國政府的作風，在台灣人心目中產生「狗去豬

來」的悲憤情緒。「狗」指日本人，「豬」指隨同陳儀來台統治的官員和軍人，當時統稱「外省人」。

1945年9月6日蔣介石命令何應欽（1890-1987）轉知林獻堂、羅萬　（1898-1963）、蔡培火（1889-1983）、蘇維樑、陳炘（1893-1947）、林呈祿（1886-1968）出席南京受降典禮。但1946年8月29日台灣人組織「光復致敬團」赴南京見蔣介石，陳儀卻命令林獻堂不得擔任團長，因為林獻堂當過日本貴族院議員。陳儀都忘了自己擔任福建省主席時對日本人卑躬屈膝，被華僑領袖陳嘉庚批評而下台的紀錄。陳儀還命令陳炘因被他拘留過，不得擔任團員。又發布了很多奇怪的命令，如「光復致敬團」必須直接趕赴南京，不得在上海停留接受台灣人旅外團體接待。不得去廬山晉見蔣介石，不得去西安祭拜黃帝陵。陳儀如此手法製造省籍隔閡，只能說顢頇無能。

陳儀任用正副首長20名，只有一名副首長是本省人。行政長官公署各處秘書17名，沒有本省人。專員90名，只有7人是本省人。視察46名，本省人只有3人。主任16名，沒有本省人。派任縣市長只有台北市、新竹縣、高雄縣3名是本省人。在省屬公賣局、貿易局、日本人遺留的企業等的主管全由外省人擔任，陳儀這些做法所輻射出去的省籍隔閡，相當嚴重。

1945年10月5日葛敬恩（1889-1979）率領47人的接收團先遣人員抵台，從松山機場到台北市中心，台灣人的歡迎行列長達10公里，但葛靜恩首次公開講話，除了指示日本人要安份工作外，宣布10月25日舉行日本軍政人員受降典禮及台灣島光復布達典禮外，卻莫名其妙地說台灣島是次等領土，台灣人是二等國民，台灣島未受中華文化薰陶，大剌剌發表省籍歧視的言論。葛敬恩出任陳儀政府的秘書長，是第二號人物。葛敬恩還派他的弟弟接收台灣茶業公司，出任總經理，控制茶葉進出口，兩兄弟除了貪污舞弊外，還與茶商同業公會推薦出任台灣茶業公司董事長的王添灯（1901-1947）不時爆發衝突，埋下王添灯以省參議員身份不斷挑釁陳儀政府，以及後來主導二二八事件處

理委員會，計畫推翻陳儀政府的火種。葛敬恩可說是陳儀政府的第一號大貪官，也是蔣介石政權接收大員藉勢貪贓的代表人物。葛敬恩在二二八事變後回上海，1948年被選爲立法委員，1949年通電擁護中國共產黨，後出任中華人民共和國的全國人大代表、全國政協委員。

南京民國政府調派來台的第七十軍及第六十二軍，軍紀敗壞，本省人對外省人的惡感，就由這些直接接觸的軍人產生，楊逸舟（1909-1987）在《二二八民變》書中寫道：「有的用扁擔挑著兩個籠子，一個裝木炭、爐灶，一個裝米和枯萎的蔬菜。士兵們有的是十幾歲的少年兵，有的是步履老邁的老兵。大家都穿草鞋，有的只穿一隻而一隻赤腳。跛腳的也有，瞎一眼的也有，皮膚病的也有，因爲都穿著裝棉的綠色軍服，看起來像包著棉被走路似的，所以台灣人都叫他們爲『棉被軍團』。背後插著雨傘，下雨時撐著雨傘行軍，隊伍東倒西歪，可謂天下奇景。」

連憲兵團長高維民在《台灣光復初時的軍紀》書中都說：「但七十軍的部隊實在太糟，該軍在基隆未下船前，雖有零星上岸，披著毯子，拖著草鞋，隨便在船邊大小便者，而因範圍小，影響不大。正式下船時，雖然整隊而行，其衣服破爛，不堪入目，於夾道歡迎的人群中，頓使台省同胞失望。」「那時候沒有鐵門，也沒有圍牆，只是用幾塊石頭圍成院子種些花草，少數士兵一看屋裏沒人，就跑進去拿東西，這在過去是從來沒有的。還有，不守秩序，他們習慣坐車不買票，搭火車不走正門，從柵欄上就跳進去；上車也不走車門，從車窗跳進跳出。當時只有一家大陸口味的大菜館蓬萊閣，該軍一少校參謀吃飯時，對女招待動手動腳，惹起反感，乃開槍示威。」「由於軍隊紀律廢弛，一言以蔽之，姦淫擄掠」，「當時我已經看定了這個地方會出問題」。「七十軍目無法紀，罄竹難書，當時民間稱爲『賊仔兵』。因爲許多軍人除偷竊外，耍賴、威脅、詐欺、恐嚇、調戲、搶劫、殺人……真是無所不爲。」

到了1946年2月的前半個月，陳儀對軍紀敗壞，無動於衷，《民

報》報導軍人動輒開槍的新聞標題，無比聳動，陳儀也視而不見。2月2日的新聞標題是「左營海軍軍人槍殺當地民眾」、「一事未平 又以手槍威脅郭區長」。2月9日的標題是「我是接收委員，要什麼票？竟以手槍威脅驗票員」。2月10日的標題是「高雄國軍一群聚賭於倉庫，因被陳夫人勸止，竟毆打苓雅寮區長陳夫人」。2月12日的標題是「巡警以手槍威脅商人」。2月16日的標題是「福州出身警官特務長，穿制服堂堂打劫」、「日人家宅頻遭其害，手槍威脅是慣伎」。

台南的台灣省參議員韓石泉（1897-1963）在《六十回憶錄》書中指出：「光復後，使余感覺驚異者，隨身攜槍之士兵、警員特多，因此時肇事端，如台南市編餘士兵與警員衝突，新營鎮民眾與警員衝突，員林鎮法警與警局衝突，甚至夫妻口角亦拔槍示威。至於嫌疑犯拒捕擊斃者，時有所聞，此實為惹起二二八事件之導火線。」

南京民國政府的軍隊在戰後的軍民關係和軍隊風紀，雖然談不上剝削、奴役或迫害台灣人，卻注定蔣介石政權會敗在共產黨手下，台灣島發生的狀況只是個開端。毛澤東在入主北京前，在西板坡告誡共產黨幹部「千萬不要做李自成」。李自成的軍隊於1644年攻入北京，以為天下已得，軍紀敗壞，腐化成習，很快敗亡。蔣介石派赴各地的接收大員，貪墨成風，國民黨聲望江河日下。這是一個血淋淋的歷史教訓。

五、1945年戰後台灣島惡性通貨膨脹

1937年7月7日盧溝橋事件爆發，日本全面侵略中國，同時於8月15日宣布台灣島進入「戰時體制」。日本殖民政府的「戰時體制」使用財政手段支付戰費，也對台灣島居民加稅，支應侵略中國的軍費。日本政府更直接命令台灣銀行增發貨幣「台灣銀行券」，拿去購買日本政府的「戰爭國債」。「台灣銀行券」是日本台灣總督府在1899年9月

29日發行的台灣地區貨幣，台灣總督府統治台灣島50年，早就透過各種樟腦、糖、鹽、鴉片專賣手段，累積巨額的財政盈餘，卻又用發行貨幣購買日本戰爭國債的手段，間接掠奪台灣島居民的財產，充作侵略中國的經費。

1941年12月7日珍珠港事件爆發前，1940年底台灣銀行發行的「台灣銀行券」只有1億9,970萬圓，台灣銀行卻已持有1億3,490萬圓的日本戰爭國債，這等於拿全部的台灣島貨幣去充作侵略中國的戰爭軍費。

珍珠港事件後，日本侵略東南亞，美其名為南洋戰爭，或對美國宣戰的太平洋戰爭。日本政府軍費暴增，台灣銀行累積購買的日本戰爭國債也在1945年7月底無條件投降前達5億6,500萬圓，比1940年底增加4.2倍。

日本總督府在1945年8月13日，即8月15日宣布投降前夕，命令台灣銀行把包括這些戰爭國債在內的有價證券共6億4,599萬圓，運往台灣銀行東京分行，使日本政府積欠台灣島居民的國債，瞬間變成台灣銀行東京分行對台灣銀行總行的呆帳，這等於把台灣銀行發行的「台灣銀行券」一夕之間變成廢紙。日本政府經麥克阿瑟總部批准於1945年9月9日用水上飛機運載鉅額台灣銀行券從橫濱飛往淡水，降落在淡水河上。該批紙幣是日本政府認為台灣島正處於嚴重通貨膨脹的狀況，為了解決台灣銀行紙幣發行量不足，才急著運往台灣島。（　見俊二，頁20）

1945年9月2日海倫（Helen）颱風穿越台灣島北部，9月10日娥柔拉（Ursula）颱風侵襲台灣島，帶來洪水、土石流，都對台灣島的水利發電廠、灌溉設施造成嚴重損害，農業生產損失重大。當時又是中日交接台灣島主權的空窗時期，無人負責處理災後復原，為稻米價格的暴漲埋下地雷。

雖然中華民國政府在1945年10月25日已成立台灣省行政長官公署，10月31日名義上接收台灣銀行，但直到1946年5月18日才實質接管台灣銀行。在這之前，台灣銀行事實上還在日本人管理之下。台灣銀

行發行的「台灣銀行券」在1940年底只有1億9970萬圓，到1946年5月18日卻高達33億4130萬圓，增加16.73倍。尤其是台灣銀行還在日本官員管理期間，日本官員還從台灣銀行搬錢，發放在台日本軍公教人員的「退職金」和「慰問金」，使「台灣銀行券」的發行金額由1945年7月的14億圓，快速拉高到10月份29億圓，整整增加1倍多。日本軍公教人員拿這些形同退休金的「台灣銀行券」，大肆搶購黃金、日本政府國庫券、稻米、砂糖，透過台灣商人，公開的或走私的運回日本。這形同戰勝國替戰敗國支付退休金和資遣費，歷史鬧劇莫此為甚，但陳儀政府毫無知覺。

更荒唐的事是，1945年8月15日無條件投降，9月底遠在東京的日本政府照常提領在台灣銀行的860萬圓存款，10底還向台灣銀行信用借款2億9,140萬圓，11月底借款上升至4億870萬圓，12月底更上升至4億2,270萬圓。隔年5月18日台灣銀行被陳儀政府接管時，台灣銀行給日本政府的信用借款達4億4,540萬圓。被侵略國把銀行交給侵略國的官員管理，還借錢給侵略國政府，造成被侵略國通貨膨脹，真是歷史怪事。台灣銀行已被日本人徹底掏空，台灣省行政長官陳儀卻茫然無知，蔣介石愛任用陳儀這種官員，無怪乎江山丟進垃圾桶。

同一時間，1945年10月12日南京民國政府的閻錫山部隊在上黨戰役，被中國共產黨軍隊全數殲滅。11月2日平漢戰役，南京民國政府軍有7個師被殲滅。南京民國政府戰事失利，陳儀卻還默許台灣銀行借款給日本政府，不知是無知，還是無能，或兩者皆有。陳儀出身日本軍校，娶日本女人為妻，親日傾向早已是國民黨內的公開事實。

但是無能管治戰後經濟的南京民國政府，卻同意台灣省行政長官公署在1946年5月18日接管台灣銀行後第4天，即5月22日發行「台幣兌換券」，俗稱「舊台幣」。陳儀發行的「台幣兌換券」以一比一的比例兌換日本總督府發行的「台灣銀行券」，這等於中華民國替日本承擔台灣銀行的負債，變相替日本支付日本侵略中國的軍費，實在很荒唐。擔任行政長官的陳儀如此愚蠢，可以看出南京民國政府領導官員

素質低落的程度。

「台幣兌換券」俗稱「台幣」，現在通稱「舊台幣」，到了1949年6月15日「舊台幣」4萬元換1元「新台幣」，可見1945年至1949年間台灣島通貨膨脹的嚴重程度。但這段時間的通貨膨脹事實上是從1937年盧溝橋事件，日本政府開始發行戰爭國債，並強迫台灣銀行購買時，就已開始。台灣島本應該從1937年就開始通貨膨脹，但日本總督府實施「戰時體制」嚴格管制物價，台灣島居民接受物資配給，只感覺到物資短缺，並未直接感受到通貨膨脹。物資短缺和通貨膨脹其實是一體兩面的事。

日本於1945年8月15日宣布無條件投降，物價管制機制和配給制度頓時瓦解，但當時台灣銀行的日本國債已被日本人搬空，台灣島居民並不清楚。直到1945年9月颱風重創台灣島的稻米生產，10月31日台灣銀行的「台灣銀行券」已成廢紙的風聲走漏，11月8日台灣島的米價瞬間暴漲3倍，台灣島進入惡性通貨膨脹。政治上台灣人把物價暴漲的責任怪罪陳儀政府、南京民國政府和「外省人」，反而懷念日本人殖民統治時期的物價安定，這無疑是歷史上最大的諷刺。「外省官員」的無能對照「日本官員」的奸詐，注定陳儀政府會徹底失敗。

戰後台灣島惡性通貨膨脹的原因，除了台灣銀行購買日本戰爭國債、日本人又搬走日本國債外，光復後台灣銀行狂印鈔票，大量放款給日本政府，又任由安藤利吉發放「退休金」和「資遣費」給日本在台軍公教人員，放款給原先由日本人掌控的公營事業如台灣糖業和保險業更是重要因素，其中保險業貸款最為嚴重。

1943年11月22日開羅會議開始，11月25日美國空軍首度空襲台灣島，轟炸新竹的日本空軍基地，台灣島開始為支持日本的侵略戰爭付出代價。1944年10月12日美日空軍在台灣島爆發空戰，日本人稱為「台灣沖航空戰」，高雄岡山、屏東、花蓮、台南遭美軍猛烈轟炸。1945年1月美國展開菲律賓的呂宋島戰役，美國空軍同時對台灣島的基隆、屏東、高雄、左營大空襲，2月對台中大空襲，3月密集轟炸台

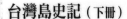

南，台南市區全毀，也轟炸南投日月潭變電所。4月1日英美聯軍進攻琉球，是太平洋戰爭最大規模的登陸作戰。5月轟炸嘉義、苗栗、台北，6月轟炸雲林虎尾糖廠。這一連串的轟炸造成台灣島保險業戰後的鉅額理賠，台灣銀行在1945年8月至12月間對保險業提供鉅額放款，使台灣銀行大印鈔票，埋下惡性通貨膨脹的後果。這些保險業是日本官辦或日本大財團的產業，陳儀政府接收時以為是資產，全部接收這些保險公司，卻不知接收的是已經空殼還夾帶著龐大負債的產業，等於替日本人還債，陳儀政府的愚蠢又添一樁。

台灣糖業公司向台灣銀行的借款在1945年11月已有3億元，到1946年增至21億元。可是台糖公司在1945年8月底帳上有存糖34.7萬公噸，1946年日本人交付給台灣省政府時，實際存糖只有17.3萬公噸，顯見日本人在戰前即已作假帳虧空掉一半的存糖，這些都是台灣銀行印鈔票變台糖呆帳的原因。不幸的是，民國政府卻於此時認定這些存糖是日本人應該賠償中國戰爭損失的物資，下令接收15萬公噸的存糖，並運赴上海。1946年4月至11月間，實際上只運走8.85萬公噸，但消息傳出，已造成台灣島的糖價及所有民生物價飛漲失控。台糖的股權是南京民國政府可以處分的資產，但台糖的蔗糖存貨卻不是政府的資產，南京民國政府的官員連這點知識都缺乏，實在不可思議。

日本人操縱台灣銀行印鈔票的速度，用貨幣發行量計算，1943年1月貨幣發行量年增率已有16%，到1945年7月年增率已達152.5%。同時期台灣島生產力因戰爭破壞，物資供給短缺，但物價受到嚴厲配給和管制，物價年增率只從34%增加到34.8%，只增0.8%。如前所述，1945年7月到11月，貨幣發行突然增加1倍，物價管制也突然失效，真實物價全部浮出，台灣島的通貨膨脹用物價指數年增率計算，1945年8月高達550%，9月更提高至1,331%。換言之，陳儀在1945年10月25日接收台灣島前，物價已失控，但更嚴重的惡性通貨膨脹還在後頭。

台灣島的物價以盧溝橋事件前為基準點的話，1937年6月為100指數。日本無條件投降前，1945年7月底為242指數，這物價是在「戰時

體制」配給管制下，不是真正的物價。8月底台灣光復，放棄物價管制，物價立刻竄升至1171.7指數，一個月內上升484%。9月底物價升至2585.8指數，兩個月內漲1068.5%。10月又比9月再漲12.2%，11月又比10月再漲8%。1945年8月至12月的惡性通貨膨脹是本島台灣人痛恨陳儀政府和南京民國政府的最重要起因，但是南京民國政府和本島台灣人當時並不知道，這段期間惡性通貨膨脹的罪魁禍首，是日本人掏空台灣銀行。

同時間，日本東京的物價指數從1945年1月的237，7月的281，到1946年1月的691，漲了2.9倍。到1946年12月的2,847，漲了12倍。到1947年12月的9,510，漲了40倍。到了1948年12月的22,090，足足漲了93倍。亦即4年間，漲了9320.7%。相較之下，台灣島的通貨膨脹爆發得比日本東京還要早。

台灣島在1945年後，物資配給鬆綁，肥料工廠遭轟炸破壞，肥料短缺，水利荒廢待修，再加上天候不佳，以及1946年12月5日台南新化發生6.1級大地震，1,971棟房屋全毀，半倒有2,084棟，台灣島的稻米核心產區受損嚴重，稻米生產嚴重銳減。再加上愚蠢的陳儀沿用日本殖民政府的稻米收購政策，稻農除自用外，必須以低於市價3分之1的價格賣給陳儀政府，但其他物價又沒受到管制，農民生活成本增加，收入反而減少，栽種稻米入不敷出，農民生產意願低落，爆發「米荒」，黑市猖獗，糧價飛漲，更導致物價全面暴漲。

陳儀政府手忙腳亂，規定台灣島蔗糖運往上海，售價不得高於台灣島的糖價。原意以為如此，台灣島的糖價就不會被上海糖價所牽引。但舊台幣與上海的法幣受到匯率管制，售糖的法幣收入換算台幣，反而使台糖嚴重虧損。台糖向蔗農收購甘蔗的價格又沿用日本殖民政府的規定，由台糖的售糖價格回算甘蔗的收購價格，結果農民出售甘蔗的所得不到出售稻米的一半，農民更無種植甘蔗的意願。1945年甘蔗產量100萬公噸，1946年只剩79.6萬公噸，台糖營運更加艱困，只得向台灣銀行舉債度日，台灣銀行印鈔票的速度被迫加大，通貨膨

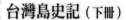

脹更不可收拾。

1946年台灣社會已顯露不安訊息，4月16日嘉義布袋爆發霍亂，警察奉命實施隔離，卻與民眾衝突，開槍打死人。7月台東成功鎮原住民重安部落爆發霍亂事件，有64人死亡。8月11日（農曆7月15日中元節）台南新營警察因霍亂流行，想要禁止民眾聚集看戲，遭民眾圍攻，開槍打傷人。9月24日葵瑞達Querida颱風侵襲全島，損失慘重。11月11日彰化員林發生警察暴力攻擊法警的員林事件。12月5日早上6點47分台南新化發生芮氏規模6.1級，深度5公里的大地震，死亡74人，重傷200人，輕傷274人，房屋全倒1,971棟，半倒2,084棟，是台南地區84年來最嚴重的地震。霍亂、警民衝突、颱風、地震更使全島物價更加失控。

另一方面，1946年6月26日國共內戰爆發，至1947年1月底國民黨軍隊被殲滅66個師，損失71萬兵力。1月29日國共談判破裂，美國放棄調處工作。2月14日上海南京的黃金美鈔瘋狂上漲，2月15日台灣島上物價暴漲，台灣省行政長官陳儀宣布禁止黃金和外幣買賣，要平抑物價，事實上物價已如脫韁之馬，繼續膨漲。陳儀政府又不斷搬運各種物資去中國大陸支援國共內戰，對物價失控火上加油，2月25日《台灣新生報》的社論強調物價還在上漲。2月28日南京民國政府宣佈中國共產黨為非法組織，國共內戰正式開始。在這麼嚴峻的背景下，台灣島於2月28日爆發二二八事件，自不意外。

六、1946年至1949年國共內戰

第二次世界大戰結束後，中國接著爆發國共內戰，是影響台灣島歷史發展方向的重大事件。其實國民黨和共產黨之間的恩恩怨怨，始自1922年9月4日孫文在上海召集的國民黨高層會議，決定接受蘇聯援助，並接受中國共產黨員以雙重黨籍的身份加入國民黨，開啟國民黨

與蘇聯共產黨和中國共產黨之間複雜的「國共合作」。這個既合作又爭論不斷的關係，到了北伐戰爭即將勝利時，變為嚴重的敵對關係。1927年4月12日在蔣介石支持下，白崇禧（1946-1948）派兵突襲上海總工會，鎮壓共產黨組織，屠殺共產黨員的「清黨」行動，國共兩黨自此展開敵對的仇恨鬥爭。

　　1927年8月1日共產黨在李立三（1899-1967）、朱德（1886-1976）、周恩來（1898-1976）領導下發動江西南昌的武裝暴動，攻佔南昌失敗，但共產黨從此有了自己的軍隊。1927年9月9日毛澤東（1893-1976）在湖南、江西邊界發動「秋收起義」失敗，轉赴江西井岡山建立基地。1933年9月國民黨動員100萬名軍隊包圍共產黨的江西基地，1934年7月15日共產黨發表《北上抗日宣言》，10月17日共產黨放棄江西基地，展開二萬五千里（12,500公里）的「長征」。1935年10月19日共產黨中央抵達陝西延安的吳起鎮，1936年10月共產黨軍隊在甘肅會寧大會師，「長征」宣告結束，共產黨在延安建立新的基地。

　　蔣介石所謂的「攘外必先安內」的政策，就是先動用資源消滅共產黨，再來對付已經鯨吞蠶食中國領土的日本人。日本人的侵略行動，卻比所謂的「共黨威脅」更加清楚，而國民黨還與蘇聯共產黨維持曖昧關係，因此「攘外必先安內」被視為只是權力鬥爭的藉口。這個違背中國民族主義的權力鬥爭，不論蔣介石和國民黨如何狡辯，「先消滅共產黨，再抵抗日本侵略」的做法，明顯的不被中國人民接受。國共兩黨維持9年的敵對關係，到1936年12月12日張學良（1901-2001）發動西安事變，劫持蔣介石，蔣介石被迫放棄「攘外必先安內」的政策，再度接受國共合作。國共兩黨才又共赴國難，聯合抗日。

　　但1945年1月第二次世界大戰尚未結束，國共之間爭論不斷，毛澤東和周恩來曾向美國駐華大使赫爾利（Patrick Jay Hurley, 1883-1963）表示希望親赴華盛頓面見美國總統羅斯福，但被拒絕。

　　1945年2月11日美英蘇三國領袖在蘇聯克里米亞半島的雅爾達簽

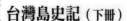
訂《雅爾達密約》，蘇聯同意對日作戰，出兵佔領中國東北和內外蒙古，美英兩國同意蘇聯控制大連、旅順港及鐵路沿線。

1945年8月14日蔣介石與史達林簽訂《中蘇友好同盟條約》，中國方面以條約外加「照會」的方式同意外蒙古以公民投票決定獨立，蘇聯方面也以「照會」同意從已佔領的東北和內蒙古撤軍且不干涉新疆。這時蔣介石與史達林的關係，相較毛澤東和史達林的關係，不相上下。

1945年8月15日日本昭和無條件投降，蔣介石電邀毛澤東赴重慶談判，10月10日雙方簽署《政府與中共代表會談紀要》，即《雙十協定》。但在談判期間雙方搶著接收日軍控制區，衝突不斷，較大者爆發9月10日山西上黨戰役，劉伯承、鄧小平率共產黨軍隊擊潰閻錫山的山西地方政府軍。《雙十協定》簽署後至1945年底，陸續爆發共產黨軍隊獲勝的津浦戰役、平漢戰役，及國民黨軍隊獲勝的平綏戰役、山海關戰役。

1946年1月5日在美國特使馬歇爾調停下，國共雙方簽訂《國共停戰辦法》，1月10日簽署《關於停止國內軍事衝突的命令和聲明》，稱《停戰令》，蔣介石於同日召開政治協商會議。但3月13日蘇聯自東北撤軍，初時蘇聯拒絕毛澤東接管東北的要求，但蘇聯同時要求蔣介石拒絕美國勢力進入東北，卻被蔣介石拒絕，蘇聯轉而支持中共接收東北。毛澤東下令共產黨幹部爭取溥儀的滿洲國軍隊的歸順，宣稱「我們以前都是溥儀的部下」。蔣介石卻派陳誠到東北整肅「不忠」的人員，拒絕收編45萬名滿洲國部隊。這些滿洲國部隊很多人後來投入林彪（1907-1971）的「東北民主聯軍」，壯大共產黨的東北軍力。國共兩黨收服東北人心的做法，高下立判，陳誠也成為國民黨兵敗東北的主因之一。3月17日中共指責蔣介石違背政治協商會議結論，派兵攻佔東北長春旁的四平市，國民黨軍隊敗北，東北的國共內戰爆發。3月27日美國與國共雙方簽署《調處東北停戰的協議》，稱《東北停戰協議》。4月4日國共爆發第二次四平戰役，國民黨軍隊獲勝，幾乎控制

全東北，部分共產黨軍隊遁入北韓。

　　6月6日蔣介石應馬歇爾要求下達《第二次停戰令》，停止追擊中共軍隊，以恢復國共談判。但6月26日停戰結束，國民黨軍隊率先進攻中原地帶的共產黨軍隊控制區，國共內戰全面爆發，馬歇爾發怒下令從7月29日至隔年5月26日美國對蔣介石軍隊實施武器禁運。到9月國共雙方處於對峙膠著狀態，1946年10月11日國民黨軍隊佔領張家口，蔣介石以爲勝利在望，下令11月15日召開制憲國民大會。

　　國共內戰從1946年7月至1947年1月之間，戰略態勢是國民黨進攻，共產黨防守。國民黨攻佔共產黨控制的城市199座，共產黨攻佔國民黨控制的城市100座，但是國民黨軍隊卻被殲滅70萬人，形成國民黨要地，共產黨要人的戰略結果，埋下1948年國民黨軍隊潰敗的後果。同期間南京民國政府因應國共內戰的軍費需求，大量發行「法幣」，造成惡性通貨膨脹，這也加重台灣島原已苦於通貨膨脹的「台幣」的通膨壓力，台灣島的物價飆漲更加嚴重。

　　1947年3月19日國民黨軍隊攻入共產黨的延安根據地，但國共內戰的戰局正在逆轉，實在令人懷疑當時的蔣介石究竟能有多少力氣或心思，了解2月27日至3月9日間，在台灣島發生的「二二八事件」。何況「二二八事件」的規模比起正在進行中的國共內戰，重要性相差懸殊。在台灣島本地人眼中，「二二八事件」似乎相當重大，但放在當時國共內戰烽火連天的戰情下，只是滄海一粟。

　　1947年5月16日山東孟良崮大戰，國民黨軍隊大敗。6月30日共產黨軍隊渡過黃河南下，7月31日共產黨軍隊改稱「人民解放軍」，8月解放軍南下中原，9月進逼武漢，11月幾乎攻佔華北全部。此時國民黨軍隊已從1946年6月的430萬人減少到373萬人，而且指揮凌亂，戰力衰弱。共產黨軍隊則由127萬人增加到195萬人，共產黨軍隊轉守爲攻，國民黨軍隊由全面防禦退爲分區防禦。

　　1947年10月10日共產黨全面推動土地改革，沒收地主富農土地，分配給貧農、佃農，廣受農民支持，兵源大增。因爲當時中國的地主

人口佔4.75%，卻佔耕地38.26%。富農人口佔4.66%，佔耕地13.66。中農人口佔33.13%，佔耕地30.94%。貧農佃農佔52.37%，只佔耕地14.28%。共產黨的土地改革讓佔多數的貧佃農民在國共內戰中選擇支持共產黨。1947年底蔣介石公開承認各個戰場陷入危境。

1948年共產黨軍隊全面進攻，國民黨軍隊困守各個中心城市，如瀋陽、北京、徐州、西安、漢口。3月共產黨軍隊攻佔河南、陝西、湖北，5月攻佔山東。蔣介石卻於1948年5月20日出任大半統治區域已喪失的中華民國總統，稱「民國總統」。6月底國民黨軍隊仍有360萬人，共產黨軍隊已達280萬人。但是蔣介石堅持於8月19日發行「金圓券」，強制兌收民間黃金及外匯，結果9月30日金圓券就信用破產，軍心民心潰散，一瀉千里。相對的共產黨在1947年4月籌備，1948年12月1日正式發行的「人民幣」卻相當穩定。共產黨的「人民幣」打敗國民黨的「金圓券」，南京民國政府的施政威信蕩然無存。接著9月至11月遼瀋戰役，國民黨軍隊大敗。11月至隔年1月徐蚌會戰（淮海戰役）、平津戰役，國民黨軍隊又大敗。

1949年1月6日聯合國秘書長賴伊（Trygve Halvdan Lie, 1896-1968）宣布聯合國不干涉中國戰事，美國國務院估計國民黨軍隊只剩93萬4,700人。1月10日淮海戰役（徐蚌會戰）國民黨軍隊大敗後，國民黨將領杜聿明（1904-1981）被俘，邱清泉（1902-1949）自殺。杜聿明是1957年諾貝爾物理學獎得主楊振寧（1922- ）的岳父。1月10日蔣介石命蔣經國赴上海，下令中央銀行總裁俞鴻鈞（1898-1960）將上海的中央銀行庫存黃金外匯移至台北。1月15日共產黨軍隊攻入天津，1月19日南京民國政府通過與共產黨和談案，1月20日國民黨中央政治會議同意與共產黨和談案。

1月21日國共內戰，國民黨軍隊已顯然失敗，蔣介石的「指揮失當」被視為重要因素，蔣介石宣布「因故不能視事」為由「暫不行使總統職權」，稱為「引退」，由李宗仁（1891-1969）代行總統職權。1月22日共產黨接收北京，已完全控制長江以北的中國領土。1月25日李

宗仁決定將南京民國政府遷移至廣州，1月29日蔣介石下令國民黨中央黨部遷移至廣州。4月17日李宗仁電請蔣介石復職，4月21日共產黨軍隊渡過長江，23日攻入中華民國首都南京，南京民國政府敗亡。5月17日共產黨軍隊攻入武漢，5月27日攻入上海。

　　共產黨9月21日在北京召開「中國人民政治協商會議」，通過憲法文件《共同綱領》。9月24日英國外交部發言人稱，根據《開羅宣言》，台灣島已移交給中國。10月1日共產黨成立新的國家組織「中華人民共和國」，旨在繼承中國主權。10月25日國共在金門爆發古寧頭戰役，國民黨軍隊獲勝，這是1949年國民黨軍隊唯一的勝仗。11月20日「民國代總統」李宗仁逃亡香港，12月7日流亡至廣州的民國政府宣布遷都台北。從1945年到1950年整個國共內戰，共產黨軍隊殲滅國民黨軍隊807萬人。1950年6月共產黨完全掌控中國大陸，「民國政府」原先所代表的「國民全體」，及所產生的國會及政府領袖已完全脫離「選民」，面臨完全的「主權消損」（Sovereignty Depletion）危機。「中華民國」作為一個「國家組織」是否擁有中國領土主權已成為問題。

　　1949年7月西藏噶廈（Gaxag）政府驅逐中華民國政府派駐西藏的代表，11月西藏噶廈政府向美國、英國、新成立的中華人民共和國發表聲明，宣布西藏獨立，並告知各國將對中華人民共和國採取武力對抗。1950年10月7日鄧小平（1904-1997）率領4萬名解放軍發起「昌都戰役」，阿沛阿旺晉美（1910-2009）率領8,500名西藏軍隊應戰。西藏軍隊陣亡5,700人，解放軍只陣亡114人，阿沛阿旺晉美兵敗投降，解放軍只沒收武器，釋放所有戰俘。地主貴族掌權的西藏噶廈政府瞬間垮台，第十四世達賴喇嘛（1935- ）只好親政，派阿沛阿旺晉美談和。1951年5月23日雙方簽訂十七條的《中央人民政府和西藏地方政府關於和平解放西藏辦法的協議》。10月24日達賴喇嘛致電毛澤東表示擁護該十七條協議。所以1951年後，除台灣省以外，中國各省區領土已全在中華人民共和國統治下。

七、1946年台灣省參議會

台灣島史上第一次真正的選舉在1946年舉行，先選出區鄉鎮民代表7,078人，3月至4月選出各縣市參議員513人，選出各縣市議長較知名的有台北市周延壽、花蓮縣張七郎、高雄市彭清靠。彭清靠是彭明敏的父親。

選舉方式是間接選舉，1946年2月先由村里民選舉鄉鎮民代表，次由鄉鎮民代表選舉縣市參議會參議員，最後由縣市參議員選舉台灣省參議會參議員。

4月15日選舉省參議員30人，較知名的有：台北縣林日高、新竹縣劉闊才、台中縣林獻堂、台南縣李萬居、花蓮縣馬有岳、基隆市顏欽賢、台北市黃朝琴及王添灯、台中縣林連宗、台南市韓石泉、高雄市郭國基。候補省參議員有：台北市蔣渭川、台中縣林忠、台南市湯德章、高雄市陳啓川。對台灣島政治情勢影響較大的角色是省參議員。5月1日台灣省參議會參議員推選黃朝琴為議長，李萬居為副議長。當時陳儀排擠林獻堂出任台灣省議會議長，刻意安排素無政治威望的黃朝琴，顯見政治智慧之低落。

1946年8月16日由省參議會選出「國民參政會參政員」8人，國民參政會是南京民國政府於1937年設立作為擬制的最高民意機關，後由國民大會取代之。8名國民參政員有：林忠、林宗賢、羅萬　、林獻堂、林茂生、杜聰明、吳鴻森、陳逸松；落選的有：廖文毅、楊肇嘉。

10月選舉「制憲國民大會代表」17人，較知名的有：顏欽賢、黃國書、林連宗、李萬居、張七郎、連震東、謝娥、簡文發、陳啓清。候補者有：李友邦、謝東閔、韓石泉、廖文毅、許世賢、林熊徵。

1947年11月16日選舉「國民大會代表」27人，較知名的有：王民

寧、吳鴻森、林忠、吳三連、余登發、連震東、楊金虎。

　　1948年1月23日選舉「立法委員」8人，有：劉明朝、羅萬 　、黃國書、蔡培火、郭天乙、謝娥、林慎、鄭品聰。

　　從上項名單可以發現，有由同一人競選很多職位的情形，且都當選。這在當時法令是許可的，但也引起許多輿論批評。值得注意的是，縣市參議員中，有292人參加過日本殖民政府的「皇民奉公會」，省參議員參加過「皇民奉公會」的有22人，參政員、國民大會代表、立法委員的有15人。

八、1946年三大事件

　　「布袋事件」、「新營事件」、「員林事件」是1946年台灣島三大警察違法濫權事件。從這三大事件，可以看出陳儀政府的治理能力，實在以「顢頇無能」都不足以形容。

　　1946年4月16日台南布袋爆發霍亂，警察單位為執行隔離任務，封鎖路口，卻有民眾賄賂警察可順利進出封鎖線，封鎖線內的物資又未能有效調度，引發部分民眾不服，衝撞封鎖線，警察以輕機槍掃射，造成民眾負傷，輿論嚴厲譴責陳儀政府，史稱「布袋事件」。

　　霍亂蔓延到7月時已有300多人死亡，疫情亦逐漸往北部擴散。8月11日台南新營上帝爺廟普渡，香客湧進廟會看戲，戲劇進行中，兩名持槍警察突然上台禁止演戲，以霍亂流行為由，命令看戲群眾解散。群眾鼓譟向警察投擲石塊，台上警察突開槍傷人，群眾憤怒衝向台南縣警察局，圍毆無辜員警，搗毀警局，台南縣長袁國欽、縣參議會議長陳宗華趕來安撫才平息，史稱「新營事件」。根據《台灣地區公共衛生發展史（一）》頁384記載，1946年台灣地區霍亂病例達3,809人，死亡2,210人，1947年起未再發生霍亂病例。

　　1946年5月20日鹿港警務所的警察許宗喜和義警巫忠力毆傷台中

縣參議員施江西，11月11日本省籍法官蘇樹發簽發拘票，飭法警王朝枝、黃清耀、陳清溪赴員林的台中縣警察局拘提許宗喜。當時台中縣政府和警察局的辦公廳都在彰化的員林，許宗喜已調任警察局科員。警察局長江風竟然電令警察圍困法警；督察長陳傳風更加猖狂，軟禁前來探視的看守所所長賴遠輝，北斗區警務所所長林世民槍傷法警陳清溪。本案於1947年2月15日台北地方法院一審判決，只有林世民獲刑五年，其餘員警及許宗喜都無罪，輿論大譁。2月28日報紙刊出本案檢察官不服提起上訴的新聞，與二二八事件台北市延平北路緝私血案的新聞同時刊出，史稱「員林事件」。員林事件顯示陳儀政府的警察風紀已敗壞至無以復加的地步，陳儀仍懵然不知。

九、東京大審

　　1946年5月3日至1948年11月12日第二次世界大戰對日戰爭的同盟國組織遠東國際軍事法庭（International Military Tribunal for the Far East），審判發動戰爭或在戰爭期間違反國際公約的罪犯。法庭審判地點位於東京日本陸軍士官學校大講堂內，稱「東京大審」。法庭法官由美、英、中、蘇、法、加拿大、澳洲、新西蘭、荷蘭、印度、菲律賓等國派出11名法官組成。控訴檢察官由盟軍駐日總部的國際檢察處擔任，起訴28位甲級戰犯。有7位日本軍政頭子被判死刑：東條英機（突襲珍珠港獲罪）、板垣征四郎（侵略中國獲罪）、木村兵太郎（東南亞大屠殺獲罪）、土肥原賢二（侵略中國獲罪）、廣田弘毅（南京大屠殺獲罪）、松井石根（南京大屠殺獲罪）、武藤章（南京及馬尼拉大屠殺獲罪）。無期徒刑者有梅津美治郎、小磯國昭、荒木貞夫、鈴木貞一等16人。有期徒刑者有重光葵、東鄉茂德兩人。審判的法令依據是日本參與簽署的《巴黎非戰公約》（Pact of Paris），全名是《廢棄戰爭作為國家政策工具的一般條約》（General Treaty for

Renunciation of War as an Instrument of National Policy），又稱《凱洛格及白里安公約》（Kellogg-Briand Pact）。

1928年8月27日世界各國包括中國、日本、俄羅斯等，都在巴黎簽訂《凱洛格及白里安公約》。是由法國外交部長白里安（Aristide Briand, 1862-1932）及美國國務卿凱洛格（Frank Billings Kellogg, 1856-1937）發起的，又稱《巴黎非戰公約》。凱洛格更因這條約於1929年獲得諾貝爾和平獎。該條約規定：「締約國要廢棄戰爭作爲實行國家政策的工具」。紐倫堡國際軍事法庭根據這個條約，確立一項國際法原則：「利用戰爭作爲國家政策的工具構成犯罪行爲」，因此法庭有權對德國納粹戰犯進行審判。遠東國際軍事法庭也根據這項國際法原則，對日本戰犯進行審判。

台灣人在第二次世界大戰中的角色，是日本人的侵略共犯，其中涉及乙級或丙級戰犯罪的台灣人，被判處死刑者有26人，有期徒刑者有173人，其中大部分是在負責審判東南亞戰犯的澳大利亞軍事法庭被判刑的。台籍日本兵虐待戰俘的殘酷行徑聞名歐美，當時在歐美人心中「福爾摩沙警衛」（Formosa Guard），就是負責看守被日軍俘虜的歐美軍人，跟魔鬼沒兩樣。尤其在巴布亞紐幾內亞（Papua New Guinea）的俾斯麥群島（Bismark Archipelago）的新不列顛島（New Britain）上的拉包爾（Rabaul）戰俘營，「福爾摩沙警衛」惡名遠播。拉包爾（Rabaul）戰俘營關押1,600多名中國抗日軍人，其中有36名是死守上海四行倉庫的「八百壯士」。中國抗日軍人在拉包爾（Rabaul）戰俘營四年間死亡635人。台籍日本兵另外還涉入馬尼拉大屠殺、新加坡大屠殺、仰光大屠殺，可說惡名昭彰。當時台灣人的心態是要比日本人更激進，才能贏得日本人的認可。情形就跟現在台灣島上某些外省人搞台獨，要表現得比本省人更激進台獨的心態一樣。

第三章
二二八事件

一、1947年 二二八事件

　　二二八事件是台灣島在二十世紀最重大的武裝暴動事件，本省籍民眾發起武裝暴動，外省籍軍隊展開鎮暴。這是1945年8月15日之前，還具有日本殖民地臣民身份的「本省人」的民眾，和1945年9月至1947年2月間，從中國大陸來到台灣島的「外省人」主導的陳儀政府之間，爆發的武裝衝突事件，雙方都互有死傷。

　　雙方死傷人數到底有多大？台灣島納稅人出資金，由本省人的二二八家屬代表組成的財團法人二二八事件紀念基金會截至2005年底認定：本省人死亡人數681人，失蹤人數177人，羈押判刑人數1,395人，受難人數合計2,253人。後來受理賠償時間延長到2017年5月23日，截至2016年2月底為止，受難人數增加至2,290人，僅比2005年增加37人。二二八基金會所謂「受難人數」2,290人，大部分是所謂的「被羈押」人數，「被判刑」人數次之，「死亡」人數在2016年2月底，才增加認定一位日本人死亡跟二二八事件有關，「失蹤」人數最少。這個暴動的死亡人數，與世界其他各地其他事件，或台灣島史上林爽文事件等的武裝衝突的死亡人數相比較，不算是很嚴重或規模很大的事件。二二八事件基本上是都市居民發起的群眾暴動事件，並沒有獲得佔人口比例絕大多數的廣大台灣島農民的響應，因此參與人數和規模遠遠比不上郭懷一、朱一貴、林爽文、戴潮春、余清芳等事件。

　　2014年擔任台北市長的柯文哲自稱其祖父也被「羈押」過，所以他自稱是「羈押受難家屬」，在2015年2月的二二八紀念活動上，跟著大哭一場。其實柯文哲的祖父是參加過日本皇民化登記的本省人，因為曾登記為「日本皇民」身份，二二八事件過後很久，被警察機關羈押訊問三天後飭回，經過7年才死於肺結核，跟二二八事件完全無關，

但像柯文哲這種偽裝的「受難家屬」，比較像一場「政治秀」。

　　日本殖民統治台灣島50年，在侵略中國期間，推動台灣人全家棄祖背宗，更名改姓登記為日本皇民，或去當日本兵做侵略中國及東南亞的戰爭共犯。當時日本殖民政府極盡威脅利誘兼挑選，也僅有2％本省人登記為日本皇民。李登輝、柯文哲家族都登記為日本皇民，反而陳水扁家族沒有。李登輝及其兄李登欽都是日本皇民兼日本兵，兩人都是日本侵略中國和東南亞的戰爭共犯。

　　2,290位「受難者」只有29.7%是「死亡受難者」，台灣島的戶籍制度在日本殖民統治時期就建立得很健全，要查因二二八事件被鎮壓的死亡人數並不困難。有心人用「推估」、用「報導」、用「膨風」，都不是事實統計，胡亂暴增死亡人數，把本省籍「死亡」人數，從681人無限制膨脹，說得天花亂墜，那是別有企圖。實際死亡人數即使會比二二八基金會認定的數字多，但增加也有限。誇大死亡人數的人有台獨份子、向李登輝和陳水扁邀寵的不良學者，有人甚至誇大到有數十萬人死亡。這些找不到屍體和戶口的死亡數字是台灣人偏好造假詐騙的佐證。台灣島史上清代中國時期的1787年林爽文事件、日本殖民時期的1895年台南蕭壠大屠殺、1915年余清芳事件，現在都還找得到集體的埋葬地點。二二八事件如果真的有上萬人死亡，卻連一處集體埋葬地點都找不到，或者台灣島當時那麼多國內外記者連一張照片都沒拍到，豈不是空前未有的大笑話。同時681名死亡者也從未依事因分類，有人無辜死亡，當然是「受難者」；也有人參與武力爭奪政權，遭政府軍鎮壓而死亡，應算是「交戰團體」，硬說是「受難者」，於情於理都很難說得通；更有共產黨員負有特工任務而死亡，應算是「中共烈士」，更難認定為「受難者」。

　　二二八事件中擔任過謝雪紅的「二七部隊」原住民突擊隊長的陳明忠，在美國參加座談會，公開說二二八事件死傷人數應該在1,000人左右，卻被現場一位台獨份子駁斥，那位台獨份子說高雄就死傷30萬人。陳明忠說當時高雄市區人口也只有15萬人。那位台獨份子惱羞成

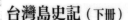

怒說：「你根本不是台灣人」。陳明忠回說：「我的祖先是台灣人的時候，你的祖先還是外省人。」

就已知2,290人「受難者」，包括「死亡」、「失蹤」、「判刑」、「羈押」，全部的賠償金額已支付新台幣72億805萬元，約等於美金2.4億元。已具領新台幣71億8,880萬元，但還有77個「受難者」的家屬聯絡不上，無法領取補償，金額約1,925萬元。

倒是當時的外省人遭本省人攻擊的「受難」人數，因當時未在台灣省登記戶籍，就無法充分得知，也無法獲得補償，其中一位就是「嚴家淦」。嚴家淦時任財政官員遭本省人暴動毆傷，逃入林獻堂家的祖厝躲藏，才逃過一劫。依二二八基金會的標準，嚴家淦也是名符其實的「受難者」，但是運氣不如嚴家淦的外省人可就多不勝數。二二八基金會最不公平的賠償標準是「被政府或政府軍警所害的人」可以獲得賠償，「被暴動群眾或民兵所害的人」不能獲得賠償，其結果是「暴動群眾或民兵」能獲得賠償，「被暴動群眾或民兵所害的人」不可以獲得賠償。（中國時報2005年2月23日「二二八補償還有漏網魚」）

二二八事件起源於1947年2月27日的查緝私菸販賣事件，本省人發動暴動於隔天的2月28日，南京民國政府調動政府軍開始鎮壓於3月9日，外省人死傷數字不比本省人少到哪裡去，卻連馬英九當政八年都沒辦法公布。依當時現地記者唐賢龍的《台灣事變內幕記》引述警察單位公布的數字如下：外省人死亡人數432人，其中軍士官16人，士兵74人，教師和公務員64人，一般外省人278人；外省人受傷人數2,126人，其中軍士官130人，士兵262人，教師和公務員1,351人，一般外省人383人；外省人失蹤人數85人，其中士兵37人，教師和公務員24人，一般外省人24人。

外省人受難人數共計2,643人，比二二八基金會認定的本省受難人數2,290人還要高。這個數字還不包括被武裝暴動民兵「羈押」的人數。當時有很多外省人遭本省人暴徒羈押凌虐，由政府軍隊救出。

依二二八基金會的定義，被「羈押」一小時就算「受難」，那外省人被本省暴徒「羈押」的人數更是龐大。外省人實際死傷受難人數，和二二八基金會統計的本省人受難人數一樣，會比當時經媒體記者引述官方公告而報導的數字多，但是這個基金會從未調查外省人的受難人數。

當時暴動的本省人佔據街道，盤查路人，先用閩南語問話，聽不懂閩南語，或無法用閩南語回應的人立遭毆打拘捕。能用閩南語回答的人，暴動的本省人會再用日語問話，若能用日語回應，會再被要求唱日本國歌「君之代」，以確定是不是真正的「本省人」。這些暴動的本省人可說表現出十足的皇民走狗風格。

外省人死傷大多發生於2月28日至3月8日，被發起暴動的本省人攻擊而死傷，所以「二二八」可說是外省人的受難日，本省人的受難日應該是「三月九日」，政府軍鎮壓後的事。當時的本省人組織的民兵已自軍火庫取得武器彈藥，從上海調動來的政府軍必須快速鎮壓。同時認定參與暴動的標準寬嚴不一，甚至有假情報造成假錯冤案。二二八事件中確切可考的統計，本省人受難死亡人數681人，外省人受難死亡數432人，外省人少一些，但所佔人口比例外省人則高很多。

可貴的是，當時外省人被攻擊時，很多本省人站出來保護外省人。後來本省人被追緝時，很多外省人站出來保護本省人。矛盾的是，死傷的外省人大部分不是國民黨員，死傷的本省人很多是國民黨員。但這些事實，利用二二八事件進行台獨鬥爭的人沒興趣，尤其是日本皇民的後代，他們故意操作成「國民黨」或「外省人」與「本省人」的對立，更進而製造成「中國人」與「台灣人」的對立。

有人不斷控訴蔣介石、國民黨、外省人、中國人是二二八事件本省人死難的「劊子手」，這不是正確的說法。誰是「劊子手」？正確答案是本省人和外省人都有。但在惡劣政治操作下，二二八事件呈現出只有外省人是「劊子手」，本省人是「善良百姓」。二二八事件的真相經過政治操作和編撰，已成台灣島史上最大的謊言，這畢竟是說

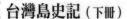

謊而不是歷史眞相。

唐賢龍的《台灣事變內幕記》當時有段記載：「從二月二十八日上午十時半，台灣民衆開始毆打外省人起，直打到下午七點多鐘時，打風才稍稍平息。因爲那時有的外省人被打死的已經打死，被打傷的已經打傷，幸而未被打到的外省人，都一個個的蟄伏在自己的家裏或躲在台灣朋友的家裏不敢出來。據估計：就在二十八日這一天，外省人被打死的，便有一百多人，打傷的共九百多人。故在這一天內，台北城每一個角落裏，差不多到處都橫臥著外省人的屍體，到處都流濺著外省人的鮮血。——『阿山阿山』，幾乎已經成了台灣人洩憤的口語。是以入晚以後，台北便變成了一座恐怖的死城。」

更不公義的是，李登輝當局和二二八基金會對外省人死傷從未提供賠償，日本人在基隆被政府軍隊誤傷，後來傷重死亡卻可以獲得賠償，更突顯出李登輝後的台北民國政府已經「王莽簒漢」，漸漸質變爲皇民後代的台獨政府。

二二八事件原本只是一個單純的警民衝突事件，卻發生在如火山爆發前的台灣島社會，1945年開始的惡性通貨膨脹無法止息，外省籍首長與本省籍仕紳的矛盾已轉化爲普遍的省籍衝突，台灣光復減刑釋放出來的罪犯擾亂治安，外省籍官員的貪污腐化，接收人員惡行惡狀的貪瀆與風紀，皇民化的本省人企圖推動台灣島獨立，國共內戰激化起台灣人的奪權行動，都提供二二八事件的點火條件。

1947年1月25日陳儀政府特赦4,000餘名在日本殖民統治時期服刑的罪犯，但缺乏適當的更生措施，台灣島的治安很快陷入混亂。2月8日電價上漲1倍。2月13日台北市發生示威遊行，抗議米價高漲，陳儀政府無能解決。2月18日日本殖民時期租借公產房屋的本省籍原住戶抗議陳儀政府標售日產房屋。2月28日爆發群衆暴力事件，剛好是這些動盪不安因素的火山爆炸噴發口。

二、二二八事件的過程

二二八事件發生過程分幾個階段：第一階段，查緝私菸引發抗議警察事件；第二階段，本省人暴動殘殺外省人事件；第三階段，民兵武力接管政府機關的政變事件；第四階段，政府軍的鎮壓事件；第五階段，陳儀報復清算事件；第六階段，撤職查辦陳儀事件。

（一）第一階段「查緝私菸引發抗議警察事件」

發生在1947年2月27日晚上七點半，台灣省專賣局台北分局六名查緝員傅學通（29歲，廣東人）、葉德耕（32歲，福建人）、盛鐵夫（38歲，浙江人）、鍾廷洲（27歲，江西人）、趙子健（31歲，安徽人）、劉超群（31歲，四川人）等6人，在台北市大稻埕查緝私菸，發現一名40歲的寡婦林江邁正在天馬茶房前販賣中國大陸走私菸，查緝員沒收林江邁所有香菸及身上的錢財。林江邁表示生活困難，跪地哀求查緝員至少歸還錢財及公菸，但查緝員堅持全部沒收。查緝員不耐林江邁的糾纏拉扯，引來越聚越多的群眾圍觀，並向查緝員投擲石塊。查緝員葉德耕情急之間以手槍柄敲擊林江邁，林江邁頭部頓時血流滿面，昏倒在地。

現場私菸販賣集團及圍觀群眾包圍查緝員，燒毀專賣局卡車，並持續以石塊棍棒攻擊，4名查緝員逃逸。傅學通逃到西寧北路永樂町時，開槍嚇阻圍堵群眾，卻擊傷在自家門口看熱鬧的年僅20歲的陳文溪，隔天傷重死亡。此地點離事發地點已超過500公尺。隨後傅學通等人逃入永樂町警察派出所，轉送中山堂旁的警察總局。「群眾」6、7百人隨即包圍警察總局，要求交出傅學通等人，徹夜抗議未息。

陳文溪本人單純，是基督教長老教會所屬淡江中學的學生，但家世複雜，二哥陳木榮是鼎鼎大名「舊市場」的「角頭老大」級地

痞流氓，領有徒眾上千人，陳文溪排行老四。「舊市場」即「歸綏市場」。包圍警察局的「群眾」主要就是陳木榮率同迪化街、江山樓風化區的地痞，加上附近遊民、寺廟信眾、水門挑夫、人力車伕等人群。

2月27日發生的事件印證亞里斯多德的名言：「衝突不是爲了小事，但卻因小事而起。」查緝私菸是小事，二二八事件的暴動、政變、鎮壓，卻因這件小事而起。

（二）第二階段「本省人暴動殘殺外省人事件」

1947年2月28日本省人開始大規模暴動，在台北市街頭到處殘殺外省人。

本省人暴動始自2月28日早上《台灣新生報》刊載新聞斗大標題「查緝私煙肇禍，昨晚擊斃市民二名」，報導原文：

> 「【本報訊】台灣省專賣局與警察大隊派赴市場查緝私售香煙之警員，今（廿七）日於迪化街開槍擊斃市民陳文溪，並在南京西路以槍筒毆傷煙販林江邁（女）……斯時圍觀之民眾擊毀該局卡車上之玻璃，並將該車推翻道旁……林江邁現已送入林外科醫院旋告斃命，陳文溪未被送至醫院時，即已斃命。」

事實上林江邁並未死亡，但《台灣新生報》這則報導立刻點燃本省籍群眾的怒火，「專賣局」原本就是當時本省人憎惡陳儀政府的象徵，「專賣局」打死人的訊息，很快激發本省人集結在台北市街頭暴動。

2月28日上午九點即有江山樓地痞林秉足、莊傳生、陳戊己率隊敲擊大鼓亭，沿街敲鑼呼籲罷市、罷工，沿途高舉「打倒陳儀狗官」白布條，一路毆打外省人，攻佔太平町一町目的警察派出所，把黃姓所長打成重傷，沿街鳴鑼敲鼓號召罷市，且強迫市街商店關門，共同抗議陳儀政府。

上午十時本省籍群眾大舉包圍台灣省專賣局台北分局，焚毀庫存菸酒，砸燒辦公室，打死2名職員，毆傷職員4人，分局長歐陽正宅也被毆重傷。

上午十時半起，外省人的店鋪貨物被被暴動的本省人搬出焚毀，開始有本省人發起街頭暴動抓捕、毆打、凌虐、強姦、殘殺外省人，到中午台北街頭到處橫臥外省人的屍體。有無法證實但廣泛被傳聞的恐怖消息，迅速在外省人間流傳，並躍登上海媒體，例如：台北市新公園10幾個外省人被打死，20幾個外省人受傷。一名外省籍少婦攜帶5歲小孩上街，少婦遭群眾調戲凌辱，以刀割唇，裂至耳際，剝光衣物，毆打瀕死，捆綁手腳，拋入水溝，氣絕身亡。哭喊的小孩被本省人扭斷脖子，頓時氣絕。萬華車站附近，一名外省小孩被本省人捆起雙腳，頭下腳上，猛擊地面，腦漿四溢，棄屍路旁。台北橋附近，兩名外省小學生被本省人捉住，將兩人頭殼互撞，頭破死亡。這些無法證實的殘酷傳聞，後來成為政府軍鎮壓暴動的口實。

上午十一時，本省人攻擊羅斯福路的台灣省專賣局總局，因有憲警戒備，群眾轉而攻擊卸任局長任維鈞的宿舍，打死宿舍工友3人。繼而搗毀新任局長陳鶴聲宿舍。

下午一時許，數千名本省人集結於陳儀的行政長官公署，攜帶簡單武器衝撞公署辦公室，強奪衛兵槍械與衛兵爆發衝突，打傷1名衛兵，衛兵開槍掃射造成群眾1人死亡，10名群眾受傷。

暴動的本省人轉而湧向各交通路口、公共場所、旅館商店，看到外省人不分男女老幼，一律毆打，拳腳相向，棍棒交加，汽車、卡車上的外省人被拖下打死或重傷，車輛遭縱火焚燒，有外省人在車上被活活燒死。衝進外省人住宿的旅社如正華旅社及外省人開設的商店如虎標永安堂，燒殺、凌虐、強姦無辜的外省人；同時佔領台灣廣播電台，向全省廣播呼籲發起全面罷工、罷市、罷課、暴動攻佔政府機關。

暴動的本省人先從外觀裝扮辨認外省人，再從說閩南語的口音辨

認，最後更從是否會唱日本軍歌去驗證外省人，通不過檢驗的外省人立遭毆打凌辱。

下午二時《台灣新生報》加刊發行號外，報導當天上午九點多時，民眾搗毀太平町一丁目派出所，並毆斃專賣局台北分局2名職員的新聞，「約有四、五百人趨向長官公署而衛兵舉鎗阻止群眾前進，旋聞鎗聲卜卜，計約二十餘響，驅散民眾，其後據一般民眾說，市民即死二人，傷數人」。

下午二時許，台灣省參議會議長黃朝琴和台北市參議會代表訪晤陳儀，要求禁止軍警開槍，陳儀同意，並接受由台北市參議會、台北市籍的省參議員、參政員、國民大會代表組成「緝煙血案調查委員會」。這個「調查委員會」後來很快轉型爲「二二八事件處理委員會」，組織「常務委員會」、「主席團」、「處理局」、「政務局」等機關，並以「處理局治安組」名義組織民兵，成爲全台各地指揮暴動，爭奪政權，接管政府機關的領導機構。

下午三時台北市各個學校的學生全部罷課，各機關的本省人員工大部分罷工，各機關的外省人到處遭本省人追打。從外縣市乘車剛抵達台北市的外省人，一下車即遭本省人毒打。台北車站和萬華車站四處躺著被本省人打死的外省旅客屍體。有無法證實的傳聞在媒體記者間流傳：太平町附近，有位開設旅館的外省籍孕婦，被本省人剝光衣物，裸體示眾，孕婦堅拒遊街，被本省人以日本軍刀斬殺，孕婦和胎兒均遭劈成兩半。台灣銀行一位外省籍職員離開辦公室，即被本省人用棍棒打死。同時間，一對路過的外省籍年輕夫妻，遭棍棒齊揮，打得血肉模糊。

下午三時許，陳儀經由警備總司令部發布《緊急戒嚴令》，派遣武裝軍警掃蕩暴動中的台北市區，射殺或逮捕暴動群眾，但成效有限。部分暴動民眾攻佔各處派出所，奪取槍械和軍警爆發零星槍戰。

但此時本省人的暴動已經延燒全台灣島，外省籍官員紛紛逃逸無蹤，一般外省人四處橫屍街頭。新竹縣長朱文伯剛好人在台北出公

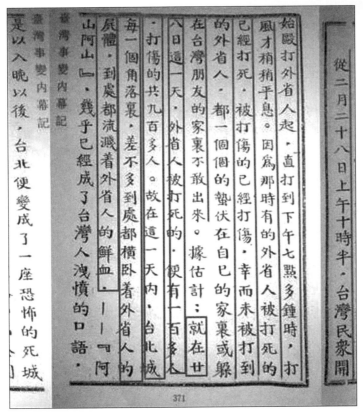

始毆打外省人起，直打到下午七點多鐘時，打毆才稍稍平息。因為那時有的外省人被打死的已經打死，被打傷的已經打傷，幸而未被打到的外省人，都一個個的墊伏在自己的家裏或躲在台灣朋友的家裏不敢出來。據估計：就在廿八日這一天，外省人被打死的，據有一百多人。在這一天內，台北城人的屍體，到處都流濺著外省人的鮮血。——「阿山阿山」，幾乎已經成了台灣人洩憤的口語。

從二月二十八日上午十時半，台灣民眾開

每一個角落裏，差不多到處都橫臥著外省人的屍體，打傷的共九百多人。故在這一天內，台北城人的

台灣事變內幕記

臺灣事變內幕記

還是以入晚以後，台北便變成了一座恐怖的死城

南京《大剛報》駐台記者唐賢龍記載外省人在本省人暴動中的死難情況

差，遭毆打重傷。他逃至附近商店求救，商店閉門堅拒，適巧本省人吳深潭、林剛朗路過營救，躲藏吳家4天，倖免一死。

下午五點暴動群眾四處焚燒房屋，當時台灣島最大的菊元百貨公司、新台公司遭搗毀焚燒，外省人的商店房屋更不能倖免，到了夜晚台北街頭幾乎變死城，台北市也突然成了外省人的地獄。「二二八」根本就是一般外省人的受難日。

陳儀電告蔣介石：「二月二十七日奸匪勾結流氓，乘專賣局查禁私菸，聚眾暴動，特於二月二十八日宣布臨時戒嚴。」

下午六時《台灣新生報》刊發兩份號外，第一份號外報導「227

緝煙案引起民眾公憤，向有關當局提出要求五項：1、當眾槍決肇禍兇手，2、專賣局負擔死者治喪費與撫恤金，3、保證不再發生此類不幸事件，4、專賣局長親自與民眾代表談話並當面道歉，5、當局立即免職專賣局主管。」

第二份號外報導：「台北市參議會下午二時召開緊急會議，提出六項決議：1、立即解除戒嚴令，2、依法嚴懲兇手，3、撫恤死傷者，4、由台北市參議會、台北市籍的省參議員、參政員、國民大會代表組成本案調查委員會，5、在市內取締私菸不准帶槍，6、因此案被捕的市民應即開釋。」報導提及「陳儀全部接受」，卻無報導提及如何處理暴動殺害外省人的本省籍暴徒。

下午七時許，台北市的本省人已打死外省人100多人，打傷外省人900多人。雖有陳儀政府的戒嚴令，但陳儀手下的軍警數量不足，本省人仍可群聚中山公園舉行群眾大會。事後行政長官公署統計光外省籍的「公教人員」就死亡33人，受傷866人，失蹤7人，這個統計還不包括外省籍的軍人和一般外省人。

二二八事件本省籍民眾攻擊台北專賣局

下午八時，陳儀調集台北市所有軍警憲1,000多人，警戒各重要機關，但兵力單薄，無法控制整個台北市，本省群眾依然四處聚集。晚上十時，暴動的本省人再度攻佔公園路的台灣廣播電台，號召全台各地驅逐外省人。

暴動的本省人口中講打倒貪官污吏的外省人，但在二二八當天本省人殺害及強姦的外省人，都是一些來台經商、旅遊的外省人，及最沒有防護能力的外省籍教師。

持台獨立場的歷史學者常故意忽略這一段本省人暴動殘殺外省人的歷史，有的還編造情節說這些殘殺外省人的情事不多，甚或捏造故事說是陳儀找本省籍流氓殺外省人，嫁禍給本省人。這只是持台獨立場的歷史學者要神聖化二二八事件，無辜化本省籍暴動民眾，刻意剪裁歷史事實，扭曲歷史真相，本質上就是造假說謊。

（三）第三階段「民兵武力接管政府機關的政變事件」

自3月1日至8日全台各地陷入無政府狀態，陳儀政府自1945年10月25日當政以後，失德失政的弊病，一夕之間全部爆發。在此權力真空時刻，各種政治勢力、社會勢力起而爭奪政權，是理所當然的歷史軌道。有的勢力組織暴動群眾為民兵，有的勢力利用群眾暴動做開路先鋒，有的勢力以恢復秩序做號召取得權力，但都以「二二八事件處理委員會」作為合法性的依據，直接或間接以民兵武力推翻各縣市政府，接管各重要機關，成為實質發動政變的地方政權。江山如此混亂，引無數英雄競折腰，爭奪政權沒有是非對錯，只有成者為王，敗者砍頭的歷史規律，在這段很短的期間內，赤裸裸的呈現。民兵爭奪政權，政府軍鎮壓政變，在政治秩序解體的社會，並非意外的發展，這時各為其主，沒有對錯，只有輸贏。

■ 3月1日

早上六點，台北市參與暴動的本省人到處挪拿武器，與巡守重要

機關、街道的戒嚴軍警爆發零星衝突，互有傷亡。軍警巡守不及的街道，外省人幾乎絕跡，許多外省人家中遭本省人侵入恐嚇勒索，台北市處於無政府狀態。

上午九時，台北市北門附近的鐵道管理委員會和鐵路警察局遭暴動的本省籍群眾千餘人包圍攻擊，要求鐵路警察繳械。本省籍員警將槍械交付暴動群眾，外省籍職員逃亡，躲入附近的美國領事館。美國領事館報告上午有11名、下午有15名外省人逃入尋求保護，另有7名翻牆尋求庇護。僵持衝突中，外省籍警察開槍掃射包圍攻擊鐵路警察局和鐵道管理委員會的本省人，群眾死亡18人，受傷40人。同時間，台北市警察局和警察大隊的台籍員警脫離崗位，向暴動群眾繳交槍械彈藥。火車全線停駛。

上午九時許，南部本省人也開始暴動攻擊政府機關，毆打外省人，搶劫外省人。桃竹苗本省客籍群眾也對外省人展開攻擊、搶劫、毆打，但無死亡人數的報導。

上午十時，台北市參議員、國民大會代表、台灣省參議員、參政員合組的「緝煙血案調查委員會」在中山堂舉行成立大會，推派台灣省參議會議長黃朝琴、市參議會議長周延壽、省參議員王添灯、參政員林忠，代表晤見陳儀，要求派政府官員共同籌組「二二八事件處理委員會」，陳儀同意。從此「緝煙血案調查委員會」擴大職權為「二二八事件處理委員會」。

上午十一時，前台灣共產黨領袖謝雪紅等人號召群眾在台中車站召開「民眾起義大會」，謝雪紅隨後率暴動群眾、台籍日本兵，攻擊警察宿舍。

台中、彰化的縣市參議員也在台中開會，推舉林連宗赴台北聯絡「武裝起義」事宜。

謝雪紅下令暴動的本省人不得殺害非公務員的一般外省人。

政府軍的基隆要塞司令部派駐澳底的官兵搭乘鐵路列車要回基隆採購糧食，途經八堵車站，遭八堵車站員工圍毆、綑綁、搶走槍枝，

造成輕重傷，並有一名士兵汪烏家死亡。

中午十二時，台灣省警備總司令部參謀長柯遠芬晉見總司令陳儀，建議調動軍隊赴全台各地鎮壓暴動的本省人，陳儀拒絕。陳儀政府的外省籍高級官員及眷屬紛紛搬入行政長官公署，由陳儀僅有的軍警衛隊保護著。

下午一時，台北縣汐止附近，一部運兵車遭武裝民兵截擊，率隊軍官死亡，士兵多人受傷。

下午三時，位於台北市北門的鐵道管理委員會和鐵路警察局終被暴動的本省人攻陷接管。

下午五時陳儀發表廣播，表示2月27日緝煙血案的兇手已送法院處理，將撥付20萬元優厚撫卹死者陳文溪，5萬元慰問傷者林江邁，並宣布晚上八時起解除戒嚴，同時呼籲全台民眾停止暴動，靜待「二二八事件處理委員會」的決定。

本省籍的國民大會代表謝娥、李連春也發表廣播，希望平息暴動，隨後謝娥開設的醫療診所、李連春的住處卻遭本省籍暴動民眾搗毀。

蔣介石在3月1日的日記如此記載：「台灣群眾為反對紙菸專賣等起而仇殺內地各省之同胞，其暴動地區已漸擴大，以軍隊調離台灣，是亦一重要原因也。」蔣介石這時還不了解陳儀無能的程度有多嚴重，只想到原因是「軍隊調離台灣」。

晚上陳儀下令禁止全省軍警開槍，晚上十二時解除台北地區的戒嚴。但晚上起，台北開往高雄、基隆的火車卻一律停駛。

財政處長嚴家淦適巧在台中參加彰化銀行成立大會，遭本省籍暴動民眾追打受傷，逃入林獻堂家中，躲藏在霧峰林宅的景薰居，再由林獻堂協助嚴家淦喬裝，搭貨車送回台北，才躲過一劫。

台灣電力公司機電處長孫運璿遭本省籍暴動民眾圍困，變裝成修電工人，經由蔡姓科長協助逃過一劫。

嚴家淦後來於蔣介石去世後接任台北民國政府的總統，孫運璿後

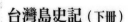

來出任行政院長，兩人是台灣島財政經濟大幅發展的重要貢獻者。

第二次世界大戰後尚未遣返，留居在台灣島的日本人，一改低調姿態，穿著和服，上街飲酒作樂，興奮慶祝本省人暴動成功。

晚間十一時，原住民湯守仁率鄒族原住民攜帶武器下山，參加嘉義二二八民兵武鬥行列。

■ 3月2日

清晨，台北市主要街道的牆壁貼滿標語，署名「台灣民主同盟」、「台灣憂鄉青年團台北支部」、「台灣自治青年同盟」，號召本省民眾暴動起義。

上午九時，「台灣省政治建設協會」的常務理事蔣渭川和數位「二二八事件處理委員會」代表晤見陳儀，要求擴大「處理委員會」的成員，除政府官員、參議員、參政員外，應納入「各界代表」，陳儀同意。「二二八事件處理委員會」從此變質，不再僅限於「處理血案」。

「台灣省政治建設協會」是1946年1月6日成立的「台灣民眾協會」，4月7日改名的政治性組織，成員主要是蔣渭川的胞兄蔣渭水在1927年創立的「台灣民眾黨」的黨員，加上第二次世界大戰前在大陸成立「台灣革命同盟會」的成員。「台灣省政治建設協會」當時被視為準政黨，但幹部都加入國民黨。

謝雪紅在台中召集「市民大會」，號召市民遊行示威、武裝起義。新竹市成立「二二八事件處理委員會」。

台灣大學的共產黨組織召集台灣大學、延平學院、師範學院的學生千餘人，在台北市舉行聲援大會，遊行演講，張貼標語，要求剷除貪污，嚴懲兇手，實行台灣自治，但也出現號召台灣獨立的標語。

台南學生佔領警察局，並奪取武器。

台北、台中學生號召攻佔軍警單位。

嘉義中學師生在嘉義噴水池、火車站聚集號召市民推翻市政府，

成立「三二事件處理委員會」。

　　基督教長老教會學校的學生在涂光明、范姜榮、曾豐明等人率領下，搶奪槍械，分別於北部淡水中學及南部高雄中學成立武鬥基地。

　　下午二時「二二八事件處理委員會」在台北中山堂集會，由台北市參議會議長周延壽擔任主席，決議成立北中南東四個「二二八事件處理委員會」，並擴大由商會、工會、學生、民眾、政治建設協會等五方面推選代表參加。會中民眾代表要求解散警察大隊，廢除新聞圖書電訊檢查，行政長官公署各機關主管改任用本省人，每日上午十時及下午三時定期召開「處理委員會」。出席的政府官員有警務處長胡福相、民政處長周一鶚、交通處長任顯群、台北市長游彌堅。

　　「二二八事件處理委員會」開會時，中山堂內聽得見零星的警民衝突的槍聲，會中決議，由胡福相及黃國書上街巡視，制止槍戰；另推派鐵路員工出身的制憲國大代表簡文發負責恢復鐵路交通。

　　下午，陳篡地、陳海永、葉仲琨在雲林組成「斗六治安維持會」，組織「斗六隊民兵」，圍攻雲林虎尾機場。駐守虎尾機場的政府軍不多，斗六民兵與南下支援的台中民兵、雲林大林、北港、西螺等地民兵，包圍虎尾機場，並斷水斷電，政府軍不支敗逃。斗六民兵控制虎尾機場，並分兵南下支援嘉義市民兵。

　　下午二、三時，鍾逸人率台中民兵到嘉義，鼓吹「嘉義市民勇敢站起來，打倒貪官污吏」。

　　嘉義市暴動的本省人包圍市長孫克俊公館，焚毀傢俱。

　　嘉義市陷入混亂，本省人四處毆打外省人，軍警荷槍實彈巡邏街頭，毆打事件仍層出不窮。

　　下午六時，嘉義市參議員成立「二二八事件處理委員會」。

　　晚上，嘉義市本省人暴動包圍專賣局、警察局，控制街道交通，掌控廣播電台，接管警察局的槍械彈藥。

　　台北市內的外省人紛紛逃往台灣省警察訓練所、台北憲兵隊、聯勤總部台灣供應局等單位，尋求保護。

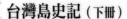

政府軍第二十一師獨立團第二營搭乘火車北上，在新竹站受武鬥群眾阻撓，無法北上。

新竹縣的外省人被集中營式囚禁在城隍廟、警察宿舍、忠烈祠三地，有5位外省女眷遭本省人集體輪姦，羞憤自殺。

桃園大溪國小外省籍女教師林兆熙被本省人呂春松率眾輪姦，徹夜裸體，幾乎凍死，經原住民女參議員李月嬌營救始脫險。

台中市外省人被強迫集中囚禁在「民眾旅社」、市參議會、地方法院，被強迫學唱日本國歌「君之代」。

全台各地本省籍暴動群眾警告未參與暴動的本省人，不得隱藏外省人，不得替外省人醫病，導致許多公立醫院拒收外省籍病患。

台中縣外省人的大屯區長須榮彥全家遭暴動的本省人攻擊，被本省人張子煌等人救出。

晚間，台南市有三個警察派出所被暴動的本省人攻佔，並奪取槍彈。

■ 3月3日

台灣島各地除了台中市的謝雪紅外，都紛紛成立「二二八事件處理委員會」的組織，成為實際的政權，組織民兵，控制縣市政府，形勢由群眾暴動進入實質政變。

台中縣成立「處理委員會」及民兵自衛隊。

彰化市成立「處理委員會」。

上午十時，「二二八事件處理委員會」在中山堂召開第二次大會，政府官員全部缺席。大會由台北市參議會副議長潘渠源主持，決議由「二二八事件處理委員會」的「治安組」籌組「自衛隊」民兵，維持社會秩序。大流氓也是民眾代表許德輝發表談話稱：「剛光復時，應秘書長葛敬恩號召，組織糾察隊，協助政府接收日產，事後葛敬恩對糾察隊員恩將仇報，以流氓罪處置。民眾應自行組織自衛隊，方不致再受陳儀政府愚弄。」大會並推派林宗賢、林詩黨、呂柏雄、

駱水源、李萬居赴美國領事館，說明「二二八事件處理委員會」的立場。

　　許德輝是台北市黑社會超大號的流氓頭子，也是二二八變亂的多面人。一面是流氓頭子，暴動的本省人在街頭帶頭衝的角色很多就是許德輝的手下；一面表現得立場激烈，鼓動武力鬥爭取得政權，擔任「處理委員會」的治安組長，擴大民兵勢力；一面又擔任陳儀政府的線民，組織「忠義服務隊」，擔任總隊長，維持社會秩序；一面又擔任軍統局台北站長林頂立的手下，制衡陳儀政府和二二八處理委員會。在二二八事件中的份量和王添灯、蔣渭川、陳金水、周延壽等要角，不分上下。事實上，當時很多流氓都是多面角色的投機分子，包括2月28日早上帶頭遊街引起暴動的林秉足等人也是多面人，這也是很多流氓份子最後能脫身的原因，因為不管誰最後贏得政權，他們都有「貢獻」。

　　上午十一時，「二二八事件處理委員會」推派代表二十餘人與政府官員周一鶚、包可永、胡福相、任顯群、趙連芳、柯遠芬舉行會談，達成共識組織「治安服務隊」。

　　下午四時，「二二八事件處理委員會」的「治安組」即在台北市警察局召開「台北市臨時治安委員會」，決議籌組「忠義服務隊」，由大流氓許德輝擔任「總隊長」，台北商校學生廖德雄任副總隊長。

　　隨後王添灯廣播宣布「處理委員會」取代政府，成立「治安聯合辦公處」。

　　蔣渭川廣播號召青年及學生參加「忠義服務隊」民兵，有建國中學、成功中學、泰北中學、延平學院、台北工業學校、台灣商工、法商學院等1,000多名學生參加。

　　下午五時，台北市高中及大學生的自治會以組織「學生軍」名義，上街募款，募得台幣77萬元。

　　陳儀下令台北市內的政府駐軍撤離市區。

　　謝雪紅組織「台中地區治安委員會作戰本部」，不是「二二八事

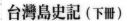

件處理委員會」的模式，而是直接成立「人民政府」，組成「人民大隊」爲名的民兵部隊。謝雪紅自任總指揮，鍾逸人任部隊長，圍攻縣政府，囚禁毆打縣長劉純忠。在台中市參議會設總指揮部，拘禁外省人200多人，攻佔軍營及彈藥庫，與政府軍展開激烈槍戰，晚上十時政府軍兵敗投降。謝雪紅指揮民兵佔領空軍機場、被服廠、後勤站，俘虜將官5人，軍士官1,500人，並運送槍械彈藥，供應雲林、嘉義等地的二二八民兵。整個二二八事件期間，只有謝雪紅有膽識成立「人民政府」。

專賣局台中分局科員劉青山在辦公樓前，遭暴動的本省人毆打重傷，送醫救治；第二天晚上，暴動的本省人又衝進醫院，割掉劉青山的鼻子和耳朵，挖出雙眼，再重擊致死。

台中學生組成民兵抵達嘉義，會合嘉義群衆，攻擊軍隊、縣市政府，包圍市長官邸，收繳警察武器。

中南部民兵毆殺外省人，驅趕外省人並拘禁800多人於臨時集中營，搶奪軍火庫，取得萬枚以上手榴彈。

下午，國民黨三民主義青年團嘉義分團主任陳復志出任「二二八事件處理委員會嘉義分會」主任委員兼「嘉義防衛司令部司令」，率3,000多名民兵接管嘉義市政府，攻佔軍械庫，控制嘉義廣播電台，包圍憲兵隊、東門町軍營、紅毛埤第十九軍彈藥庫。200多名外省籍軍公教人員及眷屬逃亡水上機場。參加陳復志暴動隊伍的民兵有來自台中、南投、雲林、台南的學生及一般青年人。嘉義流氓頭子林振榮擔任自衛警察團團長。

陳復志領導的嘉義市民兵主力，包括羅雨祥和羅金成兄弟率領的「海外隊民兵」，湯守仁率領的「高山隊民兵」，台南工學院學生兵，台中、斗六、竹山、新營、鹽水等地民兵，中國共產黨幹部張志忠率領的「自治聯軍」及溫義仁率領的台籍日本海軍航空隊裝備隊志願兵。

羅雨祥的日本姓名叫「國本智夫」，率領的兵員是參加日本海軍

的台籍志願兵；羅金成的日本姓名叫「國本博夫」，率領的兵員是參加日本陸軍的台籍志願兵。

陳復志是國民黨的組織幹部，卻帶頭爭奪政權，他不是唯一的案例，足見當時二二八事件的群眾暴動形勢，提供國民黨內各個派系群起鬥爭陳儀政府的客觀環境。

陳儀政府與國民黨部對立，與三民主義青年團對立，與國民黨的新聞媒體對立，只剩下蔣介石一人支持，而這時的蔣介石正忙著部署進攻共產黨的首府延安，無暇管理台灣島的暴動事件。二二八事件的場域規模對當時的蔣介石而言，實在太小，這無形中給予陳儀政府獨斷獨行的操作空間。

下午有8名台灣大學的學生赴美國領事館要求提供槍支彈藥，美國領事布拉克（Ralph J. Blake）奉命維持中立，不介入紛爭，不理會學生的請求。但具有間諜身分的副領事葛超智（George Henry Kerr），又稱柯喬治，卻積極介入，製造事端。

下午四時「二二八事件處理委員會」的人員，向美國領事館以個人身份提出一份807人「請願書」給美國國務卿馬歇爾，要求美國干涉、聯合國託管、台灣獨立。該「請願書」原文用語：「有賴於聯合國共管台灣，切斷台灣與中國本土之政治、經濟關係，直到台灣獨立為止。」請願書僅有141人簽名，到目前美國只公布「請願書」的內容，這141人名單尚未公佈。

陳儀認定這是「台獨請願書」，這141人涉嫌叛國，應處以軍法，部分人在3月11日至16日被迅速槍決，其中之一就是林茂生。但是陳儀的這141人名單情報的確實性，不一定經得起查證。林茂生是「二二八事件處理委員會」委員裡英文最好者，被陳儀懷疑是「台獨請願書」的起草人，於3月11日被捕失蹤，應該是被陳儀秘密槍決。但事後證據指向「台獨請願書」的作者是美國領事館副領事兼特務間諜葛超智，及另外一位台獨份子黃紀男，不是林茂生。

下午，台灣省警備總司令部參謀長柯遠芬發表廣播，命令軍隊官

兵留守營區，不得外出。

下午四時，嘉義市陳復志、陳澄波到嘉義憲兵隊與市長孫克俊、憲兵隊長李士榮、駐軍營長羅迪光協商。

高雄在涂光明領導的民兵和「處理委員會」委員率領的群眾要脅下，所有政府機關全遭控制，僅剩高雄要塞司令部及彈藥庫、軍醫院，還在彭孟緝率領的政府軍手上。

■ 3月4日

謝雪紅率「人民大隊」攻佔台中縣及台中市警察局、台中市政府、台灣省專賣局台中分局、台中市憲兵隊、台中團管區司令部、台中軍械處、台中廣播電台、台中電信局、台中水湳空軍第三飛機製造廠，宣布成立「台中人民政府」。

基隆市成立「處理委員會」。

台南市成立「處理委員會」。

屏東市成立「處理委員會」，由市參議會副議長葉秋木任主席，設「治安本部」組織民兵。

中央社報導：「領導台北暴動之三大集團。流氓派現已妥協，力主恢復秩序。學生派反對恢復秩序……第三派包括海南島及日本之歸僑（一稱海外派），亦反對妥協者。學生派係以台大為中心，知識較高，思想最激。……海外派中亦有曾任中共之挺進隊者。……學生派代表今上十一時，往謁陳長官，……要求發給武器始願妥協。……（陳）具不應允。」

流氓派與學生派原先合作維持社會秩序，但流氓派主張適可而止，不要繼續與陳儀政府鬥爭。學生派與海外派合作力主繼續鬥爭，流氓派與學生派意見不合，發生鬥毆，導致一位學生傷亡。海外派以參與侵略中國和東南亞的台籍日本兵為主。

中央社另外密電：「今日之恢復秩序，僅為一時之表面現象，內部仍在繼續醞釀，未可樂觀。」當然僅指台北地區的秩序，其他地區

仍很不平靜。

　　上午十時，「二二八事件處理委員會」在中山堂開會，下令全台各縣市參議會組織「二二八事件處理委員會分支會」，接受「台北總會」的領導，並派代表參與「總會」工作。事實上「處理委員會」已在17個縣市設立分會，且下令台灣電力公司員工全由台灣島本省人擔任。禁止軍隊離開營區，禁止軍警攜帶武器，號召籌組10萬民兵自衛隊，一個由「二二八事件處理委員會」為核心的「政變新政府」已然形成。

　　「處理委員會」主席仍由台北市參議會議長周延壽擔任。

　　「處理委員會」委員李萬居報告稱，上海、馬尼拉、大阪媒體大幅報導，提及「二二八事件處理委員會」爭取國際託管，推動台灣獨立。李萬居認為不是事實，應予駁斥。李萬居顯然不知道3月3日下午四時已有很多委員以個人身份向美國領事館遞交「請願書」要求美國干涉，國際託管台灣島，促成台灣島獨立。

　　上午十時許，陳炘、蔣渭川、林梧村等40多人請見陳儀，要求政治改革、解決失業，陳儀表示同意。

　　「二二八事件處理委員會」負責人王添灯宣布台中所有政府機關已由「處理委員會」接管完畢，但事實上是由謝雪紅領導的「人民政府」接管的。

　　高雄「處理委員會」的民兵領導人涂光明、郭國基公開警告高雄要塞司令彭孟緝要快點繳械投降。

　　彰化田中國小老師與長老教會信徒搶劫外省人經營的織布廠。

　　全台各地出現台籍日本兵持日本軍刀，戴日本軍帽，穿日本軍服四處搶劫並毆打殺害外省人。

　　台南縣市政府、高雄縣市政府、屏東市政府全被「二二八事件處理委員會」的民兵佔領。

　　屏東縣台籍日本兵組織「處理委員會」，成立「治安本部」，組織「海外隊」、「陸軍隊」、「海軍隊」。

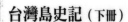

　　省參議員及花蓮縣三民主義青年團總幹事馬有岳籌組「處理委員會」，組織「青年大同盟」民兵，由許錫謙出任陸空總司令，下轄由流氓組成「金獅隊」，海南島遣返的台籍日本兵組成「白虎隊」，左翼學生組成「青年隊」等民兵部隊。許錫謙也是花蓮縣三民主義青年團的宣傳股長。二二八事件後，馬有岳僅被陳儀政府通緝，逃亡經年，並未獲罪，仍續任台灣省參議員。

　　下午二時，「二二八事件處理委員會」開會，聽取黃朝琴、杜聰明、王添灯、林連宗的報告。

　　二時許，台南市所有警察派出所、第二監獄、海關倉庫、保安警察大隊部全被日本裔台灣人湯德章指揮的「二二八事件處理委員會」的民兵接管，憲兵隊停止武裝巡邏，由台南工學院學生和脫離崗位的本省籍警察所組成的民兵接手巡邏。

　　嘉義市民兵包圍東門町軍營、紅毛埤彈藥庫、退守嘉義中學的政府軍，政府軍以迫擊砲轟擊嘉義市區，嘉義市憲兵隊退守水上機場。

　　柯遠芬派少將陳漢平與嘉義市二二八事件處理委員會的委員劉傳能協商。

　　下午六時，陳儀的台灣省警備總司令部參謀長柯遠芬下令政府軍隊全退入軍營內。

　　「二二八事件處理委員會」晚間開會通過「組織大綱」，設立「常務委員會」、「主席團」七人、「處理局」、「政務局」，推舉陳逸松任「政務局長」，並通過「八項政治根本改革方案」，認定「二二八事件責任應歸政府負責」。王添灯等決策人員並秘密決定於3月15日接管「台灣省行政長官公署」，完成政變計畫。

　　有人認為提出《組織大綱》和《八項改革方案》的陳逸松是陳儀政府和軍統局刻意安排，以坐實「叛亂罪」的策略，這完全是憑空杜撰的想像。

　　陳逸松（1907-1999）是宜蘭人，祖父是宜蘭大地主陳輝煌，與吳沙都是宜蘭的開墾先鋒。陳輝煌是1877年加禮宛事件的問題人物。

1931年陳逸松從東京大學法學部畢業，通過日本司法考試，取得律師資格。1933年返回台北開設律師事務所，1935年當選台北市議員。1945年經由廈門軍統局的陳達元介紹認識張士德，張士德找陳逸松組織台北三民主義青年團，但是後來發現張士德並未被授權，陳逸松被踢出正牌改組的三青團。1946年陳逸松當選國民政府參政員，二二八事件時陳逸松擔任「處理委員會」的主席及常務委員。陳逸松支持王添灯，但與蔣渭川不合。陳儀把陳逸松列爲「首謀」，但陳逸松順利逃亡藏匿。事件後出任台北民國政府的考試院委員、中央銀行常務董事。1973年從美國轉赴北京，出任中華人民共和國全國人民代表大會常務委員，1983年赴美國定居，仍任中華人民共和國政府的全國政協委員。

■ 3月5日

全台灣島實際上已處在以「二二八事件處理委員會」爲名的各式地方政權統治之下。台北市的秩序也逐漸平靜，外省人遭毆打、搶劫、強姦的事例，已大幅度減少。

台北市街頭各式團體積極活動，爭奪政治影響力，包括「台灣民主同盟」、「憂鄉青年團」、「學生自治同盟」、「海南島歸台者同盟」、「學生聯盟」、「興台同志會」、「台灣省警政改革同盟」、「青年復興同志會」、「若櫻敢死隊」、「台灣省政治改革委員會」、「台灣省自治青年同盟」、「海友會」。

高雄「處理委員會」成立，由參議會議長彭清靠（1890-1955）擔任主任委員，高雄中學成立民兵指揮總部，由涂光明（1912-1947）擔任總指揮。

台南「處理委員會」推選省參議員韓石泉（1897-1963）擔任主委，市參議會議長黃百祿、台南三民主義青年團主任莊孟侯兩人擔任副主任委員。

但其他縣市仍處於政變鬥爭的無政府狀態。

上午十時，陳漢平與劉傳能分別向政府軍和民兵傳達嘉義《停戰命令》。

下午二時，困守嘉義機場的政府軍獲得飛機空投的補給品。

下午三時，嘉義市二二八事件處理委員會委員劉傳能、許世賢、張岳楊把《停戰命令》送達嘉義水上機場。

嘉義二二八民兵與來自台中、竹山、斗六、新營、鹽水港等地民兵，向嘉義水上機場發動總攻擊，佔領水源與發電廠，切斷機場水電。原住民民兵也在湯守仁指揮下參與攻擊機場。雙方僵持到3月8日，嘉義幾乎是戰況最激烈的城市。

國防部保密局台北諜報站急電該局副局長毛人鳳，指台北電台被民眾攻佔，「外省人死傷達萬人」。國防部保密局是原軍事委員會的調查統計局，簡稱「軍統局」改制完成的，當時的局長是鄭介民，台灣地區負責人陳達元是福建漳浦人，特派員劉戈青是雲林斗六人。這份電報說電台被攻占是事實，但說外省人「死傷」達萬人，沒分清楚「死」和「傷」，就跟台獨派人士說，本省人「死亡」達萬人，都是誇大不實的說法。

下午，台北的「處理委員會」決議派陳逸松、王添灯、吳春霖、黃朝生等人赴南京陳情。

南京國民政府已決定派兵鎮壓，蔣介石電陳儀：「已派步兵一團、憲兵一營，限本月七日由滬啓運。」參謀總長陳誠命令政府軍整編二十一師連夜趕赴上海準備搭船赴台灣。

南京民國政府的「國防最高委員會」首度就二二八事件召開會議，對二二八事件已發生一週，陳儀仍隱匿消息，未向內政部、行政院、國防最高委員會報告，非常震怒，會議主席孫科痛批陳儀：「陳長官非撤職不可」，成為會議結論。

■ **3月6日上午**

台北市區內商店恢復開市，恢復交通，學校恢復上課。

台北至新竹的鐵路交通也恢復。

基隆、淡水、新莊交通秩序也恢復。

但其他地區的外省人持續躲藏，被發現仍被毆辱，火車廂內外省人被發現，會遭毒打拋出窗外。

宜蘭「處理委員會」推選郭章垣擔任主任委員。

上午，陳儀向蔣渭川等12名代表強調，必須遵守兩大原則：「1、台灣必須永爲中華民國之台灣，2、台灣必須不爲共產黨之台灣」，但情勢卻迅速惡化。

「二二八事件處理委員會」發表《告全國同胞書》，宣稱目標在肅清貪官污吏，爭取政治改革，不是排斥外省同胞，「部分外省同胞被打，只是出於一時的誤會，我們覺得很痛心」，卻故意隱瞞外省人死傷慘重的事實。

但另一方面，王添灯命令許德輝的「忠義服務隊」積極招兵買馬，擴大組織，武裝民兵。

陳金水、陳學遠、蔣時欽、張武曲、林士山等人領導的「台灣省自治青年同盟」，亦積極擴大民兵陣容。

「處理委員會」號召遠征海南島、南洋群島、新加坡、中國東北的台籍海陸日本兵、軍械技工到中山堂集中登記，組織二二八民兵，由白成枝領導，在老松國小和太平國小集訓。

「處理委員會」還下令台北市的旅館不准收留外省旅客居住。

武力奪取政權，攻佔行政長官公署的準備，正一步步往內戰的局面發展。

謝雪紅的「人民大隊」將八個鄉鎮民兵部隊與學生部隊、原住民部隊合併，別立品牌，取名「二七部隊」，紀念2月27日的查緝私菸引發暴動的事件。「二七部隊」的成員大多是海南島、菲律賓、紐西蘭遣送回台的台籍日本兵，有日本陸軍、海軍志願兵或學徒兵。「部隊長」鍾逸人曾任「日本陸軍囑託」、嘉義三民主義青年團的組訓股長、《和平日報》記者，「警備隊長」（獨立治安隊長）黃金島是

「日本海軍陸戰隊員」，「參謀長」及埔里隊隊長黃信卿是「日本關東軍陸軍少尉」，何集淮與蔡伯勳領導台中商業學校學生隊，呂煥章領導台中師範學校學生隊，林大宜領導台籍日本兵及延平學院學生隊，陳明忠領導霧社原住民組成的突擊隊，宣傳部長是蔡鐵城，「總指揮」是謝雪紅。

陳儀電請蔣介石派兵來台，蔣介石召見整編二十一師師長劉雨卿安撫，因為劉雨卿和陳儀曾有衝突。

陳儀與政府軍的關係其實非常惡劣，1945年由林雲儔率領的七十二軍1.2萬人從福建來台駐紮，林雲儔的七十二軍是廣東部隊，兵員大多是拉夫而來的，文化素質不高，軍紀渙散，讓台灣人搖頭嘆息。林雲儔跟陳儀的浙江系軍人老是齟齬，陳儀指控七十二軍的軍紀太壞，林雲儔指控陳儀縱容官員貪污。陳儀要南京國防部調走七十二軍，林雲儔要南京行政院撤換陳儀，兩人水火不容。

1946年10月25日蔣介石來台參加台灣光復一週年典禮時，就問陳儀可否把台灣島的駐軍調回大陸參加國共內戰，陳儀順勢回答可以全部調走。最後，蔣介石犯了大錯，支持陳儀，調走林雲儔的七十二軍，改派劉雨卿的整編二十一師駐紮台灣島。陳儀擔心劉雨卿成為山頭，尾大不掉，要劉雨卿僅派一個獨立團來台駐紮即可，其餘二十一師的部隊仍然駐紮在江蘇昆山，劉雨卿自然不是滋味。陳儀的目的是想在台灣島培養他自己的親信保安部隊，掌控一元化的軍政權力。結果台灣島爆發二二八暴動，且已演變成武力政變，陳儀才要劉雨卿其餘部隊來台鎮壓，劉雨卿當然不情願，蔣介石只好出面安撫。

蔣介石電陳儀：「政治上可以退讓，盡可能地採納民意，但軍事上則權屬中央，一切要求均不得接受。」

南京民國政府「國防最高委員會」則決議：派大員宣慰、改制省政府、提拔本省人。

嘉義市駐軍營長羅迪光、軍方代表陳漢平赴嘉義市二二八事件處理委員會與陳復志協調。

■ 3月6日下午

下午二時，「二二八事件處理委員會」舉行大會，選舉林獻堂、陳逸松、李萬居、連震東、林連宗、黃國書、周延壽、潘渠源、簡檉堉、徐春卿、吳春霖、王添灯、黃朝琴、黃純青、蘇維果、林爲恭、郭國基等17人爲「常務委員」，但王添灯成爲實際領導人。大會並決議派員接管台灣銀行，強力管控已於4日及5日接管的台灣郵電管理局和公路局。

大會並通過土添灯找台灣共產黨員蘇新、潘欽信草擬的《處理大綱三十二條》，第一條即解除全台各地政府軍武裝，武器交給「處理委員會」接管，爲武力接管「行政長官公署」做準備。第六條稱「政府之一切施策，（不論軍事、政治）須先與處理委員會接洽」；第十二條要求撤銷警備總司令部；第十五條要求省政府主管的任命要經省參議會同意，省參議員的遴選要經「處理委員會」的同意，這等於「處理委員會」是台灣省政府的太上政府，也等於「處理委員會」政變全面勝利。

這時高雄情勢卻爆出意外，高雄民兵頭子涂光明、曾豐明、林界率同高雄市長黃仲圖、參議會議長彭清靠進入高雄要塞談判，要求解除武裝，傳聞涂光明拔槍脅迫彭孟緝繳械，失敗被捕。涂光明曾是汪精衛傀儡政權手下的特務，不是年輕學生，但領導以高雄中學爲基地的學生民兵。彭清靠是彭明敏的父親，台灣島上的超級大地主，擁有土地440甲，也是高雄三民主義青年團的總幹事。

要塞司令彭孟緝判定情勢緊急，必須主動出擊，不顧陳儀禁令，隨即率軍隊下山，進攻被二二八民兵佔領的高雄市政府及火車站，沿途掃射企圖阻擋政府軍前進的群眾和民兵，迅速收復被民兵佔領的高雄市政府、高雄中學和高雄火車站。在高雄市政府內的「處理委員會」人員和民兵，有40人被擊斃，受傷80多人。黃仲圖市長事後向楊亮功提書面報告「高雄市228事件報告書」稱：「合計死125人，傷85人」。

下午，王添灯廣播《二二八事件處理大綱》，即《處理大綱三十二條》。

晚上八時三十分陳儀廣播，已請示蔣介石讓台灣省成立省政府、省議會，盡量由本省人擔任要職；並宣佈7月1日起縣市首長直接民選。

黃朝琴電蔣介石：「台北民衆暴動實緣省署施政有失民心，積怨所致。」

中統局報告：「參加台灣暴動者多屬前日軍徵用之海外歸來浪人，全台約計十二萬人，投機者蔣渭川、王添灯等主張大台灣主義。」

晚間，國民黨台灣省黨部主委李翼中廣播：「此次事件，……動機出於愛國、愛省，本黨實至表同情。」顯見當時國民黨省黨部跟陳儀政府是不同掛的。7日，李翼中飛抵南京，9日直接向國防部長白崇禧建議撤換陳儀，李翼中主張「先易長，後宣慰」，並說：「台人厭之矣，如愛陳儀不如速爲去也。」李翼中代表國民黨部的立場，對白崇禧指稱如果軍方這麼愛護陳儀，就應該盡快把陳儀撤職。

但是情勢的惡化，還是被《民報》社長林茂生看出來。林茂生說：「台灣人一定會被消滅，我不知道如何防止這事發生，台灣人實在把事情鬧大了，政府與大陸人都想報復。」陳儀的報復後來發生了，但報復範圍被楊亮功、白崇禧、蔣介石制止住。

南京民國政府「國防最高委員會」再度就二二八事件召開會議，作出結論：廢行政長官制，改設省政府，派大員宣慰，省政府啓用台灣本地人。這是蔣介石後來指派楊亮功、白崇禧來台的起因。

陳儀面對這個壓力，自行呈電蔣介石，也主張改組爲省政府，但不打算去職，要留下來負責改組省政府。

《處理大綱三十二條》全部內容如下：

（一）對於目前的處理

1. 政府在各地之武裝部隊，應自動下令暫時解除武裝，武器交由各地處理委員會及憲兵隊共同保管，以免繼續發生流血衝突事件。

2. 政府武裝解除後地方之治安，由憲兵與非武裝之警察及民眾組織，共同負責。

3. 各地若無政府武裝部隊威脅之時，絕對不應有武裝行動，對貪官污吏不論其為本省人或外省人，亦只應檢舉，轉請處理委員會協同憲警拘拿，依法嚴辦，不應加害，惹出是非。

4. 對於政治改革之意見，可條舉要求條件，向省處理委員會提出，以候全盤解決。

5. 政府切勿再移動兵力或向中央請遣兵力，企圖以武力解決事件，致發生更慘重之流血而受國際干涉。

6. 在政治問題未根本解決之前，政府之一切施策，（不論軍事、政治）須先與處理委員會接洽，以免人們懷疑政府誠意，發生種種誤會。

7. 對於此次事件，不應向民間追究責任，將來亦不得假藉任何口實拘捕此次事件之關係者。對於因此次事件而死傷之人民，應從優撫恤。

（二）根本處理

甲：軍事方面
1. 缺乏教育和訓練之軍隊，絕對不可使駐台灣。
2. 中央可派員在台徵兵守台。
3. 在內陸之內戰未終息以前，除以守衛台灣為目的之外，絕對反對在台灣徵兵，以免台灣陷入內戰漩渦。
4. 本省陸海空軍應盡量採用本省人。
5. 警備司令部應撤銷，以免軍權濫用。

乙：政治方面

1. 制定省自治法為本省政治最高規範，以便實現國父建國大綱之理想。

2. 縣市長於本年六月以前實施民選，縣市參議會同時改選。

3. 省各處長人選應經省參議會（改選後為省議會）之同意，省參議會應於本年六月以前改選，目前其人選由長官提出，交由省處理委員會審議。

4. 省各處長三分之二以上須由在本省居住十年以上者擔任之（最好秘書長、民政、財政、工礦、農林、教育、警務等處長應該如是）。

5. 警務處長及各縣市警察局長應由本省人擔任，省警察大隊及鐵道、工礦等警察即刻廢止。

6. 法制委員會委員須半數以上由本省人充任，主任委員由委員互選。

7. 除警察機關之外不得逮捕人犯。

8. 憲兵除軍隊之犯人外不得逮捕人犯。

9. 禁止帶有政治性之逮捕拘禁。

10. 非武裝之集會結社絕對自由。

11. 言論、出版、罷工絕對自由，廢止新聞發行申請登記制度。

12. 即刻廢止人民團體組織條例。

13. 廢止民意機關候選人檢覈辦法。

14. 改正各級民意機關選舉辦法。

15. 實行所得統一累進稅、奢侈品稅、相續稅不得徵收任何雜稅。

16. 一切公營事業之主管人由本省人擔任。

17. 設置民選之公營事業監察委員會，日產處理應委任省政府全權處理，各接收工廠礦應置經營委員會，委員須過半數由本省人充任之。

18. 撤銷專賣局，生活必需品實施配給制度。

19. 撤銷貿易局。

20. 撤銷宣傳委員會。

■ 3月7日

中南部的武鬥學生民兵佔領虎尾機場，攻擊濁水溪下游的政府軍。

彭孟緝部隊攻克高雄中學民兵基地，救出高雄中學臨時集中營內兩千餘名外省人。

彭孟緝部隊釋放3月6日拘捕的市長黃仲圖、議長彭清靠。

新竹縣成立「處理委員會」推選黃運金擔任主任委員。

陳復志指揮的嘉義市民兵和湯守仁指揮的原住民民兵進攻紅毛埤彈藥庫，政府軍敗退，敗退前銷毀彈藥庫武器。政府軍保護一批外省的婦女及兒童，逃亡嘉義水上機場。

王添灯領導「處理委員會」再通過《處理大綱四十二條》，第一條仍為解除政府軍武裝。晚上六時三十分，王添灯廣播《處理大綱四十二條》的內容。

「二二八事件處理委員會」卻因此分裂為「溫和派」、「中間派」、「激進派」。「溫和派」的蔣渭川反對《處理大綱四十二條》，宣佈退出「二二八事件處理委員會」。

「激進派」的王添灯、呂柏雄、許德輝、陳金水、顏欽賢秘密準備提前於3月10日以武力接管「行政長官公署」，再籌設「台灣省民主自治臨時政府」，由王添灯擔任「政府主席」、顏欽賢任「工礦處長」、林宗賢任「財政處長」、陳金水任「軍政處長」、呂伯雄任「民政處長」、蘇新任「農林處長」、林日高任「警務處長」，電請謝南光回台任「教育處長」。

《處理大綱四十二條》是在《處理大綱三十二條》外再追加十條。

「外加十條」如下：

1. 本省陸海軍應盡量採用本省人。
2. 警備總司令部應撤銷，以免軍權濫用。
3. 限至三月底台灣行政長官公署應改為省政府制度，但未得中央核准前，暫時由二二八事件處理委員會之政務局負責改組，用普選公正賢達人士充任之。
4. 處委會之政務應於3月15日以前成立，其產生方法，由各鄉鎮區代表選舉該區候選人一名，然後再由該縣市轄參議會選舉之。其名額如下……（略）
5. 勞動營及其他不必要機構，廢止或合併，應由處委會政務局檢討決定之。
6. 日產處理事宜，應請准中央劃歸省政務局自行清理。
7. 高山同胞之政治經濟地位及應享之利益，應切實保障。
8. 本年6月1日起，實施勞動保護法。
9. 本省人之戰犯及漢奸嫌疑被拘者，要求無條件即時釋放。
10. 送與中央食糖十五萬噸，要求中央依時估價，撥歸台灣省。

最特別的是外加第三條和第四條，要在3月15日以前成立「處委會政務局」，負責改組「行政長官公署」，這兩個條款使原本已甚囂塵上的王添灯計畫全面政變的傳聞，更間接獲得證實：「處理委員會」即將在3月15日前以武力接管台灣島政權。

事後參與其事的台灣共產黨員蘇新等人說，外加這十條是陳儀派特務混入「處理委員會」，起鬨追加以便作為「處理委員會」叛亂的證據，這是互相怪罪的推卸之詞。試想如果陳儀僅靠特務滲入「處理委員會」就能做出這麼重大的決議，陳儀哪會在全台灣島所有的「處理委員會」都失控。蘇新等人的說法不值得探信，何況蘇新參與起草的《三十二條處理大綱》，就陳儀的立場來看，已涉及叛亂，不差這外加十條。任何指控二二八事件是陳儀特務操縱的，跟指控二二八事

件是中國共產黨運作的，都是亂中無緒的說法。當時參與二二八事件
爭奪政權的共產黨員是台灣共產黨員，不是中國共產黨員。

　　晚間六時三十分，王添灯廣播《三十二條處理大綱暨十項要
求》。

　　晚上八時，陳儀拒絕接受《處理大綱四十二條》。

　　陳儀電蔣介石：「奸匪搜繳武裝，日本御用紳士煽動，退伍軍人
（指台籍日本兵）反對政府，擬請除派二十一師全部開來外，再加開
一師，至少一旅，並派湯恩伯來台指揮。」陳儀到了這個時刻，還在
擔心劉雨卿會跟他有心結，要湯恩伯來台指揮劉雨卿的部隊，湯恩伯
算是陳儀的門生。

　　蔣介石回電：「二十一師直屬部隊與第一個團本日正午由滬出
發，約十日晨可抵基隆。」

　　《處理大綱四十二條》一經公佈，陳儀政府許多高官已備好飛
機，準備隨時可以撤離台灣島。基隆和高雄的海關部分高幹也早已遷
移至福州辦公，台灣航業公司也由台北遷至基隆，並備妥船隻，緊急
時可撤離台灣島。

　　陳儀秘密下令集中台北市所有政府軍待命，柯遠芬也秘密準備再
度戒嚴。

　　晚上十時，基隆衛兵開槍鎮壓企圖攻佔基隆港務局、基隆市政府
的二二八民兵。

　　晚間，蔣介石在3月7日的日記寫著：「本日全為台灣暴動。自上
月廿八日起，由台北延及至全台各縣市，對中央及外省人員與商民一
律毆擊，死傷已知者達數百人之眾，陳公俠不事先預防又不實報，及
至事態燎原乃始求援，可歎！特派海、陸軍赴台增強兵力，此時共匪
組織尚未深入，或易為力，惟無精兵可派，甚為顧慮。善後方策尚未
決定，現時惟有懷柔。此種台民初附，久受日寇奴化，遺亡〔忘〕祖
國，故皆畏威而不懷德也。」

　　蔣介石認為陳儀的責任是「不事先預防又不實報，及至事態燎原

乃始求援」，顯然蔣介石對台灣島的狀況瞭解有限，但蔣介石也知道陳儀說謊「不實報」及「共匪組織尚未深入」。

■3月8日

上午十時，在台北市被專賣局查緝員傅學通開槍誤擊死亡，引發二二八事件的陳文溪出殯，據說有數千人前往致哀。

《中央社》八日電：「忠義服務隊及青年學生，三日來日夜搜查此間外省人之住宅。彼輩聲稱『搜查民間槍枝』，然文件亦在檢查之列，並公開掠取金錢、手錶、衣服、物品而去。且恆整街搜查，甚至有一住宅竟被搜劫四次以上。彼輩除掠劫外，同時製造恐怖行為。」

謝雪紅、鍾逸人的「二七部隊」馳援嘉義民兵，攻擊嘉義飛機場，山線鐵路戰事更加激烈，全線停駛。

南京民國政府的軍統局台籍幹部蔡志昌等40餘人遭民兵逮捕、拘押、毒打。軍統局跟陳儀政府原本也不對盤，但民兵的做法卻反使軍統局跟陳儀結合在一起。

下午十二時，閩台監察使楊亮功率憲兵第四營，自福州搭海平艦抵達基隆，但二二八民兵控制港口，在港口邊與憲兵營及基隆要塞司令部的部隊對峙激戰，直到晚上十時楊亮功始能登岸。

下午一時，武裝民兵數十人襲擊高雄要塞，槍戰十幾分鐘。要塞司令彭孟緝揮軍屏東和旗山。

下午二時，武裝民兵攻擊基隆要塞司令部，有2名民兵被擊斃。

下午三時至六時，「中間派」的周延壽、黃朝琴、簡文發等認為《處理大綱四十二條》太冒進，應改修正，提案通過《修正聲明》：「三月七日本會議決提請陳長官採納施行之四十二項條件，因當時參加人數眾多，未及一一推敲，例如撤銷警備總司令部，國軍繳械，跡近反叛中央，絕非省民公意……本會認為改革省政要求，已初步達成，本會今後任務，厥在恢復秩序，安定民生，願我全省同胞速回原位……。」

　　但「激進派」的王添灯、許德輝、顏欽賢、陳金水激烈反對這份《修正聲明》，會後立刻在「日華町國民學校」召集各武裝民兵負責人，秘密舉行會議，準備以武力推翻「二二八事件處理委員會」，改組為「台灣省政改革委員會」。各個武裝民兵負責人更主張，在政府軍未開抵台灣島之前，用閃電戰術，迅速用武力推翻陳儀的行政長官公署，攻佔警備總司令部及各重要機關。但這些激進措施都未能付之實施。

　　中統局及憲兵司令張鎮向蔣介石報告：「暴徒把持台北廣播電台，各軍政機關無人辦公，嘉義、台中發現武裝高山族人。新竹、台南、彰化、花蓮、台東各地仍及混亂。」

　　蔣介石召見二十一師師長劉雨卿，並電陳儀：「二十一師第二團定明（九）日由滬出發。」

　　黃朝琴、李萬居、連震東、黃國書等「處理委員會」委員發表《重大聲明》，表明不同意「四十二條」。

　　警務處長王民寧廣播指出要求政府軍解除武裝，成立「政務局」接管政府已涉及叛亂。

　　晚間十時三十分，陳儀下令展開武力反攻，逮捕在中山堂及日新國小的「二二八事件處理委員會」要員，殲滅二二八民兵部隊。中山橋、圓山公園、東門町、前日本總督府、植物園一帶，機關槍和步槍一排一排響起。

　　台北城內四處響起槍聲。

　　《中央社》九日電：「台北澈夜槍聲未絕，死傷未明。」

　　晚上二十三時，武裝民兵數百人攻擊陳儀的長官公署、軍隊司令部、憲兵隊、圓山汽車修理廠，均遭擊退，是晚圓山出現大批遺屍。有人說這場戰鬥是陳儀佈局演練給楊亮功看的，這說法不可信。因為同一天，高雄及其他各地區的政府軍據點都受到民兵的攻擊，並非獨特稀罕的事件。在台北市攻擊陳儀政府及軍政機構的武裝民兵主要是報復陳儀派兵突擊中山堂的二二八民兵，大多是隸屬於「忠義服務

隊」裡的青年學生。「忠義服務隊」裡的地痞流氓民兵，反而是趁火打劫，兩面討好之輩。

（四）第四階段「政府軍的鎮壓事件」

■ 3月9日

凌晨二時，楊亮功與隨員劉啓　自基隆乘坐憲兵卡車，前往台北，途經七堵與八堵之間，遭夾道兩山間的民兵伏擊，劉啓　被打斷三指，另一憲兵受重傷。楊亮功於凌晨三時半才抵達台北。楊亮功稱武裝民兵配有步槍、手榴彈、小砲。

早上六時，陳儀宣布全台戒嚴，軍憲警全面佈崗。從六時到十二時，台北城內仍然有陣陣密集槍聲。

台灣廣播電台一改每天從早上七時至晚上十二時的廣播放送，靜悄悄無人廣播。到了下午一時，電台突然廣播「撤銷四十二條聲明」，講完又靜寂無聲。

上午，陳儀下令解散「二二八事件處理委員會」，派兵逮捕「二二八事件處理委員會」「首謀人物」，有「處理委員會」的工作人員及民兵近百人被擊斃。

上午，台南市參議會選舉湯德章、黃百祿、侯全成為市長遴選人。花蓮縣參議會選舉張七郎為縣長。

上午十一時，二二八民兵圍攻台灣廣播電台，與軍隊激烈戰鬥，民兵死3人，被俘13人。

陳儀派警備總司令部查封《民報》，搗毀印刷廠，逮捕員工。

嘉義二二八民兵以加農砲攻擊被包圍在水上機場內的政府軍，但操作不當，戰果不佳。

下午二時，台灣廣播電台突然恢復廣播，報導：「基隆於八日下午二時，曾有青年暴徒百餘名，圖攻擊基隆要塞司令部，當與守軍發生激戰，暴徒被擊斃兩名，基隆旋即戒嚴。至台北市區之暴徒，亦於

八日晚十時半分組發動攻勢，與由北投、士林、松山等郊外之暴徒匯合後，即開始向圓山海軍辦事處台北分處襲擊，其他暴徒則分別攻擊台灣供應局倉庫、警備總司令部、陸軍醫院、行政長官公署、台灣銀行等機關，即與守軍發生激戰。」

下午，嘉義市民兵與政府軍各自提出停戰或和平條件。

傍晚，嘉義市政府軍突襲劉厝莊的民兵，民兵13死，1傷。

下午六時，政府軍於台北市圓山地區俘虜武裝民兵20餘人。

劉雨卿率整編二十一師抵達台灣島，主力於晚間登陸基隆，即分兩路進軍，一路在晚間挺進台北市與二二八民兵在市區內四處激戰，另一路挺進宜蘭、蘇澳，攻向花蓮。

（五）第五階段「陳儀報復清算事件」

從3月10日至16日陳儀政府以懲治叛亂為由，藉機整肅「政敵」，大肆逮捕槍決與二二八事件有關的人士，有些是涉及武力暴動，有些真的涉及爭奪政權的「叛亂」，但不少是證據錯誤，甚至是挾怨報復的冤案。

■ 3月10日

政府軍部隊集結台北時，市區內並未遭遇任何反抗，二二八民兵化整為零，隱蔽無蹤。

基隆要塞司令部要求八堵車站交出3月1日殺害士兵，綑綁軍官，毆傷官兵的員工名單，站長李丹修拒絕。

中午時，從上海開抵基隆港的劉雨卿部隊的四三八團於靠岸時，遭遇民兵和民眾阻擾，四三八團與基隆要塞部隊合力驅散，民眾和民兵多人傷亡。

嘉義二二八民兵與政府軍繼續交火對峙，政府軍的援兵抵達嘉義，下午「處理委員會」提出議和，政府軍拒絕。

原住民湯守仁率領的鄒族民兵撤回山上，其他縣市支援的民兵部

隊也撤退。

蔣介石在「總理紀念週」講話，首度提及二二八事件，認爲台籍日本兵及共產黨員趁機煽惑暴動。蔣介石的談話是符合部分事實，但卻沒明講「趁機」是趁什麼「機」？也沒講清楚「共產黨員」是台共或中共。

台灣共產黨員除了謝雪紅，並無其他人發揮太大作用。雖然中國共產黨在1945年8月即派蔡孝乾爲「台灣省工作委員會委員兼書記」，稱「省工委兼書記」，洪幼樵任「省工委兼宣傳部長」，張志忠任「省工委兼武裝部長」。但這些幹部在二二八事件都起不了太大作用。張志忠、蔡建東組織「自治聯軍」，有北港隊隊長許木、新港隊隊長小林、朴子隊隊長老張、嘉義隊隊長蔡建東、小梅隊隊長陳日新及簡吉，共約200人，接收北港、朴子警察局槍枝。3月4日攻擊虎尾機場，5日協助攻擊嘉義水上機場，15日潰散。

除謝雪紅外，台灣共產黨幹部的作用應該是補助性的，例如「二二八事件處理委員會」的要角王添灯是「主席團主席、常務委員兼宣傳組長」，曾擔任《人民導報》、《自由報》社長，他的秘書潘欽信，他的摯友也是省參議員林日高，他的幕僚《自由報》的記者蕭來福、蔡慶榮、蘇新都是台灣共產黨員，但王添灯本人不是。

政府軍展開各地搜查武裝民兵的工作。

陳儀趁機對「政敵」展開清算報復，林連宗、李瑞漢、李瑞豐遭憲兵逮捕失蹤。高雄岡山三民主義青年團團長也是長老教會牧師蕭朝金、台大學生余仁德被認爲以民兵控制岡山地區，遭逮捕處死。

台北市在二二八事件中反對陳儀的媒體，如《人民導報》、《中外日報》、《大明報》、《重建日報》、《國是日報》全被陳儀派兵查封。《國是日報》是國民黨台灣省黨部的報紙，也不能倖免。陳儀命令所有新聞雜誌書報都要經警備總司令部檢查。

《和平日報》是二二八事件時，反對陳儀政府立場最明顯的主要媒體，但《和平日報》是南京民國政府國防部的直屬報社。《和平日

報》〈台灣版〉由浙江籍的李上根擔任發行人兼社長，於1946年5月5日在台中成立發行。《和平日報》的記者是二二八事件後遭陳儀清算最慘重的媒體，死亡者有：張榮宗、羅金成；遭長期羈押者有：鍾逸人、劉占顯；遭短期羈押者有：蔡鐵城、張岳楊、林永杰、李上根、楊逵；逃亡者有：楊克煌。張岳楊留下3月2日至25日的日記，為本書所載錄。

國民黨部中統局事後密報蔣介石說：「九、十兩日國軍絡續開到，警察及警備部軍士即施行報復手段，毆打及拘捕暴徒，台民恐慌異常。……陳長官十日令憲兵……秘密逮捕國大代表林連宗、參議員林桂端、李瑞峰，及奸偽首要曾璧中等。」可見陳儀的行徑連國民黨部所屬的情報機構中央調查統計局「中統局」都看不下去。

■ 3月11日

基隆的《自強報》、高雄的《國聲報》、花蓮的《東台日報》、南京政府國防部在台灣島發行的《和平日報》都全被陳儀下令封閉。

上海的《大公報》和國民黨的《中央日報》寄達台灣島時，要先經陳儀的警備總司令部檢查、塗黑才能發放。

國民黨在台灣島發行的《中華日報》只能在台南發送，不准運至其他地區，尤其不准運至台北市。

《民報》社長吳春霖、《重建日報》社長蘇泰皆、《中外日報》董事長林宗賢、《大明報》社長艾璐生及總編輯馬銳籌、主筆王孝國、編輯陳遜桂、記者文野全遭逮捕。

國民黨省黨部宣傳處長林紫貴也遭羈押，陳儀政府所屬的《新生報》社長李萬居亦遭打得頭破血流。

上海《大公報》駐台辦事處遭封閉，北京上海駐台記者紛紛藏匿起來。

劉雨卿部隊的司令部及四三六團於拂曉時抵達基隆，即開赴桃園、新竹，且於下午肅清台北市二二八民兵，晚間空運一營兵力去嘉

義機場解除被民兵包圍的政府軍。

基隆要塞司令部駐澳底指揮官史國華率30多名士兵包圍八堵車站，擊斃車站員工5人，押走站長李丹修、副站長蘇水木、許朝宗及員工9人，下落不明。許朝宗是演藝人員許效舜的祖父。

王添灯遭政府軍憲兵隊逮捕，立即被處決。王添灯是陳儀認定的三十位「二二八首惡」的第一人。

《民報》創辦人也是台灣大學教授林茂生、《人民導報》社長宋斐如、《台灣新生報》總經理阮朝日和總編輯吳金鍊被捕失蹤。台灣信託董事長陳炘、醫師施江南、台北市參議員黃朝生、徐春卿、李仟貴、陳屋被捕失蹤。淡水中學校長陳能通、新竹檢察官王育霖被捕失蹤。

林茂生（1887-1947）是屏東人。東京大學畢業，美國哥倫比亞大學哲學博士，專攻中國哲學和王陽明思想，1945年協助接收台灣大學，被任為文學院院長。又出任《民報》社長，抨擊陳儀政府，陳儀懷恨在心。1947年林茂生參與「二二八事件處理委員會」，但並不積極，但陳儀認定向美國領事館遞交的《台獨請願書》是英文最好的林茂生所撰寫，下令秘密逮捕槍決，並製造失蹤假象。其間楊亮功搶救不及，林茂生可說是二二八事件的冤枉受難者。

原本是日本人的台南市民兵負責人湯德章（新居德章）被逮捕槍決。

湯德章（1907-1947）原本是日本人，父親是「坂井德藏」，擔任日本殖民台灣島的警察派出所主管，後改名「新居德藏」。坂井德藏奉令消滅　吧年事件余清芳的抗日部隊，反被余清芳部隊所殺。湯德章的本名叫「坂井德章」，母親是台南新化的鄒族原住民名叫「湯玉」。湯德章在父親死後，改從母姓叫「湯德章」，先就讀台南師範學校，轉讀台北警察學校，繼承父親的警察職業，擔任日本警察，後返回日本投靠叔父，改讀日本中央大學法律系，畢業返回台灣島當律師。日本戰敗後，以其母姓選擇歸化當中國人，未被遣返戰敗破落的

日本。二二八事件時，湯德章擔任台南市的民兵領導人，參與武裝政變，成功奪取台南市地方政權，其後被推為台南市長遴選人，加上日本人的身分，被陳儀敵視而槍斃。

林宗賢、郭國基遭監禁，蔣渭川在國民黨省黨部指導員楊鑫茲、組訓處長徐白光掩護下，逃亡藏匿，躲過一劫。

晚間，陳復志、陳澄波、潘木枝、柯麟、盧炳欽、劉傳能、劉傳來、邱鴛鴦、林文樹等人代表「二二八事件處理委員會」及民兵部隊，赴嘉義水上機場找政府軍「和平談判」被逮捕。只有劉傳能、劉傳來、邱鴛鴦、林文樹被釋回。陳澄波是嘉義三民主義青年團的幹事，也是市參議員，盧炳欽是青年團的書記。

陳澄波（1895-1947）是嘉義人。1924年入東京美術學校就讀，1926年以〈嘉義街外〉油畫聞名全台。1929赴上海任教，1933年返台，1946年加入國民黨，並當選嘉義市參議員。1947年參加嘉義「處理委員會」，參與民兵工作被槍決。2002年陳澄波的畫作〈嘉義公園〉在香港佳士得拍賣579.4萬港幣，2006年〈淡水〉畫作在香港蘇富比拍賣3,484萬港幣，2007年〈淡水夕照〉在香港蘇富比拍賣5,073萬港幣。

下午五時許，有飛機在台北上空，散發蔣介石的聲明，表示寬大處理參與二二八事件的學生和民眾。

陳儀的台灣省警備總司令部公告：「凡有軍警及人民，於戒嚴期間，尋仇報復，及搶掠姦淫者，經授權憲兵張團長，准予就地正法。」但陳儀自己就是那個「尋仇報復」的人。

■ 3月12日

劉雨卿率政府軍進攻桃園、新竹、台中，且空運部隊到嘉義機場，被民兵包圍的政府軍因此解圍，救出所有被拘禁在嘉義國民黨市黨部、市參議會、中山堂的外省人。

在中部，謝雪紅率「二七部隊」民兵撤退至南投，改稱「台灣

民主聯軍」，四處搜索外省人。「二七部隊」原先想控制日月潭發電廠，萬一兵敗，還可退入霧社或中央山脈。

南投的外省人紛紛逃亡，南投埔里菸酒配銷商謝添發將埔里酒廠廠長李正籌等30多位福建福州籍的員工及眷屬，收容在「烏牛欄社」附近的古厝「寶樹堂」，距3月16日「烏牛欄戰役」地點只有100公尺。埔里醫生童江立替「二七部隊」搜索外省人藏匿處，後來變換立場，嚮導政府軍進入南投埔里。「烏牛欄社」（Aoran）原本是台中豐原的平埔族村社，1814年郭百年事件後，遷徙至南投埔里。

「二七部隊」在南投四處宣傳，企圖說服地方頭人，或獲得原住民協助，都吃閉門羹，士氣開始瓦解。

在北部，政府軍進入瑞芳山區搜查民兵，進入淡水搜查淡水中學。有6名憲警人員進入忠義服務隊總隊長許德輝的「互正公司」抓捕許德輝，許德輝逃逸，兩名忠義服務隊員賴金圳、惠澤當場被擊斃。許德輝一方面是台北市大流氓，一方面搞民間和地下金融，經營「互正公司」，就是台灣島式的合會儲蓄公司，該公司後來與「台北區合會儲蓄公司」合併，最後輾轉併入永豐銀行。

嘉義市駐軍營長羅迪光率兵進入市區，有嘉義仕紳在嘉義市政府前列隊歡迎。

在南部，政府軍在屏東逮捕槍決「處理委員會」召集人葉秋木。葉秋木是屏東市參議會副議長，也是三民主義青年團屏東分團部的總務股長。

蔣介石宣布特派國防部長白崇禧赴台宣慰，並調查二二八事件發生原因。但白崇禧疑遭陳儀藉辭拖延，直到3月17日才成行。白崇禧的隨行人員中有位37歲的年輕人叫蔣經國，這是蔣經國首度踏上台灣島，他當時一定沒想到，他這輩子最大的成就，將是在台灣島施展他的政治領導才能。

陳儀的台灣省警備總司令部公告：「在全省戒嚴期間所有『二二八處理委員會』經飭一律撤銷，以後如有此類組織，准由各地

駐軍解散之，除電令各地駐軍執行外，特再公告週知。」這是陳儀式軍事統治台灣島的宣告，但南京民國政府要撤職查辦陳儀的聲浪，從3月5日開始到今日，越來越大。

《台灣新生報》總經理阮朝日和總編輯吳金鍊遭陳儀派人逮捕，立即押赴台北市六張犁公墓槍決，罪名是兩人於3月8日秘密召集報社各單位代表舉行「改進促進會」，企圖奪取報社控制權，陰謀叛亂。但本案的事證、罪名、處刑，都不符比例原則。

■ 3月13日

劉雨卿率政府軍進入台中，在市區鎮壓民兵，攻克彰化，進駐嘉義，與嘉義空運部隊會合，攻克台南、高雄。

困守嘉義水上機場的政府軍，重回嘉義東門町軍營。

高等法院法官吳鴻麒遭兩名便衣人士強行押走，法院攔阻無效，報請柯遠芬調查，柯遠芬回覆查無結果。吳鴻麒與二二八事件完全無關，疑似遭狹怨趁機報復的冤案受難者。

下午五時，蔣介石電陳儀：「陳長官。請兄負責應嚴禁軍政人員施行報復否則以抗令論罪。中正。」但陳儀仍然照常「施行報復」，只是收斂許多。

■ 3月14日

政府軍攻克屏東，同時也在南投埔里與「二七部隊」民兵接戰。

政府軍在雲林斗六與陳篡地率領的民兵激戰，4月6日陳篡地的民兵部隊瓦解，但陳篡地有越南作戰的經驗，續打游擊戰，雙方纏鬥至5月16日，史稱「小梅、樟湖之役」。陳篡地兵敗逃亡，躲藏至1952年才被捕，但在蔣介石寬大政策下，1953就獲釋，續行醫至1986年去世。

陳篡地（1907-1986）是彰化人，也是謝東閔（1908-2001）就讀台中一中的同學，留學大阪醫專，具左派思想，曾加入日本共產黨外圍組織，回台後在雲林行醫。第二次世界大戰期間被日本殖民政府徵召

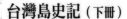

為軍醫，赴越南當侵略者，卻在越南脫離日本軍隊，輾轉加入胡志明的「越南建國同盟」，與胡志明的部隊並肩作戰，習得游擊隊的軍事技能。陳篡地從胡志明部隊取得「兩把自動步槍、三把騎兵步槍、兩箱手榴彈、一架擲彈筒」，返回台灣島。二二八事件發生時，陳篡地利用這些武器彈藥組織「斗六隊」民兵，攻打虎尾機場。劉雨卿的政府軍與陳篡地的民兵在雲林斗六爆發街頭戰，陳篡地兵敗，退往嘉義梅山鄉及雲林古坑鄉樟湖村附近山區打游擊，直到5月16日才結束。梅山鄉古稱「小梅」。

■ 3月15日

二二八民兵的武裝行動，從攻勢轉為守勢，再轉為頹勢，較正式的戰鬥只剩下政府軍與謝雪紅、鍾逸人的「二七部隊」民兵在日月潭激戰。

台北市警察局刑事警員陳清池、凌水詳、林銀波報稱：「奉令前往南港地方偵查被槍殺死屍八具，係3月15日深夜12時許，南港橋邊忽聽槍聲數發，次晨發現死屍八具，死者是台灣省高等法院推事吳鴻麒49歲、台灣省專賣局煙葉公司委員林旭屏44歲、華美醫院醫師鄭聰47歲、新莊豆干商周淵過26歲、林定枝23歲，姓名不詳死者有：日本人約40歲、不明者約20歲、不明者約34歲。」這八人死因究竟是何人所為，八人之間又有何關聯，經楊亮功、白崇禧先後下令調查，始終查不出結果。

蔣介石親自下令調查吳鴻麒案，亦無結果。國民黨主席吳伯雄是吳鴻麒的侄子，吳伯雄的父親吳鴻麟是吳鴻麒的孿生兄弟。

■ 3月16日

「二七部隊」民兵在鍾逸人、黃金島率領下與政府軍爆發「烏牛欄之役」，民兵獲勝，政府軍近100人陣亡，但到晚間原住民不支持，民兵宣告解散。謝雪紅以「保存實力」為由，丟下「二七部隊」逃到高雄港，經海軍技術員教官蔡懋棠協助，搭上政府軍艦逃離台灣島。

政府軍則與陳纂地領導的民兵在嘉義梅山激戰。

　　鍾逸人是台中人，1921年生，1941年考上東京外語學校，卻因反日言論入獄。1943年返台，擔任日本軍隊的臨時雇員，並升任正式的「專員」，職稱是「陸軍囑託」。鍾逸人奉日軍指派擔任密探，藉機熟識王添灯、謝雪紅、連溫卿、林日高、王萬得、蘇新等台灣共產黨員或左派人士。日本技術性文職人員分為「技師」、「囑託」、「技手」等三級。鍾逸人以外語能力擔任「囑託」，並非具有軍事專業。1945年日本無條件投降，鍾逸人參加三民主義青年團，1946年任嘉義樂野國小校長，兼任《和平日報》嘉義分社主任。1947年3月2日參加謝雪紅舉辦的「台中市民大會」，3月3日鍾逸人找台中師範學生組成「民主保衛隊」的民兵組織，擔任「部隊長」，被謝雪紅改組為「人民大隊」，續任「部隊長」。3月6日謝雪紅將「人民大隊」與其他民兵部隊合併為「二七部隊」，鍾逸人仍續任「部隊長」。4月23日鍾逸人被捕，適逢蔣介石的寬大政策，未被處以死刑，判十五年徒刑，1962年出獄。1988年出版回憶錄《辛酸六十年》，2009年出版《火的刻痕》作為《辛酸六十年》的續集，2014年撰寫陳纂地的傳記《此心不沉》，獲得多項文學獎項。

　　黃金島是台中人，1926年生，1942年參加日本海軍志願兵，參戰海南島侵略中國。1945年戰後被關進戰犯集中營，卻順利脫逃回台。適巧二二八事件爆發，加入謝雪紅的「二七部隊」，任「警備部隊」隊長，率兵於烏牛欄戰役戰勝。不久「二七部隊」解散，逃亡六年，卻順利報名參加政府軍徵召的海軍陸戰隊。1952年身份暴露被捕入獄，1975年出獄。黃金島與鍾逸人相同，都是台籍日本兵有參與侵略中國的罪嫌，在二二八事件時，又參加民兵組織以武力發動政變，卻在蔣介石的寬大政策下，未被處死。

　　政府軍與雲林斗六民兵展開街道戰，民兵敗退，撤往古坑鄉樟湖村，佔據樟湖國小和樟湖警察派出所。

■ **3月17日**

政府軍擊潰二二八民兵及原住民部隊，攻占南投埔里及整個花蓮。

嘉義市附近的小梅、溪口、新港、朴子、北港續有民兵與政府軍戰鬥。

宜蘭二二八事件處理委員會主任委員也是宜蘭醫院院長郭章垣被逮捕槍決。

蔣介石派白崇禧來台視察撫慰，要求軍警不應報復，嫌疑犯應移送審判，青年學生免責。副參謀長冷欣、三民主義青年團第二處處長蔣經國隨行。

白崇禧以國防部長名義發布宣字第一號《國防部佈告》：「此次台省發生不幸的事實，使人心騷動，社會不安，中央格外關懷，并已決定採取寬大爲懷的精神來處理。在確保國家統一的立場，并採納台胞眞正民意的原則之下，以求合理的解決。」該公告的重點是：「參與此次事變，或與此次事變有關之人員，除煽惑暴動之共產黨外，一律從寬免究。」以及「改台灣省行政長官公署制度爲省政府制度」、「台省各縣市長，提前民選」、「省政府委員及各廳處局長，以盡先選用本省人士爲原則」。更重要的是，由行政院及經濟部直接插手推翻陳儀的公營經濟管制體制，縮小民生工業的公營範圍。

國民黨部中統局密報蔣介石說，雖然白崇禧的佈告普獲本省人「感戴」，但陳儀仍採高壓手段處置，稍有涉及變亂者，「每加毒殺，受害者已有四、五十人，對青年學生妄殺尤多，致使人心惶惑，社會益形不安。」

國民黨部中統局再密報蔣介石，陳儀敷衍白崇禧，不樂意接受蔣介石的寬大政策，暗中限制白崇禧的接觸範圍，凡晉見白崇禧的人都遭嚴加監視，陳儀還公然組織「別動隊」，令本省人恐懼萬分。

陳儀使出哀兵計，電蔣介石自稱「衰老不堪再膺繁劇」，表態請辭，推薦嚴家淦、蔣經國任台灣省主席，但蔣介石卻不動聲色。

■ 3月18日

政府軍營長羅迪光奉令在嘉義火車站前槍斃陳復志。

陳儀政府清算報復二二八武裝民兵領導人，有個很特殊的現象，具有國民黨員身份者，被處死刑，如陳復志、陳澄波。不具國民黨員身份者，只判徒刑，如鍾逸人、黃金島；有的甚至直接開釋，如陳篡地。

■ 3月20日

陳儀發布《台灣省縣市分區清鄉計畫》，要各區收繳民間武器、連保連坐、清查戶口、鼓勵告密、便衣巡邏、撲滅「暴徒」。但魏道明接任省政府主席後，即廢止《清鄉計畫》。

（六）第六階段「撤職查辦陳儀事件」

要求撤職查辦陳儀的主張是國民黨的共識，但不是南京民國政府的共識，陳儀最後只被撤職，但未被查辦。蔣介石的考慮重點是如何在美國政府的關切、國民黨主流派「CC派」的憤怒不滿、從軍閥歸順過來國民黨的「政學系」的反彈，三者之間試圖取得平衡。陳儀原是軍閥孫傳芳的部下，在北伐時轉投靠蔣介石，因此被歸爲「政學系」。

■ 3月22日

國民黨第六屆第三次中央委員會通過決議：「陳儀應撤職查辦」。蔣介石因繼任人選未定，將〈陳儀撤職查辦決議案〉擱置到4月22日，才將陳儀撤職，也未查辦，事後又派陳儀出任浙江省主席。陳儀屬於國民黨派系「政學系」，蔣介石顯然在派系平衡和國共內戰的考慮下，未查辦捅出大婁子的陳儀，何況在蔣介石的視野中，比起大規模的國共內戰，究辦二二八事件的責任並非首務。「政學系」是南京政府內以楊永泰、張群爲首的派系，有張群、吳鐵城、熊式輝、楊永泰等人，原則上都是北伐時期從「北洋軍閥」轉歸順蔣介石的人

物，陳儀就是屬於「政學系」。當時國民黨內的派系有：政學系、CC系、黃埔系、桂系。

■ 3月23日

政府軍營長羅迪光奉令在嘉義火車站前槍斃蘇憲章、盧鎰等11人。

政府軍進攻雲林古坑鄉樟湖村的民兵基地，民兵瓦解，陳纂地逃亡回到彰化二林。

■ 3月24日

陳儀致電南京民國政府文官長吳鼎昌說：「台灣人七次向英美領館要求託管」，這是陳儀的自我辯解，美國領事館只於3月3日收到一份《台獨請願書》。

■ 3月25日

嘉義憲兵隊長彭時雨奉令在嘉義火車站前槍斃陳澄波、潘木枝、柯麟、盧炳欽等4位市參議員。

■ 4月3日

台北地方法院判處2月27日緝私案的傅學通死刑，葉德耕4年6個月徒刑，其餘4位查緝員無罪。

■ 4月4日

花蓮張七郎、張果仁、張宗仁被捕處死。

張七郎案是二二八事件最不可思議的處死案件：第一、4月4日早已過3月17日蔣介石下令停止報復清算的命令期限；第二、張七郎、張宗仁、張果仁父子三人同因叛亂罪被逮捕處死，卻無叛亂證據；第三、張七郎父子被指控組織「暗殺團」，也無實證；第四、張七郎當時尚臥病在床，也未參加「處委會」或任何反政府的活動；第五、當時被逮捕的尚有張七郎的次子張依仁，卻因「軍醫」身份被釋放。這

個案件實在很像被設局到匪夷所思的冤案，誰主導此案始終成謎。

張七郎（1888-1947）是新竹客家人。台灣總督醫學校畢業，擔任醫師、制憲國大代表、花蓮縣議會議長。二二八事件時，張七郎並未參與，但1947年4月1日劉雨卿的獨立團在花蓮「清鄉」時，據傳接獲原縣長張文成的密報稱，張七郎組織暗殺團，保密局將「情報」未經任何查證、審判，交給獨立團，派第五連連長董至成處決張七郎。張七郎在4月4日不清不楚的被冤殺。這是二二八事件最明確的冤案，縣長張文成於1948年1月被辭退花蓮縣長，轉任台南自來水廠廠長，1952年出任高雄給水廠廠長，任內堅持水源保護，反對蓋高爾夫球場，得罪陳啓川（1899-1993）。1958年12月13日張文成以極其怪異的法令遞補爲福建省龍巖縣的國民大會代表，成爲「萬年國代」。保密局台灣站站長林頂立（1908-1980）則因此案而去職，但張文成如果眞有涉案卻未遭懲處，實在怪異。

省參議員馬有岳帶頭成立花蓮的「二二八處理委員會」，且籌組民兵，只遭通緝，未被判刑，事後仍續任省參議員，從未參與二二八事件的張七郎更應該沒事，沒想到反被冤殺。

■ 4月7日

南京民國政府召開「國防最高委員會」，同爲「政學系」的國民黨秘書長吳鐵城痛陳，外國媒體批評陳儀政府腐敗殘暴，陳儀剛愎自用，「我爲黨爲國不能愛護他了」。撤換陳儀，追究責任，自此定調爲國民黨的立場，但距3月9日國民黨省黨部主委李翼中向白崇禧建議先撤換陳儀，再安撫民眾，已晚了一個月。從這裡也可看出蔣介石的用人權術，玩過頭了。

■ 4月22日

南京民國政府行政院決議，台灣省行政長官公署改制爲台灣省政府，由魏道明出任省主席。從3月22日國民黨第六屆第三次中央委員會通過陳儀的撤職查辦案，經過一個月，才決定撤職，顯然充滿政治考

慮。

　　魏道明1899年生，江西九江人，1925年獲法國巴黎法學博士，1928年任司法部次長，1930年任南京市長，1937年任行政院秘書長，1942年接替胡適任駐美大使，1946年任立法院副院長，1947年任台灣省政府主席，1948年由陳誠接任台灣省主席，魏道明自此投閒置散16年。直到1964年才又獲任駐日本大使，1966年出任外交部長，1971年轉任資政，1978年去世。

■ 5月16日

　　魏道明接任台灣省政府主席，立即取消戒嚴，結束二二八事件後陳儀的清鄉政策。主張循司法途徑審理二二八事件的「人犯」，反對軍隊、警察、憲兵的濫捕濫殺，並對「人犯」採取寬大政策。魏道明且調整專賣局、貿易局，大幅開放民營，此政策廣獲本省籍工商界人士的支持。魏道明曾是孔祥熙的部屬，在國民黨內被劃歸「親美派」，國民黨部的主流是陳果夫、陳立夫的CC派，陳儀屬於北伐時期軍閥歸順蔣介石的「政學系」。蔣介石任命魏道明等於是給相當關切二二八事件的美國政府一個交代，同時擺脫CC派與政學系在陳儀「撤職查辦」上的糾纏。陳儀只撤職未查辦，是蔣介石在國共內戰時，防止南京民國政府內部派系惡鬥的政治平衡術。但這也顯示蔣介石缺乏用人之明，蔣介石如此寵信陳儀，陳儀卻在1948年國共內戰後期背棄蔣介石，陳儀的手下葛敬恩則在1949年5月通電支持中國共產黨。

■ 5月17日

　　台灣高等法院改判傅學通10年徒刑，葉德耕維持原判。二二八事件至此告一段落。

三、葛超智（柯喬治）的陰謀

美國人葛超智（George Henry Kerr），又名柯喬治，1911年生於美國賓州，1992年在夏威夷去世。1935年至1937年在日本讀書，1937年至1940年來台灣島擔任台北高等學校的英文教師，真實身份是美國的特務間諜。1945年10月25日陳儀接受日本軍隊投降時，葛超智偽裝是陳儀的助理出席，但葛超智始終是一位企圖推動國際託管台灣島的美國特務。

在二二八事件發生時，葛超智擔任駐台北的美國領事館副領事，1947年3月1日葛超智向國際合眾社記者撒謊說：「台北三四千人殞命，台灣人擬避難入美國領事館。」《合眾國際社》在3月2日公開散佈這則謠言，成為國際上的虛偽新聞，到現在還廣被台獨人士引用。葛超智在撰寫《被出賣的台灣》（Betrayed Taiwan）卻說：「（三月一日）此一不幸事件至少有二十五人被殺，一百多人受重傷。」然而二二八事件處理委員會3月3日送給蔣介石的電文僅說：「三月一日台胞傷亡三十餘人」，葛超智明顯公然製造謠言，散播假新聞。

另方面，葛超智和二二八事件處理委員會都對大批外省人在2月28日和3月1日已橫屍台北街頭避而不談，3月1日上午有婦孺8人在內的外省人共11人，遭本省人追殺，逃入台北美國領事館，尋求庇護，葛超智不可能不知，卻隻字不提，還故意捏造假新聞說：「台灣人擬避難入美國領事館」。葛超智的立場是鼓動台獨，但其作為的卑鄙程度超過外交官的職分太遠。

二二八事件發生時，台灣島已有很多外國商行、教會、記者，如果真有葛超智所說的「大屠殺」不難取得圖像紀錄，像1937年南京大屠殺、1945年馬尼拉大屠殺，都留有充足的圖像紀錄，但不僅美國領事館沒有這些資料，外國商行、教會、記者都沒有這些圖像，連搞間

諜工作的葛超智自己也拿不出來。

葛超智說3月2日有一位本省人醫生攜帶一枚達姆彈來美國領事館，這位本省人醫生說這枚達姆彈是2月28日中午，軍警在街上巡邏任意開火時，射入診所，剛好打穿診所書架上一部厚厚的醫學書籍。這位本省人醫生要求美國領事館向中國提出抗議，制裁中國使用達姆彈槍殺台灣人。

問題是當時的中國沒有能力製造達姆彈，只有日本有能力製造達姆彈。日本曾在侵略中國時使用達姆彈殺戮中國人，但從無中國軍隊使用達姆彈的紀錄；再者，二二八事件所有槍戰記錄都沒有出現達姆彈，卻在一位本省籍醫生診所裡的書籍上出現達姆彈，根本就是內有蹊蹺。如果中國政府軍在二二八事件中使用達姆彈，不會只使用一顆，也不會在那麼多的槍戰現場都沒有人看見達姆彈的彈殼。

唯一可以解釋的是，葛超智和這位本省人醫生持有這枚達姆彈，是造假說謊，誣賴指控中國軍警使用達姆彈，企圖引發國際制裁中國。雖然葛超智言之鑿鑿，國際輿論從沒相信過，只有台灣島上部份人信以為真，還寫入維基百科和許多文章自我欺騙，目前這枚達姆彈和被射穿的醫學書籍還在台北市二二八和平公園紀念館內展覽，這是二二八事件裡最大的謊言之一。

葛超智自己在3月7日呈送給駐南京的美國大使館電報，明白說曾將該達姆彈送給美國陸軍航空隊前少校愛德華佩因（Edward E. Paine）檢驗，佩因認定「這種子彈是日本製造」，且檢驗後即交還葛超智，並未當作指控中國軍隊的證物。佩因當時是聯合國駐台北的官員，如果確信這枚達姆彈是中國軍隊使用的，依其職責，沒有理由不作為中國違反國際法的鐵證，往上陳報給聯合國以制裁中國，卻發還給葛超智，可見葛超智演過頭，佩因根本不信。葛超智在《被出賣的台灣》一書裡也絕口未提這枚達姆彈是日本人製造的，也不提佩因曾檢驗後發還一事。葛超智操弄達姆彈及死傷人數，企圖製造國際輿論，用心詭異。

　　葛超智在3月3日涉嫌草擬一份807人具名的《台獨請願書》交由「二二八事件處理委員會」委員及代表141人簽名，向美國政府陳請，要求美國干涉，國際託管台灣，推動台灣獨立。這份141人簽名的名單至今尚未公佈，但陳儀根據情報揣測這份名單，名單內多人以叛亂罪遭到槍決。

　　葛超智在1947年3月1日至14日向南京美國大使館發布的17件電文，有3件未經領事布拉克（Ralph J. Blake）簽字，且內容誇大到捏造事實的地步。1948年3月孫科（1891-1973）來台調查二二八事件，召開記者會抨擊美國領事館、新聞處捏造事實，煽動暴亂。司徒雷登（John Leighton Stuart, 1876-1962）大使發現孫科指控屬實，將葛超智等人解職。作為一個CIA前身美國戰略情報局間諜出身的領務官員，葛超智被解職後，美國國務院還將他列為永不錄用的人事名單，最後只能混跡在華盛頓大學當日本史和日語兼任講師2年，史丹佛大學和加州柏克萊大學當日本琉球史及日語兼任講師1年，最後轉到胡佛研究所當副研究員5年，但學術水平低落被辭退，44歲以後從此終生沒有穩定工作。

四、國民黨三民主義青年團

　　中國國民黨三民主義青年團，簡稱「三青團」，團員是廣義的國民黨黨員，是國民黨內的新興派系。1938年3月中國對日抗戰的第二年，國民黨在武漢召開臨時全國代表大會，決議停止黨內一切派系活動，設立「三民主義青年團」，蔣介石任團長，陳誠任書記長。1942年李友邦在中國大陸擔任三青團台灣支團幹事長，1945年9月張士德返台籌組三青團台灣區團，並成立基隆、台北、嘉義、台南、高雄等五個分團，吸收陳逸松、陳旺成、張信義、陳復志、莊孟侯、吳海水、吳新榮等地方菁英加入。

三青團台灣區團，簡稱台灣三青團，因籌備幹部有原台灣文化協會的左派人士洪石柱，負責吸收本省人，以及日本殖民時期遭鎮壓的左派團體成員，如台灣農民組合、工友總會、文化協會、台灣共產黨等成員，如簡吉、蘇新、張信義、莊孟侯、李曉芳、林日高、潘欽信、蕭來福、王萬德等人，都積極加入台灣三青團。不久走左派路線的台灣三青團即與陳儀政府、國民黨台灣省黨部，因路線爭議及資源爭奪，時生矛盾。台灣三青團事實上也成為以左翼人士、左傾知識份子、台灣共產黨員為主體的國民黨左派團體。

台灣三青團介入二二八事件甚深，與陳儀政府及軍警部隊衝突甚烈，被清算鎮壓死傷人數甚多，王添灯、陳澄波等人皆因此喪命。台灣三青團左傾色彩濃厚，在二二八事件中挑戰陳儀政府採激烈行動，再因團內外派系複雜，交相攀誣構陷，多名幹部遭槍決，形成國民黨打國民黨的特殊局面。1947年3月29日憲兵司令張鎮呈給蔣介石的報告稱：「此次叛亂行動，青年團居領導地位。」就是反映台灣島於2月28日陷入無政府狀態，青年團內有政治企圖的幹部起而爭奪政權的現象。

五、二二八事件的要角

王添灯（1901-1947）新北新店人，成淵中學畢業，有抗日思想，曾遭日本殖民政府拘留。1930年起積極參與地方自治運動，1932年開設茶行，生意遍及中國大陸和東南亞，還出任台灣茶葉株式會社董事長，1945年改制為台灣茶葉公司仍任董事長，陳儀的秘書長葛敬恩的弟弟葛敬應任總經理。王添灯和葛敬應兩人衝突不斷，但因葛敬恩的關係，王添灯始終有名無權，與陳儀政府的矛盾越結越深。1946年王添灯被推選為省參議員，強烈批判官僚貪污腐敗，又先後創辦《人民導報》和《自由報》抨擊陳儀政府。1947年二二八事件爆發，王添

灯被選爲主席團主席、常務委員、宣傳組長，其親信幕僚蘇新、潘欽信、林日高、蔡子民、蕭友山都是台灣共產黨員。王添灯的立場屬於「激烈派」，試圖以民兵武力推翻陳儀政府，與「溫和派」的蔣渭川敵對。王添灯是「二二八事件處理委員會」最有權力的領導人，被陳儀列爲首位制裁對象。

蔣渭川（1896-1975）宜蘭人，蔣渭水的弟弟，宜蘭公學校畢業，經營書店，1939年當選台北市議員。1945年加入國民黨，與呂伯雄、張邦傑、王萬得、顏欽賢組織「台灣省政治建設協會」，這個團體原本被陳儀視爲友好團體，但後來卻成爲各地領導二二八事件的有力機構。1947年蔣渭川是「二二八事件處理委員會」「溫和派」的領導人，與王添灯是對手，但仍然遭陳儀追捕，後來幸運逃脫；陳儀被撤換後，出任省參議員，後任內政部次長。

許德輝（1907-?）新竹人，台北市的大流氓，角色多面，暗中擔任軍統局的線民，也擔任陳儀的線民。1945年陳儀尚未來台時，曾召集地痞流氓組織「糾察隊」，協助葛敬恩保全日本政府和日本人將被沒收的財產。許德輝卻監守自盜，和葛敬恩手下的貪官污吏分贓不均，紛爭不斷。很多許德輝的手下被葛敬恩以流氓罪處置，許德輝心懷不滿。二二八事件發生時，許德輝藉機崛起，擔任治安組長，又籌組「忠義服務隊」任總隊長，可說是角色多面。

陳金水台北市人，二二八事件前沒沒無聞，3月5日被選爲「台灣自治青年同盟」的「總部部長」時，聲名大噪。海外台籍日本兵剛好陸續返台，紛紛參加這個組織。陳金水主張武力推翻陳儀政府，是「二二八事件處理委員會」思想最激烈的要角。

謝雪紅（1901-1970）彰化人，台灣共產黨的創黨人，在上海立黨時，擔任會議主席，旋即在法租界被日本特務逮捕，遞解回台，不久釋放。積極從事台灣島及日本的共產黨秘密活動，遭日本殖民政府逮捕下獄，判刑十二年，迭遭酷刑、污辱、強姦，堅不屈服。繫獄9年，罹肺結核，保外就醫。1945年獲選爲台灣省婦女會理事、台中市婦女

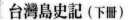

會會長。二二八事件時，組織民兵，自任「作戰總指揮兼參謀長」，實際民兵指揮官是吳振武（1918-1999），吳振武與謝雪紅不合退出。謝雪紅羈押台中市長黃克立，武力政變取得台中政權。後來結合多股民兵，組成「二七部隊」，最後兵敗逃離台灣，是中部地區二二八事件的要角。謝雪紅是二二八事件中對反民國政府勢力貢獻最大的人，組織「人民政府」，襲取軍械庫，供應雲林、嘉義、台南、高雄各地民兵武器彈藥，無人能出其右。

周延壽（1900-?）台北市人，京都大學法律系畢業，執業律師，擔任台北市律師公會副會長，1939年當選台北市議員，同時擔任台灣商工、開南商校、開南工校等校校長，1946年當選台北市參議會議長，1947年出任「二二八事件處理委員會」主席，被視爲「中間派」領袖。

陳復志（1911-1947）嘉義人，赴日本讀高中，轉赴廣東就讀黃埔軍校，參加中國抗日戰爭，戰後回台擔任中校參謀，後轉任嘉義三民主義青年團主任。二二八事件時，出任嘉義「處理委員會」的主任委員兼民兵司令，武力奪取嘉義政權，拘押外省人，包圍水上機場的政府軍和市長孫克俊，是南部地區二二八事件的要角。

涂光明（1912-1947）澎湖人。1936年赴上海經商，曾是汪精衛傀儡政權的特務。1945年參加李友邦的台灣義勇隊，被吸收爲別動隊殺手。後返台任高雄市政府日產清查室主任。二二八事件時，積極在高雄及台北吸收學生，組織民兵，建立武鬥基地。涂光明率二二八民兵圍攻政府軍及憲兵隊，在高雄火車站打殺外省人，控制高雄市政府和「處理委員會」，是高雄二二八事件的要角。

葉秋木（1908-1947）屏東人。日本中央大學畢業，曾在日本參加左派活動，回台經商，出任屏東三民主義青年團組織幹事，1946年任屏東市參議會副議長，因議長張吉甫稱病，由葉秋木出任屏東「處理委員會」主任委員，組織民兵，接管屏東市政權，原市長龔履端逃亡，葉秋木出任市長，是屏東在二二八事件的要角。

六、二二八事件總評

二二八事件從取締私菸開始、查緝員誤傷民眾致死、本省人暴動殘殺外省人、包圍公署、建立雛形政權或臨時政權、組建民兵武力、強奪槍械、攻佔政府機關、進攻軍警駐地、罷黜官員、控制鐵路要道、政府軍鎮壓、交戰團體激烈戰鬥、民兵戰敗瓦解、陳儀政府報復清算政敵、清鄉抓人，這是個半暴動、半政變、半革命，半叛亂、半鎮壓的民變事件，比起台灣島史上其他大型民變事件，如1652年郭懷一事件、1721年朱一貴事件、1731年大甲西社事件、1787年林爽文事件、1862年戴潮春事件、1915年余清芳事件的規模小很多。畢竟二二八事件並未擴及佔人口絕大多數的台灣島農民，二二八民兵也無法取得農民支持，農民也不參與二二八事件。1947年是台灣島經濟成長率超過10％年份，一方面是1945年日本人投降後，戰爭破敗的台灣島經濟狀況很差，1946年經濟基期很低，1947年農民忙於復甦農業生產，不參與二二八事件，農業產值快速提升，使得經濟成長率墊高。

值得注意的是，起事的民兵組織或臨時政權並未獲得以農民為主體的台灣人廣泛的支持，民兵組織增兵不易，臨時政權的物力財力得不到民眾普遍的支持，被政府軍鎮壓時皆顯得脆弱無比，很多政權或民兵組織聽聞政府軍抵達，立即聞風潰散。參與二二八事件的本省人大多是居住都市內經過皇民化的地主仕紳、商戶百姓、台籍日本兵、受過日本教育的學生和知識份子、都市流氓和散工，人數佔總人口不多。相同的，民國政府軍的鎮壓行動比起前述歷史上的大型民變事件，也相對規模限縮很多。

單純取締私菸、誤傷民眾並不足以掀起民變，必然有更大的背景原因。從1945年11月8日米價暴漲3倍，開始的「惡性通貨膨脹」顯然是最重要的背景原因。潛伏的惡性通貨膨脹早在第二次世界大戰

時，就已經累積龐大通貨膨脹的壓力。日本殖民政府用物價管制、物資配給，表面上把物價控制住，其所發行的「台灣銀行券」早已一文不值，卻都被日本殖民政府用物價管制遮蓋住。陳儀犯的最大錯誤，就是不服南京民國政府的行政院領導，拒絕南京中央銀行發行台灣貨幣。陳儀1945年接收台灣總督府（日本殖民政府）後，讓日本人繼續掌控台灣銀行至1946年，且任由日本人濫發「台銀券」，搶購物資，運回日本。陳儀自行找仍然控制台灣銀行的日本官員發行「台幣」，且「台幣」用1比1兌換日本殖民政府發行的「台銀券」。這等於南京民國政府全部承接日本殖民政府已累積多年的通貨膨脹債務。在政治上讓南京民國政府承擔日本殖民政府的通貨膨脹責任，台灣人會覺得日本殖民政府時代物價平穩，南京民國政府一接手台灣島，物價立刻暴漲，當然會直覺的怪罪南京民國政府。更扯的是，通貨膨脹已勢如脫韁野馬，陳儀還在1947年1月9日宣布調高土地稅30%，這簡直是提油救火。陳儀解釋說提高稅金充作教育基金，卻無人相信。但1947年也是台灣島戰後經濟快速復甦的期間，1946年至1949年間，雖然台灣島的政治、經濟、物價、社會、軍事都是最不穩定的時期，GDP平均年增率卻高達18.71%，每人GDP平均年增率也高達14.13%，竟然是台灣島史上經濟最快速成長的時代。使得各形各色的二二八民兵組織招募困難，暴動規模也受到經濟因素的制約。

「國共內戰」是第二個二二八事件的背景原因。國共激烈鬥爭，台灣島當時屬於國民黨控制區域，中國共產黨在台灣島發展組織，派出幹部，進行地上或地下活動，事屬必然。中國共產黨台灣省工作委員會台北支部書記廖瑞發組織學生軍，擬進攻陳儀的行政長官公署，台灣共產黨員如謝雪紅掌握台中地區暴動民兵指揮權，如宋斐如和台灣共產黨員蘇新掌握《人民導報》等報紙媒體的宣傳力量，對二二八事件的發展都起了很大的作用。再加上國共內戰在中國大陸的國民黨控制區，已產生的惡性通貨膨脹，對台灣島發揮輸入性通貨膨脹的效果。南京民國政府為因應國共內戰，又把台灣島的物資移往大陸，台

灣島因而通貨膨脹更形嚴重，物資更加缺乏，就業機會更大幅減少，但1946年仍然有很高的經濟成長率，因爲1945年的生產量實在太低。

最糟糕的是第三個背景原因：「蠻橫徵糧、管制經濟」。陳儀在1946年派軍警強徵米糧以供應國共內戰需要，吳濁流在《無花果》記載：1946年4月18日台中霧峰鄉民呈文台中縣長劉純忠「籲請政府寬貸徵收米糧以紓民困」：「……敝鄉因配給米源斷絕，黑市米價飛漲，糧食問題陷入嚴重局面，緣此籲請地方士紳轉請於台中縣劉縣長，承劉縣長體恤老百姓苦情，負責撥付封存米一千五百包，合十五萬斤，以救燃眉。……不意3月14日警備司令部的蔡少將，率軍隊三十餘名，並帶機槍數架，分乘卡車數台，如臨大敵，包圍敝鄉農會，拔刀擬搶，滿口惡聲，強迫該會副會長林士英，將存米二千餘包運走一空。其舉動之蠻橫令人莫辨其爲官軍抑爲土匪。……」

葉榮鐘（1900-1978）的《小屋大車集》敘述林獻堂也被強徵米糧：「於是蔡少將站起來開口便說：『俺是陸軍少將，官並不小，俺一向爲國家，是不怕死的。今天特地來到貴地向林先生要米，中部是台灣的米倉，霧峰又是米倉中的米倉，所以說霧峰沒有米是無人肯信的，有米無米，盡在林先生是否肯幫忙政府而定。』說時態度傲慢而語氣尖刻。林獻堂先生聽了很不高興，他老人家說：『政府搬去的米糧皆是老百姓的伙食米，他們現在都是糴黑市米維持生活，但因糧價飛漲，困苦異常，正在籲請發還所運去之米以紓困境。政府若沒有米可還老百姓，亦應結價給予價款；假使現在不能立即給發，亦應指定日期償還。政府一味向老百姓要米，而拿去之米分文不給錢，如此作法，不但老百姓無法維持生活，政府也無法維持威信。』於是熊少將怒氣滿面，坐在椅上說：『本人現在發燒38度以上，但是爲著公務，死且不怕，遑顧區區病痛。今日之事，全看林先生答應不答應，若不答應，就請你老先生同我們到台北去。』說時遲那時快，他說完最後一句話，同時用手向桌面一拍，他面前一只空茶杯跳起兩寸。這一拍有分效，如斯響應，四個憲兵拿著上刺刀的步槍，排闥而入，神氣

十足，來勢洶洶，在座諸人除兩位少將外，莫不為之失色。」陳儀政府把大量囤米運出台灣島，還展開大規模徵糧，問題越搞越糟糕。

監察委員何漢文（1904-1982）的報告提及：「中央接收台灣後，不但未能以最大之努力與鉅量之資本，恢復在戰前破壞之企業，解決台灣同胞失業之恐慌，反而以專賣獨佔之方法，將台灣之特產如煤、糖、燒鹼、食鹽等之銷售，由政府控制，此種中央不為台灣建設花錢，反自台灣牟利，自難獲台灣同胞之諒解。」何漢文是湖南寧鄉人，於1938年在于右任（1879-1964）舉薦下出任監察委員，1948年辭職回湖南協助程潛（1882-1968）投降中國共產黨。

陳儀留學日本軍校，在經濟治理方面卻不學無術。陳儀相信一套無厘頭的合作社理論、管制經濟、國有資本，把台灣島經濟搞到窒息。楊亮功在二二八事件後，分析事件原因提到，陳儀的工商業管制使台灣人無法投資，貿易管制使一般商人生意蕭條，專賣管制令小生意人叫苦連天。

「貪污腐敗」是第四個二二八事件的背景原因。隨同陳儀來台接收的南京民國政府官員貪污腐敗，劫收公產，賄賂公行，目無法紀，幾件重大貪污案件，不斷喧騰於媒體。從1945年8月到1947年2月，不到兩年，在媒體上出現的大官貪污案就有50件，陳儀政府聲望江河日下。貿易局長於百溪隱匿變賣接收物資，得款數千萬元，還被《民報》爆料貪污5百萬元。陳儀非但不調查，反而警告《民報》，不可任意爆料。專賣局長任維鈞被爆料侵吞鴉片70公斤，私運香港變賣，卻推說鴉片被白蟻吃掉。台北縣長陸桂祥變賣日方物資，得款1億多元，陸桂祥放火把會計室和稅捐稽徵室資料焚毀。秘書長葛敬恩的女婿李卓芝，擔任台灣省印刷紙業公司總經理，被爆料貪污2千餘萬元。各式貪污案件不僅高層官員涉嫌，連司法檢察官、法院院長、學校教師都貪污。《民報》在1946年10月26日的社論指出：「祖國的政治文化的落後，並不使我們傷心，最使我們激憤的，是貪污舞弊，無廉無恥。」陳儀實施的經濟貿易管制措施更強化官員的權力和貪污腐敗的

劣跡。

唐賢龍的《台灣事變內幕記》指出：「自從國內的很多人員接管以後，便搶的搶、偷的偷、賣的賣、轉移的轉移、走私的走私，把在國內『劫收』時那一套毛病，統統都搬到了台灣。……台灣在日本統治時代，本來確已進入『路不拾遺，夜不閉戶』的法治境界，但自『劫收』官光顧台灣以後，台灣便彷彿一池澄清的秋水，讓無數個巨大的石子，給擾亂得混沌不清。」

唐賢龍描述蔣介石麾下的國民黨官員，如狼似虎的腐敗面貌，1945年後充斥在中國各地接收的日本佔領區內，台灣島的情形亦復如是。陳儀政府的行徑，說穿了就是蔣介石政府在當時中國各地的黑暗面，讓人民倒盡胃口，蔣介石卻懵然不知。蔣介石在1945年至1949年間，從一位抗日偉人淪為亡黨亡國之君，問題關鍵也出在接收過程失盡民心，讓共產黨有機會更加凸顯在人民眼中的廉能形象，國民黨不敗也難。

「省籍歧視」是第五個背景原因。來台接收的外省籍官員對本省籍員工的歧視，人事升遷考績待遇的不平，又沾親帶故，虛增職缺，安插親友，搞得怨聲載道。連陳儀本人直接隸屬的十八個正副首長，都只有宋斐如是本省人，溝通障礙，更對省籍矛盾埋下衝突因素。陳儀又接手日本殖民政府的管制制度，由專賣局掌控重要物資的經銷權，由貿易局掌握進出口的壟斷權力，結果非但不能發揮調劑作用，官員的貪污無能，反而使經濟狀況雪上加霜，民眾怨聲載道。陳儀帶來的軍警人員軍紀敗壞，教育程度低落，文明水平低下，偷盜搶姦時時爆發，對照日本殖民政府的軍警人員，明顯遠遠不如。

1946年1月30日《民報》報導，高雄工專劉姓校長任用不識字的岳父充任教員。7月6日報導，台南法院院長任用妻子當書記官長，首席檢察官任用妻子當書記官。台中法院院長任用妻舅的兒子、女婿、外孫等親戚二十餘人占全部職員五十人的過半數。農林處檢驗局局長葉聲鐘開除有三十年經驗的台籍技正范錦堂，換上自己江蘇籍的二姨太

謝吟秋。1946年10月28日《民報》報導：「他（陳儀）的下屬昏庸腐敗，失業者人數的增加顯示出社會危機的迫近，隨著到來的是政治與經濟的危機。每天我們都看到年輕人在尋找工作，卻發現上上下下每個位子都被陌生人（外省人）所填滿。」對於這些報導，陳儀既不說明，也不否認，更不處理，讓民怨隨傳言四處流傳。

1945年日本殖民政府結束時，台灣島公務員裡的「本島人」人數，簡任職1人，薦任職27人，委任職3,681人。台灣島復歸中國後，1946年底公務員裡「本省人」人數才大幅增加，簡任職27人，薦任職817人，委任職12,575人。本省人擔任小學教師的人數增加9,000人。與日本殖民統治時期相比，這對陳儀施政算是正面的。

但另有一份統計顯示，1946年12月台灣省公務員本省籍與外省籍的比例，特任職0比1，特任待遇0比2，簡任職12比202，簡任待遇24比204，薦任職319比1,385，薦任待遇487比951。拿本省籍與外省籍相比，這對陳儀施政卻是負面的，也構成省籍歧視的證據。

「治安敗壞」是二二八事件的第六個背景原因。台籍日本兵在戰後有近13萬人遣送回台，這些人的意識型態對自己是日本人或中國人是模糊不清的，受日本人皇民化的洗腦，未經任何再教育或政治檢驗，不像朝鮮籍日本兵受到很嚴格的政治及社會檢驗。陳儀政府也無法做出有效的生活安排，造成台籍日本兵的生計困難，成為犯罪及暴動的地雷。陳儀奉南京民國政府的指示，為慶祝1947年1月1日公布《中華民國憲法》，頒行大赦。台灣島符合赦免條件者有4,500人，誇張地釋放日本殖民時期的監獄人犯，以示恩澤囚情，卻無法有效更生或安排生計，迅速造成治安敗壞。流氓地痞成為各地的「角頭大哥」，走私販毒，包娼包毒。對照之下，日本殖民時期的治安相對良善，民眾把這股怨氣記在南京民國政府及陳儀政府頭上，並不為過。遇有抗爭事件，形成群眾運動，再轉為暴動的暴民，甚至爭奪政權，自非意外。

「爭奪政權」是二二八事件的第七個背景原因。台灣島歷史上孤

島形勢的島民，就有爭奪政權的傳統。郭懷一欲稱王台灣島，朱一貴堂而皇之稱「中興義王」，林爽文稱「盟主大元帥」、戴潮春稱「東王大元帥」、余清芳稱「天下大元帥」，都有稱王奪取政權的慾念和計畫。二二八事件提供的暴動條件是奪取政權很好的機會，二二八事件處理委員的組織，以維護治安的名義，提供組織民兵武力和雛形政權的基本條件。「處委會」的訴求從調查血案升級到政治改革，從政治改革升級到改變政權，甚至要援引美國及聯合國的力量，把台灣島從中國分裂出去，準備台灣獨立。這一連串事件卻在短短十天之內發展出來，王添灯想當「政府主席」與謝雪紅就任「總指揮」等人爭奪政權的慾念是很關鍵的因素，也唯有爭奪政權才會使訴求如此快速升級，可見南京民國政府及陳儀政府當時統治台灣島的鹵莽滅裂，陳儀政府的根基其實無比脆弱。「爭奪政權」不是什麼罪過，只是武力爭奪政權，也要承受爭奪失敗，遭到武力鎮壓的後果。

七、二二八事件的影響

二二八事件經過各方善意或惡意的操作，形成的政治氣候和影響早已超過原貌。一個治理不良的政府、一個惡劣的內外政經背景、一場民怨由小事件做噴發口的暴動、一場規模有限的鎮壓行動，隨著時間和歷史的發展，混淆了真實與謊言。但對台灣島的政治影響，卻產生族群衝突、政治矛盾、統獨對立的深遠後果。

首先，二二八事件的死亡人數刻意被扭曲。外省人在暴動中，被本省人殘殺的死亡人數，因無清楚的戶籍資料，刻意被忽略，甚至被隱藏。相反的，本省人在鎮暴中被軍警槍殺的暴民及無辜者的死亡人數，即使有準確的戶口資料可一一查證：本省人死亡人數681人，失蹤人數177人，仍然被刻意誇大，甚至胡言亂語到死亡人數上萬人的地步。其目的在塑造三個說詞：第一、外省人是殘暴的外來統治階級，

本省人是遭受暴力統治的善良且無辜民眾；第二、國民黨是外來政權用暴力佔領台灣島，實施殖民統治；第三、台灣人不是中國人，中國人才會如此殘暴對待台灣人。死亡人數的謊言很容易戳破，林爽文事件和余清芳事件到現在都還找得到百人塚，二二八事件發生時間離現在這麼近，卻連個十人塚的影子都無，哪來上萬的死亡人數。

最可笑的是，1992年李登輝政權提出的《行政院二二八事件研究報告》列舉陳寬政的《二二八事件死亡人數的人口學推計》，1946年台灣島並無精確的死亡人數統計，1947年死亡人數114,192人，1948年死亡人數95,340人。1947年是二二八事件發生年度比1948年的死亡人數多了18,856人，因此陳寬政用各種假設去合理化不合理的邏輯，將1947年15歲至64歲男性死亡人數高於1948年的部份，全部推計為二二八事件死亡人數，所以二二八事件「假想屠殺」至少18,352人至27,923人。另外一位李喬用「線性回歸推估」二二八事件死亡人數是18,446人至19,646人，也是這類的想法。

這個「推計」或「推估」最大的問題是「純粹憑空想像」而忽視其他客觀事證：

第一，1947年是台灣島傳染病橫行的時期，死亡人數必然較其他年度偏高。行政院衛生署1995年10月出版《台灣地區公共衛生發展史（一）》頁185記載1947年是天花和結核病流行得非常嚴重的年份。當年天花患者有5,193例，死亡1,725人。相較之下，前一年（1946）天花患者1,561例，僅死亡315人；後一年（1948）天花患者288例，死亡50人，1947年與前後年度死亡人數的差距都相當懸殊。頁220記載結核病如下：「光復之初，結核病流行，至為猖獗，其蔓延情形，非常嚴重，根據所查得之資料顯示，民國三十六年，因罹患結核病而死亡者，高達一萬八千五百三十三人（18,533），其比率為每十萬人之二百九十四點四四。當年死亡總人口數為十一萬四千一百九十二人（114,192），結核病死亡人口占總死亡人口百分之十六點二三（16.23%）。誠為國民生命健康之一大威脅，亦為公共衛生上之重要

問題。」頁426記載1947年台灣地區年中人口數6,294,297，死亡總數114,192，天花和結核病共計死亡20,258人，扣除後1947年死亡人數只剩93,934人，比1948年的死亡人數95,340人還要少，陳寬政的推計並沒有納入突然飆高的傳染病死亡人數。

第二，就統計數字的邏輯而言，台灣地區人口數從1947年至1970年不停地增加，死亡率卻一直下降，例如1947年死亡率是1.814%，1948年是1.433%，1949年是1.314%，1950年是1.146%，1951年是1.157%，1952年是0.950%，1953年是0.940%，1954年是0.813%。陳寬政和李喬的邏輯是後一年死亡率比前一年低，就可以推計前一年有屠殺事件，完全沒有納入1947年後死亡率逐年降低的因素。

第三，台灣地區剛好在1941年至1946年間沒有人口統計資料，因為1941年爆發珍珠港事件，1946年是國民政府接收台灣的第一個年度，也是第二次國共內戰開始的年度，陳儀政府手忙腳亂未辦理人口統計。1947年國民政府配合「清鄉計畫」順便統計人口，陳寬政等人懷疑官方的人口數字不實，死亡人數低估，想另起爐灶推計，結果按其重新推計的邏輯，卻造成二二八事件使人口增加的荒唐現象。若按李喬的線性回歸的推估邏輯，則會出現1947年前的幾個年度死亡率超高的結果，因為1947年後死亡率逐年遞減，1947年前的死亡率自然因「線性回歸」出現越往前推估就越高的不合理情形。

第四，2017年2月林邑軒、吳駿盛在「紀念二二八事件70週年學術研討會」發表《重探二二八事件死亡人數：性別死亡比例的推估》，用更精緻的模型指出陳寬政的錯誤，並以女性的死亡率去計算男性不合理的死亡率，推估二二八事件死亡人數在1,304人至1,512人之間，這是目前最有條理的推估數字。因為陳寬政假定1947年15歲至64歲男性人口數字和死亡人數的「增加誤差數」，皆因二二八事件死亡人數低報所造成，卻無視女性及其他年齡層的男性也有同樣情形，難道也是二二八事件造成的？林邑軒的論文讓陳寬政的錯誤推估徹底現形。

第五，1943年至1945年間台籍日本兵死亡人數高達3萬多人，有部

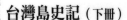

分死亡的台籍日本兵在1947年統計死亡人口時才申報，造成1947年台灣地區死亡率偏高的現象，這個問題卻從未在陳寬政和李喬的思考邏輯上出現，但在林邑軒以男女死亡率的差異作爲推估基礎的統計模型中有被納入考量。

第六，1994年台灣省文獻委員會出版《二二八事件文獻補錄》彙整死亡人數850人，失蹤人數173人，合計1,023人，目前沒有任何證據可以推翻這份統計數字，也是最接近二二八事件紀念基金會截至2005年底認定的數字，即本省死亡人數681人，失蹤人數177人，但有心人裝聾作啞拒絕客觀事實，顯然別有用心。

但李登輝政權無視這些客觀數字，卻用「統計推估」製造誇大的死亡人數，無非是想製造「政治控訴情境」，歪曲事實，取得台獨的政治利益。台獨歷史學者如張炎憲，面對台灣島在日本殖民時期已很完整的戶口資料，不去考究戶口登記的死亡年齡、時間、月份和縣市地點，反而引用美國間諜葛超智向國際媒體捏造散播的死亡數字，違背歷史學者應有的求眞態度。陳儀有機會「屠殺」的時間只有1947年的3月8日至4月7日，死亡時間不在這段時間，要歸入跟二二八事件有關，實在很牽強。李登輝及台獨人士對這麼簡單的分析工作，放著不做，卻搞一些旁門走道的方術，誇大死亡人數，原因只有一個：「怕說謊被揭穿」。更令人不解的是，馬英九當政時也不深究釐清，只會配合二二八事件操弄者，定期穿黑西裝、黑領帶去向所謂二二八家屬鞠躬作揖。

再者，二二八事件是台獨推動「去中國化」最好的政治鬥爭武器。很多台灣島受過日本教育的菁英涉入二二八事件，被依叛亂罪做理由處決，有的人眞的事涉叛亂，有的人只是發表反政府言論，有的人純屬無辜冤案。但日本的教育背景，中國的祖國夢想稀薄而破滅，自然顚倒民族血緣，幻想以日本爲祖國。政治鬥爭上，一口咬定蔣介石是殺人屠夫，孫文是外來政權，藉以去除任何中國化的政治符號，而絕口不談二二八事件的暴民行爲及民兵爭奪政權，對任何國家來

說，都是構成政府軍武力鎮壓的充足理由。在局勢大亂的情況下，民兵爭奪政權，政府軍鎮壓，都是交戰團體的正常狀況。

最後，二二八事件在政治操作下，已成台灣島統獨之爭，往台灣獨立傾斜的最佳意識形態工具。以馬英九和湯德章作爲個案討論，可以看出這種傾斜。馬英九從政後每年都會去參加二二八事件紀念日活動，而且每次都穿黑西裝，戴黑領帶，如喪考妣般的隆重。這一方面代表馬英九要撫慰二二八事件造成的社會裂痕，也代表著馬英九向二二八事件所代表的政治符號屈服。

以湯德章（1907-1947）成爲台南市二二八事件的政治符號爲例，就是台灣島獨立意識刻意篩選下的結果。湯德章是日本人，他的父親是日本警察，名叫「坂井德藏」後改名「新居德藏」。湯德章的本名叫「坂井德章」，湯德章的母親是台南新化的鄒族原住民名叫「湯玉」。1915年 台灣島的反日領袖余清芳發動「西來庵事件」，這是台灣島史上最大規模的反日行動。湯德章的父親「坂井德藏」，身爲日本警察奉令消滅余清芳部隊時，反被余清芳部隊所殺。

湯德章在父親死後，改從母姓叫「湯德章」，先讀台南師範學校，轉讀台北警察學校，繼承父親的警察職業，擔任日本警察，後返回日本投靠叔父，攻讀中央大學法律系，畢業後返回台灣島當律師。日本戰敗後，以其母姓選擇歸化當中國人，未被遣返戰敗破落的日本。1945年湯德章被同爲日本留學背景的陳儀所賞識，收攬出任台灣省公務員訓練所所長，後擔任官派的台南市南區區長。二二八事件發生時，湯德章以其日本警察背景，以維護治安爲名，代表抗爭群眾出任民兵領導人，並被推舉爲台南市長。1947年3月13日湯德章被政府軍以其日本人血統和日本警察背景，認定是叛亂犯和日本間諜遭槍斃。白崇禧將湯德章案移送台灣高等法院審理，認定湯德章並無叛亂和間諜證據，改判無罪。

湯德章現被台南的政治人物奉爲罹難英雄，將湯德章被處決的空地改名湯德章紀念公園，而原地的孫中山銅像被徹底摧毀。反觀那

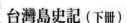

位湯德章父親的敵人「余清芳」，卻徹底從台南市區的街道上失去蹤影，台南市西來庵原址被改建成基督教堂，連個「余清芳紀念公園」都沒有。余清芳還是真正的台南人，但後來居住地區劃歸高雄路竹，也算是高雄人。余清芳起事兵敗，被日本人抓捕，絞死在台南市中心，年僅37歲。余清芳被絞死的地點早被忘記，湯德章被槍決的地點被大幅紀念。湯德章與余清芳的對照，就很清楚可以觀察到統獨歷史趨向的位移，二二八事件被重視，西來庵事件被抹殺。台灣島的價值變化，反映出台獨和新皇民化的走向。

1896年1月4日日本人在宜蘭屠殺4,331人，6月22日在雲林屠殺6,000人，都是無辜的台灣人。大部分現在台灣人對日本人再殘酷屠殺台灣人，都毫不介意，也早就忘得一乾二淨，唯獨對武裝衝突死亡約數不到1,000人的二二八事件，誇大渲染，自有其台獨、反中、親日意識形態的遺形潛影，已超乎理性可以討論的範疇。

八、林江邁的故事

林江邁是二二八事件的起火點，1907年生，出身貧苦，嫁給桃園龜山茶農地主林枝的兒子林客清。林枝在龜山丘陵地擁有大片土地，僱用佃農種植茶葉，並在台北市重慶北路經營茶行，外銷東南亞。林江邁生有三個兒子和一個遺腹女兒林明珠，林客清去世後，林枝安排林江邁到台北茶行幫忙。太平洋戰爭期間及戰後時期，茶行生意蕭條，林枝的茶行被迫關閉。林江邁就在台北市延平北路和南京西路附近天馬茶行一帶，擺攤販售香菸，主要是美國和中國大陸香菸。日本殖民時代香菸專賣，一般人無法批發零售，陳儀政府卻繼續維持專賣制度，又無法管制大陸和美國的走私香菸，最後查緝工作流為欺負最末端的菸攤小販。

1947年林江邁帶著12歲的兒子林文山和10歲的林明珠，在街頭賣

菸討生活，並租屋住在太原路圓環附近的小房間內。2月27日黃昏，菸酒專賣局查緝員傅學通、葉德耕等人在天馬茶房附近，抓捕走私菸販。40歲的林江邁行動最慢，無法順利逃跑，被沒收50條香菸和許多現金。林江邁下跪哀求，拉扯之間，遭葉德耕以手槍柄擊傷，霎時血流滿面。圍觀民眾不滿查緝員欺侮女人和小孩，聚集包圍傅學通等人，一場台灣島現代史上最重要的事件「二二八事件」因此引爆。

2月27日晚上林江邁被送至醫院，經過簡單治療，即帶著兩個小孩瑟縮在小租房內。2月28日晚上，菸酒專賣局派人到租屋處「日新町二丁目九番地」，接林江邁去延平北路二段一號林外科醫院治療，住院到3月5日才出院。3月18日接受辦案人員調查筆錄，事後林枝派林江邁的長子林匏螺把她接回桃園龜山。

二二八事件平息後，林江邁又回到台北住處，繼續賣菸，但改到日新國小圍牆外的樹蔭下擺攤。小女兒林明珠小學二年級就輟學，十四、五歲先去做家庭幫傭，再轉去菸酒專賣局的酒瓶清洗工廠做工。日新國小對面是陳誠、嚴家淦等人安全警衛的特警隊部，有位山西籍隊員曾德順是陳誠的隨扈，常到林江邁的菸攤買菸，也常主動替林江邁扛收菸攤。林江邁為感謝曾德順，就親自下廚準備一桌菜，宴請曾德順和其同事。曾德順因此認識林明珠，兩人不久結婚。在當時省籍隔閡，又是二二八事件當事人，兩人結合具有不平凡的時代意義。林江邁於1970年8月13日肝癌病逝於台北馬偕醫院，年63歲。

九、陳儀

陳儀（1883-1950）是浙江紹興人。1907年日本士官學校畢業，1916年日本陸軍大學畢業，娶日本女子古月好子為妻。1924年任軍閥孫傳芳（1885-1935）的師長，1926年轉投國民黨軍，受蔣介石重用。1934年任福建省主席，1941年被華僑陳嘉庚指控施政不當遭撤職，

1945年任台灣省行政長官，1947年因二二八事件下台，1948年出任浙江省主席，1949年涉嫌投靠中國共產黨被蔣介石逮捕，1950年被押赴台北槍決。陳儀本人爲官清廉，但剛愎自用，顢頇無能，視權如命，表面溫文，內心殘暴，好名無才，喜談國有資本、合作社經濟、貿易管制，卻明顯是無知之輩。又御下不嚴，縱容親信貪污，是立場搖擺的軍人政客。

十、彭孟緝

彭孟緝（1908-1997），湖北武昌人。黃埔軍校畢業，參加國民黨東征、北伐，抗日戰爭參加松滬會戰、長沙會戰，累功升中將，1946年來台任高雄要塞司令。二二八事件時武裝暴動頭目涂光明、高雄市長黃仲圖、高雄市參議會議長彭清靠等人要求彭孟緝解除武裝，向民兵投降，反被彭孟緝逮捕，涂光明企圖綁架彭孟緝被殺。彭孟緝迅即率兵收復高雄車站和高雄市政府，代表政府軍鎮壓二二八民兵有功，升任警備副總司令。1949年4月6日奉陳誠命令鎮壓有社會主義傾向的台灣大學及台灣師範大學學生，考古學家張光直是其中之一。1954年任副參謀總長，1957年任陸軍總司令，1959年任參謀總長，1966年任駐泰國大使，1969年任駐日本大使。1972年退休，1997年去世。彭孟緝常被台獨份子稱爲「高雄屠夫」，但對蔣介石和蔣經國父子而言，彭孟緝是當時危疑震撼時刻，能果敢決斷處理危機的將領。彭孟緝殺涂光明，釋放黃仲圖和彭清靠，又顯現冷靜的判斷力，陳儀遠遠不如。彭孟緝的媳婦董小平是首任香港行政長官董建華的妹妹。

第四章
南京民國政府敗亡

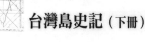
一、1947年冷戰

　　冷戰是意識形態和和核子武器的產物，更是地緣政治相互猜忌的結果。

　　1942年至1944年以美國爲首的盟軍，藉口尚未做好充分的軍事準備，推遲登陸法國，拖延開闢第二戰場。任由蘇聯在第一戰場，即東線戰場苦撐全局。史達林特別譴責邱吉爾的不作爲，因爲德軍已相當脆弱，盟軍登陸法國不必承擔巨大損失。英美兩國推遲開闢法國戰場，存心等候德俄兩國彼此消耗殆盡，再割稻尾撿拾現成的戰果。這點猜疑引發蘇聯的猜忌，埋下戰後美蘇兩陣營展開「冷戰」Cold War的心理基礎。史達林認爲邱吉爾老謀深算和陰謀詭計，讓蘇聯獨撐大局，付出龐大的犧牲代價，消耗蘇聯國力。

　　「冷戰」用語很特殊，「戰」表示美國與蘇聯對抗的嚴重性，「冷」表示核武器的毀滅力，使美蘇兩國不能開戰。數百年來，軍備的首要任務就是贏得戰爭，但「冷戰」時期的核武軍備，反而是爲阻止戰爭。「冷戰」從1947年3月12日開始，當時國共內戰打得正激烈。1947年2月21日下午英國秘密告知美國，希臘和土耳其的「反共」情勢危急，現有政府被共產黨推翻的危機急遽升高，英國已無力負擔對這兩個國家右派政府的承諾。英國期盼美國能取代英國，阻止希臘和土耳其落入蘇聯的勢力範圍。

　　1947年3月12日美國總統杜魯門向美國國會要求撥款4億美元，提供希臘和土耳其的軍事及經濟援助。杜魯門宣稱幫助「自由人民」對抗「極權主義」是國際和平和美國安全的根基。當時希臘和土耳其的右派政府並非「民主政府」或「自由人民」，但地緣政治地位重要，美國既不好說「捍衛地緣利益」，也不能說「捍衛民主」，只好說「捍衛自由」。杜魯門巧妙地用「自由」掩蓋與蘇聯爭奪地盤的眞

相，提出「杜魯門主義」，啓動長達44年的「冷戰」，直到1991年12月8日蘇聯解體。

　　1948年6月24日蘇聯封鎖柏林，1948年美國將核武器儲備量從13枚擴增至50枚。1949年4月4日美國建立北大西洋公約組織，1949年8月29日蘇聯原子彈試爆成功，10月1日中華人民共和國成立。1950年2月9日美國爆發麥卡錫（Joseph Raymond McCarthy, 1908-1957）瘋狂反共主義，1950年6月25日韓戰爆發。1953年8月19日美國CIA設計推翻伊朗民選首相摩薩台（Mohammad Mosaddegh, 1882-1967），1954年美國策動軍事政變推翻瓜地馬拉主張土地改革的總統阿本斯（Jacobo Arbenz Guzman, 1913-1971）。1954年5月7日法國兵敗越南奠邊府，1955年5月14日蘇聯建立華沙公約組織，1956年10月23日匈牙利爆發反蘇聯的暴動，11月4日蘇聯揮軍入侵匈牙利。但是10月29日英國、法國、以色列爲了控制蘇伊士運河也已動員軍隊入侵埃及，西方國家只好對蘇聯入侵匈牙利裝聾作啞。

　　1957年5月15日蘇聯試射人類史上第一枚洲際彈道飛彈，1957年10月4日蘇聯發射人類史上第一顆人造衛星。1961年8月12日柏林圍牆開始興建，1962年10月20日古巴導彈危機，1963年9月25日美國推翻多明尼加總統胡安博奇（Juan Bosch, 1909-2001），1963年11月1日美國推翻並暗殺南越總統吳廷琰（1901-1963），1964年8月2日美國製造越南東京灣事件，大舉介入越戰，美軍進入越南。

　　1964年10月16日中國核子武器試爆成功，1968年8月20日蘇聯入侵捷克斯洛伐克，消滅「布拉格之春」。1969年3月2日中俄軍隊爆發珍寶島衝突事件，中俄失和，冷戰局勢由「自由陣營」對「共產陣營」，轉變爲「美國陣營」對「蘇聯陣營」，中國成爲美國「聯中制俄」的盟友，美國在軍事和外交上亟須與中國結盟，在聯合國的美蘇角力更須中國的助力，於是，中華人民共和國政府取代台北民國政府在聯合國的中國代表權便成爲必然的趨勢。

　　1969年7月21日美國總統尼克森（Richard Milhous Nixon, 1913-

1994）宣佈放寬對中國貿易和旅行的限制，12月24日終止美國第七艦隊定期巡航台灣海峽的任務。1970年10月尼克森公開稱呼中國國號爲「中華人民共和國」，11月20日阿爾巴尼亞在聯合國大會提案的「接納中國政府，排除蔣政府」決議案，贊成票首度超過反對票，但未達通過門檻。1971年4月中國招待美國桌球代表隊訪問中國，周恩來親自接待，國際上視爲「乒乓外交」的中美關係解凍之旅。1971年4月16日尼克森公開表達訪問中國的意願，7月9日美國國家安全顧問季辛吉（Henry Alfred Kissinger, 1923-　，或譯基辛格）秘密訪問中國，7月15日尼克森披露季辛吉密訪中國，同時宣布將於1972年訪問中國。10月25日聯合國大會通過《第2758號決議案》，中華人民共和國政府取代台北民國政府的中國主權代表權，「中華人民共和國」取代「中華民國」成爲代表中國主權的國家組織。

　　1972年2月21日尼克森訪問中國，2月28日發表《上海公報》，5月26日美蘇簽訂《限制戰略武器談判協定》（Strategic Arms Limitation Talks Agreement），簡稱SALT。1973年9月11日美國推翻並暗殺智利總統阿連德（Salvador Allende, 1908-1973），1975年4月30日南越政府敗亡，1979年12月27日蘇聯入侵阿富汗。1980年蘇聯派駐東德的部隊開始裝備可發射核彈頭的152釐米火砲，是世界上第一個裝備戰術性核彈的部隊，且已在1978年先行演習過一次。當時蘇聯已配備短中程轟炸機和短程火箭可攻擊西歐部隊，且計畫開戰前幾天率先使用戰術核武器。1983年11月2日北約舉行「能射手」（Able Archer 83）演習，這時點被認爲是最接近美蘇核武衝突的邊緣時刻。1989年2月蘇聯軍隊自阿富汗撤離，1989年11月9日柏林圍牆倒塌。1991年8月19日蘇聯爆發政變，12月25日蘇聯解體，「冷戰」結束。上述這些事件被認爲是美蘇「冷戰」各自「鞏固」勢力範圍的相關事件。

二、蔣介石說：台灣是「托管地」？

蔣介石於1949年1月1日任命陳誠爲台灣省主席，陳誠就任後於記者會談及「台灣爲剿共堡壘」，蔣介石竟於1月12日拍發電報責怪陳誠說法不當。蔣介石在電文上說：「台灣法律地位與主權，在對日和會未成以前，不過爲我國一托管地之性質，何能明言作爲剿共最後之堡壘與民族復興之根據也，豈不令中外稍有常識者之輕笑其爲狂囈乎。」（《蔣中正總統檔案》，國史館，台北）但這份電文在蔣介石生前從未公開，無法產生法律效果。

蔣介石這段話正好顯示他自己連「稍有常識」都缺乏。原因如下：

第一，如果「對日和會」未成，台灣法律地位與主權未定，在《開羅宣言》中與台灣島並列的「滿洲」的法律地位與主權爲何已定？

第二，日本是無條件投降，日本只能根據《開羅宣言》和《波茨坦公告》的條件投降，也沒有權力改變這些條件，不管有沒有「對日和會」，投降條件生效時，台灣島和滿洲的法律地位與主權即已確定，蔣介石是眞的不懂？還是另有企圖？就不得而知。

第三，《波茨坦公告》並無「台灣是中國托管地」的表述，除非美、中、英、蘇四國再簽約修改《波茨坦公告》，否則單一方領導人的個人言論，皆無法改變台灣島和滿洲的法律地位與主權歸屬，這是已經確定的事實。

第四，1949年1月10日淮海戰役（徐蚌會戰）國民黨軍隊大敗，中國幾乎大部分領土已由中國共產黨取得統治權，蔣介石已喪失政治影響力且已被迫辭職，1月12日的電報從未公開且已不構成南京民國政府的意思表示，更談不上是中國主權者的宣示。1月21日卸職後的蔣介石

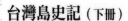

更無權代表中國主權政府對外簽署或發表任何涉及領土主權的聲明、公報、條約。

第五，蔣介石拿這個「台灣是中國托管地」的理由，責難陳誠不可以說「台灣是最後民族復興之根據也」，實在文不對題，顯現蔣介石在1949年1月10日後心煩意亂，恐懼陳誠「僭越」，並且不滿陳誠「最後之堡壘與民族復興之根據也」的說法。蔣介石的電文末尾還說：「今後切勿自作主張，多出風頭，最要當以中央之主張為主張，如對記者所言則與中央文告完全背反，使中外人士對弟有莫名其妙之感，務望埋頭苦幹，思過自責，再不受人嫉忌，力避為人指摘，則公私幸甚。」1月12日拍發電報後隔不到10天，蔣介石即於1月21日宣佈「不能視事」，由李宗仁代行總統職權，蔣介石也喪失談論領土主權的領導人資格。1950年3月1日蔣介石在台灣島宣布「復行視事」，重掌「總統」職權，也開口閉口「復興基地」，完全忘了他自己曾指責陳誠的過往。蔣介石的教育程度在開羅會議時已顯現其國際法及國際政治知識相當不足，會發出這封情緒性電報不是意外。

三、1949年蔣介石「下野」文告全文

蔣介石有三次「下野」，「下野」的法律意義不明確，包括辭職、不能行使職權、停職，第三次「下野」是「暫不行使職權」，並發布文告如下：

> 「中正在元旦發表文告，倡導和平以來，全國同聲響應，乃時逾兼旬，戰事仍然未止，和平之目的不能達到，人民之塗炭曷有其極！因決定身先引退，以冀弭戰銷兵，解人民倒懸於搜索萬一。爰特依據《中華民國憲法》第四十九條『總統因故不能視事時，由副總統代行其職權』之規定，於本月二十一日起由李副總統代

行總統職權，務望全國軍民暨各級政府，共矢精誠，同心一德，翊贊李副總統，一致協力促成永久之和平。中正畢生從事國民革命，服膺三民主義，自十五年由廣州北伐，以至完成統一，無時不以保衛民族，實現民主，康濟民生為職志。同時即認定必須確保和平，而後一切政治、經濟之改進，始有鞏固之基礎。故先後二十餘年，只有對抗日之戰，堅持到底，此外對內雖有時不得已而用兵，均不惜個人犧牲，一切忍讓，為國從事，往事斑斑，世所共見。假令共黨果能由此覺悟，罷戰言和，拯救人民於水火，保持國家之元氣，使領土主權，克臻完整，歷史文化與社會秩序不受摧殘，人民生活與自由權利，確有保障，在此原則之下，以致和平之功，此固中正馨香祝禱以求者也。」

　　蔣介石發表這份「下野」文告，等於公開承認國共內戰，他所指揮的軍隊已徹底失敗。南京時代的中華民國已逼近尾聲，中國共產黨接掌中國的主權政府已勢不可擋。但是李宗仁也願意接任名不正言不順的「代總統」，而非繼任「總統」，實在是奇怪的事。

四、控訴蘇聯違約案

　　蘇聯史達林於1945年8月9日根據《雅爾達協定》發動「滿洲國戰役」的軍事行動，派兵進攻「滿洲國」、內外蒙古、庫頁島、千島群島、朝鮮半島，這個軍事行動被美國人稱為「八月風暴」。《中蘇友好同盟條約》是重慶民國政府與蘇聯於日本昭和8月15日宣布無條件投降的前一天8月14日簽訂的條約，「滿洲國皇帝」溥儀則在8月17日宣讀《滿洲國皇帝退位詔書》，解散「滿洲國」。《中蘇友好同盟條約》主要內容是蘇聯軍隊須在三個月內撤離中國東北，中國政府同意外蒙古以公民投票決定獨立。在陳儀宣佈台灣島光復的5天前，10月20

日外蒙古實施公民投票，以97%同意票通過外蒙古獨立案。

1949年9月29日遷移至廣州的民國政府向聯合國控訴蘇聯違約案，聯合國大會通過納入議程，10月1日蘇聯宣布承認「中華人民共和國」。1950年8月、9月聯合國安理會及大會分別否決蘇聯和印度所提廢除「台北民國政府」的聯合國中國主權代表權的議案。1952年2月1日聯合國大會通過《第505號決議案》，全稱是「蘇聯違反1945年8月14日《中蘇友好同盟條約》及《聯合國憲章》以致威脅中國政治獨立與領土完整及遠東和平案」，確認蘇聯「實未履行」《中蘇友好同盟條約》。這個決議同時反映1950年6月25日南北韓戰爭揭開的冷戰局面，以及在冷戰影響下，聯合國的中國主權代表權由誰繼承的糾葛，親美與親蘇兩大集團的利益，決定著問題解決方式的走向。

1952年10月13日蔣介石公開承認簽訂《中蘇友好同盟條約》「實在是一個幼稚的幻想」。1953年2月24日在「台北民國政府」的「立法院」據此宣布廢除《中蘇友好同盟條約》，且不承認外蒙古獨立。這個「控蘇案」表面上「台北民國政府」稍微獲勝，實際上卻開啟「台北民國政府」的聯合國中國主權代表權被否決的開端，連帶使德國、韓國當時想爭取的主權雙重代表權的機會也消滅。至於不承認外蒙古獨立，「台北民國政府」唯一有權決定領土範圍的「國民大會」，也從未通過相關決議去否定外蒙古獨立的相關法律。且依「南京民國政府」時期制訂的1947年《中華民國憲法》，否定外蒙古獨立的法定程序，也從未完成。

五、1949年中華人民共和國成立

中國共產黨率軍隊於1949年1月15日攻入天津，1月22日與國民黨將領傅作義達成協議接收北京，中國共產黨已完全控制長江以北的中國領土。蔣介石於1949年1月10日淮海戰役（徐蚌會戰）國民黨軍隊大

敗當天，下令將南京中央銀行的黃金外匯運往台灣島。1月21日蔣介石因國共內戰失敗，宣布以「因故不能視事」為由「暫不行使總統職權」，俗稱為「引退」，由李宗仁代行總統職權。4月15日李宗仁派出的南京「國民政府代表團」與「中國共產黨代表團」談判「國內和平協定」。4月20日南京「國民政府」拒絕簽字，中共軍隊於4月21日順利渡過長江，23日攻佔中華民國首都南京，南京民國政府敗亡。接著共產黨軍隊於5月17日攻佔武漢，5月27日攻佔上海。中國共產黨於9月21日在北京召開「中國人民政治協商會議」，通過憲法文件《共同綱領》。10月1日毛澤東在北京天安門宣佈成立新的中國主權領土上的國家組織「中華人民共和國」，毛澤東出任共和國的中央政府主席。

六、1949年國民黨大撤退

林桶法在《1949年大撤退》書中寫到：「一九四九年本來就是一個變動的年代，一個角落正在逃難，一個角落正在慶祝，更多的地區可能一如往常。」

國民黨和民國政府在當時是黨政合一型的政權，國民黨軍隊從青島、上海及舟山群島、西南到越南、東南到海南島，退到台灣島。民國政府從大陸型的政權，變成島嶼型的政權，在1949年至1953年間，隨之撤退到台灣島的人員，來自中國大陸各省市，涵蓋各職業階層、知識份子、商人企業家、公教人員、一般民眾都有，是台灣島史上最短期間湧進最多人口的時期，重大地改變台灣島的人口結構。

蔣介石撤退到台灣島之前，先於1948年12月29日通過南京民國政府行政院派陳誠擔任台灣省政府主席，蔣介石並授權陳誠統一指揮駐台軍隊及機關。隔日國民黨中常會派蔣經國擔任台灣省黨部主任委員，這明顯是撤退至台灣島的人事部署。陳誠於1949年1月10日致電蔣介石說，截至1948年底，南京民國政府遷台的部隊、機關、工廠等

人員，加上自行逃難來台者已達20萬人，後面接踵而至，會超過50萬人。

1949年1月21日蔣介石宣布「總統因故不能視事，由副總統代行職權」，1月25日孫科宣布國民政府的行政院遷至廣州，南京只剩李宗仁的代總統辦公室。2月11日美國參謀首長李海（William Daniel Leahy, 1875-1959）說：「台澎的重要性不如冰島」，美軍不準備在台灣海峽使用武力，國民政府必須自行掩護撤退，使撤退工作更添加恐慌。

國民黨大撤退不是計劃周詳的撤退，但也不是完全沒有計劃的潰逃。1949年4月23日後，自海南島撤退5萬人，5月16日起自江蘇舟山群島撤退部隊12萬人，6月1日開始從山東青島撤退9,000多名公務員、學者專家、青年學生，以及9萬多名軍憲警人員，7月1日黃杰率3萬部隊撤入越南，12月8日蔣介石通過南京民國政府行政院長閻錫山宣布南京民國政府遷往台灣島等，都是有計畫的撤退。

1946年至1952年間，台灣島的軍人總數約55萬人，其中駐防離島的軍人約5萬人，在台灣島已有戶籍的軍人約7萬人，無戶籍的軍人約43萬人。有戶籍的軍人大多不是撤退的部隊，因此概略估計撤退的軍人約48萬人。

部隊以外，基隆和高雄兩港統計，1947年來台的大陸人士有89,807人，1948年有138,544人，1949年有220,424人，1950年有161,277人。除此之外，還有很多是搭空運來台的。

台灣島和澎湖群島的人口統計數字，因為1944年到1949年間值第二次世界大戰及國共內戰，並無可靠的戶口普查，參考價值有限。

1945年後從中國大陸來台的人口，在台灣島通稱「外省人」，原本已居住在島上的人口沿用日本人原為「本島人」的稱呼，改稱「本省人」。

1946年度至1952年度人口統計可得的資料概略如下表：

年度	本省人	外省人	合計
1946	6,059,139	37,978	6,097,117
1947	6,436,444	61,290	6,497,734
1948	6,678,969	128,632	6,807,601
1949	6,980,234	416,697	7,396,931
1950	7,029,459	524,940	7,554,399
1951	7,268,557	600,690	7,869,247
1952	7,478,544	649,830	8,128,374

上述統計「外省人」部分並非全是因國共內戰撤退或逃亡到台灣島的人。

另一份「當年度來台的外省人口」統計如下表：

年度	外省男性	外省女性	合計	男女比例
1946	18,062	8,860	26,922	2.04
1947	23,594	10,745	34,339	2.19
1948	61,679	36,901	98,580	1.67
1949	199,026	104,681	303,707	1.90
1950	58,604	22,483	81,087	2.61
1951	8,465	5,099	13,564	1.66
1952	6,532	3,380	10,012	1.96

換言之，1946年至1952年因國共戰爭撤退來台的外省人累計有568,211人，但這統計數字不包括撤退的軍隊人數48萬人。兩者合計104.8萬人。

七、黃金、文物、物資運往台灣島

1948年11月30日國共內戰正夯，蔣介石下令將上海中國銀行裡南京民國政府的國庫黃金200萬兩，分裝774箱由海星號運往台北的台灣

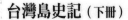

銀行存放，這是早被日本人掏空的台灣銀行首度有一大筆黃金入庫。這第一批運到台灣島的黃金中有105萬兩，約324箱，是來自第二次世界大戰末美國援助的黃金。當時美國援助中國的黃金約628萬兩，另外1948年發行金圓券強制兌入的黃金約101萬兩。

1949年1月1日又由海星號再載運50萬兩黃金到台灣島，同時由美朋號載運10萬兩黃金到廈門。1月10日蔣中正派蔣經國赴上海拜訪俞鴻鈞（1898-1960），希望俞鴻鈞將中央銀行現金移存台灣島，因此從1月20日至21日中央銀行庫存黃金92萬兩，銀元3,000萬元全部運至廈門，作軍費使用，到8月16日將剩下的12.5萬兩黃金運往台灣島。1949年2月6日民國政府用9架軍用運輸機從南京和上海載運55.4萬兩黃金到台灣島，所以大約有317.9萬兩黃金被運至台灣島。但是1950年6月3日遷移至台北的中央銀行總裁俞鴻鈞報告蔣介石說：「收入部分：甲，運台部分，計純金296萬9千餘市兩：一、自上海陸續分三批運台，計純金275萬餘市兩；二、自美國分兩批運來，計純金19萬9千餘市兩。乙，自日本運來賠償黃金，計純金78萬6,540市兩，以上甲乙兩項共計純金375萬5,540餘市兩。」

1949年4月人在美國訪問，爭取美援的宋美齡（1898-2003），協助蔣介石爭取南京民國政府存在美國各銀行總數約3.84億美元的存款，約值黃金640萬兩。6月國共兩黨在美國展開搶匯大戰，8月宋美齡成功地將部分美元兌換成黃金20萬兩運到台灣島，因此運到台灣島的黃金累計達337.9萬兩。這批外匯後來有5%由共產黨取得，95%由國民黨取得。10月1日共產黨成立中華人民共和國，以國際法的國家繼承原則擬取得這95%外匯，國民黨緊急將部分外匯存款轉入私人帳戶，後來有部分人拒不歸還，蔣經國曾在日記中表達痛心。至於遷移到台灣島的民國政府最後取回多少外匯存款，並無詳盡統計。

1948年至1949年間運至台灣島的這些黃金約花掉82萬兩於軍事費用，90萬兩於政府支出。1950年南北韓爭爆發，美國每年援助台北民國政府1億美元，就不再消耗這些庫存黃金，目前這些黃金仍然儲存在

台北近郊烏來山谷裡，台北民國政府中央銀行的山中金庫。金庫像是座屋頂很高的長廊型百貨公司，內部油漆從天花板、牆壁到地板全部白色，地板上置放著一座座如同展示寶石用的特製玻璃櫃，櫃內擺放著黃金塊，每堆黃金塊旁邊有標示取得時間。

　　1948年12月22日蔣介石運走第一批價值連城的古文物、圖冊及藝術品到台灣島，包括故宮博物院部分有320箱，中央博物院部分有212箱，中央圖書館部分有60箱，中央研究院部分有120箱，外交部部分有60箱，合計772箱。1949年1月6日運走第二批，包括故宮博物院部分有1,680箱，中央博物院部分有486箱，中央圖書館部分有462箱，中央研究院部分有856箱，北平圖書館部分有18箱，合計3,502箱。1月28日運走第三批，包括故宮博物院部分有972箱，中央博物院部分有154箱，中央圖書館部分有122箱，合計1,248箱。

　　1949年1月15日國民黨中央黨部將重要史料180箱從南京運往台灣島，次要史料263箱運往廣州。黨部人員配合民國政府的遷移，於1月27日離開南京，2月1日起在廣州辦公，10月12日再遷往重慶，12月11日最後遷往台灣島。蔣介石其實8月1日已在台北設立「總裁辦公室」，並把檔案資料420箱運到台灣島，取代中央黨部的職能。1950年3月1日蔣介石宣布「復行視事」，恢復行使民國政府總統職權。但是中央銀行的檔案1,317箱於1949年1月27日由太平輪載往台灣島，卻隨太平輪船難，沉沒入汪洋大海。太平輪是客貨輪，於1月27日下午16:20從上海啟航去基隆，約23:30在舟山群島海面與從基隆開往上海的建元輪相撞，建元輪很快沉沒，船上70餘人死亡，30人被救上太平輪。但太平輪也於一個小時後的28日凌晨12:30沉沒，太平輪上932人，只有38人生還。此即「太平輪事件」。

　　1949年5月10日止，南京民國政府已從上海運走大量物資達77,570噸，其中化學肥料16,490噸、化工原料11,510噸、煤礦器材8,984噸、鋼鐵器材8,875噸、電廠機器6,821噸、石油器材6,576噸、金屬礦用器材3,620噸、糖廠器材1,819噸、電器材料1,497噸、電工器材1,394噸等，

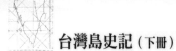

大部分運往台灣島，少部分運去廣州。同時上海港口還有19,150噸待運，其中原油17,395噸、化學原料928噸，等待運往台灣島。除了重要物資外，招商局有92艘輪船計24萬4千餘噸，也遷往台灣島。由於大量物資湧到台灣島，造成基隆、高雄港口嚴重壅塞。陳誠甚至爲此向蔣介石報告，要求整頓基隆、高雄港，請求從大陸急調挖泥船疏濬高雄港，抽調起重機來台協助卸載。有些台獨人士故意扭曲說，1949年前後撤退來台的民國政府和外省人是身無分文到台灣島，光吃台灣米，喝台灣水，這都不是事實。

八、1949年土地改革

日本殖民統治時期，擁有4甲以上農地的地主，可以隨意更換佃農，佃農有賴耕地維生，台灣島地小人稠，租佃條件很苛刻。佃農常被迫只能留存小部份收穫，絕大部分都繳給地主，許多佃農連喝米粥都很奢侈。1948年台灣島耕地面積有816,228公頃，佔總面積23%。農業人口3,797,652人，佔總人口55.5%。耕地由佃農承租者有359,608公頃，佔44%。佃農及半佃農人口有2,484,750人，佔農業人口57.5%。平均佃租率高達56.8%，新竹地區甚至出現佃租率70%的情形，佃農的所得超過一半被地主取走。1946年選出的縣市參議員513人，只有15人不是地主。

1949年3月3日陳誠報告蔣介石說，台灣島貧富不均非常嚴重，擁地100甲以上的地主有272戶，50甲以上者383戶，30甲以上者845戶，貧者無立錐之地。這份報告埋下陳誠推動土地改革，爭取民心的策略。陳誠分三階段推動土地改革：三七五減租、公地放領、耕者有其田。台獨份子常以「遷佔者政權」定位台北民國政府，但「遷佔者政權」是不會推動土地改革，而只會沒收土地據爲己有。在台灣島史上，只有清代中國初期的施琅、日本殖民統治時期的後藤新平曾沒收

土地據爲己有。

1949年4月14日陳誠隨即公布《台灣省私有耕地租用辦法》，實施三七五減租。1951年5月25日更通過《耕地三七五減租條例》，詳細規定佃農應對地主繳納的地租，以全年收穫量的37.5%爲上限，現有地租高於37.5%者須降至此標準，低於此標準者則不得提高。且以1947和1948年收穫量的平均值爲標準，而非按每年收穫量的37.5%計算，是定額制而非定率制。同時規定要簽訂書面耕佃契約，地主不得預收地租，若遇歉收則應調降，佃期不得低於6年。租約期滿後，除非地主收回自耕，否則應續租給原佃農。地主若出售耕地，佃農有優先承購權。

三七五減租受益佃農有296,043戶，佔農戶44.5%；耕地面積256,557公頃，佔耕地總面積31.4%；佃租率由50%至70%減爲37.5%。佃農的負擔減輕，生產意願提高，1948年至1951年農業生產量增加47%以上，增加的收益全歸佃農，佃農生活大幅改善，台北民國政府也在佃農身上奠定政治基礎。

台北民國政府於1951年至1976年間共辦理九次「公地放領」，清查可耕用土地，開放農民低利貸款購買無主地或公有地，以原承租公有耕地的農民爲放領對象，用意在扶植自耕農。這些「公地」有18萬1千甲土地是日本殖民政府、日本官員所持有的土地，佔當時可耕地約21%，由台北民國政府徵收，再放領給台灣島農民。每戶放領面積不超過水田2甲或旱田4甲，共計放領138,957公頃，承領農戶286,287戶。公地放領應繳地價可用實物繳納，因此收到稻穀367,366,416公斤，甘薯1,254,768,525公斤，全部出售撥作自耕農扶植基金。

1953年1月26日台北民國政府進一步公布《實施耕者有其田條例》，規定地主可保留水田3甲或旱田6甲，其餘強制徵收，放領給佃農。地主提供佃農使用的房舍、曬場、池沼、果樹、竹木等土地，一併放領給農民。「耕者有其田」共徵收耕地139,249公頃，新增自耕農194,823戶。用股票債券補償地主被徵收的耕地，70%補償爲實物土

地債券，分十年償付，年息4%；30%補償爲台灣水泥、台灣紙業、台灣工礦、台灣農林公司等公營事業的股票。中小地主紛紛出售補償股票，台灣島五大地主家族則趁機購入，成爲推動經濟發展的資本家，例如鹿港辜顯榮家族掌控台灣水泥，日後發展成和信與中信兩大財團；板橋林熊徵家族掌控華南銀行。

地主獲得股票債券補償，也保有部分土地，從而消除地主的反抗意志；但後來許多地主及其後代，因此怨恨國民黨，走上推動台獨的政治道路。當然很多當年受益的農民後代，在台獨份子煽動下，也把有恩於他們的蔣介石當成獨裁者和殺人兇手般的仇視，這是台灣島史上最反挫的政治現象之一。也有少數地主很積極支持土地改革，如台北縣議長盧纘祥是大地主，但卻積極支持三七五減租，還拒收佃農的欠租。屏東市參議長張吉甫、參議員黃燈雲也是積極支持土地改革的大地主，說服屏東市參議會24名參議員裡有13位地主支持，率先推動土地改革，張吉甫被戲稱「三七五議長」。也有激烈反對土地改革的大地主，如推動台獨的彭明敏、廖文毅，兩人認爲土地改革是在「消滅地主反抗勢力」，這些地主型的台獨份子基於階級利益，以台獨運動作爲反對土地改革及國民黨政權的策略工具，注定不會有未來性。

陳誠這三項土地改革政策使佃農收入提高，1949年到1960年每畝稻田的產量提高約50%，農民的所得提高三倍，80%以上的農民變成自耕農。國民黨也稀釋二二八事件的陰霾，爭取到這些自耕農作爲堅實的政治盟友。陳誠也洗刷敗軍之將的形象，成爲功在農民的政治家。許多台灣島農民說：「現在終於感受到眞正的台灣光復！」

陳誠除了土地改革外，還從大陸調運化學肥料到台灣島，供農民使用。緊急修復台灣島的化學肥料工廠，以工代賑請農民搶修損毀的水利設施，取消陳儀政府延續日本殖民政府的米價剝削政策，大幅度拉高農民耕作意願，台灣島的農業產值因而快速增加。陳誠推動的肥料換穀，農民有時比較吃虧，因爲肥料訂價穩定，稻穀卻有高低波動，但肥料品質和供應穩定，且後來又有美援補貼。農民雖抱怨稻穀

行情好時不能多賺，但肥料供應穩定，農民也樂得輕鬆。陳誠取得換穀後的稻米，實物配給軍公教人員，使後者較不擔心物價上漲的危害，穩定風雨飄搖中的軍心。

九、陳誠

陳誠（1898-1965）是浙江青田人。1917年浙江師範學校畢業，1922年保定軍官學校畢業，1923年任孫文的警衛連長，1925年任黃埔軍校砲兵教官，先後在攻打陳炯明的棉湖戰役、平定滇軍楊希閔叛亂有功。1927年國民黨北伐，陳誠率兵平定浙江軍閥孫傳芳有功，升任少將師長，因與何應欽不合被免職。1928年蔣介石任陳誠爲中將，1930年國民黨軍隊內鬨，陳誠揮師山東濟南，「中原大戰」爆發。1931年及1933年陳誠奉蔣介石命令進攻共產黨江西根據地大敗，1934年再度進攻江西紅色根據地，共產黨敗退，開始長征。1936年西安事變，陳誠與蔣介石同時被張學良扣留軟禁。1937年抗日戰爭爆發，陳誠指揮松滬會戰大敗。1938年任國民政府軍事委員會政治部長，陳誠找周恩來當副部長。1944年任軍政部長，1946年任參謀總長兼海軍總司令。1947年國共內戰時，陳誠赴東北指揮國民黨軍隊，被林彪打敗，職務由衛立煌取代。1948年陳誠因病來台療養，1949年1月1日被派任台灣省主席，2月4日宣佈實施土地改革的「三七五減租」，5月20日發佈台灣省全省《戒嚴令》，6月15日發布《台灣省幣制改革方案》、《新台幣發行辦法》。1950年任台北民國政府的行政院長，1954年任台北民國政府的副總統，1957年任國民黨副總裁，1965年去世。

十、1949年至1950年「白色恐怖」

「白色恐怖」（White Terror） 是相對於「紅色恐怖」的政治標誌，國共內戰時期到兩岸軍事對峙期間，國民黨主控的民國政府常對共產黨支持者或地下工作者冠以「匪諜」罪名，並予以逮捕處刑，共產黨就稱之為「白色恐怖」。「白色」用於稱呼反共勢力，源起1918年至1920年間，蘇聯共產黨的「紅軍」與反共的「白軍」所爆發的內戰。相對的，共產黨主控的共和國政府在同期間內也常對國民黨人逮捕處刑，國民黨稱之「紅色恐怖」。1949年後在台灣島或澎湖群島有以「匪諜」判刑的政治犯罪案，約定俗成，稱「白色恐怖」案件。

其實「白色恐怖」一詞起源於1871年「巴黎公社」（Paris Commune）革命運動要角鮑狄埃（Eugene Edine Pottier, 1816-1887）的詩作名稱，該詩作控訴當時法國右派資產階級的梯也爾政府（Marie Joseph Louis Adolphe Thiers, 1797-1877）對巴黎公社的血腥鎮壓為「白色恐怖」。鮑狄埃也是「國際歌」（The Internationale）的歌詞作者，該歌歌詞是巴黎公社失敗後第二天，鮑狄埃所寫的詩作，被狄蓋特（Pierre Degeyter, 1848-1932）譜成歌曲後，成為左派陣營傳唱世界的名曲。梯也爾政府與巴黎公社的關係很像國共關係，兩者先是合作對抗普魯士軍隊侵略巴黎，後來梯也爾政府轉頭血腥鎮壓巴黎公社。

國共內戰期間，國民黨軍隊在1949年1月10日淮海戰役（徐蚌會戰）大敗。1949年4月23日共產黨軍隊攻下南京，南京民國政府時代結束。陳誠於1949年5月20日宣布《台灣省戒嚴令》，全名是《台灣省政府台灣省警備總司令部布告戒字第壹號》，1987年7月15日蔣經國宣布解除戒嚴，這個《戒嚴令》共實施38年又56日，又稱「戒嚴時期」。

2013年12月18日中國大陸的《環球時報》報導，在台灣島戒嚴時期中國共產黨派遣1,500名特工進入台灣島，有1,100人被國民黨依《戒

嚴令》相關刑法處決。這些法令主要有《懲治叛亂條例》、《動員
戡亂時期檢肅匪諜條例》。有人估計，在戒嚴時期，共產黨員、「匪
諜」、親共人士被牽連者有14萬人，被逮捕者有29,407人，被處死者
有4,400人左右。其中本省人佔60%，外省人佔40%。但外省人只佔人
口的12%，所以外省人比例高很多。

　　就當時國民黨的立場而言，這些案例若予以輕縱，對台北民國政
府的安全威脅甚大。以下列舉較知名的案件：

　　1949年4月6日陳誠下令軍警包圍台灣大學和師範學院（台灣師範
大學）的學生宿舍，逮捕有親共傾向的學生100多人，有7人被判定是
共產黨職業學生遭槍決。

　　1949年7月13日澎湖有來自山東8,000多名的流亡學生，被政府軍
三十九師師長韓鳳儀強迫拉夫當兵，校長張敏之拒絕，雙方發生流血
衝突，韓鳳儀向陳誠誣指張敏之是「匪諜」，逮捕張敏之等七人，押
至台北槍決。這明顯是冤案。這批流亡學生後來轉赴台灣島，在彰化
特設員林實驗中學收留。流亡學生的產生是國民黨不讓青年學生成為
共產黨的人力資源，鼓勵各大學遷校，但形成的恐共情緒使部分中學
也受感染，造成學生和老師集體流亡，反增加民國政府的財政負擔。

　　1949年8月18日曾任立法委員的民進黨籍台北市議員王世堅的父親
王明德向女友表明共產黨員的身份，並多次郵寄共產黨地下刊物《光
明報》給女友而被逮捕。王明德是中國共產黨台灣省工作委員會成
功中學支部的黨員，台北民國政府從王明德做線頭，偵破共產黨的成
功中學支部、台大法學院支部、基隆中學支部、基隆市工作委員會支
部。最後發現主事者是基隆中學校長鍾浩東（1915-1950），鍾浩東是
知名作家鍾理和（1915-1960）的弟弟，其妻蔣碧玉（1921-1995）是蔣
渭水的養女也是蔣渭水胞妹之女。鍾浩東於1947年加入中國共產黨，
接受蔡孝乾領導，秘密成立基隆中學支部，1948年由呂赫若（1914-
1951）出版《光明報》，1949年成立共產黨基隆市工作委員會。1949
年8月27日鍾浩東被捕，與同案被捕的李蒼降(1924-1950)、唐志堂

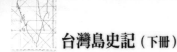

(1925-1950) 於1950年10月14日被槍決。本案特殊之處，涉案者凡是非幹部的本省人大多判處感化教育，外省人都被槍決，鍾浩東是例外。王世堅的父親王明德只交付感化教育。

1950年1月中共台北市工作委員會書記郭琇琮（1918-1950）被捕，郭琇琮是台大醫師，牽出台大醫院的共產黨員許強（1913-1950）、吳思漢（1924-1950）、胡鑫麟、蘇友鵬、胡寶珍。接連台北、桃園的共產黨支部被破獲，大多數幹部被槍決。

1950年3月中共台灣省工作委員會書記蔡孝乾（1906-1982）被捕，也是中共在台灣島最高級別的領導人，國民黨找到蔡孝乾的妻妹也是情婦的馬雯娟勸降。蔡孝乾遂叛離共產黨，向國民黨投降，供出400多名中共黨員及1,800多名中共在台特務和聯繫人員。中共在台黨組織、諜報組織、群眾組織因此暴露，幾乎全被瓦解。

台北民國政府的國防部參謀次長吳石（1894-1950）、吳石聯絡人中共女特務朱諶之（1905-1950），也因此案接連被捕槍決。本案也牽連到李友邦、嚴秀峰夫婦，李友邦遭懷疑被槍決，嚴秀峰入監15年。蔡孝乾因叛降和瓦解共產黨組織有功於國民黨，後來出任台北民國政府的調查局副局長。

1950年蔡孝乾當時計劃成立「台灣人民武裝保衛隊」，指派陳本江（1915-1967）去台北石碇、汐止交界處的鹿窟建立「北區武裝基地」。1952年12月29日台北民國政府派兵圍捕鹿窟，400多人被捕，35人被槍決，史稱「鹿窟事件」。

蔡孝乾是彰化花壇人，青年時代參加台灣文化協會，後前往上海就讀上海大學，1928年加入中國共產黨，又參加設立台灣共產黨，1934年參加中共中央二萬五千里長征，是唯一參加長征的台灣人，也是中共少數精通日語的專業人才。1945年潛返台灣島領導中共地下組織，擔任中共台灣省工作委員會書記，1950年1月遭國民黨特務機關逮捕，尋機脫逃，3月再度被捕，投降國民黨政府。

2013年北京西山森林公園由中國人民解放軍建設的「無名英雄

廣場」，懸掛毛澤東的詩句：「驚濤拍孤島，碧波映天曉，虎穴藏忠魂，曙光迎來早。」廣場所列「英雄名單」與李登輝及陳水扁政府所列白色恐怖「受難名單」大致雷同，益增「白色恐怖」的爭議性。死亡者大多是國共內戰在特工戰線上的犧牲者，這跟「白色恐怖」的原意差距甚遠。

十一、1949年發行「新台幣」

　　1949年6月15日台灣銀行發行「新台幣」，取代1946年5月22日發行的「台幣兌換券」，後者俗稱「舊台幣」。1945年8月15日台灣島復歸中國前，日本殖民政府在1899年9月29日透過台灣銀行發行沒有任何準備金的「台灣銀行券」，俗稱「台銀券」。「台灣銀行券」沒有官定標準可以兌換黃金或美元，且日本殖民政府實施資金流動管制和物資配給制度，「台灣銀行券」的市場價值和眞實的通貨膨脹率，完全靠人爲壓制。1945年10月25日南京民國政府佈達台灣島復歸中國主權版圖，同時日本殖民政府的配給和管制措施終止，11月8日台灣島米價暴漲3倍。

　　1946年5月22日陳儀一意孤行發行「舊台幣」，且完全不顧市場規律，規定「舊台幣」和「台灣銀行券」的兌換率是1比1，不讓市場決定兌換率，這代表南京民國政府完全承受日本殖民政府發行「台灣銀行券」的一切債務。「台灣銀行券」在戰爭期間所累積的通貨膨脹壓力，也完全從「舊台幣」爆發出來。日本殖民政府的貨幣發行責任完全卸除，通貨膨脹的政治責任和民怨完全由南京民國政府承擔。這個愚蠢的「兌換率」埋下二二八事件的起因，這是陳儀和蔣介石戰後最無知的政治決策之一。

　　「台灣銀行券」時代和發行「舊台幣」前期，貨幣發行額由台灣銀行的放貸金額決定，放貸金額由公營事業和日本政府的貸款需求

決定。換言之，台灣銀行印鈔票借錢給公營事業和日本政府，造成通貨膨脹。戰爭時期和戰後復原的公營事業急需資金，全由台灣銀行印鈔票支應，這些鈔票的發行信用又無法靠公營事業的營運績效支撐，最後漸漸變成廢紙。1948年發行「舊台幣」的晚期，因國共內戰，民國政府軍失利，通貨膨脹加劇。1949年初大陸人口開始大舉移入台灣島，台灣省政府的財政赤字擴大，加大印鈔票的壓力，通貨膨脹更是一發不可收拾。

1949年6月15日蔣介石拿中國大陸運到台灣島的黃金80萬兩作爲準備金，發行「新台幣」，並依黃金的市場價值推定「舊台幣」4萬元換「新台幣」1元的兌換比例，史稱「四萬換一圈」（閩南語）。1950年6月韓戰爆發，1951年美援提供台北民國政府大量物資和貸款，彌補財政赤字，而且1949年土地改革相當成功，農產及糧食供應逐漸充足，不再需要濫發「新台幣」，惡性通貨膨脹才告停止。

雖然1945年10月25日中國政府已佈達台灣島復歸中國，但遲至1946年5月18日陳儀政府才接收台灣銀行。台灣銀行在日本殖民時期1940年12月發行的「台灣銀行券」只有199.7百萬元，1942年12月是289.3百萬元，1944年12月是796.1百萬元，1945年7月是1,207.1百萬元，1945年8月是1,651.7百萬元，1945年12月是2,311.8百萬元，1946年5月18日是3,341.3百萬元。很驚人的是，從1945年8月台灣島復歸中國，到1946年5月陳儀政府接收台灣銀行，日本人控制的台灣銀行整整多印了兩倍數量的鈔票。1946年5月接收台灣銀行時的鈔票發行量，又比珍珠港事件爆發前的1940年12月多印了16.7倍的鈔票。這些多印的鈔票全被日本政府拿走了。

「舊台幣」和「台灣銀行券」的兌換率是1比1，就等於台灣人的錢拿去補貼日本人打中國和美國的戰費，結果全由南京民國政府承受。台灣人面對「舊台幣」價值暴跌，光看表面，只怪南京民國政府和陳儀政府，不怪日本政府。可見陳儀拒絕南京中央銀行由市場決定兌換率的主張錯誤，以及蔣介石任由陳儀胡搞，不予糾正，終於鑄下大錯。

台灣島的批發物價指數以1937年6月爲100，1945年7月31日爲
242.0，8月31日爲1,171.7，一個月內物價跳升4.84倍。因爲日本殖民
政府物價管制及物資配給措施在這個月內崩潰，物價跳升回到市場均
衡水準。但是此時物價已如脫韁野馬，到9月30日又漲到2,585.8，比
8月底又漲2.2倍。10月底物價比9月底又漲12.2％，11月底又比10月底
漲8.0％，相對而言，批發物價此時已平穩很多。可怕的是，1946年
初批發物價開始暴漲。1945年底「台灣銀行券」都已完成兌換「舊台
幣」，1950年底「舊台幣」都已完成兌換「新台幣」，但從1945年底
到1950年底，台灣島的批發物價暴漲218,455.7倍，幾乎22萬倍，批發
物價平均每年漲676.1％。

批發物價跟一般民生物價會有差距，因爲台灣島的批發物價跟進
口物價密切關聯，這段期間沒有牢靠的民生物價指數可資參考，但從
批發物價觀察，亦可了解當時「舊台幣」通貨膨脹惡化的程度。所以
推動幣制改革，發行以黃金爲貨幣準備的「新台幣」，是勢在必行，
且不准失敗的抉擇，當年負責新台幣發行的官員是嚴家淦。

十二、嚴家淦

嚴家淦（1905-1993）江蘇蘇州人。1926年畢業於上海聖約翰大
學，1938年任福建省建設廳長，1939年任財政廳長。1945年由陳儀派
任台灣省交通處長，1946年任台灣省財政處處長兼台灣銀行董事長，
二二八事件發生時在台中遭暴徒毆傷，被林獻堂收容避難。1949年6月
15日負責發行新台幣，並切斷台灣省與中國大陸的財政及貨幣聯繫。
1950年1月任經濟部長，3月即轉任財政部長。1952年協助陳誠推動公
地放領及耕者有其田等土地改革政策。1954年任台灣省主席，1958
年回任財政部長，任內推動《十九點財政改革措施》及《獎勵投資
條例》有功，1963年任台北民國政府的行政院長，1966年任台北民國

政府副總統。1975年蔣介石去世，嚴家淦繼任台北民國政府的總統，1978年卸任總統。嚴家淦任總統期間，國民黨主席由蔣經國擔任，嚴家淦是虛位總統。嚴家淦於1993年去世，其一生幾乎是完美的文官典範，待人接物，細心和藹，廉潔自持，專業能幹，勇於任事，其名言是「數字是不會說謊的語言」。但是美國間諜和台北領事館副領事葛超智所撰《被出賣的台灣》書裏，全面抹黑嚴家淦，把嚴家淦說得一文不值，可見葛超智人品低劣的程度，堪稱美國垃圾都不為過。

十三、美國要發動政變搞垮蔣介石

　　1949年1月21日蔣介石宣布「總統因故不能視事，由副總統代行職權」，1949年2月美國駐華大使館政治參贊莫成德（Livingston Tallmadge Merchant, 1903-1976）建議，支持台灣島防衛司令孫立人（1899-1990）發動軍事政變，逮捕台灣省主席陳誠，控制台灣島。5月此議得到駐華大使司徒雷登（John Leighton Stuart, 1876-1962）、國務卿艾奇遜（Dean Gooderham Acheson, 1893-1971）的贊同。

　　8月和12月美國派人與孫立人接觸。1950年1月麥克阿瑟也參一腳，要求蔣介石不得以國民黨總裁的身份干政，被蔣介石拒絕，麥克阿瑟於2月21日直接派專機接孫立人赴東京「商談」。蔣介石迫於形勢，急著於3月1日宣布「復行視事」，恢復行使總統職權。但美國仍不死心，繼續推動「倒蔣計畫」。5月30日美國國務院和中央情報局完成「倒蔣計畫」，計畫逼蔣介石離開台灣島。如果蔣介石拒絕，支持孫立人發動政變，逮捕蔣介石，由孫立人出任「總理」，胡適出任「總統」。美國隨即撤銷杜魯門的《不介入台灣海峽爭端聲明》（或稱《福爾摩沙聲明》），派美軍協防台灣島，並在聯合國發動決議，託管台灣島。

　　孫立人向政變計劃執行者第七艦隊司令史特伯（Arthur D. Struble,

1894-1983）表示接受美軍指示，美國並擬訂政變時間爲1950年6月最後一週，即6月25日至30日。6月23日美國助理國務卿魯斯克（David Dean Rusk, 1909-1994）在紐約與胡適見面，魯斯克的提議，遭胡適拒絕。但孫立人和美國未及發動政變，6月25日北韓金日成下令進攻南韓，南北韓戰爭爆發，艾奇遜發動政變殺害或驅逐蔣介石的計劃被迫停止。從歷史角度觀之，金日成救了蔣介石。

十四、1949年《對華政策白皮書》

　　1948年美國總統大選，杜魯門和杜威競選激烈，蔣介石和宋美齡積極支持聲勢較高的杜威，但杜魯門出人意料當選，對蔣介石心生芥蒂，甚至拒見訪美的宋美齡。

　　1949年8月5日美國國務院發表《對華政策白皮書》（The China White Paper），原名是《中美關係，特別就1944年至1949年期間》（United States Relations with China with Special Reference to the Period 1944-1949）。《白皮書》說明國共內戰，國民黨戰敗，是國民黨政府領導無能的問題，與美國無關。《白皮書》包括正文8章，附件8章。用五分之一的篇幅說明1844年《中美望廈條約》，至1949年5月李宗仁致信杜魯門爲止，美國對中國局勢的看法及政策，其餘五分之四的篇幅都是文獻彙編。《白皮書》收錄的文獻包括〈艾奇遜致杜魯門信〉，這封信可說是《白皮書》的核心結論。該信說：「在合理範圍內，美國所做任何事，都不可能改變中國局勢；美國若袖手不管，對局勢也不會有影響。這是中國內部勢力造成的結果，結局由中國內部決定，是一方怠忽職責所致。」《白皮書》公開點出蔣介石政府的無效率、貪污情事、強硬手段對付反對人士等因素導致軍事失敗和政治崩潰，且認爲蔣介石政府在蔣介石於1949年1月辭去總統職務後，國民黨政權已完全無望。

十五、1950年《告台灣同胞書》

　　1949年10月1日中國共產黨領導成立「中華人民共和國」，於1950年2月28日透過謝雪紅組織的「台灣民主自治同盟」，以紀念二二八事件爲名，發表《告台灣同胞書》，內容宣稱「中國人民從日本人手中收回台灣，國民黨反動派劫收台灣，二二八對國民黨反動派鬥爭，犧牲一萬多人，蔣介石殘餘匪幫勾結美國控制台灣，解放軍今年要把解放台灣，殲滅蔣匪幫的殘餘勢力作爲第一個重要任務。」但是這件「重要任務」卻被南北韓戰爭改變了。

第九篇

台北民國政府之島

（1950-2017）

　　「台北民國政府」宣稱由南京民國政府「播遷」至台灣島，具
有完整的中華民國「法統」，但是這個「法統」放置在國際法學
和憲法學的顯微鏡下檢視，明顯地出現「主權消損」（Sovereignty
Depletion）危機。在這個危機陰影中，台北民國政府是由五個政治
支架撐持起來的政權。第一，台北民國政府實際管轄的台灣島已由
1943年《開羅宣言》、1945年《波茨坦公告》、1945年《昭和投降詔
書》、1945年《日本降伏文書》等四份國際法文件確立是中國主權的
領土，至今都沒有任何國際法文件提出修正或改變。第二，台北民國
政府在1971年聯合國大會第2758號決議案通過之前，在美國支持下以
中華民國之名的國家組織代表中國主權管轄台灣島，具有國際法的
合法性。但在1971年後以中華民國為名義的國家組織只能「代行」中
國主權管轄台灣島，無法「代表」中國主權，使台北民國政府成為國
際法下「中國台灣當局」式的區域自治政府，這是台北民國政府面臨
在國際法上的「主權消損」危機。第三，台北民國政府自1949年喪失
中國大陸的統治權，無法建構完整的憲法秩序，也無法取得中國國民
全體的委任授權，形成憲法秩序上的「主權消損」危機。在美蘇冷戰
的客觀國際政治形勢下，因1950年南北韓戰爭的延伸效應，台灣島成
為美國的「勢力範圍」（Sphere of Influence），台北民國政府成為美
國的扈從政權而客觀存在。總結來說，從1950年至今，台灣島的歷史
就徘徊在美國勢力範圍和中國主權領土兩股歷史動力的矛盾之間。
第四，1991年李登輝制定「憲法增修條文」後，「中華民國」被劃分
為「自由地區」和「大陸地區」，確立「一國兩區」的法制，且僅由
「中華民國自由地區」的選民選舉產生「中華民國自由地區總統」和
「中華民國自由地區政府」，但仍宣稱是「中華民國總統」和「中華
民國政府」。第五，2000年後台獨勢力急遽興起，台獨政權慢慢顯
現，但台獨政體在中國崛起的大勢下，以及中國與美國的修昔底德陷
阱，台灣島的歷史命運正處於嚴厲的轉折點上。

第一章
主權消損危機

一、國家組織與主權

「國家」是擁有領土主權的政治組織，主權是一塊土地之上的最高統治權，領土是主權所涵蓋的土地範圍。一個「國家」是否擁有一塊土地作爲主權領土，決定這個「國家」是否存在，以及如何存在。「國家」的存在除了「政治組織」要宣稱自己是「國家」並做出「主權宣示」外，更重要的是，必須被聯合國等國際組織或其他鄰近國家所接受、承認，或至少不否認，以確定領土主權沒有爭議。換言之，「國家」必須具備憲法秩序及國際法秩序上領土主權的法理基礎。如果主權領土（Sovereign Territory）的面積大幅減縮，或者領土主權（Territorial Sovereignty）的行使範圍大幅受限，國家組織就會面臨「主權消損」（Sovereignty Depletion）危機，甚至喪失主權國家（Sovereign State）的資格和權利，成爲「殘存國家組織」（Rump State Organization, RSO）。殘存國家組織具有殘存前的國家形式，但已喪失殘存前的國家主權和資格。

歷史上常有國家組織喪失大部份主權領土及可課稅的人口，產生「主權消損危機」，而喪失代表原先主權者的法律地位。例如公元1202年至1204年間，西歐第四次十字軍東征（Fourth Crusade）攻擊同爲基督教國家的東羅馬帝國（自稱「羅馬帝國」，十六世紀後常被歷史學家稱爲「拜占庭帝國」，Byzantine Empire），佔領其首都君士坦丁堡（Constantinople）。拜占庭帝國的餘臣在剩餘的領土上另外組建三個國家組織：伊庇魯斯王國（Despotate of Epirus，位於希臘西部）、特拉比松帝國（Empire of Trebizond，位於土耳其北部）、尼西亞帝國（Empire of Nicaea，位於土耳其西部），這三個國家組織都宣稱擁有拜占庭帝國的全部領土主權，也都聲稱要驅逐佔領君士坦丁堡的第四次十字軍所建立的拉丁帝國（Latin Empire），但始終無法實

現。因此這三個國家組織雖然仍自稱「羅馬帝國」，但鄰近國家則給予另外的稱呼和定位，如特拉比松帝國等的稱呼，實際上是「羅馬帝國」歷經「主權危機」後的「殘存國家」（Rump State）。

「中國」作為一個領土主權的法律人格載體，是「領土主權」（Territorial Sovereignty）或「主權領土」（Sovereign Territory）的特定名詞，而不是中國土地上任何國家組織的專屬名詞。「中國」早已存在國際法上作為一個主權單位的名詞，1912年2月12日清宣統皇帝溥儀的《退位詔書》將領土主權交給中國人民，「皇帝將統治權公諸全國，定為共和立憲國體」，並授權袁世凱「以全權組織臨時共和政府與民軍協商統一辦法」，承認「中華民國」作為國家級的政治組織，可繼受中國的領土主權，「仍合滿、漢、蒙、回、藏五族完全領土為一大中華民國」。在中國領土上作為一個國家組織（State Organization）的「中華民國」，從另一個國家組織「大清帝國」取得中國領土主權，在政治上起因於辛亥革命，在法理上取自《退位詔書》。同時，清朝皇帝的「統治權」（主權）不是轉移給任何特定的政治集團，而是「公諸全國」，亦即清朝皇帝已將「主權」移交給中國全體國民。

在1912年至1949年間，「中華民國」作為一個國家組織，毫無疑義擁有從大清帝國這個國家組織繼承而來的「中國領土主權」，以及對內對外的中國主權的代表權，可以組建「主權政府」（Sovereign Government）。儘管中華民國政府先在南京成立「臨時政府」，不久即遷移至北京，可稱為「北京民國政府」，也常被史家稱為「北洋政府」。蔣介石北伐後，再遷回南京，成為「南京民國政府」。1937年日本侵略中國，「南京民國政府」遷移至武漢、重慶，最後於1945年又遷移回到南京。這些遷移過程不論北京、南京、武漢、重慶，民國政府在國際法上，始終是各國承認無可置疑的擁有管轄中國領土權利的主權政府。

二、領土主權的爭議

自1949年10月起，在中國主權領土上另一個國家級政治組織「中華人民共和國」宣告成立，「中華民國」原先擁有的「中國主權」立即產生「主權消損」的危機和問題，包括憲法上「國會」和「元首」是否仍具有「國民主權」的代表性，國際法上「國家」和「政府」是否仍具有聯合國及國際法上的「中國主權」代表性。「中華民國」畢竟不是君主制，蔣介石也不是皇帝，憲法秩序的法理上不可能由個人、家族或政黨擁有中國的領土主權。

1946年國共內戰，國民黨大敗，1949年1月21日蔣介石宣布「因故不能視事」，12月7日「南京民國政府」敗退台灣島，形成很特殊的「台北民國政府」。「台北民國政府」是由「蔣介石復行視事」、「萬年國會」、《台北增修條文》所構成的政權體制。但「台北民國政府」是不是「中國的主權政府」？「中華民國」這個國家級政治組織是不是還擁有「中國的領土主權」？都成為法理上和政治上的爭論議題。

1950年3月1日蔣介石聲稱有權以「復行視事」的名義恢復「中華民國總統」的職權。蔣介石把「因故不能視事」解釋成「暫不能視事」，先請「代總統」李宗仁（1891-1969）來台「履行代總統職務」，李宗仁拒不來台，被視同放棄代總統職權，蔣介石於是宣佈「復行視事」繼續擔任「第一屆總統」，開啟台灣島的「台北民國政府」時代。

蔣介石的「第一屆總統」任期從1948年5月20日至1954年5月20日。1954年2月蔣介石由1947年11月選舉產生，但在1948年3月29日就任的「第一屆國民大會」選舉為「第二屆總統」。這個「第一屆國民大會」任期長達43年，直到1991年為止，開啟「萬年國會」的時代。

「萬年國會」的理由是《中華民國憲法》第28條第2項規定：「每屆國民大會代表之任期，至次屆國民大會代表開會之日為止」，於六年任期屆滿後，次屆國民大會代表無法選舉產生，也無法開會，就可無限期地延長任期，繼續行使職權。這個立論無法找到適當的憲法秩序支持，只能靠政治實力制止挑戰者，以獨裁或專政方式延續政權。

蔣介石以「國民大會代表」無法辦理改選為由，無限期延任，再以這些「萬年國民大會代表」定期選舉出每一屆的總統，蔣介石因此自認為有法律依據可以終生擔任「總統」；但這是台灣島在「冷戰」時代政治上的必然，並不表示具有法理上的合理性、合憲性、合法性。

1947年11月選舉產生的「國民大會代表」在法理上擁有「中國國民」賦予的「委任狀」（Mandate），但1954年3月28日六年任期屆滿，這張「委任狀」期滿失效，已經無權選舉「總統」，何況台北民國政府召集的「國民大會代表」人數未達半數，集會本身就不具合法性。關鍵事實並非在於「次屆國民大會代表」無法選出或無法開會，而是「中國國民」已不再把「委任狀」授予「中華民國的國民大會代表」，也就不再授予蔣介石。

孫文在1921年已立下憲政案例，當時隨同孫文到廣州成立「護法軍政府」的中國國會議員只有222人，不足法定人數，只能召開「國會非常會議」，1921年4月7日選舉孫文為「非常大總統」，因為不具備完整「委任狀」的合法性才稱為「非常大總統」。當時國會有眾議員596人，參議員245人，合計841人。1921年孫文召集國會議員222人，連眾議員的半數都不到，1950年後台北民國政府的國民大會代表集會人數不到一半，就是處於這種相同的「主權消損」狀況。

任何最高政治權力都要有「委任狀」的立論基礎，有的來自「人民主權」如共和國體制，有的來自「宗教神權」如伊斯蘭國或基督教十字軍騎士團，有的來自「皇室血統」如王國，有的來自「軍隊」如軍事執政團（Junta），有的來自「國際法」如美國的琉球軍政府。

但台北民國政府從一開始就面臨「委任狀」的危機，這個危機是來自「主權消損」所產生的現象。因為台北民國政府所宣示的國家組織「中華民國」的「國民大會代表」，自1950年後在台北就無法湊足半數得以合法集會，且自1954年任期屆滿後，已無法再取得「中國國民」、「中國人民」或「國民全體」的「委任狀」以合法任職與執行職權。

除了「國民大會代表」外，「第一屆立法委員」在1948年1月21日選舉產生，1948年5月5日就任，任期應於1951年5月7日屆滿，蔣介石「商請延任一年」，「第一屆立法委員」就自行「一致鼓掌通過，贊同延長任期一年」，結果卻非法延任三年至1954年。再以1954年1月29日「司法院大法官會議」發布《釋字第31號》的憲法解釋令說：「在第二屆委員未能依法選出集會與召集以前，自應仍由第一屆立法委員、監察委員繼續行使其職權。」又是以「無法辦理改選為由」變成任期長達43年的「萬年國會」。「無法辦理改選為由」的真實法律理由是中華民國的台北民國政府已喪失絕大部分的領土和對絕大多數人民的「委任狀」，同時這些領土和人民另外組織成立中華人民共和國，中華民國作為中國的國家組織已產生無法彌補的「主權消損」危機。更大的問題癥結是，第一屆「國民大會代表」和「立法委員」都無法在台灣島湊足半數，其集會的決議都不具備代表中國主權行使職權的合憲性（Unconstitutional）。

「萬年國會」的問題，直到1990年6月21日才解決。是以「司法院大法官會議」發布《釋字第261號解釋令》：「第一屆未定期改選之中央民意代表除事實上已不能行使職權或經常不行使職權者，應即查明解職外，其餘應於中華民國八十年十二月三十一日以前終止行使職權。」處理這些「非法延任」的第一屆「國民大會代表」和「立法委員」。台北民國政府用「大法官」當作政權調整的工具，先合理化「萬年國會」的誕生，再合理化「萬年國會」的終止，事屬罕見。「大法官」本身卻又是合憲性有疑義的「國民大會」或「立法院」所

核定任命的，本身的合憲性就有先天性的缺陷，於是「國民大會」或「立法院」、「總統」、「大法官」接連發生主權消損危機下很特殊的「循環式合憲性缺陷」。有缺陷的「國民大會」選舉出有缺陷的「總統」，有缺陷的「總統」提名有缺陷的「大法官」，再釋憲出有缺陷的「國民大會」和「立法院」。

《台北增修條文》則是李登輝於1991年5月1日公布由「第一屆國民大會」所通過的《中華民國憲法增修條文》，延續台灣島地區的憲法秩序，開啓「台北增修條文」的時代。問題是「第一屆國民大會」的合法性有問題，選出的「總統」的合法性有瑕疵，「總統」任命的「大法官」也有合法性的瑕疵，《增修條文》的產生也不可避免帶著先天性的法理瑕疵。

從「蔣介石復行視事」、「萬年國會」到《台北增修條文》，可以看出台北民國政府面對「主權消損」危機的應對措施，可說艱難異常，破綻百出。

蔣介石在1950年後，宣稱仍依據1947年的《中華民國憲法》的規定，「復行視事」，且延續「國會」的運作，以統治台灣島。但1947年《中華民國憲法》規定的主權者「國民全體」應該是「中國國民全體」，1950年後的「中華民國」卻無此條件，於是《中華民國憲法》出現了憲法學上的「主權消損」危機。台灣島的主權屬於中國，1950年後的「台北民國政府」能否代表「中國國民全體」行使對台灣島的領土主權，開始發生疑義。

另一方面，1950年至1971年，「台北民國政府」因美蘇冷戰，仍被認定為持有聯合國中國主權代表權的政府，相當程度補足「主權消損」的疑義。但1971年聯合國的中國主權代表權由中華人民共和國取代，台北民國政府及蔣介石政權統治台灣島的合法性，包括憲法及國際法的合法性，開始受到挑戰。這些挑戰有：

第一，中華人民共和國是否得自1971年起，代表中國主權依《開羅宣言》、《波茨坦公告》、《昭和投降詔書》、《日本降伏文書》

這四份國際法文獻繼受台灣島的領土主權？

第二，中華民國在1971年以後，是否還持有憲法及國際法的中國主權？還是不是持有台灣島領土主權的國家組織？宣稱代表中華民國政府的台北民國政府是不是還具有代表中國主權政府的法律資格？

第三，台灣人可否以公民投票或其他方式建立獨立的國家組織，從而取得台灣島的領土主權？

這些都是所謂「一個中國原則」的相關問題。

三、遷佔者國家理論

台北民國政府的「主權消損」危機，給予台獨理論相當的操作空間。台獨份子先主張《開羅宣言》無效論，否定中國主權涵蓋台灣島；繼而推論出台灣地位未定論，再主張台灣島主權由居民決定論；最近又生硬的抄襲美國社會學者魏澤（Ronald Weitzer, 1952-　）研究辛巴威（Zimbabwe）和北愛爾蘭（North Irland）建立的「遷佔者國家」（Settler State）理論。台獨份子認定1950年的台北民國政府是遷佔者國家的政府，或者1945年的中華民國就是遷佔者國家，目的是用遷佔者國家的概念去否定1945年南京民國政府接收台灣島的合法性，進而否定任何中國主權者對台灣島的領土聲索權。

辛巴威的前身是由白人殖民者於1965年宣布獨立建國的羅德西亞（Rhodesia），但其殖民母國英國拒絕承認，還宣佈該獨立建國是叛亂行為。羅德西亞作為1888年後才遷入的白人所統治國家，與大多數被統治的黑人非但是不同民族，還分屬不同種族。白人統治從未取得憲法及國際法上的合法性，被魏澤形容為「遷佔者國家」是有道理的。遷佔者國家本身就不符合國際法，甚至是非法的。但1945年至1949年，中華民國作為一個國家組織，南京民國政府作為一個行使中國主權的政府，在憲法和國際法上都擁有完整的台灣島主權，這個法

律基礎並無質疑的空間。具備合法的主權和領土聲索權的國家組織不會是「遷佔者國家」。1950年至1971年「中華民國」遭遇「主權消損」危機，台北民國政府在憲法基礎上問題重重，但仍擁有聯合國的中國代表權，形成一種主權不充分的國家組織和政府，但也尚未完全消損。1971年後聯合國席位由中華人民共和國取代，主權消損危機更加嚴重。「中華民國」作為一個政治組織在國際法上是否還具有「主權國家」的資格都疑慮重重。

北愛爾蘭問題始自1603年英國控制愛爾蘭，1609年基督新教派的英格蘭人和蘇格蘭人大舉移民北愛爾蘭，霸凌天主教徒的愛爾蘭人。愛爾蘭人屬於凱爾特（Celt）民族，英格蘭人和蘇格蘭人則是日耳曼民族。兩陣營的衝突，既是不同民族的鬥爭，又是宗教衝突的延伸，也是外來移民與本地舊住民的分裂械鬥。這在十七世紀並非新鮮事物，也非嚴重性很高的戰爭，兩陣營也都不具備憲法及國際法的資格去否定對方的存在。

遷佔者國家（Settler State）的條件是，外來移民非法移入一塊其他民族居住的土地，建立少數統治多數的政權。但這不適用於台北民國政府，至少在1971年以前，台北民國政府都有相當國際法上的依據，有權對台灣島行使主權；且至目前為止，任何中國主權者都有國際法上的依據聲索台灣島主權。反而1945年至1949年間，台灣人仍具有第二次世界大戰日本侵略共犯的法理責任，不可能有權獨立建國。

因此中華民國對台灣島不是遷佔者國家，南京民國政府不是遷佔者政權。1950後蔣介石在台灣島「復行視事」，展開統治，台北民國政府仍是中國主權領土上的政權，在中國的台灣島領土上統治，雖不見得能「代表」中國主權，但以「南京憲法」為依據進行統治，雖有法理瑕疵，仍具備以「殘存國家」（Rump State）或「殘存政權」（Rump Regime）身份「代行」中國主權的政權資格，也不是遷佔者政權。

台灣島的外在局勢是，在國際法和兩岸各自的憲法秩序上台灣

島都是中國的主權領土，但在國際政治上台灣島的「統治當局」卻是美國的「勢力範圍」下的「扈從政權」。美國對中國全部或局部主權領土上的重大事務擁有否決權、干涉權或核准權，即成爲國際政治甚或國際法上的「勢力範圍」。不論這個「統治當局」是國民黨或民進黨，在美國勢力範圍內，都是美國的「扈從政權」。若「統治當局」能自稱是「國家」的話，不可避免地會成爲「扈從國家」。「扈從」問題才是台灣島現代史的發展軌跡，「遷佔」問題反而不存在。既是中國的主權領土，又是美國的勢力範圍，這種「雙重處境」自1950年後，就左右著台灣島的歷史走向。

四、殘存國家理論

「殘存國家」（rump state）是世界歷史上常常出現的國家現象，是歷史研究的熱門題目，但其法律性質卻常爲憲法學及國際法學所忽略。「殘存國家」原本是具有健全或完整主權的國家組織，但因爲革命、政變、內戰、外敵入侵、殖民勢力進入等因素導致喪失領土、失去人民、主權權利被剝奪、政府機能失敗，造成嚴重的「主權消損」（sovereignty depletion）危機，所遺留或殘存的國家組織，可能還使用著原先的國家符號和憲法秩序，但在實質意義和法律意義上已與「主權消損」危機前的國家組織性質大不相同。中國歷史上就有東晉、南宋、北元、南明、台灣島上的「中華民國」，歐洲歷史上的後拜佔庭帝國（post Byzantine）、第二次大戰時期只剩非洲殖民地的比利時等都是「殘存國家」的案例。「殘存國家」的發展常是被合併統一，或獨立一段時間，但其法律性質常不如其政治特徵爲大量研究文獻所關注。

殘存國家的理論模型如下：

第一，任一主權國家遇有嚴重的「主權消損」，若沒有被完全消

滅，可能成為「殘存國家」。

　　第二，「殘存國家」剛開始都會宣稱仍然擁有「主權消損」發生前的「主權權利」，包括領土聲索權（territorial claim）等。

　　第三，「殘存國家」會繼續使用原有的國家符號、國號和憲法秩序，也會陸續進行一些調整以適應現實狀況。

　　第四，鄰近國家對「殘存國家」的存在會基於自己的利益而發展出各種與「殘存國家」交流和對待的不同方式。

　　第五，「殘存國家」生存的時間可長可短，端視「殘存」的背景因素的變化而定。

　　第六，歷經時間的衝擊，「殘存國家」會逐漸淡化原有國家組織的各項特性，發展出獨特且別具特色的法律及政治性格。

　　第七，「殘存國家」不是轉型為更小的獨立國家組織，就是被新興勢力所合併。

　　第八，「殘存國家」尚有部分原有領土的管轄權，不像「流亡國家」（exiled state）連一點領土的管轄權都喪失，完全談不上領土主權的行使。

　　第九，「殘存國家」若離開原生的主權領土，佔有其他國家的領土，就會形成「遷佔者國家」，鄭成功的政權性質在中國大陸時期就是「殘存國家」，轉戰台灣島就是「遷佔者國家」。古代的匈奴帝國或大月氏國就有類似情形，近代非洲也曾發生類似狀況的政治現象。

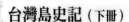

　　蔣介石於1949年1月21日因爲國共內戰，國民黨軍隊大敗，蔣介石負起政治責任，依《中華民國憲法》第四十九條規定，在南京宣布「因故不能視事」，「暫不行使總統職權」，由副總統李宗仁代行總統職權，稱爲「引退」或第三次「下野」。蔣介石仍保有「總統」職銜，但無「總統」職權。這時的憲法爭點是：第四十九條規定「總統因故不能視事時，由副總統代行其職權。」並無「暫不行使總統職權」或可「復行視事，繼續行使總統職權」的規定。

　　1950年3月1日蔣介石在台北宣布「復行視事」，恢復行使「總統職權」，開啓台灣島的「台北民國政府」時代。蔣介石的「復行視事」文告重點：「李代總統自去年十一月積勞致疾，出國療養，迄今健康未復，返旆無期，於是全體軍民對國事惶惑不安，而各級民意機關對中正責望尤切。中正許身革命四十餘年，生死榮辱早已置諸度外，進退出處，一惟國民之公意是從。際此存亡危急之時期，已無推諉責任之可能。爰於三月一日復行視事，繼續行使總統職權。」蔣介石自此展開25年統治台灣島的歷史，直到1975年去世爲止。

　　台灣島在蔣介石時代發生10次七級以上大地震的記錄如下：

　　1951年10月22日上午5時34分　花蓮東南東15公里發生7.3級大地震，震源深度4公里。

　　1951年10月22日上午11時20分　花蓮東北東30公里，東經121.7，北緯24.1，發生7.1級大地震，震源深度1公里。

　　1951年10月22日下午13時43分　花蓮東北東，東經122.0，北緯23.9，發生7.1級大地震，震源深度18公里。

　　1951年11月25日上午2時50分　台東東北30公里發生7.3級大地震，震源深度30公里。

　　1957年2月24日上午4時20分　花蓮發生7.3級大地震，震源深度30公里。

　　1959年4月27日上午4時41分　宜蘭外海接近琉球與那國島附近發生7.7級大地震，震源深度150公里。

1959年8月15日下午16時57分　屏東恆春發生7.1級大地震，震源深度20公里。

1963年2月13日下午16時50分　宜蘭東南50公里發生7.3級大地震，震源深度47公里。

1966年3月13日上午00時31分　花蓮外海發生7.8級大地震，震源深度42公里。

1972年1月25日上午10時07分　台東東偏南120公里外海發生7.3級大地震，震源深度33公里。

一、蔣介石：「中華民國已經滅亡」

蔣介石1950年3月13日在陽明山對高級幹部有段祕密談話：

> 「我自去年一月下野之後，到年底止，為時不滿一年，大陸各省已經全部淪陷。今天我們實已到了亡國的境地了！但是今天到台灣來的人，無論文武幹部，好像並無亡國之痛的感覺，無論心理上和態度上，還是和過去在大陸一樣，大多數人還是只知個人權利，不顧黨國的前途。如果長此下去，連這最後的基地台灣，亦都不能確保了！所以我今天特別提醒大家，我們的中華民國到去年年終就隨著大陸淪陷而已經滅亡了！我們今天都已成了亡國之民，而還不自覺，豈不可痛？」

其實蔣介石1950年3月1日在台北宣佈「復行視事」，距離1949年1月21日在南京宣布「因故不能視事」，由李宗仁代理總統已一年多。這段歷史轉折也象徵「中華民國」從「南京民國政府」時代轉入「台北民國政府」時代。「台北民國政府」是否繼續享有「南京民國政府」在憲法及國際法上的權利，享有「中國主權政府」的法定地位，蔣介石這段談話是充滿否定的疑慮。在這個轉折點上，蔣介石的談話

殊堪玩味，既表示「南京的中華民國」已經滅亡，也表示「台北的中華民國」還在風雨飄搖。蔣介石這段談話當時並未公開或公布，所以不具備法律效果。

二、三個原則問題

1949年2月5日南京民國政府遷都廣州，成爲廣州民國政府。12月7日廣州民國政府遷移至台灣島台北市，成爲「台北民國政府」，並實際管治台灣島、澎湖群島、金門島、馬祖島、南海部分島嶼，這是歷史上台灣島首次出現法理上是中央級形式的政府，在這之前的政權在法理上都是「地方政府」（Local）或「區域政府」（Reginal）。「地方政府」會受中央政府管轄，如清代中國的「台灣府」或「福建台灣省」；「區域政府」則與中央政府對等互動，如中國藩王鄭成功家族的「東都」或「東寧」政權；台北民國政府則是具有中央政府形式的區域自治政府，與前者截然不同。

南京民國政府成立於1912年，共和國政府成立於1949年。民國政府與共和國政府之間，儘管所取「國號」不同，也都是「國家級」政治組織的政府，雙方都宣示同屬一個「中國主權」。兩者之間的矛盾，有國民黨執政權和共產黨執政權之爭，有資本主義和社會主義之爭，也有美國勢力與蘇聯勢力之爭，是一種國際化的中國內戰所產生的分裂局面。

1949年後，台北民國政府的憲法秩序除了面臨如何修正以適應分裂局面外，其原來擁有中國國民主權所支持的憲法秩序，也面臨存續性的法理挑戰。尤其1953年後，台北民國政府的政權法理基礎的「國民大會」，非但「國民大會代表」出席人數不足，且任期皆已屆期，早已無權選舉「總統」，卻用「大法官解釋憲法」的方式，賦予合憲性的說詞。這些大法官解釋的說詞屬於「暫時無奈的非憲

性」，不能義正詞嚴。這些法理解釋反而凸顯「中華民國」和「台北民國政府」面臨嚴重的「主權消損」（Sovereignty Depletion）的危機。危機包括三個層面：〈國民主權原則〉的憲法危機，〈赫爾斯坦原則〉（Hallstein Doctrine）的國際法危機，〈林肯原則〉（Lincoln Doctrine）的戰爭法危機。這些危機都超過台北民國政府的處理能力，在國際法和憲法秩序都陸續出現嚴重的失調狀況。

國家是擁有領土主權的政治組織，因而也是具有國際法及憲法上法人人格的政治組織。具有「憲法人格」指按成文或不成文憲法，甚或統治者的「祖宗家法」，在領土範圍內，建構出國家內部的統治秩序。若以「君主主權原則」建構國家主權，「君主」是國家憲法人格的代表者，如日本明治憲法規定的天皇。若以「國民主權原則」建構國家主權，國家憲法人格的代表者就是能代表全體國民行使主權的組織機構，如1947年南京民國政府創設的「國民大會」，或1949年中華人民共和國政府創設的「全國人民代表大會」。

當「國民主權」的「國民」與「領土」發生變動，會牽引「憲法人格」變動，發生「主權消損」或「主權增生」的法理問題。接著產生原有「國民」如何認定的「國民」和「領土」問題，也會牽動著一個國家組織的「國際法人格」問題，這些問題就涉及〈赫爾斯坦原則〉及〈林肯原則〉。1991年「蘇聯」解體，其國際法人格和憲法人格全由「俄羅斯聯邦」繼受，但1949年遷台的「中華民國」就沒有這麼幸運，領土範圍減損太大，其「憲法人格」和「國際法人格」發生嚴重的「主權消損」，因此其主權地位和國家資格備受挑戰與爭議。

（一）〈國民主權原則〉的問題

1946年中華民國政府在南京舉行的政治協商會議，決議成立的「憲法草案審議委員會」制定的《政協憲草》，參與者包括國民黨、共產黨、中國民主同盟，經由在南京召開的制憲國民大會於1946年12月25日通過《中華民國憲法》，稱《南京憲法》。但中國共產黨、

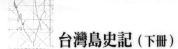

中國民主同盟因國民政府改組的爭議，拒絕出席同年11月15日召開的「制憲國民大會」。《南京憲法》其實就是《政協憲草》，經各黨派同意擬就的，可視為當時具有中國全國共識的憲法秩序。但《南京憲法》通過時，共產黨未出席，這個全國共識並未鞏固。

《南京憲法》第二條規定：「中華民國之主權屬於國民全體」，這個憲法原則源自1789年法國革命產生的《人權與公民權宣言》（The Declaration of the Rights of Man and of the Citizen）的第三條：「任何主權的原則必須歸屬於國民全體。沒有團體、沒有個人可以行使主權所未明白授予的權威。」〈The principle of any sovereignty resides essentially in the Nation. No body, no individual can exert authority which does not emanate expressly from it. 法文原文：Le principe de toute Souveraineté réside essentiellement dans la Nation. Nul corps, nul individu ne peut exercer d'autorité qui n'en émane expressément.〉但《南京憲法》1946年制訂時的「國民全體」，顯然已與1952年台北民國政府與日本簽訂《台北和約》第10條規定「中華民國國民」的範圍有著極大差距，這就發生「主權消損」的問題。《台北和約》第10條規定「中華民國國民」的範圍僅適用於台灣島及澎湖群島的居民，換言之，中國大陸人民不包括在《台北和約》的「中華民國國民」範圍內。範圍僅及於台灣島及澎湖群島的居民是否能行使屬於中國「國民全體」的「中華民國主權」，不但問題重重，更揭露「主權消損」的嚴重問題。

君主制的國家，領土主權屬於皇室，只要皇室存在，就有權聲索領土主權。民主制的國家，領土主權屬於人民或國民全體，如果國民全體的內涵有重大變動，對領土主權的聲索效力自然會發生「主權消損」問題。

英國實施憲政時，替民主憲法確立的憲法原則是「脫離選民的國會，不是主權國會」，這是英國在十九世紀產生的國會改革原則。當時英國的國會議員選區劃分，並未隨著人口變遷而調整。有的選

區已無選民，卻有國會議員議席。有的選區人口暴增，卻仍無議席，選民與國會席位嚴重脫節。1832年、1867年和1885年英國國會陸續通過《改革法案》（Reform Act），擴大選舉權和選區重新劃分。其所依據的憲法原理包括：1、沒有代表權就不交稅（no taxation without representation）；2、交稅者有主權（taxation with sovereignty）；3、沒有代表權就沒有主權（no sovereignty without representation）。最後產生「脫離選民的國會，不是主權國會」（exiled congress is not sovereign congress）這個〈國民主權原則〉，對台北民國政府的憲法地位構成嚴厲的挑戰。問題包括：沒有選民的國會議員，還能組成國會嗎？只代表一個地區選民的國會，還是國會嗎？任期已屆滿，無法改選的國會，還是國會嗎？

更深入的分析法理問題是：

第一、國會任期屆滿即已脫離選民，但台北民國政府自行解釋下屆國會成員未及選出，上屆國會繼續延長任期，已違反國際公認的民主憲法原則，嚴重程度已至無法自圓其說的地步。

第二、國會成員後來以《台北增修條文》規定「統一前」適用為由，僅自未達全國選民半數的「自由地區」的選民選舉產生，即已脫離超過半數的「非自由地區」的選民，這樣產生的國會自無法代表「國民全體」行使主權。「自由地區」的選民選舉產生的民意機關，只具「地區議會」的合法性，不具備代表「國民全體」的國會機關的資格。

第三、僅由「地區議會」性質的民意機關所構成的台北民國政府，自不符合代表「國民全體」的中國主權政府的資格，而只具備「自由地區政府」的法律要件。

第四、台北民國政府的「總統」初期由「脫離選民的國會」選出，依憲法法理自不具備「國家」元首的法律基礎，僅具政府領袖之身份。一如許多地區性自治政府或軍政府，甚或革命政權的領袖，而非民主憲法之國家元首。

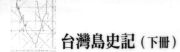

第五，僅由「自由地區」選民投票產生之總統，也未能具備「國民全體」付託之國家元首資格，只能代表「自由地區」選民行使領袖權力，實質上是「地區總統」，不是「國家總統」。這個情形在法律基礎上，類似1921年4月7日孫文由廣州的「國會非常會議」選舉為「非常大總統」的情形，因為孫文了解「國會非常會議」尚無法代表「國民全體」。這也是1971年聯合國《第2758號決議案》取消台北民國政府的中國主權代表權的法律思維和基礎。

《南京憲法》第四條規定：「中華民國領土，依其固有之疆域」，台灣島和澎湖群島已於1945年復歸中國，1946年的「中華民國」仍持有中國代表權，台灣島和澎湖群島必然是1946年《南京憲法》規範的「固有之疆域」。1949年10月1日成立的國家組織「中華人民共和國」已開始繼受原屬「中華民國」的中國主權，到1971年10月25日聯合國大會《第2758號決議案》通過，才完全繼受國際法上的中國代表權。1971年後失去聯合國中國主權代表權的台灣島上的「中華民國」，以及1946年《南京憲法》規定的國民主權和領土主權經過如此「耗損」後，還剩有多少國際法和憲法上的主權權利，對「台北民國政府」而言，這是一個在憲法層面抵觸〈國民主權原則〉所產生的「主權消損」危機。

（二）〈赫爾斯坦原則〉的問題

在台灣島的「台北民國政府」和在中國大陸的「共和國政府」，互不承認，且否認對方是具有主權的中央政府，也都採取〈赫爾斯坦原則〉（Hallstein Doctrine）互爭中國的主權代表權，亦即互爭誰才是真正代表中國行使主權的中央政府和國家組織。這對海峽兩岸是一個很尖銳的關於領土主權的憲法及國際法問題。〈赫爾斯坦原則〉涉及的是領土主權的國際法問題。

赫爾斯坦（Walter Hallstein, 1901-1982）是1955年時西德政府「德國外務辦公室」（German Foreign Office）的國務秘書（State

Secretary），是資深外交事務官及常務外交副部長，並於1958年至
1967年出任歐洲經濟共同體的第一任執行委員會主席（President of the
Commission of the European Economic Community），且被視爲歐洲聯
盟（European Union）的創建者之一。當時西德政府採行一項外交政策
原則，這個原則指西德不承認東德，除了蘇聯因具備佔領國身分外，
西德不與任何承認東德的國家建立或維持外交關係，這其實是西德版
的「一個德國原則」。在此原則之下，西德不承認東德的領土上存在
另一個國家組織，任何與西德建立外交關係的國家也不得承認東德是
一個擁有領土主權的國家，東德只能是一個自治政權或蘇聯的扈從政
權。

　　當年因赫爾斯坦率先接受媒體訪問，提到「蘇聯除外原則」，新
聞界遂以〈赫爾斯坦原則〉稱呼這項「一個德國原則」的國際法原
則，事實上赫爾斯坦不是這項政策原則的制訂者。〈赫爾斯坦原則〉
因而專指分裂國家中的一方，不僅不承認對方，且拒絕與承認對方的
其他國家建立正式外交關係，也拒絕正式參與承認對方的國際組織的
國際法原則。

　　但1955年的〈赫爾斯坦原則〉經過12年後，在1967年西德與羅馬
尼亞建交時遭到廢棄，因爲羅馬尼亞同時承認東德與西德。1969年西
德總理勃蘭特（布朗德）（Willy Brandt, 1913-1992）正式放棄〈赫爾
斯坦原則〉，改採〈新東方政策〉（Neue Ostpolitik）。1972年12月21
日東西德簽訂《兩德基礎條約》（Grundlagenvertrag），全稱爲《德
意志聯邦共和國與德意志民主共和國關係基礎條約》，西德完全放棄
〈赫爾斯坦原則〉。1990年5月18日東西德簽訂第一份國家條約《貨
幣、經濟和社會聯盟的國家條約》，以西德馬克爲統一貨幣。8月31
日簽訂第二份國家條約《政治聯盟的國家條約》，東德撤除中央政
府，由轄下五個邦政府集體加入西德。9月12日東西德與美國、蘇聯、
英國、法國簽訂《最終解決德國問題條約》（The Treaty on the Final
Settlement with Respect to Germany），10月2日東德政府停止運作，東

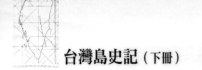

德統一於西德聯邦。

　　在1971年之前，台北民國政府居於〈赫爾斯坦原則〉的贏面，1971年後聯合國《第2758號決議案》確認北京的共和國政府才是擁有中國主權的中央政府，有權代表中國行使聯合國相關的主權權利，台灣島上台北民國政府的國際法地位，顯然沒有通過〈赫爾斯坦原則〉的考驗反成為輸家。接續的問題是，共和國政府要如何面對在台灣島事實上存在的台北民國政府及其憲法秩序，究竟要如同台灣島過去的歷史經驗，都是通過戰爭改變領土主權狀態，即通過共和國政府發動的戰爭，擊敗台北民國政府的台灣島軍力，完成中國最後一里路的統一；或是如香港主權移交，通過和平談判，達成中國的形式統一。

　　台北民國政府也要面對如何處理〈赫爾斯坦原則〉，否則台北民國政府經過不斷的「主權消損」，勢必退化成地區性的島嶼政權（Insular Government），喪失殘餘的國際法或憲法地位，退化成為一個完全沒有領土主權的地區性自治政府。2016年海牙常設仲裁法院的國際海洋法南海仲裁法庭，在仲裁裁定書上認定台北民國政府為「中國的台灣當局」，就是這個現象的反映。這也是台北民國政府在國際法層面受到〈赫爾斯坦原則〉考驗所產生的「主權消損」危機。

（三）〈林肯原則〉的問題

　　《美國憲法》規定了聯邦體制，但沒有規定各州（State，翻譯為「國」可能更接近原文）加入或退出聯邦的權利和程序。「州」是中文翻譯，其實美國的「州」在憲法權利上接近俄羅斯的「自治共和國」（Autonomous Republic），具備有限度的「制憲權」。原則上依憲法慣例，經聯邦國會同意即可加入聯邦，但退出聯邦並無規範或慣例可循。南北戰爭前夕，當時的美國總統林肯在就職演說中公開主張：「任何州均不得僅由自己動議，即可合法脫離聯邦；有關這方面的決議和法令在法律上都是無效的；對於任何一州或數州境內反抗美國政府權威的暴力行動，視情況來看其為叛亂或革命。」亦即任何

州都無權單方面自行退出聯邦，若違反這項原則將被定爲非法的叛國行爲。林肯這項宣示，經聯邦軍隊在南北戰爭獲勝而確立爲美國的憲法原則，這就是〈林肯原則〉（Lincoln Doctrine），本質上是《戰爭法》上「訴諸戰爭權」（Jus ad Belum）的問題。這項原則揭示聯邦政府有權發動戰爭制伏意圖脫離、分裂或割據的地方政府或區域政府。

美國南方各州於1861年2月9日宣佈脫離「美利堅合眾國」（簡稱「美國聯邦」），另行成立獨立的「美利堅聯盟國」（簡稱「美國邦聯」），揭開美國版的統獨戰爭。「美國邦聯」自認爲擁有100%民意支持，且其軍隊剛打過「美墨戰爭」，又有素質較高的軍官和將領，動員1,064,000人參戰，最後死亡四分之一，25.8萬人的生命消失，於1865年5月26日戰敗投降，「美國邦聯」亡國。這是美國版的〈人民自決原則〉與〈林肯原則〉的激烈衝突，最後以戰爭解決爭論的歷史案例。〈林肯原則〉其實就是美國版的「美國統一原則」、「一個美國原則」、「美國南方各州是美國神聖不可分割的領土」等的同義詞。但爲了〈林肯原則〉，「美國聯邦」也動員220萬人兵力，死亡六分之一，以36萬人生命的代價，維護美國聯邦的領土統一。這場戰爭的憲法意義所支撐的〈林肯原則〉是：「縱有百分之百民意也不准分割領土」，且是以戰爭解決主權和領土分裂問題的憲法和戰爭法慣例。

台灣島的領土主權經《開羅宣言》、《波茨坦宣言》、《昭和投降詔書》和《日本降伏文書》，已經在國際法上確立台灣島是中國主權的領土。如果台灣島要宣佈獨立建國，就會面臨一個法理問題：台灣人民有什麼權利取得台灣島的領土主權？若依〈林肯原則〉，答案是台灣人民無此權利。聯邦體制的美國在〈林肯原則〉的憲法和戰爭法慣例下，各州都不許從聯邦自行獨立出去。在單一國家體制的中國，會適用更嚴格的〈林肯原則〉，除非中國主權者同意，否則任何領土都不能合法地從中國獨立出去，「合法地」意指不需經統獨戰爭而能平順的宣告獨立。因此，台灣人民是沒有任何國際法和憲法權利從中國把台灣島獨立出去，即使百分之百台灣島民意支持台灣島獨

立，且經公民投票通過，在憲法和國際法上亦無效力。這與「台灣島民」是否擁有「領土主權的權源」（Title to Territorial Sovereignty）有關，與「台灣島民」是否以「民主方式」組織政府或國家無關。因為即使自以為用「民主方式」組織政府或國家，仍只是「自治政府」，不是「主權政府」，也不是「主權國家」，也沒有「主權領土」。

以「中華民國」為名義的台北民國政府雖能宣稱「事實上的領土」（de facto territory）僅包括台灣島、澎湖群島、金門、馬祖等，但卻無法提出「法律上」（de jure）的依據。只能以不承認中華人民共和國的存在作法律基礎，推論「中華民國」的「法律上領土」（de jure territory）尚包括中國大陸，試圖迴避「主權消損危機」，卻無法面對「林肯原則」帶來的問題。

〈林肯原則〉可以說是〈一個中國原則〉的《美國憲法》原型。換言之，台灣島除非經中國同意或在類似美國的獨立戰爭、南北戰爭中取得勝利，台灣人民沒有任何國際法上或憲法上的權利可以自行宣佈獨立，任何人參與台灣島的獨立活動，依〈林肯原則〉推定的戰爭法，都是如同美國南北戰爭，是對中國的叛國行為。在台灣島上有人主張台灣前途由台灣人民決定，但這個決定權依〈林肯原則〉並不包括台灣島獨立建國的這項「前途」。依〈林肯原則〉，台灣人民除了沒有獨立建國權利之外，尚應該有什麼憲法及國際法上的主權權利（Sovereign Right），或者說台北民國政府經過「主權消損」後，還剩下什麼「主權權利」，這既是兩岸和平談判或啟動戰爭的課題，也是兩岸的憲法及國際法秩序，在戰爭法的選項之外進行接軌的重要課題。這更是台北民國政府在戰爭法層面受到〈林肯原則〉限制所產生的「主權消損」危機。

第三章
美國的勢力範圍

一、1950年杜魯門的《福爾摩沙聲明》

1950年1月5日美國總統杜魯門在白宮發表《福爾摩沙聲明》
（Statement on Formosa），又稱《一五聲明》或《不介入台灣海峽爭
端聲明》。杜魯門表明共產黨軍隊跨越台灣海峽攻擊撤退至台灣島的
國民黨軍隊，美國不會派兵援助國民黨軍隊。杜魯門發表《福爾摩沙
聲明》的原文如下：「《開羅宣言》裡美國總統、英國首相、中國總
統曾申明他們的目的是，使日本竊取於中國的領土，如台灣，歸還中
國。……美國對台灣或中國其他領土從無掠奪的野心，美國目前無意
在台灣獲取特別權力或特權或建立軍事基地，美國亦不擬使用武裝部
隊干預其現在的局勢，美國政府不擬遵循任何足以把美國捲入中國內
爭中的途徑。」

杜魯門《福爾摩沙聲明》重點文字如下：

「The United States Government has always stood for good faith in
international relations. Traditional United States policy toward China,
as exemplified in the open-door policy, called for international respect
for the territorial integrity of China. This principle was recently
reaffirmed in the United Nations General Assembly Resolution of
December 8, 1949」

「美國政府堅守國際關係的誠信。傳統的美國對中國政策如同門
戶開放政策所表彰的，要求國際尊重中國領土完整。這個原則最
近經由聯合國大會1949年12月8日決議再度確認。」

「In the Joint Declaration at Cairo on December 1, 1943, the President
of the United States, the British Prime Minister, and the President of
China stated that it was their purpose that territories Japan had stolen

from China, such as Formosa, should be restored to the Republic of China. The United States was a signatory to the Potsdam Declaration of July 26, 1945, which declared that the terms of the Cairo Declaration should be carried out. The provisions of this declaration were accepted by Japan at the time of its surrender. In keeping with these declarations, Formosa was surrendered to Generalissimo Chiang Kai-shek, and for the past 4 years the United States and other Allied Powers have accepted the exercise of Chinese authority over the island.」

「1943年12月1日的開羅聯合聲明中，美國總統、英國首相、中國總統宣稱，他們的目的是要將日本竊自中國的領土，例如台灣，應歸還中華民國。美國政府於1945年7月26日簽署的《波茨坦公告》中，宣告《開羅宣言》的條件應予施行。這個《宣言》的條款於投降時為日本接受。遵照上述《宣言》，台灣移交給蔣介石元帥，在過去四年內，美國與其他同盟國均接受中國在該島行使權力。」

「The United States has no predatory designs on Formosa, or on any other Chinese territory. The United States has no desire to obtain special rights or privileges, or to establish military bases on Formosa at this time. Nor does it have any intention of utilizing its Armed Forces to interfere in the present situation. The United States Government will not pursue a course which will lead to involvement in the civil conflict in China.」

「美國並無奪取台灣或其他中國領土的意圖，目前美國不想在台灣取得特權，也無設置軍事基地的意圖。此外，也不打算使用軍隊干涉現狀。美國政府不採取會介入中國內戰的措施。」

杜魯門提到的「聯合國大會1949年12月8日決議」是指1949年第四

次大會〈第291號決議案〉《促進遠東國際關係穩定案》（Promotion of the Stability of International Relations in the Far East）。決議內容如下：

「Calls upon all States: 1. To respect the political independence of China and to be guided by the principles of the United Nations in their relations with China; 2. To respect the right of the people of China, now and in the future, to choose freely their political institutions and to maintain a government independent of foreign control; 3. To respect existing treaties relating to China; 4. To refrain from （a） seeking to acquire spheres of influence or to create foreign-controlled regimes within the territory of China; （b） seeking to obtain special rights or privileges within the territory of China.」

「要求所有國家：1、尊重中國的政治獨立和在聯合國的原則規範下與中國的關係；2、尊重中國人民的權利，現在及未來，自由選擇政治制度和維護政府免於外國控制；3、尊重與中國的現有條約；4、禁止（a）尋求獲取影響力範圍或在中國領土建立外國控制的政權；（b）尋求獲得中國領土上的特權或利益。」

接著同日美國國務卿艾奇遜在下午2時30分的記者會上詮釋杜魯門的《聲明》說：「台灣島即依照已成立的《宣言》及投降條件交與中國。中國已統治台灣四年，美國或任何其他盟國從未對該項權力及佔領發生過任何疑問。當台灣被作爲中國的一個省份的時候，沒有任何人曾對此提出過任何法律上的疑難，此舉經認爲是符合各項約定。」艾奇遜又說：「美國將不採取任何足以捲入中國內戰的行動，也不給予在台灣的中國軍隊任何軍事援助。」此時遷移至台灣島的國民黨軍隊和台北民國政府，儘管有1949年10月25日金門古寧頭戰役，打敗共產黨軍隊的勝利餘威，仍然是風雨飄搖的政權。

1月12日美國國務卿艾奇遜也公開說明美國不把台灣列入防衛圈，

任令在台灣島的國民黨軍隊自生自滅。

　　這份《福爾摩沙聲明》或《不介入台灣海峽爭端聲明》是美國總統再度表達台灣島領土主權屬於中國的聲明，再度表示確認《開羅宣言》及《波茨坦公告》效力的聲明，亦即美國受《開羅宣言》及《波茨坦公告》的效力所拘束的聲明。美國後來閃閃爍爍提倡「台灣地位未定論」，明顯也在躲避這份《福爾摩沙聲明》的拘束，避免違反國際法上的〈禁止反言原則〉（Estoppel）。因為1933年4月5日國際常設法院（Permanent Court of International Justice）在丹麥控告挪威有關東格陵蘭領土主權案的判決中指出，1919年7月2日挪威外交大臣艾赫倫（Nils Claus Ihlen, 1855-1925）接見丹麥駐克里斯蒂安尼亞（Christiania）公使時，曾口頭聲明，並由艾赫倫本人紀錄在案，表示挪威政府對丹麥擁有格陵蘭的領土主權乙事不予阻擾（respecting Danish sovereignty over the whole of Greenland ……would be met with no difficulties on the part of Norway），挪威不佔領格陵蘭的一寸土地。這個聲明在國際法上成為著名的〈艾赫倫宣言〉（Ihlen Declaration）。國際常設法院判定這一聲明對挪威具有拘束力，至少挪威承擔了對丹麥在全部格陵蘭島的主權不提出異議的義務。這是國際法上很有名的〈禁止反言原則〉。同理從《開羅宣言》、《波茨坦公告》到杜魯門的《福爾摩沙聲明》，美國都承擔對「台灣島是中國主權領土的一部分」這一聲明不得提出異議的義務。

二、1950年南北韓戰爭

　　1948年12月12日聯合國大會通過第195號決議，承認南韓的「大韓民國」為合法政權，並得以觀察員身份參加聯合國，蘇聯反對無效。1950年6月25日朝鮮半島的北朝鮮軍隊南下攻擊南韓，南北韓戰爭（又名朝鮮戰爭）爆發，直到1953年7月27日簽署《停戰協定》才結束。朝

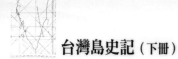

鮮半島的命運兩度影響台灣島的命運，第一次是1894年的甲午戰爭，中國割讓台灣島給日本。第二次是1950年的南北韓戰爭，使國共內戰隔著台灣海峽對峙持續化。

1949年12月7日蔣介石指示國共內戰中敗北的國民黨軍隊和民國政府官員撤退到台灣島，1950年1月5日美國總統杜魯門發表《福爾摩沙聲明》，宣布拒絕防衛台灣島的國民黨政權，國民黨和台北民國政府雖然打贏1949年10月25日的古寧頭戰役，但政權的生存機率還是很低，共產黨軍隊跨海進攻台灣島的能量持續累積，1950年6月25日爆發韓戰卻改變了整個台灣海峽的情勢。

美國採取如下措施：

第一、1950年6月27日杜魯門發表《韓國情勢聲明》，宣布派第七艦隊進入台灣海峽，以當時共產黨的海軍實力，面對美軍的干預，根本無法跨越台灣海峽。杜魯門的聲明發表時，中國共產黨尚未派遣軍隊進入朝鮮半島。

第二、美國又軍援、經援台北民國政府，強化國民黨軍隊防衛台灣島的能力，穩定1949年6月15日發行的新台幣的通貨膨脹壓力。

第三、聯合國的中國代表權問題往後拖延，到1971年10月25日聯合國大會《第2758號決議案》通過後才解決，在這段拖延期間內，台北民國政府繼續持有聯合國的中國代表權，讓國際法變相暫時承認台北民國政府是中國的主權政府，有助於台北民國政府爭取生存空間。

第四、共產黨軍隊在1950年10月19日「抗美援朝」進入朝鮮半島作戰，犧牲慘重，事後很長時間，已無能力進行大規模跨海作戰，也無法快速擊敗在台灣島立定腳跟的國民黨軍隊和台北民國政府。

第五、南北韓戰爭的軍備需求和訂單，向台灣島大量採購，直接帶動台灣島的經濟發展。

朝鮮半島自1910年起被日本殖民統治35年，直到1945年日本無條件投降，依《開羅宣言》、《波茨坦公告》、《日皇投降詔書》和《日本降伏文書》等國際法文件規定，韓國可以獨立。但1945年8月蘇

聯對日宣戰，蘇聯軍隊和美軍隔著北緯38度線分別佔領朝鮮半島的北部和南部。1948年8月15日美國佔領區的南韓成立「大韓民國」的國家組織，9月9日蘇聯佔領區的北韓則成立「朝鮮民主主義人民共和國」的國家組織。1948年12月12日聯合國通過《第195號決議案》，要求美蘇軍隊都撤離朝鮮半島，南北韓盡快成立統一國家。

　　1949年10月21日聯合國通過《第293號韓國獨立問題（The Problem of the Independence of Korea）決議案》，認定南韓的大韓民國是朝鮮半島唯一的合法政府。1950年6月25日北韓以8.9萬人軍隊突擊進攻3.8萬人的南韓軍隊，朝鮮戰爭（或稱韓戰）爆發，6月28日南韓首爾淪陷。當日適巧蘇聯抵制聯合國安全理事會未出席，美國即以9票同意，1票棄權，1票缺席通過安理會《第82號決議案》，要求北韓停止侵略，撤回北緯38度線以北。6月27日安理會又通過《第83號決議案》，聯合國建議各國軍事干預韓戰。蘇聯當時因抗議中華人民共和國不能取代中華民國的中國主權代表權，從1950年1月1日至8月1日拒絕出席聯合國安全理事會，未行使否決權，所以安理會能通過《第82、83號決議案》。

　　1950年9月15日美軍以聯合國軍隊的名義從仁川登陸，扭轉戰局。10月1日南韓軍隊北上跨越38度線，10月9日美軍跨越38度線，10月19日美軍攻佔平壤。10月19日中國派東北邊防軍改編的中國人民志願軍跨越鴨綠江，進入北韓作戰。10月25日聯合國軍隊大敗，退到清川江以南，40萬南韓軍人因南韓政府貪污補給品，導致9萬士兵在撤退中饑寒死亡。11月30日聯合國軍隊已被中國志願軍擊敗，退至38度線以南。

　　1951年2月13日中國志願軍戰敗，傷亡5,000人。3月14日聯合國軍隊重新佔領首爾，4月11日杜魯門以很多軍事行動未獲批准為由，解除麥克阿瑟的職務，4月19日麥克阿瑟在美國國會發表「老兵不死」的演講，4月22日交戰雙方在38度線陷入僵持。6月23日蘇聯提議談判停戰，6月25日美國和中國都同意談判。7月10日雙方停火談判，但談判破裂。8月18日和9月29日聯合國軍隊發動兩次攻勢，10月25日談判重

新恢復，此後仍然停停打打。1952年11月艾森豪當選美國總統，1953年3月5日蘇聯總理史達林去世，拖到1953年7月27日才在板門店簽署《朝鮮停戰協定》。

韓戰中最特殊的是對平民的屠殺事件，北韓軍隊在南韓地區執行的「紅色恐怖」，南韓軍隊也對疑似親共平民展開「白色恐怖」，連美軍也犯下屠殺「可疑難民」的案件，但中國志願軍並無屠殺平民的紀錄。中國派兵參戰時曾向蘇聯購買軍火，蘇聯卻要求付錢，史達林對中國參戰的援助可說刻薄吝嗇，種下中蘇齟齬的初因。

北韓在1971年才獲得聯合國觀察員的資格，1991年8月8日聯合國安全理事會第702號決議通過南北韓同時獲得聯合國會員資格，1991年9月17日聯合國大會第A/RES/46/1號決議通過南北韓同時加入聯合國。但前些決議都未涉及南北韓的領土主權及國家統一問題。

三、1950年杜魯門的《韓國情勢聲明》

不到半年，1950年6月27日韓戰爆發第三天，美國總統杜魯門迅即改變態度，發表《韓國情勢聲明》（Statement on the Situation in Korea），內容涉及台灣島部分如下：

「在此情況，共產黨軍隊佔領台灣島將直接威脅太平洋地區的安全及美國軍隊在此地區執行合法且必要的職能。因此我已命令第七艦隊預防對台灣島的任何攻擊。這行動的同一推論，我將呼籲台灣島上的中國政府停止對大陸所有海空軍事行動。第七艦隊將視察確定此事。台灣島未來地位的決定必須等太平洋恢復安全，與日本和平解決，或由聯合國考慮。」

這份美國單方面的《聲明》雖然不具備國際法要件，不能視為國際法文件，但卻是確立台灣島屬於美國「勢力範圍」（Sphere of Influence）的政治文件。這份《聲明》雖未直接否定台灣島隸屬中國主

權，卻形成1979年後美國以《台灣關係法》設定台灣島是中國主權領
土，但又是美國「勢力範圍」的國際政治鬥爭形勢的美國國內法基礎。

　　杜魯門在《韓國情勢聲明》中這句話「台灣島未來地位的決定必
須等太平洋恢復安全，與日本和平解決，或由聯合國考慮。」企圖修
正1月5日《不介入台灣海峽爭端聲明》表述的美國立場，被部分人士
認為是「台灣地位未定論」的依據。但這個說法在國際法上是不成立
的：

　　第一，這是美國單方面的聲明，《波茨坦公告》的其他簽約國如
英國、蘇聯、中國並未達成此共識，杜魯門這份《聲明》無法構成對
《波茨坦公告》在國際法上的修訂效果，只能表述美國單方面的意
向。

　　第二，這份《聲明》的「未定論」是指台灣未來地位是指涉要交
給哪一個中國的未定論，或是指涉要不要交給中國的未定論，杜魯門
未說明清楚。當時中華人民共和國和中華民國是兩個競爭聯合國中
國主權代表權的國家組織，杜魯門只是含混的稱「台灣島上的中國政
府」，而迴避實質問題。

　　第三，這份《聲明》完全不提台灣人有權決定台灣島的未來地
位，在《聲明》中僅含混暗示美國、日本、聯合國才有權決定。因為
負責「恢復太平洋安全者」是美國，與日本和平解決牽涉很廣，且日
本是無條件投降國，也無權對戰勝國的中國說三道四，最後僅剩聯
合國可以當藉口。而且這份《聲明》暗示「未定論」的有效時間是在
韓戰結束前，與日本簽訂和約前，或聯合國考慮前。嚴格來說，這份
《聲明》提倡「台灣地位聯合國決定論」，而不是「未定論」。

　　第四，這份6月27日《韓國情勢聲明》完全沒有論及法律依據是
什麼，只想單憑軍事力量作出裁決，當軍事力量不足時，就完全站不
住腳。相反的，杜魯門1月5日的《不介入台灣海峽爭端聲明》就完全
以《開羅宣言》為依據，立論清晰穩固。因此，把台灣島的法律地位
從屬於美國如何看待韓國情勢，對台灣島的福禍實在難以判斷。同時

6月27日的《聲明》牴觸1月5日的《聲明》，違反國際法〈禁止反言原則〉，牴觸部分無效。

聯合國直到1971年才經由《第2758號決議案》，確定中華人民共和國取得中國主權代表權的一個中國原則。從1950年的杜魯門《聲明》到1971年的聯合國決議之間，也無法達致國際法上「台灣人有權自行決定台灣未來地位」的必然推論，1971年後杜魯門的「台灣地位未定論」更無存在空間。任何想經由「台灣地位未定論」達成「台灣人有權自行決定台灣未來地位」的論述，是有邏輯斷層存在的。尤其中國崛起後，更有實力維護領土主權時，美國的實力相對衰弱。沒有美國因素的台灣島，任何區域性自治政府都難以獨立存在，何況1972年美國總統尼克森代表美國政府向中國承諾，美國今後不再主張「台灣地位未定論」。各式各樣的「台灣地位未定論」全部走入歷史，但這份《韓國情勢聲明》基於反對共產主義的立論，確立台灣島是美國勢力範圍的國際現實，以及台灣島上的任何政權必定是美國扈從政權的現實，至今也未曾改變。

四、杜魯門《韓國情勢聲明》原文

Statement by the President on the Situation in Korea
韓國情勢的總統聲明

June 27, 1950
1950年6月27日

In Korea the Government forces, which were armed to prevent border raids and to preserve internal security, were attacked by invading forces from North Korea. The Security Council of the United Nations called upon the invading troops to cease hostilities and to withdraw to the 38th parallel. This they have not done, but on the contrary have pressed the attack. The Security Council called upon all members of the United Nations to render every assistance to the United Nations in the execution of this resolution. In these circumstances I have ordered United States air and sea forces to give the Korean Government troops cover and support.

在韓國預防邊境突襲及確保內部安全的武裝政府軍遭到北韓侵略軍攻擊，聯合國安全理事會呼籲侵略部隊停止敵對並撤回38度線。安全理事會呼籲聯合國所有會員國提供每項協助給聯合國以執行此項決議。在此情況，我已命令美國海空軍掩護及支持韓國政府軍。

The attack upon Korea makes it plain beyond all doubt that communism has passed beyond the use of subversion to conquer independent nations and will now use armed invasion and war. It has defied the orders of the Security Council of the United Nations issued to preserve international peace and security. In these circumstances the occupation of Formosa by Communist forces would be a direct threat to the security of the Pacific area and to United States forces performing their lawful and necessary functions in that area.

攻擊韓國毫無疑問地明瞭共產主義已跨過使用顛覆去征服獨立國家，現在已將使用武裝侵略和戰爭。它已蔑視聯合國安理會發布要求確保國際和平與安全的命令。在此情況，共產黨軍隊佔領台灣島將直接威脅太平洋地區的安全及美國軍隊在此地區執行合法且必要的職能。

Accordingly I have ordered the 7th Fleet to prevent any attack on Formosa. As a corollary of this action I am calling upon the Chinese Government on Formosa to cease all air and sea operations against the

mainland. The 7th Fleet will see that this is done. The determination of the future status of Formosa must await the restoration of security in the Pacific, a peace settlement with Japan, or consideration by the United Nations.

因此我已命令第七艦隊預防對台灣島的任何攻擊。這行動的同一推論，我將呼籲台灣島上的中國政府停止對大陸所有海空軍事行動。第七艦隊將視察確定此事。台灣島未來地位的決定必須等太平洋恢復安全，與日本和平解決，或由聯合國考慮。

I have also directed that United States Forces in the Philippines be strengthened and that military assistance to the Philippine Government be accelerated.

我也指示要強化駐菲律賓的美國軍隊以及加速軍援菲律賓政府。

I have similarly directed acceleration in the furnishing of military assistance to the forces of France and the Associated States in Indochina and the dispatch of a military mission to provide dose working relations with those forces.

我已同樣指示加速提供軍援給法國軍隊及中南半島的聯繫邦且派遣一個軍事顧問團提供一帖工作關係給這些軍隊。

I know that all members of the United Nations will consider carefully the consequences of this latest aggression in Korea in defiance of the Charter of the United Nations. A return to the rule of force in international affairs would have far-reaching effects. The United States will continue to uphold the rule of law.

我知道聯合國所有會員國將仔細考慮最近這次蔑視《聯合國憲章》侵略韓國的後果。國際事務上回到武力原則將有深遠的效應。美國將繼續堅持法律原則。

I have instructed Ambassador Austin, as the representative of the
United States to the Security Council, to report these steps to the
Council.

我已通知美國駐聯合國安全理事會的奧斯丁大使向安理會報告這
些步驟。

五、1951年「美援」來臨

1948年7月南京民國政府與美國在南京簽訂《中美經濟援助協
定》，南京民國政府設立「行政院美援運用委員會」，12月30日設立
台灣辦事處。美國則在上海設立「美國經濟合作總署中國分署」，但
1949年8月5日美國總統杜魯門授意國務院發表《中國白皮書》（The
China White Paper）聲稱國共內戰，國民黨戰敗不是美國的責任。《中
國白皮書》發表後，美國即停止美援，直到南北韓戰爭時，於1951年
才又恢復以美援支持台灣島上的台北民國政府。同年5月1日美軍顧問
團抵達台北，開啓美軍駐台的時代。

從1951年到1965年美國每年援助台灣島一億美元的貸款，這是台
灣島最重要的建設資金。美援資金爲避免重演國共內戰期間被國民黨
權貴侵吞的狀況，美國派懷特工程顧問公司（J. G. White Corporation）
負責操作美援計畫。計畫的負責人是狄寶賽（Valery Sergei de Beausset,
1915-2009），策劃美援資金在台灣島的建設項目，爲台灣島的經濟起
飛奠定基礎。到了越戰期間，台灣島在美援協助下已有輕工業基礎，
也成爲美軍物資的生產基地，使台灣島獲得第二次世界大戰後的第一
波經濟繁榮。

美援項目包括民生物資、戰略物資、基礎建設、技術開發、大學
交流、外匯貸款、產業貸款、復興農業。基礎建設包括天輪發電廠、
立霧發電廠、龍澗發電廠、南部火力發電廠、霧社水庫、石門水庫、

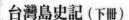

德基水庫、西螺大橋、麥帥公路、中橫公路、中興新村、光復新村、民生社區、台灣大學圖書館、農業陳列館、台灣師範大學樂群堂、成功大學建築系館等，美援基礎建設直接促成台灣島的資本累積。美援民生物資平抑物價上漲，控制新台幣通貨膨脹。台灣島的通貨膨脹率在1951年爲66%，1952年降爲23%，1953年再降爲8.8%。

外匯貸款減緩外匯短缺和庫存黃金消耗的壓力，穩定台灣島的貿易逆差。開發性質的產業貸款則推動以中小企業爲主的進口替代工業，使台灣島加速經濟起飛，脫離第二次世界大戰末期被日本人掏空、國共內戰時期被拖累、國民黨大撤退的人口壓力等經濟崩潰的懸崖。這些中小企業後來有些變成大企業，例如台塑集團。復興農業項目協助復原農村，提供土地改革實施公地放領、耕者有其田所需款項，改革農民組織、農業改良、統一農貸計畫、農村社會建設、水利建設、林業改進、漁業開發等皆影響重大。

美援期間從1951年開始，到1965年停止，這15年間總金額共14.8億美元，同期間台灣島的財政赤字共11億美元，整體而言美援補足了財政赤字，使財政赤字不影響經濟發展。但這些美援不含軍事援助，軍援項目約42.2億美元，大部分是第二次世界大戰後美軍淘汰的軍機和船艦，不是現金。1961年美國總統甘迺迪把美援轉成長期貸款，這些美元貸款在2004年1月都已清償。台灣島後來也「被迫」向美國高價購買效能有疑問的軍事武器，美國從這些軍事武器的銷售，把當年的美援以數百倍的獲利賺回去。當年負責運用美援發展台灣島經濟的官員是尹仲容。

六、尹仲容

尹仲容（1903-1963）湖南邵陽人。1925年上海交通大學畢業，1949年由民營企業轉任台灣區生產事業管理委員會副主任委員，1950

年任中央信託局局長，1953年任經濟安定委員會及工業委員會召集人，1954年任經濟部長，尹仲容出身民營企業，深知市場經濟的特點，主導外匯貿易改革，扶植紡織業等進口替代產業，開放水泥、紙業民營，1955年因揚子木材公司倒閉被起訴而辭職。1958年任外匯貿易審議委員會主任委員及美援運用委員會副主任委員，1960年任台灣銀行董事長。擔任台灣銀行董事長期間，積極扶持中小企業，是台灣經濟發展的大功臣。1963年去世，年60歲。

七、罷黜麥克阿瑟

　　1949年3月3日麥克阿瑟接受《紐約時報》訪問說，美國在太平洋的防禦環帶從菲律賓群島起，經琉球群島、日本、阿留申群島，到阿拉斯加，將朝鮮半島和台灣島留置在外。1950年1月美國國務卿艾奇遜在美國報業俱樂部（全國記者俱樂部）演講時，提到美國的防禦環帶，也把朝鮮半島和台灣島留置在外。但特別提到入侵南韓將激發「整個文明世界在《聯合國憲章》下的義務」，並認為美國情報部門評估，南韓部隊裝備訓練良好，足以抵擋北韓進攻。

　　1950年3月北韓金日成訪問莫斯科，得到史達林許可進攻南韓。4月訪問北京，獲得毛澤東同意支持。5月金日成命令北韓部隊沿北緯38度線大量部署兵力，自信可在27天內征服南韓。6月25日北韓全面進攻南韓，同日杜魯門下令美軍向南韓供應武器，並授權麥克阿瑟派遣美國海空軍支援南韓部隊。6月27日美國向聯合國安理會提案，要求會員國提供南韓一切必須的援助，以擊退侵略。蘇聯剛好缺席，抗議聯合國的中國席位未由中華人民共和國代表，未出席安理會。安理會以7票對1票通過美國提案，只有南斯拉夫反對。美國可以聯合國名義派兵抵抗北韓部隊。

　　6月30日麥克阿瑟認為僅靠海空軍無法抵擋北韓南進，須派美國陸

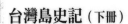

軍參戰。杜魯門批准兩個美國陸軍師調至南韓。北韓在9月初已控制南韓全部領土，除了釜山以外。9月13日麥克阿瑟派兵登陸仁川，切斷北韓部隊補給線。9月底北韓被美軍擊潰，退回北緯38度線以北。杜魯門授權麥克阿瑟，只要中國或蘇聯未參戰，美軍可以攻進北緯38度線以北。

　　10月2日中國發出警告，美軍不得跨越北緯38度線。10月15日杜魯門飛至馬紹爾群島（Marshall Islands）的威克島（Wake Island），召集美軍太平洋地區所有司令官開會。麥克阿瑟報告說，中國只可能派遣6萬人跨越鴨綠江，美軍可以很快殲滅中國軍隊。10月19日中國部隊大量跨越鴨綠江，美軍無力阻擋，反而被逐離鴨綠江南側地區，但中國部隊突然停止攻勢。11月6日中國運送大量物資跨過鴨綠江，進入北韓境內。麥克阿瑟派兩支大軍分成兩路，沿著朝鮮半島兩側北上。11月24日麥克阿瑟宣布戰爭即將結束，美軍可以回家過聖誕節。11月25日中國部隊大舉反攻，戰局扭轉，美軍被包圍，死傷慘重。這明顯是因為麥克阿瑟的指揮和佈局犯下大錯，導致美軍的災難。

　　12月31日由於美軍節節敗退，中國部隊收復北緯38度線以北，1951年1月5日攻入漢城（首爾），才停止攻勢。麥克阿瑟不知檢討自己犯下的輕敵大錯，反而將美軍的失敗歸咎於杜魯門不准他發動對中國的全面戰爭，不准他用海軍封鎖中國海岸，不准他用原子彈轟炸中國東北，也不准他找台灣島的國民黨軍隊參戰。杜魯門被迫應付媒體追問，只好說：「不排除使用每一種武器」。新聞見報，英國首相艾德禮（Clement Richard Attlee, 1883-1967）緊張地問杜魯門是否真的會使用原子彈攻擊中國，因為蘇聯已在1949年7月試爆原子彈成功，美國盟邦包括英國可能遭到原子彈反擊。杜魯門要艾德禮放心，美國沒有使用原子彈的計畫。杜魯門向艾德禮保證，美國將尋求經由談判結束韓戰，並竭盡可能避免與中國爆發正式的戰爭。

　　1951年3月20日美國參謀首長命令麥克阿瑟，美軍不得越過北緯38度線。當時中國部隊慘遭美國空軍以火海戰術擊退，被迫撤離首爾，

退回北緯38度線以北。3月24日麥克阿瑟不符身份地宣稱，如果要談判停戰就必須接受他的條件，否則他將指揮美軍打入中國，推翻中共政權。麥克阿瑟還宣稱必須由他出面與「敵軍總司令」談判停戰條件。4月5日美國眾議院少數黨領袖馬丁（Joseph William Martin Jr., 1884-1968）在眾議院公布麥克阿瑟批評杜魯門的信，麥克阿瑟說杜魯門不准他派兵進入中國或蘇聯，消滅共產黨。麥克阿瑟說：「勝利之外別無選擇」。杜魯門對此回應說：「爲了對的事戰爭與爲了錯的事戰爭，是可以分清楚的。」

　　4月10日杜魯門在所有美軍參謀長聯席會議一致支持下，贊同罷黜麥克阿瑟，並派李奇微（Matthew Bunker Ridgway, 1895-1993）接任。麥克阿瑟雖號稱「盟軍統帥」，實質上只是「駐日盟軍統帥」及「西南太平洋戰區盟軍統帥」，在美國政府體制下只是副部長的位階。麥克阿瑟在珍珠港事件發生時，低估日軍戰力，造成美軍重大損失。又再次於韓戰時，低估中國部隊的戰力，造成兩師美軍幾乎滅頂。麥克阿瑟的指揮能力粗枝大葉，早不被美軍參謀本部認可，在美軍領導階層被揶揄爲「吹牛將軍」。

　　麥克阿瑟被解職返國後，受到熱烈歡迎，赴美國國會演講，再度呼籲擴大戰爭。但是美國軍方無人支持麥克阿瑟，反而一致支持杜魯門，認爲擴大戰爭，不保證勝利，反而引導蘇聯參戰。更重要的是，美國盟邦無人贊成擴大戰爭。麥克阿瑟表面上聲勢很高，大有角逐美國總統的態勢，但情勢很快急轉直下，麥克阿瑟被美國輿論定位爲好戰、跋扈、短視，總統候選人的位置反被曾經在菲律賓擔任他副手的艾森豪（Dwight David Eisenhower, 1890-1969）所取代。

八、1951年起台灣島開始經濟發展

（一）1901年至1945年

以「國際美元」計算，用1990年的物價做基準，台灣島每人每年的GDP在1901年已有614美元，因為日本征台戰爭引起的經濟衰退，可以推估1895年日本接收台灣島前，及劉銘傳執政後期，台灣島每人GDP比這614美元高。1901年至1940年日本殖民統治期間，台灣島GDP平均年成長率3.83%，每人GDP平均年成長率2.10%。1938年是每人GDP的最高峰達1,306美元，但因1937年日本侵略中國及1941年偷襲珍珠港的影響，台灣島的GDP和每人GDP都直線下墜。1945年每人GDP只剩453美元，幾乎是清代中國加上日本殖民兩段歷史時期最低的每人GDP。GDP是Gross Domestic Product，指「國內生產毛額」。

1940年至1945年台灣島的GDP平均年增率是負的-14.31%，每人GDP是負的-15.47%。但是1946年至1949年間，雖然台灣島的政治、經濟、物價、社會、軍事都是最不穩定的時期，GDP平均年增率卻高達18.71%，每人GDP平均年增率也高達14.13%，竟然是台灣島史上經濟最快速成長的時代。1949年每人GDP更高達771美元。這是1945年GDP太低，有比較大的成長空間，雖有民怨，但至少比1945年好，所以二二八事件無法擴大，且反抗民兵未能獲得廣泛支持的重要原因。農業部門在1946年至1949年成長尤其快速，1947年二二八事件無法吸引佔人口絕大多數的農民參加，二二八民兵變成少數都市居民和台籍日本兵反抗國民黨統治的暴動，經濟因素最為關鍵。

（二）1945年至1960年

台灣島的經濟體系在1945年至1950年仍處在戰亂陰影下，日本人

掏空台灣銀行、國共內戰、惡性通貨膨脹、二二八事件、國民黨大撤退等因素，激烈衝擊原本脆弱的各個經濟部門，可說是「戰後混亂」時期，直到南北韓戰爆發，美援來臨，經濟各方面才逐漸穩定。從1951年到1960年可說是「美援依賴」時期，國民黨和民國政府撤退台灣島時，大陸移民湧入，失業問題嚴重。軍費負擔和公共支出使財政赤字擴大，台灣島當時可供出口的產品有限，只剩戰後殘破的米糖產業。國際收支大幅逆差，外匯短缺，1951年前僅靠蔣介石運到台灣島的黃金和宋美齡在美國爭取的原屬民國政府的外匯存款，苦苦支撐。1951年後美援抵達則補足這些缺口，發揮穩定經濟的效果。1953年後到1960年台北民國政府推動成功的土地改革、第一期和第二期的經濟建設計畫，發展進口替代產業，縮小貿易逆差。這時期經濟增長率達7.6%，物價上漲率僅9.4%，出口佔GDP比例只有9.6%，國民儲蓄率也僅9.9%，台灣島的經濟狀況逐漸脫離貧窮軌道。

（三）1961年至1972年

　　1961年至1972年台灣島進入「經濟起飛」時期，國際間和南韓、香港、新加坡並稱「亞洲四小龍」。每年平均經濟增長率達10.2%，物價上漲率僅3.9%，出口佔GDP比例升至24.0%，儲蓄率暴增至21.5%。台北民國政府適時推動一連串的經濟改革都相當成功，1960年7月1日推動外匯改革，實施單一固定匯率，新台幣40元兌換美元1元，穩定出口產業的匯率風險，直到1973年2月才在美國壓力下，放寬新台幣升值5%。1960年9月制訂《獎勵投資條例》，用租稅獎勵鼓勵資本累積和外人、華僑來台投資，創造新興產業和營利事業。1966年起在高雄港、台中潭子、高雄楠梓設立免關稅的「加工出口區」，吸引外人投資，吸收農村過剩勞力，擴大出口產業，降低失業率。日本的紡織和電子產業將勞力密集的製程遷移到加工出口區，利用台灣島廉價勞力加工後，運回日本；或將零件、半成品運到加工出口區裝配，再出口去美國。形成日本順差出口到台灣島，台灣島順差出口到美國的「三

邊貿易結構」。

當時台灣島製造業每小時工資只有日本的4分之1，美國的22分之1。1965年美援終止，但1960年3月8日爆發美國派遣海軍陸戰隊登陸峴港直接參加越南戰爭，美軍在越南由過去間接的「特種戰爭」升級爲直接的「局部戰爭」，到1965年美軍打越南戰爭的情勢升高，爲構築「防禦圈」的戰術，美國擴大在台灣島採購，出口去越南，以支撐18.4萬名美軍的需求。到了1966年8月美軍在越南的總數已達42.9萬人，1966年台灣島出口去越南達8,600萬美元。台灣島出口金額從1961年的1.9億美元，增至1972年的29.9億美元，這12年間平均每年增長率達28.1%。因此1965年常被認爲是台灣島經濟起飛的第一年。1969年擔任經濟部長的孫運璿和擔任財政部長的李國鼎被認爲是這段經濟起飛時期的關鍵人物。

（四）1973年至1984年

1973年至1984年是「經濟震盪」時期，每年平均經濟增長率達8.4%，物價上漲率僅9.4%，出口佔GDP比例升至49.7%，儲蓄率暴增至32.3%。1973年蔣經國推動「十項建設計畫」，建立鋼鐵、石化、造船工業，興建核能電廠、高速公路、國際機場、國際港口，推動鐵路電氣化。1979年推動「經濟建設十年計畫」，發展機械、電機、精密機械、自動化機械等產業，推動電腦軟硬體、微電腦、電腦周邊設備、數據通訊、半導體等相關電子產業。1980年設置「新竹科學工業園區」，引進高新科學技術產業，擴充「工業技術研究院」吸收海外科技人才。

這些措施推動時碰上1973年10月世界第一次能源危機，原油價格由每桶2美元飆漲至12美元，引發全球性不景氣及通貨膨脹，台灣島的經濟增長率從1973年的12.8%，掉到1974年的1.2%。物價上漲率從1973年的15%，漲到1974年的32.4%。1975年開始復甦，經濟增長率微升至4.9%，物價上漲率陡降至2.3%。1976年至1978年「十項建設計畫」發

揮效果，每年平均經濟增長率達12.57%，物價上漲率只有5.67%。1978年底伊朗發生政變，石油減產，原油價格漲至每桶24美元。1980年又爆發兩伊戰爭，每桶原油漲至41美元，引發世界第二次能源危機和全球不景氣。台灣島受到衝擊，1979年至1981年這3年平均每年經濟增長率又降至7.23%，物價上漲率升至13.27%。1982年至1983年才擺脫通貨膨脹，但景氣仍然低迷，這2年每年平均經濟增長率6%，物價上漲率只有2.65%。

　　到1984年終於脫離困境，平均經濟增長率10.6%，物價上漲率只有0.9%。值得注意的是，中華人民共和國在1978年12月18日開始推動「改革開放」，1979年7月15日試辦深圳、珠海、汕頭、廈門等經濟特區，在這之前中國大陸對外貿易佔GDP的比重非常小。1980年1月16日鄧小平發表三件大事：反對國際霸權主義，祖國統一台灣，加緊四個現代化經濟建設。1984年6月22日鄧小平會見香港工商界訪京團提出「一國兩制」的設想，解決香港問題。1984年12月19日中國和英國簽訂《中英聯合聲明》。

（五）1985年至1992年

　　1985年至1992年是台灣島「經濟自由化」時期，每年平均經濟增長率8.2%，物價上漲率僅2.5%，出口佔GDP比例升至51.4%，儲蓄率32.1%。出口量幾乎有一半是輸出到美國，美國政府和國會不斷壓迫新台幣升值，1985年10月新台幣40.4元兌換1美元，到1992年6月新台幣24.8元兌換1美元，升值幅度達38.6%。結果出口佔GDP比例，從1986年的58.1%逐年下降到1992年的43.5%。同時為縮小美國的貿易逆差，降低關稅至5.1%，擴大開放進口。1987年解除1949年開始實施的《戒嚴令》，放寬出國旅遊，修正《外匯管理條例》，解除外匯管制。

　　1988年蔣經國去世，李登輝接任。股票指數從1985年的750，漲到1990年2月10日歷史最高點的12,682。但是1989年股票指數超過6,000時，台北民國政府把銀行重貼現利率一口氣從4.5%調升至7.75%，並

緊縮股票和房地產貸款，課徵證券交易所得稅。結果股票指數從1990年2月10日的12,682，跌到10月1日的2,485，下跌80.4%。這些緊縮措施使得經濟增長率從1989年的8.2%降至1990年的5.4%，但1991年至1992年很快又恢復到7.6%和7.5%。1988年4月中華人民共和國通過憲法修正案，允許私營經濟和土地使用權可轉讓。1988年中華人民共和國又公布《關於鼓勵台灣同胞投資的規定》，1989年台商對中國大陸的投資項目只有540個，實際投資金額只有1.5億美元。1992年1月18日至2月21日鄧小平發表「南巡講話」，支持經濟特區及改革開放。

（六）1993年至2000年

　　1993年至2000年是台灣島「兩岸經濟接觸」時期，每年平均經濟增長率6.2%，物價上漲率僅1.5%，出口佔GDP比例47.7%，儲蓄率26.6%。1992年兩岸經由海基會和海協會，達成《九二共識》。1993年汪道涵、辜振甫在新加坡舉行會談，1994年中華人民共和國政府發布《台商投資保護法》，1994年底人民幣大幅貶值45%，台商大步投資中國大陸。1996年9月14日李登輝發表「戒急用忍」政策，企圖限縮台商赴大陸投資高科技產業、基礎建設，或超過5千萬美元，但成效有限。1985年台灣島出口到香港和中國大陸佔總出口的比重是8.3%，出口到美國的比重是47.7%。1993年台商對中國大陸投資達2萬3千家，實際投資金額75.8億美元，但已激發台灣島對中國大陸投資貿易飛躍式的成長，到2000年台商對中國大陸的投資已達6萬家，實際累積投資金額已達2千億美元。從1993年到2000年這8年間，台灣島累積出口到香港和中國大陸佔總出口的比重提升至22.4%，累積出口到美國的比重降為24.9%，累積出口到日本僅佔10%。開始形成台灣島順差出口到中國大陸，中國大陸順差出口到美國的「新三邊貿易結構」。

（七）2001年至2015年

　　2001年至2015年是台灣島「大中華市場」時期，每年平均經濟

增長率3.66 %，物價上漲率1.07%，出口佔GDP比例60%，儲蓄率30.94%。2000年陳水扁上台執政，就宣布四不一沒有、開放小三通、修正《兩岸人民關係條例》、縮小大陸人民來台限制、放鬆對大陸投資限制、2004年底正式通過「積極開放」計劃。2014年台灣島出口到中國大陸1520.3億美元，進口462.8億美元，順差1057.7億美元。但是2001年後中國大陸廠商逐步降低向外採購零組件，改為當地採購，台商也是如此。2001年中國大陸出口商品含進口零組件的比例高達50%，到2015年已低於35%。台灣島不論陳水扁或馬英九政府都設法阻止陸資入台，結果是中國大陸自行投資零組件供應鏈，對台灣島產生進口替代現象，吸走台灣島高階人才，留下失業的低階人力。當中國大陸的零組件供應廠商成熟後，走向國際市場，進一步壓縮台灣島的廠商，造成台灣島的出口量萎縮。這是台灣島阻隔陸資入台的代價。

台灣島的電子零組件已被中國大陸廠商取代，漸遭淘汰。陳水扁在2000年到2008年號稱「兩兆雙星」的面板、LED產業已在生存邊緣掙扎。石化、手機、工具機在陸資和外資夾擊下，已落入中階市場。台灣島出口產業僅剩晶圓代工及封測在產值上居全球第一，IC設計全球第二，且附加價值率近50%，對台灣島的經濟貢獻度很大，但陸資廠商也在急起直追。總的來說，台灣島拒絕與陸資合作，就是拒絕融入大中華市場，將反被市場力量壓垮，台灣島對中國大陸的出口年增率從2001年的10%降到2015年的-13%，就是明證。

（八）1950年後的GDP

台灣島1950年至1962年GDP平均年增率是7.42%，1963年至1973年GDP平均年增率是10.24%，1974年至1985年GDP平均年增率是8.06%，1986年至1999年GDP平均年增率是6.63%。每人GDP在1952年是1,028美元，到1974年是3,422美元，1991年是10,577美元，2007年是20,962。但此後增加速度和幅度就開始放緩，甚至停滯。

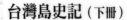

1951年至1988年台灣島年平均經濟增長率9.57%，1988年至2008年增長率6.1%，2008年至2015年是2.8%，2015年增長率更只有0.75%。貿易結構從1950年至1960年進口替代第一期，1961年至1970年出口擴張，1971年至1985年進口替代第二期，1986年到2015年對中國大陸順差取代對美國順差。產業結構從農業產值佔GDP的比重自1952年32.2%，降到2015年1.80%。工業產值佔GDP比重從1952年19.7%，升至2015年35.41%。服務業產值在GDP的比重從1952年48.1%，升到2015年62.79%。用當期價格計算，每人國民所得從1951年137美元，升到2015年22,989美元。

九、1951年《舊金山和約》

1945年10月25日本殖民政府台灣總督及台灣軍司令安藤利吉在台北中山堂，代表日本台灣軍及台灣總督府向聯合國中國戰區的盟軍及南京民國政府的代表陳儀簽字投降。隨後的國共內戰和南北韓戰爭，僅5年時間國際情勢丕變。1949年10月1日「中華人民共和國」成立，亦即「共和國政府」成立。12月7日南京民國政府撤退到金門、馬祖、台灣島和澎湖群島，「南京民國政府」縮小成「台北民國政府」。

國際上的「中國主權」代表權處於未定狀態，美國召集各國在舊金山召開「對日和會」，由哪一個國家組織或政府組織代表中國主權，成了爭議問題。美國因為南北韓戰爭，支持遷移至台北的民國政府。英國與蘇聯支持北京新成立的共和國政府，英國甚至還在會議中主張台灣島主權應交給中華人民共和國。最後舊金山會議時，美國和英蘇兩國相持不下，中國主權的代表權不確定，共和國政府與台北民國政府皆缺席，無人代表中國主權出席會議，也無人代表中國簽署《舊金山和約》，《舊金山和約》變成對中國不具國際法拘束力的條

約。蘇聯參加舊金山會議，但拒絕簽字，《舊金山和約》也對蘇聯不具拘束力。

　　中國主權的代表權是很關鍵的問題，《開羅宣言》和《波茨坦公告》明文規定台灣島主權「復歸」給「中華民國」，《聯合國憲章》也明文記載「中華民國」是聯合國的創始會員國，「中華民國」名義上持有從1912年2月12日自大清帝國宣統皇帝手中繼承「大清帝國」的憲法及國際法上的中國主權。但是《聯合國宣言》所列參與國家是「中國」，《日皇投降詔書》和《日本降伏文書》所列投降對象都是「中國」，不是「中華民國」。1949年10月1日剛成立的「中華人民共和國」若未經適當的聯合國程序，無法充分繼承中國主權代表權。原有的「中華民國」若被確認已喪失相當大的「中國主權」，自然喪失作為日本投降對象的當事國權利，成為「殘存國家組織」，需另以其他國際法處理。

　　另一方面，遷移到台北的「中華民國政府」，雖自稱擁有中國「法統」，這「法統」包括在南京制訂的《中華民國憲法》及在南京成立的「中華民國政府」，其實「法統」就是中國領土主權及其延伸產生的制憲權。《中華民國憲法》卻也明文規定，「中華民國」的主權屬於「國民全體」。「國民全體」明顯也是「全體中國人」，遷移至台灣島的「台北民國政府」，明顯不再擁有南京時代「國民全體」的代表性，而只可能代表「國民全體中的台灣地區部分」。「台灣地區部份的國民全體」在國際法及憲法上明顯不再是南京時代的「國民全體」，要聲索整個中國主權的代表權，進而依《開羅宣言》擁有台灣島主權，自然也遭遇難以跨越的「法統」障礙。「法統」的政治意義在國際法和憲法上有嚴格的法律定義，代表法理上的正當性，不是政治上靠自吹自擂的宣傳可以取代的。

　　1951年9月8日以美國為主的聯合國軍隊還在和抗美援朝的中國志願軍及北韓軍隊作戰得非常激烈的時候，美日兩國急於解決日本於第二次世界大戰後的國際地位、戰爭責任以及釐清各種國際法問題，讓

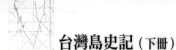

日本盡早脫離美國長達7年的軍事佔領及統治，並恢復國際法主權國家的法人資格；以及推動南北韓戰爭引起的「冷戰政策」。美國利用蘇聯出席會議但拒絕簽署和約，而中國無人代表的缺席情況下，找48個屬從國家與日本簽訂《舊金山和約》。所以《舊金山和約》對蘇聯與中國不生法律效力，對蘇聯與中國而言，也不能修正《開羅宣言》、《波茨坦公告》、《日皇投降詔書》這三份國際法文件所產生的領土主權的法律效力。這48個簽約國與日本正式交戰過的國家也只有菲律賓、英國、美國、越南，真的與日本有重大戰爭恩怨的國家也只有美國和菲律賓，菲律賓當時也還是戰後1946年剛獲得主權獨立的國家，但也不是日本的投降對象。

因此這份《舊金山和約》缺了蘇聯和中國，基本上只是《美日和約》，對蘇聯和中國無拘束力。日本於1945年提交的《降伏文書》（Instrument of Surrender）明確記載，無條件投降的對象僅有美國、英國、中國、蘇聯等四個「同盟國」，不干其他國家的事。要簽訂「和約」，也必須與這四個「同盟國」簽訂。美國卻拉來一堆不相干的國家或政權參與簽署《舊金山和約》，反而日本投降對象的中國和蘇聯未簽訂和約，而東歐國家也未出席和會，印度、南斯拉夫、緬甸拒絕出席和會，印尼、哥倫比亞、盧森堡拒絕批准和約，這根本是美國利用「冷戰」情勢在玩弄國際政治的怪事。

蘇聯與日本於1956年10月19日另行發表《日蘇共同宣言》。兩國同意結束戰爭狀態並恢復外交關係，蘇聯同意日本加入聯合國並遣返西伯利亞的日本戰俘，且放棄對日本索賠戰爭損失，蘇聯也同意另簽和約解決蘇聯歸還齒舞群島、色丹島給日本等事宜，但蘇聯及其國家組織轉換後的俄羅斯聯邦都未與日本締結和約，也不承認《舊金山和約》。

《舊金山和約》共有27條，全名是《對日和約》（Treaty of Peace with Japan），美其名是48個同盟國與日本簽和約，但缺了蘇聯與中國，本質上只是《美日和約》。《和約》第1條規定結束戰爭狀態並

承認日本人民對日本及領海的完全主權，第2條規定日本放棄六個部分領土權利：朝鮮半島、台灣島及澎湖群島、千島群島及庫頁島、太平洋島嶼、南極、南沙與西沙群島。除了承認朝鮮獨立外，對其他五個部份放棄的領土權利，《和約》並未規定日本放棄後的權利由誰繼受，因爲《日皇投降詔書》是戰敗無條件投降，日本無權指定由誰繼受。蘇聯未簽署和約，蘇聯有權根據其他國際法文件，取得庫頁島的主權。中國也未簽署《舊金山和約》，中國也有權根據其他國際法文件，取得台灣島和澎湖群島、南沙群島與西沙群島的主權。

第3條規定美國取得北緯29度以南的太平洋島嶼的實質統治權，包括琉球群島、大東群島、小笠原群島、西之嶼、火山島、沖之鳥礁、南鳥礁等。此條文被解釋成日本仍持有這些太平洋島嶼的主權，但美國根據聯合國的信託制度持有實質統治權。美國後來也陸續將這些太平洋島嶼的實質統治權歸還給日本。這個條文的確是對《開羅宣言》有關「剝奪日本的太平洋島嶼主權」起了修正作用，改用聯合國信託制度代替「剝奪」日本主權，但這僅影響美國和日本之間的權利，其他國家也無太大意見，但卻留下「釣魚台島」的中日爭議問題。

第6條規定《舊金山和約》生效後90天，在日本的美國佔領軍要自日本撤離，但得另訂駐軍協定。第8條規定日本承認同盟國爲終結第二次世界大戰的戰爭狀態，自現在起締結的所有條約的全部效力；日本承認同盟國爲恢復和平相關的所有其他安排。1951年9月8日《舊金山和約》簽訂時，美日兩國同時在舊金山美國陸軍第六司令部簽訂《美日安全保障條約》，美日締結軍事同盟，美國有權在日本駐軍、抵禦侵略、鎮壓暴亂。1960年1月19日美日在華盛頓改簽《美日共同合作和安全條約》代替《美日安全保障條約》。

第14條規定同盟國除本和約另有規定外，放棄戰爭賠償請求權。相較於第10條提到的1901年9月7日八國聯軍攻入北京，日本等國與中國簽訂《辛丑條約》取得的戰爭賠款和特權，《舊金山和約》可說是美國對日本極爲寬大的處理。

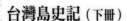

第21條規定中國不受《舊金山和約》第25條的限制，但仍享有第10條和第14條規定的權益。該限制指非簽約國不得引用《舊金山和約》去減損日本利益。這個條文可以廣泛賦予中國雖非《舊金山和約》的簽署國，但有權在《舊金山和約》之外，對日本另行主張權利，或引用《舊金山和約》對日本聲索權利，只是《舊金山和約》的簽署國表示不認同中國以後開具更嚴格的條件給日本。這是中國例外條款，對蘇聯並無此規定，因為日本並未侵略蘇聯。

十、《舊金山和約》的爭議

有人主張《舊金山和約》沒有規定日本放棄台灣島後應由誰接收主權，所以台灣島的法律地位未定。這個問題有兩個層面，一是法律問題，一是政治問題。

就法律問題而言，國際法的確規定領土主權的移轉要經過適當的法律程序，依據條約規範領土主權的移轉是較正式的方式，但所謂領土主權移轉的條約不一定是解除戰爭狀態的「和約」，也不是只有「和約」才能規範領土主權的移轉。依據國際習慣法編纂而成的《維也納條約法國際公約》規定，意思表示一致的國際法文件，不論由幾份文件構成，都可以構成「條約」，名稱也不一定要取名「條約」。所以《開羅宣言》、《波茨坦公告》、《日皇投降詔書》、《日本降伏文書》等四份文件，只要意思表示一致，即構成一份完整的「條約」。但因為前兩者的用語是「中華民國」，後兩者的用語是「中國」，如果「中國」等於「中華民國」的話，台灣島、澎湖群島、滿洲這些領土的主權「應復歸給中華民國」，就是意思表示一致的結論，沒有「台灣地位未定論」的問題。但如果「中國」不等於「中華民國」的話，任何號稱「中華民國」的政治組織都會成為「殘存國家組織」，失去聲索相關條約權利的當事國資格，上項領土主權復歸

「中國」，不再適用於「中華民國」。

　　就政治問題而言，1949年10月1日「中華人民共和國」成立，在憲法秩序上，中國主權是否仍由「中華民國」這個國家組織所擁有，開始產生爭議。1971年10月25日聯合國大會通過《第2758號決議案》，確立中國主權的聯合國代表權由「中華人民共和國」所擁有，在國際法秩序上，中國主權的歸屬已塵埃落定，「中華人民共和國」有權代表中國主權聲索台灣島的領土主權，就如同它已擁有滿洲的領土主權一樣。

　　任何挑戰中國主權的政治力量，不論來自台灣島內外，在中國崛起之後，中國主權政府都有能力排除，確保《開羅宣言》等四份文件所規定的中國主權不受損害。美國幾度試圖挑戰中國對台灣島的主權，先是1950年1月杜魯門的《福爾摩沙聲明》公開承認《開羅宣言》等文件的法律確定性；1950年6月杜魯門的《韓國情勢聲明》又「意圖扭曲」《開羅宣言》等文件所傳達的訊息。後來杜勒斯等美國政府要員也都有類似「台灣地位未定論」的說法，但這些意圖否定的說法都違反國際法〈禁止反言原則〉，只是政治上的挑釁，不構成法律上的挑戰。而且1971年尼克森和季辛吉向共和國政府保證美國不再提及「台灣地位未定論」，接著聯合國大會通過《第2758號決議案》，美國政府的「台灣地位未定論」已煙消雲散。其實不論美國如何轉變立場，都是單方面的主張，中國、蘇聯、日本、英國政府從無「台灣地位未定論」的共識，因此不影響《開羅宣言》等文件的法律效力。尤其1972年日本發表聲明「堅持遵循《波茨坦公告》第八條的立場」，「第八條的立場」就是《開羅宣言》，因此所謂日本未表明將台灣島的領土主權轉移給特定國家的說法，更無法存在。

十一、1952年《台北和約》

　　1952年4月28日《舊金山和約》生效，在美國壓力下，日本政府於《舊金山和約》正式生效前7個小時與台灣島的台北民國政府簽訂《中華民國與日本國間和平條約》，又稱《台北和約》。台北民國政府被排除在《舊金山和約》的簽署國之外，已顯示其持有中國代表權的說法已不被美國和國際社會接受，其政府的合法性已被侵蝕和存疑。在此「主權消損」危機下，台北民國政府當時希望透過與日本簽訂「和約」以取得政權的合法性，日本政府則希望在實質內容取得利益，最後在美國壓力下，雙方簽訂14個條文的《台北和約》。

　　《台北和約》的特色是用法律技巧迴避兩個問題：

　　第一、簽約方的「中華民國」是不是第二次世界大戰期間《開羅宣言》及《波茨坦公告》簽訂方的「中華民國」？

　　第二、簽約方的「中華民國政府」是不是持有國際法上完整中國代表權的中國主權政府？

　　日本人的立場是對上述兩個問題都採否定態度，既不提《開羅宣言》及《波茨坦公告》，也不提「中華民國政府是中國唯一合法政府」。

　　《台北和約》第1條規定「中華民國」與「日本國」間的戰爭狀態終止。所有「和約」都是為結束「國家組織之間」的戰爭狀態而簽訂的；但《台北和約》除了依例終止戰爭狀態外，尚有確認僅實際控制台澎金馬地區的「中華民國」是戰爭參與國的法律意義，有藉以支撐「中華民國」國際地位的政治用意，又始終未確認「中華民國政府」是中國唯一合法政府，使得「中華民國」僅是一個與「日本國」發生戰爭的「交戰團體」而已。

　　《台北和約》第2條規定雙方承認《舊金山和約》第2條日本放棄

台灣島和澎湖群島、南沙群島及西沙群島的主權。《舊金山和約》並未就台灣島的主權歸屬做出明顯的規定，台灣島主權歸屬的國際法依據，當然就不是《舊金山和約》。但這不能解釋成《舊金山和約》是唯一可以決定台灣島主權歸屬的國際法文件，《舊金山和約》沒有規定，也不能推論台灣島主權歸屬就沒有其他國際法文件可以規定，也無法達至「台灣地位未定論」的推論。《台北和約》對領土主權問題除了重申《舊金山和約》的規定外，並無新意。對當時風雨飄搖的台北民國政府而言，《台北和約》的意義只在於確認「中華民國」及其政府在某種模糊的法律意義上仍有效存在。《台北和約》對台灣島和澎湖群島領土主權的條文，也無法對《開羅宣言》及《波茨坦宣言》產生修訂或補充的法律效果。但《台北和約》卻未提及《開羅宣言》或《波茨坦公告》，日本人既不確定也不確認「中華民國」在國際法上是否仍然擁有中國主權，故意保持模糊，可說謹慎又別有用心。

　　第4條規定雙方承認中國與日本在1941年12月9日前簽訂的一切條約、專約、協定「均因戰爭結果而歸無效」，但未釋明是「自始無效」或「自此無效」。「自始無效」是這些條約從簽訂後的效力就全部廢棄，「自此無效」是這些條約從《台北和約》簽訂後的效力才廢棄。此處「中國與日本」裡的「中國」不僅指「中華民國」，也包括「大清帝國」，這條規定的用意在於使中日之間的不平等條約歸於無效，但是否包括1895年《馬關條約》的無效，後來成為法律論述的邊緣爭議。1941年12月9日是重慶民國政府正式對日本、德國、義大利宣戰的布告日，也是珍珠港事件爆發第2天。這條規定的用意在使「中華民國」的「中國代表權」被當時的日本間接承認，但又故意不言明「中華民國」與「中國」之間的法律關係。第10條規定「中華民國國民」的範圍僅適用於或應視為「具有中國國籍之」台灣島及澎湖群島的居民，換言之，中國大陸人民不包括在本和約的「中華民國國民」範圍內，「中國」又比「中華民國」大，「中華民國國民」只是「具有中國國籍之居民」的一部分，又未清楚做出「中國國籍」的定義。

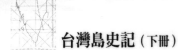

因此《台北和約》僅適用於「台灣地區」，間接釋明當時「中華民國」的「主權」和「台北民國政府」的統治權不及於中國大陸，也直接確認此處的「中華民國」只是「中國」的一部分，以「殘存國家組織」型態存在著。

《台北和約》尚有附件〈照會第一號〉：「本約各條款，關於中華民國之一方，應適用於現在在中華民國政府控制下或將來在其控制下之全部領土。」就這條規定，當時「台北民國政府」外交部長葉公超（1904-1981）在立法院報告說：「所謂控制是一種事實的狀態，並無任何法律意義，與法律上之主權，截然不同……」這等於正式否認〈照會第一號〉有任何規範「主權領土」的意義。

日本國政府於1972年9月29日和中華人民共和國政府發表《中日聯合聲明》，又稱《中日建交聯合公報》，日本既承認共和國政府是中國的唯一合法政府，也宣稱堅持遵循《波茨坦宣言》第8條，亦即《開羅宣言》。日本尊重共和國政府重申台灣島是共和國領土不可分割的一部份的主張，雙方建立外交關係，共和國政府放棄對日本國的戰爭賠償要求。日本同時聲明片面終止《台北和約》，並與「中華民國」斷交。1978年8月12日日本與共和國簽訂《中華人民共和國和日本國和平友好條約》，只有5個條文，重點在強調嚴格遵守1972年9月29日的《中日聯合聲明》，再度確認台灣島的領土主權屬於中國，而且認可中國主權自1978年8月12日起屬於中華人民共和國。

有人說《舊金山和約》、《台北和約》對台灣島的主權歸屬並無明顯的規定，這是事實。因為《舊金山和約》並非為處理台灣島主權而訂的條約，《台北和約》的重點在於確認當時的台北民國政府的法律地位，並未對台灣島的領土主權作出規定，同時日本是無條件投降的戰敗國，也無權對台灣島主權表示投降條件以外的意見。倒是1972年9月29日日本與共和國政府的《中日聯合聲明》重申日本遵守《開羅宣言》及《波茨坦宣言》，這符合《昭和投降詔書》和《日本降伏文書》的內容。要特別注意，《昭和投降詔書》和《日本降伏文書》

表達的投降對象是「中國」（China），沒有指明「中華民國」。只是《開羅宣言》提及台灣島和澎湖群島要復歸「中華民國」，這個「中華民國」作爲國家組織的法律權利是歸屬於遷移至台北的「中華民國」，或應被「中華人民共和國」繼受，日本政府只用「理解和尊重」間接表達支持共和國的立場。

1972年2月28日日本首相佐藤榮作解釋說：「中國只有一個，至於台灣，日本在《舊金山和約》中已放棄，其歸屬如何，日本已沒有說話的立場。不過，日本既已和『台灣的國民政府』簽訂和約，其歸屬實已決定。也就是說，國民政府是主張一個中國的，因之，台灣也就是中國之物。……我說台灣是中國的，而代表中國的是中華人民共和國。」換言之，佐藤榮作認爲《台北和約》簽訂的先決條件是「台灣當局」必須堅持「一個中國原則」。

2016年9月12日日本最大在野黨黨魁候選人村田蓮舫被質疑持有「台灣國籍」，蓮舫公開宣稱支持一個中國原則，而且「台灣不是國家」，「台灣國籍」不具國家地位，持有「台灣國籍」並不違反日本禁止雙重國籍的規定，就是這一種日本立場的反應。日本政府也接受蓮舫的聲明，未撤銷蓮舫的議員及政黨黨魁資格。台北民國政府及代表台獨勢力的民主進步黨對蓮舫的聲明未發表任何駁斥，代表一種默認。

第四章
砲戰的年代

一、1953年《中美共同防禦條約》

　　1951年2月美國和台北民國政府換文達成《聯防互助協定》，5月1日美軍顧問團抵達台北。1953年12月3日美國和台北民國政府在華盛頓簽署《中美共同防禦條約》。1955年1月1日美國太平洋司令部在台灣島成立「美軍協防司令部」，在台駐軍5,000餘人。4月26日美國第七艦隊在台灣島設立「台灣聯絡中心」。1965年越戰爆發，抵達台灣島渡假後再赴越南作戰的美軍，人數快速上升。最初美軍來台灣島渡假每年約2萬餘人，後增至17萬人，1971年高達20萬人，貢獻外匯給台灣島達10億美元。

　　《中美共同防禦條約》的政治目的在於強化台北民國政府的外交地位，保證美國不再放棄台灣島的安全防衛，向中華人民共和國傳達美國將台灣島納入「勢力範圍」的決心，也使美國協防台灣島有法律依據。有趣的是，該條約第2條所提「締約的領土」，僅用第6條明訂爲台灣島及澎湖群島。第7條規定美軍有權在台灣、澎湖及其附近部署美國陸海空軍。1954年12月1日台北民國政府和美國在台北就簽訂《中美共同防禦條約》一事發表共同聲明：1、《中美共同防禦條約》僅限於台灣島、澎湖群島及西太平洋諸島。2、條約本質上是在防衛且符合《聯合國憲章》。換言之，台北民國政府若對中國大陸進行軍事行動，就不在《共同防禦條約》的規範內。美國參議院批准《中美共同防禦條約》時還附帶聲明說：「本委員會認爲本條約之生效，將不致影響或修改台灣與澎湖之現有法律地位。……不應被解釋爲影響或修改其所適用之領土的法律地位與主權。」簽約雙方另以換文方式表明，台灣島上的軍隊調離台灣島必須經過美國同意。換言之，未得美國同意，台北民國政府不得動用武力攻擊中國大陸。

　　1955年1月底美國國會加碼通過《福爾摩沙決議案》（Formosa

Resolution），或稱《台灣決議案》，該決議案授權美國總統可以不經
立法程序動用武力保衛台灣島和澎湖及必要的防衛地區。但季辛吉密
訪中國後，1971年7月21日美國參議院向中國表達善意，撤銷《福爾摩
沙決議案》，這些都只是美國單方面的意思表示。

　　但1971年聯合國大會通過《第2758號決議案》後，台北民國政府
失去中國代表權，駐台美軍人數逐漸減少。1972年美國和中華人民共
和國發表《上海公報》，美國逐漸撤出駐台美軍。1974年美軍撤出越
南，駐台美軍只剩3,000多人。1978年12月16日美國與中華人民共和國
宣布建交，廢棄《中美共同防禦條約》，美軍協防司令部和美軍顧問
團完全撤離台灣島，台北民國政府產生更嚴重的「主權消損」問題。

二、綠島小夜曲

　　〈綠島小夜曲〉這首台灣島流行的情歌，曾被坊間謠傳為不知名
的綠島政治犯所作詞曲，「綠島」（Sanasay）更被繪聲繪影說成關
押政治犯，位於台東外海，原名「火燒島」的綠島。其實歌詞提到的
「綠島」指的就是「台灣島」，不是位於台東外海的「火燒島」（雞
心嶼或青仔嶼），1948年改稱「綠島」。此曲創作於1954年，由中國
廣播公司的歌詠指導周藍萍作曲，其同事潘英傑作詞的創作，這也是
第一首在台灣島創作灌錄唱片的國語歌曲。歌曲描寫戀愛中的男女
那種患得患失、起伏不定的心情，與〈望春風〉並列台灣島兩大經典
情歌。〈綠島小夜曲〉的唱片最早由晉秦製作，演唱的是女歌手司馬
音。「寶島歌后」紀露霞在中廣電台演唱〈綠島小夜曲〉，獲年度聽
眾票選第一名，但該曲並未自此走紅。直到1958年歌手紫薇演唱，被
引進菲律賓華人社會造成很大的轟動，然後流行到南洋其它各國。

　　把〈綠島小夜曲〉說成「監獄音樂」就是菲律賓華文報紙操作的
「故事行銷」，「故事」轉內銷回台灣島就變成「政治犯的作品」。

名作家柏楊和高雄縣長楊秋興都曾誤以爲是某高姓政治犯創作的，很多台獨人士甚至奉爲政治抗爭歌曲。其實周藍萍是百分之百國民黨「反共抗俄」時代的外省籍音樂家，他更知名的作品是凌波主演的〈梁山伯與祝英台〉的黃梅調曲。

1961年，由紫薇重錄唱片，配合電台播送，才在台灣島廣泛流行起來。1980年代初期流傳到中國大陸，風靡一時。2012年李建復以此曲，製作台北101美食廣場快閃演唱的開唱曲，經由YouTube流傳世界各地。

三、高玉樹當選台北市長

1954年5月2日高玉樹（1913-2005）以無黨籍身份擊敗國民黨提名的王民寧，當選第二任台北市長，蔣介石非常吃驚和失望。高玉樹是台北市人，1941年日本早稻田大學專科部畢業。1946年因爲擔任日本華僑總會會長協助日本華僑和在日台灣人於東京澀谷租借土地供作露天擺攤之用，捲入「澀谷事件」。當時在日台灣人持中華民國護照可以戰勝國僑民身份向駐日美軍福利處購買民生物資，轉賣賺取差價，且僅受美軍憲兵管轄，不受日本警察管理。此事令日本人眼紅，日本黑道松田組、落合一家等組織用暴力企圖驅逐擺攤做生意的台灣人，雙方爆發數起衝突，日本警察卻僅逮捕台灣人，後經中國駐日代表團保釋。1946年7月19日有600多位台灣人在東京華僑總會開會，商討防範日本黑道的應變措施，會後經過澀谷警察局，卻遭日本警察開槍攔阻，造成1名台灣人死亡，16人受傷，高玉樹亦遭逮捕，史稱「澀谷事件」。

日本政府爲了管控在日台灣人，於是就本案提出主張，認爲簽訂中日和約之前，在日台灣人仍是日本臣民，應受日本警察管轄。但中國政府和駐日美軍總部卻認爲在日台灣人已恢復中國國籍，不受戰敗

而主權不完整的日本政府管轄。1947年2月中美日三方達成協議，凡在1946年12月31日前申請登記中國國籍的在日台灣人爲中國人民，不受日本政府管轄。未如期申請者，視爲拒絕中國國籍，仍是日本臣民，要受日本政府管轄。但是事件中遭日本警察逮捕的高玉樹卻被遣送到上海羈押92天，反而使高玉樹名聲鵲起，奠定回台從政之路。

　　1951年高玉樹尚擔任台北市商會總幹事，即參選台北市長，但敗給無黨籍的吳三連，落選後參加美援計畫，赴麻省理工學院進修。1954年再度競選台北市長，擊敗國民黨籍的王民寧。開票當天晚上，高玉樹的票數一路領先，到十點鐘突然停止開票，駐台美軍顧問團團長蔡斯（William C. Chase, 1895-1986）拍電報回華府報告，美國國務院立刻發電報祝賀高玉樹當選台北市長，國民黨只好承認高玉樹當選的事實。這一事件確立台灣島是美國扈從政權的身份，往後台灣島上任何重要職務的當選人遇有爭論，都以美國政府的賀電作爲權力基礎的保障書，尤其是2004年陳水扁競選連任，因三一九槍擊案爆發嚴重爭論，也是直到獲得美國政府賀電，挑戰陳水扁當選正當性的國民黨才放棄挑戰。1957年高玉樹競選連任，開票過程發生停電做票，開票結果高玉樹敗給黃啓瑞，幾乎爆發群眾暴動。但高玉樹卻發表聲明「君子不計成敗，公道自在人心」、「寧可光榮的失敗，不求不光榮的勝利」，宣布接受失敗，才阻止一場暴動。1960年高玉樹遭羅織罪狀以背信侵占罪起訴，1964年高玉樹回鍋參選台北市長，過程遭抹黑、抹黃，開票計票無故停頓，但仍擊敗國民黨提名的周百鍊。1966年台北民國政府以台北市工程砂石假報銷案判處高玉樹的親弟弟楊玉城徒刑，此後高玉樹改變態度向蔣介石輸誠，順利擔任台北市長至1972年，後轉任交通部長。

四、1954年九三金廈砲戰

1954年9月3日下午5時共和國砲兵發射數千枚砲彈攻擊金門島，9月5日台北民國政府砲兵反擊，同時派軍機轟炸廈門，但被擊落12架。砲戰斷斷續續直到9月22日，解放軍共發砲7萬枚。

五、杜勒斯的「台灣地位未定論」

美國對「台灣地位」的立場不是國際法理的詮釋，是完全因應美國政治需要而變化的政治策略。

1950年1月5日杜魯門因應國共內戰所發表的《福爾摩沙聲明》（或稱《不介入台灣海峽爭端聲明》），確立台灣島隸屬於中國主權的立場，且「於投降時為日本接受」，這是杜魯門版的「台灣地位已定論」。

1950年6月27日杜魯門因應南北韓戰爭，發表《韓國情勢聲明》，台灣未來地位問題要「與日本和平解決，或由聯合國考慮」，這是杜魯門版的「未來再考慮的台灣地位未定論」。杜魯門沒有否定當下台灣島的主權屬於中國，但強調「未來」將「由聯合國考慮」。但是聯合國從未考慮，反而於1971年10月25日通過《第2758號決議案》確定中國主權代表權由中華人民共和國取得。至於「與日本和平解決」則毫無意義，因為日本是向中國無條件投降的敗戰國，除了謹守《波茨坦公告》開具的投降條件外，日本其實別無選擇。

1954年12月13日美國國務卿杜勒斯聲明：「在技術上台灣與澎湖的主權歸屬還未解決，因為日本和約中僅僅包含日本對這些島嶼權利與權源的放棄，但是將來的權利名義，並未被日本和約決定。」這是

杜勒斯因應九三金廈砲戰發表模糊的「技術上台灣地位未定論」。杜勒斯對顧維鈞（1888-1985）說：「假使美國業已將台灣視為中國的領土，不僅中國的代表權問題須立謀解決，而且美國也將失去部署第七艦隊協防台灣的依據。」換言之，美國必須對《開羅宣言》及杜魯門的《福爾摩沙聲明》假裝視而不見，宣稱一個模模糊糊的「技術上」的台灣地位未定論，才能將台灣島劃入美國的勢力範圍。

　　美國在冷戰時代一直維持這個模糊的「台灣地位未定論」的基調，1971年4月28日美國國務院發言人布瑞（Charles W. Bray III, 1933-2006）發表聲明說：「我們以為此事未獲解決，因為在開羅與坡茨坦的《宣言》中，同盟國表明意向稱，台灣與澎湖將為中國的一部分，此種盟國暫時意向的聲明，從未正式實行。」布瑞又說：「此項意向之聲明與日本簽訂和約時曾有加以執行的機會，但是和約中再度未討論到此點。美國認為中華民國在對台灣與澎湖行使合法權力，是由於日本佔領台灣的軍隊係奉命向中華民國投降的事實。」

　　布瑞的發言代表美國政府用心良苦配合政治需要，調整「台灣地位未定論」的解釋成為「從未正式實行的台灣地位未定論」，既不敢否定台灣島屬於中國主權，又不情願承認這個法律事實，只好為了政治需要，打打擦邊球。把《開羅宣言》與《波茨坦公告》說成「暫時意向的聲明」，也不提《舊金山和約》未經中國與蘇聯簽署的事，又順便否定「中華民國擁有台灣島」的合法性。「中華民國」僅是因為日本軍隊向「中華民國」投降所以可「行使合法權力」。布瑞沒有釐清的是「領土主權由日本軍隊的投降對象決定」，有什麼國際法的基礎。日本關東軍在中國東北向蘇聯投降，美國卻不同意蘇聯有「合法權力」統治中國東北，還積極要求蘇聯撤軍，卻從未要求「中華民國」自台灣島撤軍，布瑞的說法自陷矛盾。在《開羅宣言》和《波茨坦宣言》所確定的台灣島和滿洲的國際法地位完全相同，美國卻從未質疑過滿洲屬於中國主權的事實，就沒有立場質疑台灣島同樣屬於中國主權的法律基礎。

　　布瑞的發言不到2個月又12天，美國為「聯中制俄」於1971年7月9日派季辛吉秘密訪問中國，正式向中華人民共和國承諾「美國不再發表任何台灣地位未定論的聲明」。1972年2月21日美國總統尼克森訪問中國，正式向中華人民共和國提出《四大保證》，其中第四點就是「美國不再發表任何台灣地位未定論的聲明」。

　　最關鍵的發展是1972年9月29日田中角榮與周恩來共同發表的《中日聯合聲明》，正式表述日本「堅持遵循《波茨坦公告》第八條的立場」。美國從此失去立場談論「與日本和約未涉及台灣島歸屬」，或《波茨坦公告》只是暫時意向的聲明」，因為國際法上有關台灣地位的問題，已有中國與日本雙方確定依照《波茨坦公告》第八條（《開羅宣言》）處理，美國或盟國的「意向」，不論是「暫時或永久」都已實行，也通通不關美國的事。從杜魯門、杜勒斯，到布瑞的「台灣地位未定論」，全部瓦解。

六、1955年大陳島撤退

　　1949年10月1日中華人民共和國成立，1950年共和國的解放軍攻佔海南島、舟山群島，接著南北韓戰爭爆發，解放軍兵力移往朝鮮半島。1954年國共多次在東南沿海爆發空戰，解放軍獲勝，取得大陳島周邊的制空權。1954年九三金廈砲戰後，解放軍擊沉台北民國政府軍的太平艦，開始轟炸位於浙江台州外海的大陳島及其屏障一江山島。

　　1955年1月18日解放軍攻佔一江山島，台北民國政府軍1,000餘人全被殲滅。1月30日美國透過蘇聯通知共和國政府，美國將協助台北民國政府撤退大陳島2萬8千名居民和軍人，希望解放軍不要攻擊。2月2日毛澤東批示：「在蔣軍撤退時，無論有無美（艦）均不向港口及靠近港口一帶射擊，即是說，讓敵人安全撤走，不要貪這點小便宜。」大陳島撤退工作在2月8日至24日在雙方默契下，和平完成。

七、1955年孫立人事件

孫立人（1900-1990）是安徽盧江人，1914年考入清華學校，1923年畢業，1925年取得美國普渡大學土木工程學士，1927年畢業於維吉尼亞軍校，1932年任民國政府宋子文創設的財政部稅警總團的上校司令，1941年任第三十八師少將師長，1942年揮師入緬甸、印度作戰，仁安羌大捷，以寡擊眾，大敗日軍，組建新一軍任中將軍長，有「東方隆美爾」的稱號。1945年孫立人率軍返回廣西，準備反攻廣州，但日軍已投降。孫立人戰功彪炳，但卻是在英國人的戰場上，不是在中國戰場上，再加上仁安羌大捷後遠赴印度，拒絕隨杜聿明回中國，種下政治上的恩怨。

1947年國共東北會戰，孫立人被調離東北戰場。1947年加入國民黨，並被派到台灣島的高雄鳳山訓練新兵。1949年1月21日蔣介石宣布「總統因故不能視事，由副總統代行職權」之前，孫立人被派任為台灣防衛司令。1949年2月美國大使館參贊莫成德向司徒雷登大使、國務卿艾奇遜建議支持孫立人取代陳誠，控制台灣島。艾奇遜派人與孫立人接觸，明確告訴孫立人，如果發動政變，美國將予支持，孫立人不置可否。1950年孫立人擔任陸軍總司令，卻與蔣經國因軍隊政工制度而衝突。1950年1月3日美國陸軍部收到美國駐台北大使館武官曼寧上校的極機密電報，內容稱孫立人告訴曼寧上校，孫立人要趁蔣介石下野的時機，發動軍事政變的計畫，已被蔣介石獲悉。但孫立人向蔣介石解釋，這不過是共產黨捏造的謠言。孫立人反對軍隊政工制度，卻已被蔣氏父子視為意圖政變的表態。

1950年3月1日蔣介石在台灣島宣布「復行視事」，恢復總統職權，但是5月3日美國國務院政策計劃局卻擬訂「棄蔣保台」計畫，認定孫立人將發動軍事政變，準備支持孫立人，撤換蔣介石。這份計劃

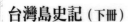

於6月9日提交給國務卿艾奇遜，但因6月25日南北韓戰爭爆發而中止。1951年孫立人晉升上將，但與美國人接觸，談及取代蔣介石的話題，被蔣介石知道，留下疑似叛亂的話柄。1954年孫立人被調任無實權的參軍長。汪士淳著的蔣緯國回憶錄《千山獨行》（201頁）斬釘截鐵地說：「孫立人確實曾有包圍、軟禁領袖（蔣介石）意圖，然而事先就被發現了。」

1955年5月25日孫立人的舊部屬郭廷亮以「匪諜罪」被捕，5月28日孫立人被軟禁，孫立人的親信部屬300多人被捕入獄。1988年蔣經國去世，李登輝才解除孫立人長達33年的軟禁生涯。孫立人個性孤傲，人際關係不佳，但軍事才能傑出，政治判斷力太差，被美國人利用，企圖推翻蔣介石，爲蔣介石、蔣經國父子所不容，無人敢聲援，幸好有美國人支持，孫立人未被判處徒刑或死刑，這是現代版的半齣韓信悲劇。

八、越戰三十年

越南戰爭長達30年，對台灣島的歷史發展影響深遠。1945年法國戴高樂（Charles Andre Joseph Marie de Gaulle, 1890-1970）爲了再度把越南納爲殖民地，發動了10年的越戰。起因卻是1946年蔣介石違反〈威爾遜十四點和平原則〉把北緯16度線以北接收的日本佔領區交給法國，1950年毛澤東以共產主義的立場支持胡志明（Ho Chi Minh, 1890-1969，本名「阮必成」），美國以反共的立場支持法國。越戰打到1955年，法國兵敗，換美國親自上場。台灣島從美國軍購獲得經濟利益，並與美國同樣站在「反共」立場取得國際政治利益。1971年美國改採「聯中制俄」政策，台北民國政府喪失聯合國中國主權的代表權。1975年美國打了20年的越戰，兵敗撤退，美法兩國製造的「越南共和國」滅亡，台灣島的台北民國政府頓失「反共」招牌，再也無法

高舉「反共」口號獲取政治利益。

（一）1945年法國的越戰

1884年中法戰爭後，中國的戰績是不勝不敗，卻於1885年簽訂《中法天津條約》。中國放棄越南宗主權，置越南、柬埔寨、老撾為法國殖民地，法國將這些土地組成「法屬印度支那聯邦」（French Indochina或Indochinese Federation）的殖民地轄區，並建立「法屬印度支那殖民地軍政府」，以聯邦的形式統治越南、柬埔寨、高棉等「邦國」。形式上是法國的「聯繫邦」（Associated State），實質上是「殖民地」（Colony）的地位。第二次世界大戰期間，整個「法屬印度支那」都被日本佔領。1945年8月1日波茨坦會議最後一天，同盟國決定北緯16度以北的日軍向中國軍隊投降，以南的日軍向英國及澳大利亞的軍隊投降。這個決定納入1945年8月15日美國參謀本部交付遠東盟軍總司令麥克阿瑟轉發給日本參謀總長梅津美治郎和外相重光葵的《一般命令第一號》。

根據《大西洋憲章》、《聯合國宣言》，同盟國已承諾要給殖民地和軸心國佔領地主權獨立的機會，但邱吉爾悍然地宣稱，這些國際法文件只適用於歐洲，不適用於亞洲和非洲。所以儘管越南的胡志明政權已於1945年8月15日趁日本投降時，發動「八月總起義」，8月25日在西貢成立「交趾支那臨時政府」，9月2日在河內宣布成立「越南共和國」，且組成跨黨派的聯合政府，接管越南各地的政府機構。9月9日中國軍隊陸續開抵北越，雖然日軍向中英兩國軍隊投降，但中英兩國並未派遣官員實際接收越南的政府機關，越南各政府機關事實上由胡志明政權派人接管。

第二次世界大戰時，1940年6月德國佔領巴黎，指派法國第一次世界大戰英雄貝當元帥（Henri Philippe Pétain, 1856-1951）在法國中南部的渡假小鎮維琪Vichy設立法國傀儡政府，簡稱「維琪政府」（Regime de Vichy），「法屬印度支那」殖民政府繼續聽命於維琪政府。在1944

年10月23日前，美國、加拿大等國仍然承認維琪政府是法國的合法政府。1941年12月7日珍珠港事件後，日本與「法屬印度支那」殖民政府簽約，日軍進佔越南，威脅東南亞。1945年3月9日維琪政府瓦解，「法屬印度支那」殖民政府改承認戴高樂的臨時政府。日本佔領軍立即發動「三九政變」，拘禁法國殖民官員和軍隊，改找越南前皇帝保大（Vua Bao Dai, 1913-1997）阮福晭接管殖民政府。但日本很快於8月15日無條件投降，胡志明於8月19日就派人全面接管各級政府。「保大」是年號，阮福晭是姓名，以「大南國」為國號。

法國的流亡政府在戴高樂領導下，取得法國執政權，卻根據邱吉爾的立場，《大西洋憲章》、《聯合國宣言》不適用於亞洲，強硬地要求再度殖民統治「法屬印度支那」。戴高樂雖是法國英雄，卻是徹頭徹尾的殖民主義者。

英國為繼續掌控印度殖民地，刻意引爆越戰，移轉焦點，與法國勾結，將接受日軍投降的北緯16度以南地區轉交給法國。1945年9月15日英軍開進西貢，釋放5,000名被日本人拘留的法國軍人，並交付重武器。這些法國軍人未積極抵抗侵越日軍，與日軍簽約投降反遭拘留，釋放後於9月22日即暴力驅逐胡志明派在西貢的官員。法國並快速增兵，至1945年10月底，駐越法軍已達2.5萬人，掌控南越全部。

1946年2月28日中國與法國簽約，中國承認法國在「印度支那」的領土主權，把北越交給法國，交換法國放棄在中國的租界、鐵路控制權及其他歷史上簽訂的不平等條約的特權。換言之，中國撤銷法國的不平等條約，同時把法國的不平等條約加諸越南頭上。5月底前中國軍隊陸續撤離，胡志明沒搞清楚狀況，還鬆了一口氣說：「聞法國人短期放的屁，勝過吃中國人長期放的屎。」胡志明認為法國已無能力長期控制越南，願意與法國和平談判。但是胡志明錯了，法國堅持繼續統治越南，並且要以武力消滅胡志明政權。當時在英國接收後的南越，或中國接收後的北越，其實都是由胡志明政權派人接管實際的行政工作。中英軍隊一離開，法國立刻攻佔越南各大城市，驅逐胡志明

的官員，恢復殖民統治。當時胡志明的官員廉潔有效率，深得民心，換上法國指派的官員，卻似接收大員般貪污腐敗，賄賂公行，大失民心。

　　法國與胡志明政權從1946年激戰至1953年秋季，長達7年，胡志明的部隊控制農村，法國軍隊控制都市，相互對峙。法國於1949年3月再度扶植保大皇帝當傀儡，但1954年3月法越兩軍在北越地區的奠邊府展開會戰，5月7日法軍大敗投降。其實美國總統杜魯門自1950年開始即提供法國駐越南軍隊經費和軍備，到1953年已達75%。杜魯門認為法國的越戰是「冷戰」的一部分，這個認知使美國一步一步踩入越戰的泥淖。

　　1954年6月14日法國任命吳庭艷（或吳廷琰，Ngo Dinh Diem, 1901-1963）當保大皇帝傀儡政府的總理，7月20日法國同時陷入阿爾及利亞殖民地的獨立戰爭，已無力持續進行越戰，戴高樂只好與胡志明在瑞士日內瓦談判，雙方發表《最後宣言》，越南劃分南北越，以北緯17度線為界，界線上設非軍事區。南北越並預訂1956年7月分別舉行「自由秘密普選投票」產生新政府，並由印度、加拿大、波蘭組織國際選舉監察委員會監督選舉，戴高樂才正式放下殖民越南的野心。但是保大和吳廷琰都反對按照《最後宣言》辦理普選，因為自知不得民心。

（二）1955年美國的越戰

　　1954年10月美國總統艾森豪和國務卿杜勒斯介入越南，由美國駐越大使柯林斯（Joseph Lawton Collins, 1896-1987）交付艾森豪信函給吳廷琰，保證支持吳廷琰拒絕辦理普選。美國看出如果舉行普選，深得民心的胡志明毫無疑問將同時贏得南北越的選舉。反觀保大和吳廷琰卻是越南人心中的汪精衛，根本無法通過選舉取得政權。但是有了美國的保證，1955年10月吳廷琰開始挑戰保大的權威，保大下令罷免吳廷琰，吳廷琰拒絕下台，反而在10月23日舉行公民投票，決定是否

維持帝制。結果民意壓倒性的主張廢除帝制，10月26日吳廷琰宣布罷黜保大，成立南越的越南共和國，並自任總統。保大被罷黜，法國喪失續留越南的理由，法軍於1956年4月前全部撤離。

北越胡志明持續呼籲如期舉行普選，平常高舉民主自由「美國價值」的艾森豪政府卻反對普選，且以「反共」為名推行美國霸權。相對地，蘇聯與共產黨執政後的中國政府一再警告胡志明，要避免任何給予美國干涉的藉口，如果胡志明的政策引發美國參戰，胡志明無法期待蘇聯和中國奧援。胡志明這時可說是孤立無援，局勢與美國國務卿杜勒斯所說的「骨牌理論」完全不符。杜勒斯宣傳「骨牌理論」說，蘇聯支持中共，中共支持越共，越共支持東南亞各國共產黨。但事實並非如此，美國是假藉反共之名，實施「冷戰」之實。在這個「骨牌理論」和冷戰背景下，再加上韓戰、越戰因素，台北民國政府因此獲得美國全力支持，站穩美國勢力範圍內的扈從功能。

胡志明不能透過普選解決越南問題，又不能發動軍隊南侵，只好集結南越民族主義份子、共產黨人、佛教徒於1960年12月20日組織新政黨稱「民族解放陣線」，簡稱「民陣」，擬與吳廷琰合組聯合政府。吳廷琰立刻拒絕，並痛罵「民陣」為「越共」。「越共」一詞被美國人拿去宣傳，但「民陣」號召民族獨立、愛國主義、土地改革，廣獲民心，一年內吸收50萬名黨員。「民陣」在北越協助下，展開游擊戰爭，逼吳廷琰談判，美國的越戰就此開打。

對美國而言，越戰是冷戰的一部分，是美蘇對峙的一環。對越南人而言，越戰是民族獨立及土地改革的問題。不論美國支持力道多大，吳廷琰都無法獲得民心。鄉村地區幾乎全數支持「民陣」，在美國顧問規劃下，吳廷琰設立「戰略村」，強迫農民集體遷入，防止民陣游擊隊潛伏，反而引發農民憤怒，更積極支持民陣。都市地區更慘，吳廷琰是天主教修士還俗的政客，宗教思想偏激，只信任跟著法國人信奉天主教的越南人，不僅歧視信奉基督新教的中國移民，還迫害人口佔絕對多數的越南佛教徒。1963年5月佛教徒發起抗議大遊行，

要求宗教自由，凸顯越南共和國號稱「自由國家」的假面具，吳廷琰動用武力阻止，造成死傷，引爆更大的抗議騷動。吳廷琰指控佛教徒是共產黨，派人毀壞佛寺，監禁刑拷佛教僧侶，屠殺佛教徒，美國人竟也默認。此時的美國人認爲越南人只要反共，就沒有什麼不可以，卻反而使「反共」失去任何道德支撐點。

國際輿論強烈譴責吳廷琰搞黑暗中世紀的宗教迫害，除了台灣島，各國群情激憤，最後美國政府也受不了輿論壓力。1963年10月6日美國總統甘迺迪政府以243號電報通知美國駐越南大使洛奇（Henry Cabot Lodge Jr., 1902-1985），美國中央情報局CIA將策劃軍事政變。南越將領在楊文明（Duong Van Minh, 1916-2001）領導下，於1963年11月1日發動政變，處死吳廷琰。沒料到事隔21天，甘迺迪（John Fitzgerald Kennedy, 1917-1963）也於11月22日被暗殺，由副總統詹森，或譯約翰遜（Lyndon Baines Johnson, 1908-1973）接任美國總統。楊文明也在1964年1月30日被阮慶（Nguyeh Khanh, 1927-2013）發動的軍事政變罷黜。1965年6月14日阮文紹（Nguyen Van Thieu, 1923-2001）又迫使阮慶下台，取而代之。這一連串軍事政變都是美國操縱的，更證明南越只是一個毫無政治功能的傀儡政權。

軍事政變後，南越局勢更加岌岌可危，詹森在中央情報局規劃下，於1964年8月在河內外海的東京灣，法國殖民時代河內地區稱作「東京」，自導自演製造美國戰艦馬多克號（Maddox）遭北越岸砲轟擊事件。詹森基於競選的需要，借題發揮，立刻要求國會授權，大肆反擊北越，「以阻止進一步的侵略」。美國這個東京灣事件和日本的九一八瀋陽事件，手法如出一轍。1964年11月3日詹森在總統大選中，美國人的反共情緒大受「反擊北越」的煽動，詹森的競選因此大獲全勝。1965年3月3日詹森發動「滾雷轟炸」北越，接下來三年內，美軍在越南投下的炸彈噸數超過第二次世界大戰美軍在歐洲投彈的總噸數。3月7日詹森派遣美軍2.3萬人進入越南作戰，到1969年3月增至50萬人。美軍越多，南越天主教徒軍人政權聲望越低落。美軍炸彈投越

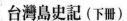

多，越南人民反擊力量越強。同時，反共假象不斷被揭穿，美國國內反戰聲浪也越大。

　　詹森焦頭爛額，被迫於1968年3月31日發表電視講話，宣布不再競選連任美國總統，減少轟炸北越，並願意談判媾和。5月13日美越雙方在巴黎展開談判，10月31日詹森宣布停止轟炸北越。11月5日尼克森贏得美國總統大選，開始推動「越戰越南化」政策，即美軍陸續撤離越南，由南越軍人負責打仗，美國提供金錢和武器。但是南越政府不得人心，無法招募足夠兵源，只得強行拉夫。南越部隊逃兵不斷，民陣部隊卻能快速補充兵源，這注定南越的敗亡。

　　美越巴黎和談卻毫無進展，1969年9月3日胡志明去世，美國認為北越可以更多妥協。但是美國的處境也很艱難，1971年8月15日尼克森宣佈美元與黃金停止兌換，爆發世界性貨幣危機。當時美元的黃金兌換官價是35美元等於1盎司黃金。但是越戰的消耗，使美國的外債攀升，美元若繼續以固定官價兌換黃金，美國外債換成黃金外流，美國的黃金儲備將被兌換殆盡，越戰已經變成世界金融問題。這個美越僵局直到1972年10月8日季辛吉，或譯基辛格（Henry Alfred Kissinger, 1923-　）出面談判，才達成四項條件：繼續維持南越阮文紹政府，交戰雙方停火，美軍於停火後60天撤離越南，南越重行普選產生聯合政府。

　　但11月7日尼克森連任美國總統，11月20日美越恢復談判，美國反悔要求修改條件，其中之一即南北越各自分裂獨立，談判破裂。尼克森反指北越拖延談判，下令12月18日恢復轟炸北越，史稱「聖誕節大轟炸」。美軍B-52轟炸機對北越進行1,500多次轟炸，是第二次世界大戰後，規模最大的空中轟炸。1973年1月27日尼克森在國內反戰聲浪暴起的壓力下，與北越再度達成協議。1973年至1975年南越政府軍與民陣部隊持續爆發戰爭，1974年8月尼克森因水門案去職，福特（Gerald Ford, 1913-2006）繼任總統。福特更無意支撐南越政府，注定敗亡的局面加劇南越軍隊潰散的速度，常讓民陣部隊驚訝不已。1975年4月21

日南越總統阮文紹辭職，逃亡台灣島。4月30日民陣和北越接收西貢，未遭任何抵抗。

（三）台北的反共情勢

1971年10月25日聯合國第26屆大會通過《第2758號決議案》，台北民國政府喪失中國主權的代表權，是很沉重的打擊。1972年2月21日尼克森訪問中國，發表《上海公報》，是對台北民國政府的第二個打擊。1975年4月30日南越政府敗亡，則是第三個打擊。台北民國政府的反共招牌漸漸失靈，無法以反共維持統治台灣島的合理性。

美國從1955年介入越戰，到1975年南越政府敗亡。這20年戰爭期間，越南人死亡150萬人，美國人死亡5.8萬人。美國花費1,700億美元，外加2,000億美元補償美軍的越戰老兵。但1976年美國總統選舉，沒有任何一個總統候選人提到越南。美國人為了自己製造的瘋狂反共理念，卻幹出最醜陋的殖民霸權的戰爭行為，這份罪惡感成為美國人內心痛苦的夢魘。台北民國政府發覺「反共」再也不是獲得美國人空白支票的好理由。台北民國政府以「反共」為軸心，在美國操作的「中國遊說團」最後只剩下搖搖欲墜的空殼子。中國遊說團China Loby指1950年後支持蔣介石的美國政治人物、媒體、企業界等組成的鬆散遊說團體。較著名的人物有周以德（Walter Henry Judd, 1898-1994）、亨利魯斯（Henry Robinson Luce, 1898-1967）、羅伊霍華德（Roy W. Howard, 1883-1964）、高華德（Barry Morris Goldwater, 1909-1998）。

但是1955年至1975年間台北民國政府因越戰而獲利匪淺，美國傾全力支持台灣島對抗中國大陸，設法維持台北民國政府的國際地位，大量在台灣島採購援助南越的物資，美軍用品採購和駐越美軍渡假也都選擇台灣島，讓台灣島賺取大筆外匯。

越戰結束後，美國的「反共骨牌理論」也跟著破產，但統一後的越南政府卻激烈清算與美國或南越有關聯的人員，波及中國移民和僑

民。越南關閉中文報紙、學校，將中國移民和僑民強制驅逐出境或遷出城市，逼入農村「再教育」。估計有26萬中國移民後裔被迫逃回中國，有40萬人乘小船逃離越南。1978年中國政府憤怒地切斷與越南的所有經濟聯繫，但奇怪的是，當時中國政府卻把罪過怪到蘇聯頭上，讓蘇聯大惑不解。1979年1月30日暴怒的鄧小平派兵進攻越南，聲明用意在「懲罰河內」。中國進攻的時間僅限兩週，攻擊範圍也有限制，怕蘇聯藉口干涉。可是這個「懲越戰爭」反使越南的中國人後裔更加速外逃，蘇聯與中國的分裂對立，更使「反共骨牌理論」崩解，「反共」突然間從歐美各個角落消聲匿跡，也使得台北民國政府的「反共理論」完全消頹。

九、1957年劉自然事件

1957年3月20日晚上11時台北民國政府的少校軍人劉自然參加婚宴返家途中，經過美軍宿舍遭槍擊死亡，兇手是駐台美軍上士羅伯特雷諾（Robert G. Reynold），被移送士林地檢署途中，美軍憲兵以兇手具有外交豁免權為由攔截帶走。駐台美軍的軍事法庭於5月23日判決雷諾誤殺無罪。劉自然的妻子奧特華於5月24日上午10時到美國大使館抗議，下午1時引發群眾暴動，攻擊美國大使館和美國新聞處，包圍美軍協防司令部。美國政府認定此次暴動與蔣經國有關，蔣介石只好把蔣經國調去退伍軍人輔導委員會管理退伍軍人。

十、1958年八二三砲戰

1958年2月19日中華人民共和國和北朝鮮發表聯合聲明，宣布抗美援朝志願軍撤軍。6月1日台灣軍隊在馬祖擊沉解放軍艦艇2艘。7月

29日台灣海峽南部發生兩岸空戰，台灣方面損失戰機2架。8月4日共和國政府在福建各電台宣傳「攻取金門馬祖、武力解放台灣」，8月6日台北民國政府宣布「台灣海峽局勢緊張，台澎金馬地區進入緊急備戰狀態」。8月14日馬祖空戰，解放軍損失戰機3架。8月18日至20日蔣經國巡視金門、馬祖，8月20日蔣介石巡視金門。8月23日金門823砲戰爆發，是第二次台海危機。8月23日下午6時30分解放軍開始砲擊金門島，到8時30分已發砲4萬餘發，12時已發砲5.7萬發。台北民國政府的將領趙家驤（1910-1958）、章傑（1909-1958）當場死亡，吉星文（1908-1958）重傷不治，胡璉（1907-1977）、俞大維（1897-1993）負傷。吉星文是打響七七事變盧溝橋第一槍的中國抗日將領。

8月24日共和國政府的解放軍繼續對金門島的灘頭、碼頭、機場、陣地發動砲擊，台北民國政府軍隊對解放軍的砲兵陣地展開砲擊。雙方海軍在金門島料羅灣外海爆發海戰。8月25日後雙方砲戰稍歇，但9月1日再度爆發料羅灣海戰，9月2日金門海戰，解放軍損失艦艇12艘。9月7日蘇聯警告美國，攻擊中國大陸等同攻擊蘇聯。9月8日解放軍恢復砲擊，台海空戰，解放軍損失戰機7架。9月11日台北民國政府軍砲擊廈門火車站，9月15日美國與共和國在華沙談判。9月18日金門空戰，解放軍損失戰機5架。

9月18日美國提供6輛203公厘口徑的M55自走砲給台灣方面，稱「八吋砲」，於9月26日投入戰鬥，雙方砲火實力開始平衡。9月24日金門空戰，解放軍損失戰機10架。9月27日美國提供M2牽引式八吋榴彈砲，台北民國政府軍的砲戰實力顯然略佔上風。9月30日美國國務卿杜勒斯發表聲明，毛澤東若停止砲擊金門，蔣介石應從金門撤軍，這等同要求蔣介石放棄金門。

金門島戰役除砲戰外，雙方的爆發海戰和空戰，也很激烈。台北民國政府的海軍被擊沉7艘艦艇，共和國海軍被擊沉22艘艦艇。台北民國政府的空軍被擊落18架軍機，共和國空軍被擊落32架軍機。

10月5日共和國國防部長彭德懷宣布停止砲擊七天，10月6日彭德

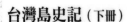

懷發布《告台灣同胞書》，這封《告台灣同胞書》是毛澤東撰寫的，內容如下：

「台灣、澎湖、金門、馬祖軍民同胞們：我們都是中國人。三十六計，和為上計。金門戰鬥，屬於懲罰性質。你們的領導者們過去長時期間太猖狂了，命令飛機向大陸亂鑽，遠及雲、貴、川、康、青海，發傳單，丟特務，炸福州，擾江浙。是可忍，孰不可忍？因此打一些砲，引起你們注意。台、澎、金、馬是中國領土，這一點你們是同意的，見之於你們領導人的文告，確實不是美國人的領土。台、澎、金、馬是中國的一部分，不是另一個國家。世界上只有一個中國，沒有兩個中國。這一點，也是你們同意的，見之於你們領導人的文告。你們領導人與美國人訂立軍事協定，是片面的，我們不承認，應予廢除。美國人總有一天肯定要拋棄你們的。你們不信嗎？歷史巨人會要出來作證明的。……台灣的朋友們，我們之間是有戰火的，應當停止，並予熄滅。這就需要談判。當然，再打三十年，也不是什麼了不起的大事，但是究竟以早日和平解決較為妥善。何去何從，請你們酌定。」

10月13日共和國宣布繼續停止砲擊兩星期，但10月20日又宣布停火無效，當日下午4時恢復砲擊，共發砲11,500餘發砲彈。台北民國政府軍隊於下午5時發砲反擊。

10月21日美國國務卿杜勒斯發表訪台聲明：「此行是根據美國與台灣的共同防禦條約前來同蔣介石總統磋商，充分交換一下看法，希望通過重新研究，鞏固我們雙方互相信賴和信任的關係，而不是要達成任何新的協定。」杜勒斯又說：「由於中共莫名其妙恢復砲擊，此次台北會談已不可能具有在停火情況下，本來可能具有的那種範圍和性質，美國希望正在進行中的砲擊將是短暫的。」後面這一段話是專門講給毛澤東聽的。他始終認為，如果沒有砲擊，美國要蔣介石從金門撤退或減少駐軍肯定會容易一些，而這樣的結局客觀上應該對毛澤東的中國有利。杜勒斯希望毛澤東對自己的輕率行為能夠後悔和反

省。

杜勒斯另外向蔣介石進言的備忘錄寫道：「1、台灣面對的危險，主要在政治方面（而非軍事方面）。全世界都企盼和平。但現在所有人都有一種流傳廣遠的感覺，即不僅中共在危害和平，台灣也正推進非和平狀態，以便拖住美國作爲重回大陸的唯一方法。2、南韓越南都已停戰，自由世界企盼台灣在世界和平上有所貢獻。3、當前國際情勢對台灣非常嚴厲，除南韓越南外，美國是唯一勇於支援台灣的國家。4、甚至美國是否能如目前一樣長期維護台灣，也不無疑問。因此，台灣需要一個新方向。」

「台灣的新方向」是指台灣應該放棄以武力打回大陸的不切實際的幻想和計劃，致力於穩固台灣，謀求實現台灣海峽的和平。蔣介石如果認同這樣的新方向，他就應該從金門等大陸沿海島嶼上撤出或大大壓縮駐軍人數，不使那些小島成爲爆發衝突與破壞和平的根源。

接著10月23日美國國務卿杜勒斯和蔣介石在台北發表《蔣杜公報》，宣示蔣介石不以武力反攻大陸，且自金門撤軍2萬人。蔣介石的「一年準備，兩年反攻，三年掃蕩，五年成功」的「復國政策」，顯然在《蔣杜公報》發表後，已告熄燈。

10月25日彭德懷發表《再告台灣同胞書》，宣布「雙日停火，單日也不一定砲擊」。雙方砲戰就此冷卻下來，直到1960年美國總統艾森豪訪問台灣島時，解放軍才又於6月17日砲擊金門島3萬發，18日5萬發，19日9萬發。艾森豪離開台灣島後，台北民國政府軍發砲4,000發反擊。從此以後，雙方「單打雙不打」，直到1979年1月1日共和國國防部長徐向前宣布停止砲擊，歷時21年的金門砲戰正式停止，八二三砲戰可說是人類史上最久的砲戰。

十一、1958年三份《告台灣同胞書》

1958年10月6日中華人民共和國由毛澤東撰寫，交由其國防部長彭德懷發表的《告台灣同胞書》，內容是說明金門砲戰在懲罰蔣介石的飛機空飄傳單、丟特務、炸福州，擾江浙。世界上只有一個中國，沒有兩個中國，台澎金馬是中國領土。共和國不承認蔣介石與美國簽訂的軍事協定，美國人終究要拋棄你們，今天起暫停砲擊七天。建議舉行談判，和平解決。再打三十年也沒什麼了不起，早日和平解決較妥善。

10月25日再發表《再告台灣同胞書》，彭德懷宣稱：中國人的事由中國人自己解決，可以從長計議，金門砲擊逢雙日不打金門機場、料羅灣碼頭、海灘和船隻，單日也不一定打，但不准美國人護航。蔣介石和杜勒斯會談，蔣介石只代表「自由中國」，美國人只把你們當作「事實上存在的政治單位」，並非當作一個國家。蔣介石不要屈服於美國人的壓力，喪失主權，會存身無地，被人丟到大海裡去。

11月1日又發表《三告台灣同胞書》，彭德懷宣稱：在美國不護航條件下，雙日停止所有砲擊，砲擊只限單日，但也不一定打機場、料羅灣碼頭、海灘和船隻。建議舉行和談，結束內戰。

十二、1958年《蔣杜公報》

1958年10月23日蔣介石與美國國務卿杜勒斯發表聯合公報，關鍵重點是美國要蔣介石不得以「武力」「反攻大陸」，但公報文字用婉轉的語句表達。

「維護《聯合國憲章》原則……正履行之條約係屬防禦性質……恢

復大陸人民之自由……之主要途徑……非憑藉武力。」

從此蔣介石只能「保衛台灣」而無法「反攻大陸」，美國的責任也僅止於協助蔣介石防衛台灣。《蔣杜公報》等於讓蔣介石以武力「反攻大陸」失去國際法和憲法上的憑藉，雖然後來蔣介石一再宣傳「反攻大陸」，只是政治宣傳而已。蔣介石已受《蔣杜公報》拘束，武力反攻大陸已無法律依據。

十三、1959年西藏暴動事件

根據清史稿記載，西藏長期存在「黑人」制度，即農奴制度。農奴除了為貴族地主耕作之外，西藏喇嘛寺廟也擁有龐大地產，由農奴耕作，繳納七成收穫作為地租給地主和喇嘛。達賴喇嘛轄有寺廟3,550座，喇嘛人數302,500名，寺廟所轄農奴有121,438戶。班禪喇嘛轄有寺廟327座，喇嘛人數13,700名，寺廟所轄農奴6,752戶。

1940年丹增嘉措（Tenzin Gyatso, 1935-）登基為西藏政教合一的政權首腦，稱「第十四世達賴喇嘛」（14th Dalai Lama），但年僅五歲，政權由西藏貴族組成的攝政大臣政府治理，稱為「噶廈（Gaxag）政府」，攝政大臣則稱為「噶倫」（Galon）。1949年西藏宣布獨立，1950年昌都戰役，西藏軍隊敗於中國解放軍，投降求和，雙方於1951年簽訂《中央政府和西藏地方政府關於和平解放西藏辦法的協議》，簡稱《西藏和平協議》或《十七點協議》，中央政府承諾維持西藏政教合一、噶廈政府、喇嘛地主農奴制度不變。

問題在於達賴喇嘛所轄寺廟並非僅位於西藏地區，還遍佈在西康和四川地區，藏族也散佈在西康和四川，西藏貴族及喇嘛地主和藏族農奴制度也長期存在西康和四川。中華人民共和國政府認為西康和四川不在《十七點協議》規範之內，激烈推動土地改革，沒收地主和喇嘛寺廟的土地撥交給農奴，依社會主義原則消滅農奴制度。1956

年在西康地區擁有龐大地產的西藏噶廈大臣索康旺欽格勒（Surkhang Wangchen Geleg, 1910-1977）在西康發動武裝暴動，武裝民兵遭解放軍鎮壓，逃入西藏，組織「衛教軍」試圖驅逐駐藏解放軍。雙方形成小型叛亂與鎮壓的對峙局面，直到1959年達賴喇嘛與解放軍有意緩和情勢，達賴喇嘛擬於3月10日赴西藏解放軍軍區禮堂觀賞文工團演出，3月9日拉薩市長認為解放軍試圖藉機綁架達賴喇嘛，號召藏人圍堵達賴喇嘛居所羅布林卡宮，不讓達賴喇嘛外出。拉薩市區陷入動亂，索康旺欽格勒趁機聚眾宣佈西藏獨立，廢棄《十七點協議》。3月17日索康旺欽格勒勸說二十四歲的達賴喇嘛逃亡印度，成立流亡政府。3月20日西藏民兵展開大舉暴動，但僅兩天時間，即被解放軍鎮壓弭平。西藏武裝暴動失敗的主因，除了軍備落後外，未能獲得佔絕大多數人口的農奴支持更是主因。西藏暴動事件在台灣地區常被稱為「西藏抗暴」，在許多國家稱為「西藏起義」。共和國中央政府於是解散噶廈政府，成立自治區政府。1972年索康旺欽格勒轉赴台灣，由台北民國政府提供經費設立「噶倫辦事處」，擔任主任，1977年於台灣島去世。

十四、1959年八七水災

1959年8月7日台灣島中南部發生八七水災，8月7日晚上6時中南部豪雨直到9日，單日雨量超過一千釐米，暴雨成災，苗栗打哪叭溪、台中大肚溪、雲林北港溪、嘉義八掌溪、台南曾文溪全部溢堤或潰堤，水患廣及苗栗、台中、南投、彰化、雲林、嘉義，面積達1,365平方公里，災民30餘萬人，死亡667人，失蹤408人，受傷942人，房屋全倒27,466間，半倒18,303間，受損農田13萬餘公頃，總損失新台幣37億元，佔1958年GDP的12%。這是戰後台灣島史上死亡人數第三大的天然災害，第一是1999年9月的九二一大地震，死亡2,415人；第二是2009年8月的八八水災，死亡681人。

第五章
最燦爛的黃金十年

在蔣介石統治下，台灣島出現有史以來經濟發展最為燦爛的黃金十年。經濟成長率不論從1960年計算至1969年，或從1961年計算至1970年，長達十年期間，每年平均成長率（或增加率）都超過10%。物價上漲率不到4%，出口佔GDP比例超過24%，儲蓄率超過20%。這個成績不論比較荷蘭東印度公司、延平王、大清帝國、日本殖民政府、台北民國政府的任何一位統治者，都無人能出其右。這個關鍵十年是台灣島能脫離貧窮，走入現代化世界的關鍵十年。台灣島自古以來，從荷蘭人至日本人統治時期都存在的羅漢腳和乞丐現象，在這十年間消失。不論各種政治立場的人如何評斷蔣介石的功過得失，這十年的政績，台灣島的過去、現在、未來的統治者，都無人能超越。

一、楊傳廣

　　楊傳廣是台東馬蘭部落的阿美族人，本名Maysang Kalimud，1933年生，1960年參加羅馬奧林匹克運動會，獲得十項全能的銀牌。1963年參加美國國際田徑邀請賽以9121分刷新十項全能運動的世界紀錄，是十項全能比賽突破9000分的第一人。1983年楊傳廣當選國民黨籍立法委員，1989年轉投民進黨競選台東縣長失敗。後擔任教練，退休後擔任道教法師，2007年去世，年74歲。

二、1960年雷震案

　　雷震（1897-1979）浙江湖州人，1926年日本京都大學法學院畢業。1946年曾任政治協商會議秘書長，1947年任行政院政務委員，1949年撤退到台灣島，創辦《自由中國》雜誌。1960年雷震反對蔣介石連任總統，並籌組「中國民主黨」，9月4日以「煽動叛亂」罪名被

捕，判刑10年，1970年出獄，1979年去世。雷震案特殊之處是蔣介石陣營的人馬以自由民主之名起來反對蔣介石，在美國干預下未被處死。

三、1961年蘇東啓案

1961年9月19日蘇東啓主張台灣獨立被捕。蘇東啓（1923-1992），台灣雲林北港人，北港公學校畢業，負笈東京關東中學，後考入日本中央大學政治系。畢業後赴重慶參加對日抗戰，1945年日本無條件投降後，返回台灣島。1953年至1960年當選雲林縣議員，並於1960年在雲林縣議會提案要求蔣介石釋放雷震。1961年張茂鐘、詹益仁計畫以武力發動台灣獨立，找上蘇東啓支持，事機敗露被捕。蘇東啓被判無期徒刑，1975年因蔣介石去世被特赦出獄，1992年病逝。其妻蘇洪月嬌曾任台灣省議員，長女蘇治洋曾任國民大會代表、台灣省議員，次女蘇治芬曾任國民大會代表、立法委員、雲林縣長。

四、1964年白河地震

1964年1月18日晚上8時4分台灣島台南白河觸口斷層錯動，發生芮氏規模6.3級地震，死亡106人，受傷650人，房屋全倒11,184棟，半倒26,582棟。

五、1964年湖口兵變

1964年1月21日上午十時，台北民國政府位於新竹湖口的裝甲兵副

司令趙志華集合部隊講話，突然激烈批評蔣介石已被貪污集團包圍，要求裝甲部隊全副武裝向台北進發，掃清蔣介石身邊的壞人，大聲問誰願意跟他上台北。工兵指揮部政戰處長朱寶康上前表示要跟趙志華走，在握手時趁機將趙志華摔倒逮捕。由於趙志華是經蔣介石兒子蔣緯國保薦的軍官，蔣緯國在蔣介石生前因此案遭到冷凍，無法晉升官職，但因蔣家人身份也未被貶謫。

六、1964年民航空難

1964年6月20日下午5時40分由陳納德經營，美國CIA支持的民航空運公司CAT的一架飛機從台中起飛後5分鐘，在空中爆炸，墜毀於台中神岡，機上57人全數罹難，影壇要人陸運濤、龍芳遇難，空難原因疑似機上兩名軍人曾晹、王正義劫機造成。調查失事結果證實，是共產黨特工人員在飛機上放置炸彈。

民航空運公司CAT另一架客機於1968年2月16日墜毀於台北林口，該公司從此沒落，1975年清算解散。但巧合的是30年後同一天，1998年2月16日晚上20時05分中華航空在桃園大園發生降落重飛操作失誤的空難，機上196人全數罹難，地面上有6人死亡。

七、彭明敏《台灣人民自救宣言》

1964年9月20日台灣大學教授彭明敏發表《台灣人民自救宣言》，《宣言》指稱：「蔣介石是非法政權，主張『一中一台』是事實存在。只要美國第七艦隊撤離，蔣介石政權數小時內就會崩潰，台灣的經濟和軍力，不可能反攻大陸。中共國勢強大，已使百年來飽嚐外侮的民族主義者揚眉吐氣，這絕不是蔣介石所能望其項背。蔣介石已

失去令人信服的戰爭目標，『我們究竟爲誰而戰？爲何而戰？誰願爲這個獨夫賣命？』蔣介石政權既不能代表大陸人民，不能代表台灣人民，也不能代表國民黨。龐大的軍隊、激增的人口，經濟無法成長，失業日趨嚴重。土地改革在消滅地主反對力量，農民只能在爲餬口掙扎。以平均地權、變賣公共事業，榨取人民。任何處境相同、利害一致的人們都可以組成一個國家，台灣實際上已成爲一個國家。不可妄想和平轉移政權，和蔣介石妥協都是圈套。確認反攻大陸絕不可能，團結一切力量，推翻蔣政權，建立新國家、新政府。在國民黨、共產黨之外，選擇自救的途徑。」

　　彭明敏的《宣言》既肯定中國共產黨的民族主義的歷史地位，說「中共國勢強大，已使百年來飽嚐外侮的民族主義者揚眉吐氣」，又反映出一個台灣島大地主對蔣介石土地改革的憤怒，把土地改革看成「消滅地主反對力量」。彭明敏想推動一中一台，卻要美國撤軍，論理矛盾到不可思議的地步。美軍撤防，中共軍隊渡海攻台相對容易，國民黨軍隊潰敗，取而代之的政權必定是中國共產黨，而不是彭明敏等台獨勢力。1961年起，台灣島長達十年的經濟成長率平均10.2%，可說是台灣島史上最燦爛的黃金十年，卻被彭明敏視爲「經濟無法成長，失業日趨嚴重」，彭明敏爲政治目的，扭曲事實，成了台獨勢力的習慣作爲。彭明敏主張「任何處境相同、利害一致的人們都可以組成一個國家」，既不符合國際法原則，也不是國際政治現實。倒是彭明敏認爲「反攻大陸絕不可能」是正確的政治判斷，還有那句「爲誰而戰？爲何而戰？」後來在1997年5月8日被馬英九抄襲去作爲辭去連戰內閣政務委員的辭職聲明。

　　有人把彭明敏這篇《宣言》吹噓成很了不起的台獨宣言，卻故意遮掩彭明敏作爲大地主，在這篇《宣言》上大刺刺反對土地改革的反動嘴臉。彭明敏主張的「台灣實際上已成爲一個國家」，成爲後來台獨份子的共同說法，但是國家是擁有領土主權的政治組織，台獨份子始終無法說明「台灣」這個國家的領土範圍如何，也說不清楚「台

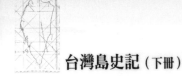

灣人」爲什麼有這些領土主權，只好提倡「台灣地位未定論」。問題是「台灣地位未定」，「台灣」就不可能是一個國家。至於「台灣前途由台灣人民決定」更突顯台灣地位尚未決定的議題，問題又回到原點，也揭開「台灣前途不是僅由台灣人民決定」的現實。

八、彭明敏

彭明敏（1923- ?）是台灣台中人，父親彭清靠是高雄參議會議長，也是擁有440甲土地的大地主。1943年就讀東京大學政治系，1944年遇美軍轟炸，失去左臂。1945年日本戰敗，轉學台灣大學政治系。畢業後赴加拿大麥吉爾大學McGill University取得法學碩士，轉赴法國巴黎大學取得博士學位。1957年任台灣大學教授，1961年任政治系主任。1964年發表《台灣人民自救宣言》被判刑8年，1965年11月3日被蔣介石特赦出獄，1970年逃離台灣島。1972年任「台灣獨立建國聯盟」主席，1981年任「台灣人公共事務協會」會長，1992年返台，1995年加入民主進步黨，並擊敗許信良被民進黨提名爲總統候選人，1996年總統選舉敗於李登輝，選後退出民主進步黨，另組「建國黨」。

九、八六海戰

1965年8月5日蔣介石派出兩艘獵雷艦「劍門號」和「章江號」從高雄左營出發，載運特殊作戰人員，試圖攻擊福建東山島，實施兩棲突擊作戰，並摧毀解放軍的雷達站，偵測中國大陸的海防反應，作爲進一步執行反攻大陸「國光計畫」的參考。8月6日凌晨，這兩艘獵雷艦遭解放軍圍擊，「章江號」很快沉沒，「劍門號」在逃逸時被三枚

魚雷擊中後沉沒。艦上共22名軍官、175名士兵陣亡，33名落海被俘，僅1人跳海漂流被救。解放軍只有4人陣亡，28人受傷。

　　蔣介石發動「國光計畫」和八六海戰的目的，是認爲1964年11月28日中華人民共和國試爆核子武器成功，1965年5月14日第二次試爆又成功，必須在核子武器部署完備之前，派20個師的軍隊反攻大陸。但是八六海戰失敗，證明蔣介石軍隊的戰力不足以反攻大陸。蔣介石寫下日記：「如此軍隊登陸，必致失敗也。」蔣介石從此放棄反攻大陸的夢想，蔣介石在1949年失去的江山將永遠回不來。

十、文化大革命

　　1966年5月16日中國共產黨中央政治局舉行擴大會議時，以中共中央委員會的名義發表「五一六通知」，將彭眞、羅瑞卿、陸定一、楊尚昆以「陰謀反黨集團」的罪名，革職審查。同時設立中央文化革命小組，要求在文化各領域展開無產階級專政革命。5月29日清華大學附屬中學貼大字報發起紅衛兵運動，8月18日毛澤東開始接見紅衛兵，紅衛兵以暴力推動「破四舊、立四新」、「打倒資產階級反動權威」，爆發「打砸搶」。劉少奇、彭德懷、賀龍等人在文革中遭迫害致死，鄧小平、陳雲、習仲勛等人被貶謫下放。1976年9月9日毛澤東去世，10月6日華國鋒、葉劍英、李先念、汪東興等人逮捕江青、王洪文、張春橋、姚文元等「四人幫」，結束文化大革命。1978年12月中國共產黨第十一屆中央委員會第三次會議（中共十一屆三中全會）決定撥亂反正，平反冤假錯案，對內改革，對外開放。1981年6月中共十一屆六中全會將文化大革命定調爲「嚴重災難的內亂」，2013年12月31日習近平以「十年動亂」形容文革。

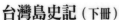

十一、1966年創設加工出口區

1956年愛爾蘭創設世界上第一個加工出口區，吸引外資，創設工廠，進口原物料，製造、加工、裝配出口產品，並給予免稅、減稅、低租金及進出海關口岸及商業行政管理等方便措施的特殊待遇。

台灣島自1966年12月3日起，由經濟部長李國鼎推動，學習愛爾蘭經驗，在高雄港、台中潭子、高雄楠梓等地設立免關稅的「加工出口區」，吸引外人投資「勞力密集」產業，吸收農村過剩勞力，擴大出口，降低失業率。尤其吸引日本的紡織和電子產業，將勞力密集的製程遷移到加工出口區，利用台灣島廉價勞力加工後，運回日本；或將零件、半成品運到加工出口區裝配，再出口去美國。形成日本順差出口到台灣島，台灣島順差出口到美國的「三邊貿易結構」。加工出口區對台灣島吸收農村過剩勞力，發展出口產業，培育產業技術人力，都發揮很大的功效。1980年代中國改革開放，從台灣島的加工出口區挖掘人才至深圳等沿海城市建立加工出口區，影響很大。

十二、李國鼎

李國鼎（1910-2001）是江蘇南京人。1930年中央大學物理系畢業，1948年來台擔任台灣造船公司協理，1951年升任總經理。1953年轉任台灣區生產事業管理委員會及經濟安定委員會委員，1958年任美援運用委員會秘書長，1963年任國際經濟合作發展委員會副主任委員，1965年任經濟部長，創設加工出口區，1969年任財政部長。1976年至1988年專任行政院政務委員，1982年推動能源、自動化、材料、資訊、生物科技、光電、食品科技、肝炎防治等八項科學技術發展方

案，被譽爲「科技教父」。2001年去世，年91歲。

十三、證嚴法師設立慈濟功德會

　　證嚴法師1937年生，本名王錦雲，台中大甲人。1963年受戒印順法師門下出家，返回花蓮秀林的普明寺苦修。1966年創立「慈濟功德會」，在普明寺做手工，發放救濟品。1986年創立慈濟醫院，是台灣島慈善佛教的實踐者。2006年宣告成立佛教「慈濟宗」。

十四、星雲法師設立佛光山

　　星雲法師1927年生，本名李國深，江蘇揚州人。1937年日本侵略中國展開南京大屠殺，星雲的父親在大屠殺中失蹤，星雲10歲因此家破人亡。1938年被送至南京棲霞山寺出家，1949年國共內戰時，參與僧侶救護隊，隨國民黨敗退來台，在桃園中壢圓光寺修行，後加入慈航法師的台灣佛學院當學僧。慈航法師遭指控爲「共產黨間諜」，星雲法師受牽連，下獄23天。1951年星雲法師創辦《人生月刊》，1957年主編《覺世旬刊》，1964年創辦智光商工學校，1967年創辦「佛光山」，是台灣島人間佛教思想的締造者。星雲法師與證嚴法師、聖嚴法師、惟覺老和尚並列台灣島佛教四大宗師。

十五、實施九年國民義務教育

　　日本殖民政府雖在1898年設立簡易的「公學校」，推動台灣島的基礎教育。1941年「公學校」改制爲「國民學校」，約有1,099所，嘗

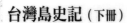

試廣爲普及小學教育，但其目的顯然是爲珍珠港事件後，培養兵源之用。1943年開始實施強制性的六年制小學義務教育，但1945年日本戰敗無條件投降，這些六年制的「國民學校」強制性義務教育，才由台北民國政府接手完成。

1963年蔣介石指示金門島試辦九年制國民義務教育，即六年小學、三年初級中學全部施行強制入學、免學費的義務教育。1967年金門島試辦效果不錯，蔣介石要求籌辦台灣島的九年國民義務教育，於1968年9月1日正式實施。這項措施奠定1970年代台灣島經濟發展的人力資本，到2010年台灣島15歲以上人口的識字率達97.91%，小學畢業生繼續就讀初級中學的比例，由1966年的59.04%，增至1971年的80.85%，到2009年的99.73%。馬英九在2014年企圖推動「十二年國民義務教育」，把三年制的高級中學也納入義務教育，卻試圖把菁英高中改制爲社區高中，毀譽參半，引起極大爭議，導致國民黨在2014年底縣市首長選舉時在都會區的重大挫敗。

十六、鄧麗君、鳳飛飛、江蕙

台灣島的流行歌曲是文化視野的燦爛花朵，其中鄧麗君、鳳飛飛、江蕙是流行歌曲文化歷史上無可取代的三大女歌手。

鄧麗君本名鄧麗筠，1953年生於台灣雲林褒忠。父親鄧樞是河北人，任國民黨軍官，母親山東人，受國民黨反共思想影響，儘管中華人民共和國政府多次力邀赴大陸演唱，始終拒絕成行，但作品早已傳唱整個中國大陸。1967年發行〈鳳陽花鼓〉唱片專輯，1969年唱紅電視劇主題曲〈晶晶〉。1971年與馬來西亞華僑林振發相戀，不料林振發於1978年心臟病發死亡，鄧麗君自此情路坎坷。1974年赴日發展，發行〈空港〉單曲，風行日本。1976年鄧麗君在香港舉行個人演唱會，一票難求，開啓台灣島歌手個人演唱會的新局面。1982年與郭

孔丞訂婚，後不知何故取消婚約。鄧麗君是台灣島至今唯一能以普通話、閩南話、客家話、廣東話、英語、日語演唱歌曲的傑出歌手，不幸於1995年5月8日在泰國清邁因急性氣喘病去世，年42歲。

鳳飛飛本名林秋鸞，1953年生於桃園大溪。1971年取藝名「鳳飛飛」，主唱電視劇主題曲〈燕雙飛〉走紅，1972年推出個人專輯「祝你幸福」，1976年主持電視綜藝節目《我愛週末》，1980年與香港人趙宏琦結婚，1997年與費玉清主持《飛上彩虹》電視節目。2003年開始舉辦個人演唱會，2012年1月3日因肺腺癌於香港去世，年59歲。

江蕙本名江淑惠，1962年生於嘉義溪口。父親是布袋戲戲偶師傅，1971年因家境貧寒至台北北投溫泉酒家走唱。1984年推出〈惜別的海岸〉閩南語專輯而走紅，1999年演唱〈落雨聲〉，2001年演唱〈家後〉席捲歌壇。2008年因為汶川大地震，演唱〈甲你攬牢牢〉，獲得廣大迴響。2010年開始舉辦個人演唱會，地點遍及台北、高雄、上海、新加坡。2015年宣布引退。

第六章
蔣介石晚年

一、台灣獨立建國聯盟

　　台灣獨立運動可分爲三個階段：二二八事件後的日本台獨運動屬於「日本台獨」，1960年後的美國台獨運動屬於「美國台獨」，1986年民主進步黨成立後的台獨運動屬於「本島台獨」。

　　二二八事件後的「日本台獨」運動都是由皇民化的台灣島大地主倡導，例如廖文毅、王育德、辜寬敏等人，但大多不成氣候。1947年6月廖文毅在上海成立「台灣再解放聯盟」，1948年2月28日又在香港成立同樣的組織。1950年5月17日廖文毅移師東京，成立「台灣民主獨立黨」，1955年9月1日成立「台灣臨時國民議會」，1956年成立「台灣共和國臨時政府」，宣稱繼承1661年「鄭王國」及1895年「台灣民主國」。這個「宣稱繼承」十分荒謬可笑。

　　1960年王育德成立「台灣青年社」，1963年5月11日改組爲「台灣青年會」，由黃昭堂主持。1965年9月1日再改組爲「台灣青年獨立聯盟」，由辜寬敏主持。1967年4月史明成立「台灣獨立連合會」，但很快草草解散，6月再成立「獨立台灣會」，簡稱「獨台會」。但1965年廖文毅被策動回台投降台北民國政府，1972年辜寬敏返台秘密會見蔣經國，「日本台獨」形同瓦解。

　　1984年8月有份台獨刊物《新潮流叢刊》寫到：「以昭和爲年號，用紅太陽當國旗，整天跟日本權貴來往，乞憐於各帝國之間，一派皇民貴族作風。」「辜寬敏的皇民化路線來搞台獨，十足顯示：他反對國民黨統治台灣，大部分來自對日本的依戀和對中國人的鄙視。」台獨批台獨，可謂鞭辟入裡。

　　「美國台獨」產生於1956年1月1日由五位隱名的留美學生成立「台灣人的自由台灣」，1957年解散。1958年改組爲「台灣獨立聯盟」，由盧主義任主席。

1960年6月19日有60多位台大學生，在台南關子嶺「靜樂旅社」舉行秘密會議，討論台灣獨立和推翻台北民國政府，事後參與者劉家順遭逮捕，供出會議成員名單，但大多數人已出國留學，後來被列入不得回台的黑名單。這些人有蔡同榮、張燦鍙、羅福全、陳榮成等人，成為美國台獨運動的要角。

1966年6月「台灣獨立聯盟」改組為「全美台灣獨立聯盟」，由陳以德任主席，接著由王人紀、蔡同榮接手，1969年再改組為「台灣獨立聯盟」。1970年1月1日日本的「台灣青年獨立聯盟」和美國的「全美台灣獨立聯盟」共同組成「台灣獨立建國聯盟」，簡稱「台獨聯盟」，開始採取恐怖主義路線。

1970年4月24日台獨聯盟盟員黃文雄、鄭自財在紐約開槍行刺蔣經國未遂，台灣同鄉熱烈集資替兩人交保，不料兩人棄保潛逃，交保金遭到沒收，使許多原本經濟不寬裕的交保人陷入困境，也使兩人的「英雄」形象破滅，被咒罵「連牢都不敢坐，搞什麼台獨」。

1973年3月29日盟員黃昭夫在巴黎持刀，割喉行刺國民黨駐法書記滕永康，滕永康談不上重要人士，黃昭夫的行刺動機令人費解。1974年6月史明的獨立台灣會會員鄭評槍擊蔣經國未遂，被判死刑。1976年1月6日台獨秘密盟員破壞高雄變電所，造成全台大停電3小時。10月10日王幸男郵寄炸彈包，炸斷謝東閔手臂，輕微炸傷李煥。

1980年2月17日台獨聯盟設置定時炸彈，攻擊王昇的兒子王步天在洛杉磯的住宅。7月29日台獨聯盟用炸彈攻擊王玉雲小舅子李江林在洛杉磯的住宅，李江林被炸死亡。

台獨份子推動的其他恐怖主義活動包括：1980年10月9日慈湖爆炸案，11月17日中興號客車爆炸案，11月22日總統府電源爆炸案、國光號客車爆炸案。1983年4月26日《中央日報》大樓爆炸案、《聯合報》大樓機房爆炸案。

此外，1982年2月14日「台灣人公共事務會」成立，英文名稱是Formosan Association for Public Affairs，簡稱FAPA，閩南語稱「喊

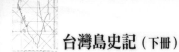

打」。1988年12月15日「台灣國際關係中心」CTIR成立，2016年全球台灣研究中心（Global Taiwan Institute, GTI）成立，台獨遊說團體在美國漸漸壯大。

「本島台獨」則從1962年施明德、宋景松在軍隊裡籌建台獨組織被捕開始。1964年台大教授彭明敏印製《台灣人民自救宣言》被捕，1965年陳泉福組織「台灣大眾幸福黨」意圖推翻台北民國政府被捕。但真正發揮影響力的時刻是1986年民主進步黨成立後的台獨運動，最大的特色是台獨各種流派加入民進黨，成為民進黨的派系，其中新潮流系是最大的台獨派系。第二大特色是台獨活動成為爭取權力的工具，各種稀奇古怪的台獨政見都透過民進黨的政治活動顯露出來。

二、台東泰源事件

1970年2月8日台東縣東河鄉泰源谷地的泰源監獄，發生主張台獨的政治犯，劫獄打死衛兵，計劃發起監獄暴動，奪取武器，攻佔廣播電台，強奪軍艦，聯合原住民上山打游擊，引爆全島革命。這場監獄暴動是由外役監政治犯鄭金河、陳良、詹天增、鄭正成、謝東榮、江炳興等人發起。據聞這6人還聯合警衛連本省籍士兵50人，原住民70人共同舉事，卻無實證，誇大說法居多。鄭金河等6人被槍斃，警衛連有3人被判重刑。這是政治犯劫獄案件，但常被台獨人士吹噓為第一件台獨武裝起義案件，這與情節真相距離太遠。

三、蔣經國遇刺案

1970年1月1日剛成立的台灣獨立建國聯盟的盟員賴文雄、鄭自才、黃文雄、黃晴美謀劃於4月24日刺殺蔣經國，當時蔣經國在美國

訪問，準備進入紐約廣場飯店，參加美東工商協會的餐會。飯店外有台獨聯盟發動的示威遊行，當蔣經國踏上飯店門口的石階，要進入玻璃旋轉門時，黃文雄從遊行隊伍跑出來衝向蔣經國，拔槍行刺。黃文雄開槍的手肘被美國警察由下往上托高，子彈飛經蔣經國頭上20公分射到旋轉門，黃文雄當場被美國警察制服，在旁協助的賴文雄也被美國警察擊倒。台獨聯盟因此案件被美國列為恐怖組織的觀察名單，其內部也掀起暴力路線與和平路線的爭論，當時的台獨聯盟主席是蔡同榮。

四、保釣運動

1943年11月開羅會議，美國總統羅斯福多次問蔣介石，中國是否要取得琉球群島主權，蔣介石回覆應由中國和美國經由聯合國授權共同託管。1947年4月聯合國通過《關於前日本委任統治島嶼的協定》，決議把日本於1918年第一次世界大戰後，依《國際聯盟公約》第22條取得的太平洋島嶼交由美國託管。1951年《舊金山和約》第三條規定日本將西南群島，包含琉球群島及大東群島等島嶼交付聯合國託管，交付託管前，由美國實際統治。

1965年日本首相佐藤榮作訪問美國，向美國要求歸還琉球群島。1969年5月聯合國亞洲及太平洋經濟社會委員會公布釣魚台及附近島嶼的周遭海域擁有石油和天然氣的儲存量。1969年美國總統尼克森和佐藤榮作共同聲明，同意歸還琉球群島給日本。1970年7月美國琉球民政府（US Civil Administration of Ryukyu Islands）禁止外人登陸釣魚台群島，釣魚台群島離台灣島的彭佳嶼140公里，離日本的石垣島175公里，面積6.16平方公里。1970年9月10日美日達成歸還琉球群島給日本的協議，包括釣魚台群島，引爆台灣島民間及海外華僑的抗議活動，史稱「保釣運動」。

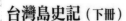

　　1970年9月2日台灣島的《中國時報》派記者登陸釣魚台，升起青天白日旗。11月17日美國普林斯頓大學台灣島留學生組成「保衛釣魚台行動委員會」，抗議美國把釣魚台交給日本。1971年1月張俊宏創辦的《大學雜誌》開始刊登保釣運動的消息，台灣島民間才開始注意發生在美國的保釣運動。1971年1月29日台灣島及香港在美國的留學生聚集在紐約聯合國總部外面抗議，同時在美國六大城市發動示威遊行。3月在美國的學者和留學生趙元任、余英時、李遠哲、張系國等5百多人，要求蔣介石在釣魚台問題上對日本和美國採強硬立場，台灣島內的保釣運動輿論開始轉向挑戰蔣介石的《戒嚴令》。

　　1971年6月17日美日簽訂《琉球群島及大東群島協定》，又稱《沖繩返還協定》，把釣魚台列入「歸還區域」。1971年8月28日台北街頭也掀起「保釣運動」遊行。1971年10月25日聯合國大會通過《第2758號決議案》，中華人民共和國取得聯合國的中國代表權，蔣介石開始對台灣島內的保釣運動採取降溫措施。1972年5月15日美國將託管的琉球群島及釣魚台群島移交給日本，保釣運動逐漸成為零散的活動。

五、李敖

　　李敖（1935-2018）生於黑龍江省哈爾濱市。1949年隨國民黨撤退，遷居台灣島，先後就讀台中一中、台灣大學法律系、歷史系、歷史研究所都沒畢業。1961年主編《文星》雜誌轟動一時，尤以〈傳統下的獨白〉一文影響深遠。就讀台中一中時與任教該校的中國共產黨員嚴僑（1920-1974）密切來往，嚴僑被捕後，李敖救濟嚴僑家人。1970年李敖協助高舉台獨旗幟的彭明敏逃亡，同時將被捕的共產黨員及台獨人士名單交給國際特赦組織，卻被台獨人士曝露援救台獨人士的情節，李敖因而於1971年3月19日被捕，1972年2月28日被以「內亂罪」判刑十年，李敖從此成為反國民黨的象徵性人物。

六、季辛吉密訪中國

　　1971年美國國家安全顧問季辛吉（Henry Alfred Kissinger, 1923- ）或譯基辛格於7月9日至11日秘密訪問中國，對台灣島的定位與發展產生重大影響。

　　美國總統尼克森於1970年10月央請巴基斯坦總統葉海亞汗（Agha Mohammad Yahya Khan, 1917-1980）轉告中國，美國準備改善中美關係。經過巴基斯坦居間斡旋，中美達成季辛吉密訪中國的共識。1971年7月15日尼克森（Richard Milhous Nixon, 1913-1994）主動披露季辛吉密訪中國一事，並強調目的在與中國建立較正常的關係。尼克森宣稱沒有中國參與，就不會有穩定經久的和平。尼克森也稱中美建立新關係，「不會以犧牲我們老朋友們的利益為代價」。尼克森同時宣布將於1972年訪問中國。7月21日美國參議院向中國表達善意，主動廢止1955年1月通過的《台灣決議案》，該決議案授權美國總統派兵防衛台灣島。

　　季辛吉與周恩來（1898-1976）1971年7月9日、10日舉行會談，議題包括：駐台美軍、台灣地位、中美關係等部分。季辛吉表態「不存在兩個中國、一中一台、台灣獨立」等問題，周恩來同意尼克森訪問中國時不必觸及「台灣問題」，只須作出同樣保證即可。季辛吉稱駐台美軍有三分之二跟越戰有關，越戰如果結束，這三分之二美軍自然調走。剩下三分之一，隨著中美關係改善，也會逐漸減少。季辛吉直接了當對中國提出「七不承諾」：美國不支持「兩個中國」、不支持「一中一台」、不支持「台灣獨立運動」、不支持國民黨反攻大陸、不再提「台灣地位未定論」、不讓日本軍隊進駐台灣島、不讓日本參與「台灣獨立運動」。

　　季辛吉密訪中國的後續效應很多，包括：

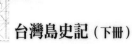

1971年10月25日聯合國大會以76票對36票通過《第2758號決議案》，台北民國政府喪失聯合國的中國主權代表權；更正確的說，台北民國政府主張的「中華民國」在國際法上逐漸喪失「國家」的法人資格。

1972年2月21日至28日美國總統尼克森訪問中國。2月22日尼克森與周恩來會談，尼克森開宗明義就向周恩來保證說：「美國的原則是只有一個中國，台灣是中國的一部分。美國不支持台灣獨立，不贊成日本介入，不再提台灣地位未定論，不以軍事行動對付中華人民共和國。」尼克森又說：「美國國內有些團體操弄台灣問題，阻擾中美合作，因此《上海公報》的文字必須有些妥協，才不會激怒那些動物」。尼克森補充說：「不讓他們叫囂美國出賣台灣，否則他會被迫發表強烈支持台灣的聲明，有礙中美建交。」尼克森的意思是，美國的政策理所當然承認台灣島是中國的一部分，但為了不讓美國國內反對者有攻擊的力道，尼克森必須迂迴詮釋這個政策，不可能直接表白。

尼克森會談後公開對中國再度保證，美國不支持「兩個中國」、不支持「一中一台」、不支持「台灣獨立運動」、不再提「台灣地位未定論」等「四大保證」。

尼克森與周恩來於2月28日發表聯合公報，史稱《上海公報》。《上海公報》基本上是雙方各自發表聲明，對方不提出異議的政策表述。所以「中國政府堅決反對任何旨在製造『一中一台』、『一個中國、兩個政府』、『兩個中國』、『台灣獨立』和鼓吹『台灣地位未定』的活動」，以及「中華人民共和國政府是中國的唯一合法政府；台灣是中國的一個省，早已歸還祖國；解放台灣是中國內政，別國無權干涉」的立場，美國不提出異議。

1972年9月25日至30日日本首相田中角榮（1918-1993）訪問中國，並於9月29日田中角榮與周恩來發表《中日聯合聲明》，日本「承認中華人民共和國政府是中國的唯一合法政府」、「中華人民共和國

政府重申：台灣是中華人民共和國領土不可分割的一部分。日本國政府充分理解和尊重中國政府的這一立場，並堅持遵循《波茨坦公告》第八條的立場。」、「中華人民共和國政府和日本國政府決定自一九七二年九月二十九日起建立外交關係」。日本還公開表述「日本方面痛感日本國過去由於戰爭給中國人民造成的重大損害的責任，表示深刻的反省。」

1979年1月1日中美發表《建交公報》，互相承認並建立外交關係。美國「承認」中華人民共和國政府是中國唯一的合法政府，而且「在此範圍內，美國人民將同台灣人民保持文化、商務和其他非官方關係」。美國「認知」中國的立場，即只有一個中國，台灣是中國的一部分。

1979年1月29日至2月5日鄧小平（1904-1997）訪問美國，這是中國高層自1949年10月1日以來首次訪問美國。

經過近26年，1998年6月30日柯林頓訪問中國，再度聲明美國不支持「兩個中國」或「一中一台」、不支持台灣獨立、台灣不應加入任何必須以國家名義才能加入的國際組織。1972年尼克森只說不支持「台灣獨立運動」，1998年柯林頓更近一步說不支持「台灣獨立」，還確認「台灣不是國家」。

這些發展顯示，美國的國內政治和反共風潮，使得台灣島上的台北民國政府可以影響美國政府到一定的程度，但是台灣島從來不具有重大實質的地緣政治或戰略價值。美國不會想見到一個獨立的台灣島，它既需要美國保護，又會阻礙美國的戰略利益，其核心問題決定於中美兩國共同的全球戰略利益有多大。台灣島可讓美國用來勒索中國，但卻無法用來威脅中國。

七、1971年聯合國《第2758號決議案》

　　1971年7月9日美國總統尼克森的國家安全特別助理季辛吉秘密訪問中國，開啓美中兩國新關係的時代，這直接導致聯合國大會於1971年10月25日通過阿爾巴尼亞等23個國家提案的《第2758號決議案》（The United Nations General Assembly Resolution 2758），即〈關於恢復中華人民共和國在聯合國組織中的合法權利問題〉的決議案，承認中華人民共和國政府是聯合國體系中唯一合法的中國代表，繼承所有中華民國在聯合國既有權利。同時以10票的差距否決美國提案的〈雙重代表權決議案〉，在台灣島的台北民國政府徹底喪失在聯合國的權利和地位。聯合國這兩個決議案確立國際法上的「一個中國原則」：世界上只有一個中國，中華人民共和國是唯一代表中國主權的國家組織，有權承繼中華民國及大清帝國的國際法權利和義務。本決議案用「恢復」一詞，意指中華人民共和國早有繼承中國主權的合法地位，只是聯合國尚未「恢復」其地位。本決議案同時否定台北民國政府具有「主權政府」的資格，也否定台北民國政府所宣稱的「中華民國」具備「國家」的地位，而僅是「蔣介石的代表」，這等於撤銷「中華民國」的國際法地位，「中華民國」（Republic of China）作爲一個國家組織（State Organization）或政治實體（Political Entity）從此在國際法上被定位爲「殘存國家」（Rump State）或「未被承認國家」（Unrecognized State），不再被視爲「主權國家」（Sovereign State）。

　　《第2758號決議案》全文如下：「大會回顧《聯合國憲章》的原則，考慮到恢復中華人民共和國的合法權利對於維護《聯合國憲章》和聯合國組織根據《憲章》所必須從事的事業都是必不可少的，承認中華人民共和國政府的代表是中國在聯合國組織的唯一合法代表，中

華人民共和國是安全理事會五個常任理事國之一，決定：恢復中華人民共和國的一切權利，承認她的政府的代表爲中國在聯合國組織的唯一合法代表並立即把蔣介石的代表從它在聯合國組織及其所屬一切機構中所非法佔據的席位上驅逐出去。一九七一年十月二十五日，第一九七六次全體會議。」這個決議案使中華人民共和國在國際法上取得完整的中國主權，也使台北民國政府陷入更嚴重的「主權消損」危機。

這個決議案表述：

1. 中國主權及聯合國席位由中華人民共和國繼承。
2. 中華民國不再被承認爲主權國家，只是蔣介石政權。
3. 蔣介石政權在聯合國不具備擁有主權國家權利的資格。
4. 1949年至1971年間在台灣島存續的中華民國與1949年前的中華民國無關。

有人爭論《第2758號決議案》僅涉及中國的國家繼承問題，並未處理「台灣人民」在聯合國的代表權問題，所以「台灣人」有權要求加入聯合國。2008年陳水扁據此透過游錫堃提案推動台灣加入聯合國的公民投票，但是這個問題的癥結包括：

第一，「台灣人民」既非「國家」亦無「主權」，是否在國際法上能成爲一個法律主體，可擁有台灣島的領土主權？

第二，台灣島領土主權的歸屬有何國際法或憲法依據，能由台灣島居民的公民投票決定或變更？

第三，自1943年12月1日《開羅宣言》、1945年7月26日《波茨坦公告》、1945年8月15日《日本昭和投降詔書》、1945年9月3日《日本降伏文書》所確立的「台灣島復歸中國」的國際法秩序，是否另有其他國際法文件對此產生修正或變更的法律效力？

第四，聯合國1970年10月24日《第2625號決議案》的《國際法原則宣言》明白規定第五項「民族自決」原則，但「台灣人民」只是中

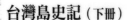

國漢族在台灣島的「居民」，並非一個「民族」，無法適用，且「民族自決」原則不得逾越第一項「國家領土主權完整」原則，「台灣人民」如何憑藉「居民的公民投票」取得中國持有的台灣島領土主權？

第五，1980年及1995年加拿大的魁北克人（Quebec）和2014年及2017年西班牙的加泰隆尼亞人（Catalunya）在歷史、語言、文化都稱得上是一個獨立的「民族」，但都無法經由公民投票取得獨立建國的法律地位，「台灣人」只是中國漢族在台灣島的「居民」，憑空編撰的「台灣意識」或「台灣民族」和冷戰餘緒，又如何取得獨立建國的政治、軍事及法律條件？

第六，1971年10月18日沙烏地阿拉伯曾提出《第2758號決議案》的修正案A/L.637案：「除了恢復中華人民共和國在聯合國應有的所有權利及承認中華人民共和國行使完全權威的領土上它的政府的代表是唯一的合法代表且通知中華民國的代表只能代表他們的政府法律上與事實上統治的國度上的人民，如此，該政府得保留它在聯合國的席位，考慮到沒有人民應被拒絕自決權利。」(Besides to restore all the rights to which the People's Republic of China is entitled at the United Nations and to recognize the representatives of its government as the sole legitimate representatives of the whole territory over which the People's Republic of China exercises full authority and to notify the representatives of the Republic of China that they represent only the people of the country over which their Government rules both de jure and de facto and that, as such, that Government may retain its seat at the United Nations, taking into account that no people should be denied the right of self-determination.) 此修正案被稱為兼具「兩個中國、一中一台、人民自決」的特性，卻僅獲得2票支持而被否決，亦即聯合國否決台灣人民可以有「兩個中國的地位、一中一台的身份、人民自決的權利」。

八、1972年《上海公報》

1972年2月21日美國總統尼克森訪問中國，2月28日尼克森和周恩來在上海發表《中華人民共和國和美利堅合衆國聯合公報》，俗稱《上海公報》，中美雙方各自表達對台灣問題的看法。

中國方面重申自己的立場：台灣問題是阻礙中美兩國關係正常化的關鍵問題；中華人民共和國政府是中國的唯一合法政府；台灣是中國的一個省，早已歸還祖國；解放台灣是中國的內政，別國無權干涉；全部美國武裝力量和軍事設施必須從台灣撤走。中國政府堅決反對任何旨在製造「一中一台」、「一個中國、兩個政府」、「兩個中國」、「台灣獨立」和鼓吹「台灣地位未定」的活動。

共和國政府在《上海公報》表達的立場是比聯合國大會《第2758號決議案》更爲嚴格的「一個中國原則」的立場，因爲聯合國的決議案僅處理「一個中國、兩個政府」、「兩個中國」，未明文涉及「一中一台」、「台灣獨立」或「台灣地位未定」，後面三個問題是由《波茨坦公告》規範的。另方面，中華人民共和國政府並未解釋「一中一台」的涵義，也未說明「一中一台」與「台灣獨立」或「台灣地位未定」有何差異。

美國方面則聲明：美國認識到，在台灣海峽兩邊的「所有中國人」都認爲只有一個中國，台灣是中國的一部份。美國政府對這一立場不提出異議。它重申它對由中國人自己和平解決台灣問題的關心。考慮到這一前景，它確認從台灣撤出全部美國武裝力量和軍事設施的最終目標。在此期間，它隨著這個地區緊張局勢的緩和逐步減少它在台灣的武裝力量和軍事設施。美國僅承諾從台灣島撤除駐軍，對於「一個中國原則」卻未正面直接的表態。「所有中國人」都認爲只有一個中國，如果台灣島有人認爲「台灣人」不是「中國人」，美

國的立場又是如何？換言之，美國在《上海公報》未對「台灣獨立」或「台灣地位未定」表達「反對」或「不支持」，卻由尼克森在與周恩來會談時主動提出「四大保證」：美國不支持「兩個中國」、不支持「一中一台」、不支持「台灣獨立運動」、不再提「台灣地位未定論」，並列入正式會議記錄。

九、蔣介石的矛盾角色

蔣介石後半生在台灣島的歷史上，扮演著充滿矛盾的角色。

蔣介石把南京民國政府龐大的軍隊、政府機關和黃金外匯遷移到台灣島，阻卻毛澤東的共產黨軍隊攻佔台灣島，讓台獨勢力有發展的空間，但台獨份子最痛恨的政治人物卻是蔣介石。

二二八事件發生後，蔣介石派政府軍到台灣島鎮壓武裝民兵，是政權爭奪戰的必然，作為政府領導人，蔣介石不可能無視爭奪政權的二二八武裝民兵。蔣介石當時雖忙於國共內戰，進攻延安，卻也不忘記命令陳儀停止報復，但台獨份子仍視蔣為「屠夫」。台獨派一直指控蔣介石是「二二八元兇」或「二二八殺人兇手」，卻提不出任何證據，這些指控只剩下「真相未明」，等於「有罪推定」式的血口噴人。

蔣介石殘酷整肅台灣島上的親共勢力，毛澤東處心積慮在台灣島上部署的力量，被連根拔除，台獨份子視之為「白色恐怖」。台獨份子卻沒想到，如果毛澤東的島內佈局獲勝，台獨也會被連根拔除，而且拔得更乾淨。

蔣介石搞土地改革相當成功，讓台灣島的佃農獲得夢寐以求的土地，現在攻擊蔣介石的年輕一代，卻大多是這些佃農的子孫。如果沒有蔣介石，移居到台灣島的外省人，無法找到軍事庇護和政治庇蔭，但是外省子弟罵起蔣介石也不遑多讓，特別是需要投靠民進黨和台獨

的外省子弟。

在蔣介石統治下，台灣島自1961年起，長達十年的經濟成長率平均10.2%，可說是台灣島史上最燦爛的黃金十年，不管荷蘭東印度公司、延平王、大清帝國、日本殖民政府、台北民國政府的統治者，都無人能超越。但台灣島現在只努力要讓年輕一代記得蔣介石只是威權統治者。

蔣介石對台灣島上的日本人和日本皇民，都寬大為懷，以德報怨，沒有像韓國一樣整肅親日皇民。現在台灣島由皇民當家，卻樂於鬥爭蔣介石。蔣介石自詡為中國的民族主義領袖，全力在台灣島推廣中華文化，消除日本殖民文化的影響力，但台灣島的年輕世代卻越來越不認同中國人身份。以蔡英文為首的台獨政權以「轉型正義」為由，要徹底消滅蔣介石在台灣島留下的任何印記，就像康熙皇帝曾企圖消滅鄭成功家族在台灣島的印記一樣。但不管如何努力，成功的機率都很小。尤其蔡英文等台獨政權以威權統治作為批判蔣介石的口實，又謳歌日本殖民台灣島的現代化貢獻，卻不提日本殖民台灣島的威權與蔣介石的威權相比，日本人的殘酷差距，蔣介石無疑是溫情統治。何況從任何客觀數據比較，蔣介石對台灣島的現代化貢獻也非日本人的統治政績比得上的。

蔣介石終生不讓「中華民國」的燈火熄滅，這個燈火使中國分裂或統一，使台獨生長或消失，卻無法論斷。但「中華民國」的燈火在台獨或獨台政權「王莽篡漢」的策略下，注定熄滅。蔣介石一生使國民黨大起大落，也延續著國民黨的命脈，但他或他的兒子蔣經國拉拔的政治人物，面對蔣介石被台獨份子攻擊，不管是李登輝、馬英九，大多選擇保持沉默。

蔣介石權傾一世，留給蔣氏子孫的錢財，卻沒有陳水扁留給陳致中，或蔡潔生留給蔡英文的錢財的萬分之一，卻有蔣氏子孫像斯德哥爾摩症患者，呼應所謂本土和台獨的立場，貶抑蔣介石。蔣介石終究會自中國歷史和台灣島史淡出，他是一個成功者，也是一個失敗者。

台灣島史記（下冊）

蔣介石帶到台灣島的黃金和國寶，台灣島人邊斥罵蔣介石，邊享受蔣介石的遺產，蔣介石眞是非常矛盾的歷史角色。

第七章
蔣經國（1975年-1988年）

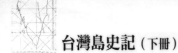

蔣經國（1910-1988）是蔣介石與毛福梅（1882-1939）所生的長子，浙江奉化人。1925年赴北京，進吳稚暉辦的「海外補習學校」研習俄語，於當年10月19日前往莫斯科，就讀莫斯科中山大學，取俄語名字爲「尼古拉 維拉迪米洛維奇 伊利扎洛夫」，當時的同學有鄧小平、烏蘭夫、廖承志、謝雪紅。

1927年蔣介石清黨，屠殺共產黨人，國共決裂，蔣經國在蘇聯瞬間成爲政治人質，曾嚴厲批判蔣介石「背叛革命」，後轉去列寧格勒攻讀軍校。1929年蔣經國獲准加入蘇聯共產黨，卻未獲准參加紅軍部隊，被派去列寧大學擔任旅行教學的助理。後因病轉任電機廠的工人。1931年再轉到農場當農民，1932年被派去西伯利亞當火車搬運工，1933年又被派去金礦當礦工，再轉入重機器廠當工人，1935年與白俄羅斯族女子蔣方良結婚。

1937年獲准回中國，結束長達10年的人質困境。1938年任陸軍少將，加入國民黨。1939年任贛南行政督察專員，1945年任青年軍政治部主任，1946年晉升中將。

1947年到台灣島調查二二八事件，1948年8月任經濟管制委員會委員，赴上海「打老虎」失敗，12月改任國民黨台灣省黨部主任委員。1950年任台北民國政府的國防部總政治部主任，兼任黨政軍特務機構領導人。1956年任退輔會主委，1959年晉升上將。

1965年任國防部長，1969年任行政院副院長，1972年任行政院長，推動十項行政革新，1973年推動十大建設。從1975年蔣介石去世，到1978年蔣經國出任台北民國政府「總統」之前，這三年期間的台北民國政府「總統」是嚴家淦，但實權掌握在蔣經國手中。1975年蔣經國任國民黨主席，1978年任台北民國政府「總統」，1988年去世，享年78歲。蔣經國是台灣島史上最成功的政治領袖，其成就和典範，至今無人能出其右。

一、1973年「十大建設」

　　1973年中東爆發石油危機，導致石油價格高漲、物資短缺，全球景氣大幅下滑。原先以輕工業、出口導向為主的台灣島大受影響，生產成本劇增，出口大幅下降。1971年聯合國〈第2758號決議案〉，也使外資來台投資意願大減。時任台北民國政府行政院長的蔣經國採擴大公共支出，推動基礎建設的做法，於11月12日提出「十大建設」方案，事實上有些方案很早就開始計畫，甚至已動工，例如南北高速公路在1971年8月14日即已動工。蔣經國宣布從1974年起，用5年時間完成6項交通建設、3項重工業建設、1項能源建設，總投資金額新台幣2,094億元。這筆支出對當時台北政府的財政壓力，算是相當沉重。蔣經國用盡各種辦法，終於克服困難。

　　十大建設的第一項是台灣島第一條南北高速公路，北起基隆，南達高雄小港，全長373公里。第二項是鐵路電氣化，電力車取代舊的蒸汽車和柴油車，架設1,153公里高架電纜，沿途輸送電力。第三項是北迴鐵路，興建宜蘭至花蓮的鐵路，連接東部鐵路和西部鐵路。第四項是桃園國際機場，面積1,223公頃。第五項是台中梧棲港，服務能量280萬噸。第六項是蘇澳港，服務能量1,000萬噸。第七項是高雄小港造船廠。第八項是高雄大鋼廠，佔地480公頃。第九項是開發高雄「仁武、大社石化工業區」和「林園石化工業區」。第十項是第一核能發電廠，裝置容量是63.6萬瓩。

　　十大建設算是台灣島史上比較成功的經濟建設計畫，對台灣島也產生有效的凱因斯效應，度過1973年10月世界第一次能源危機。但第五項台中梧棲港沒有到達預期績效，第七項高雄造船廠失敗收場，第十項核能電廠未升格為出口型的核能產業，輸給更晚蓋核電廠的韓國，殊為可惜。2000年後在民進黨陳水扁、林義雄帶領下，台灣島興

起廢除核電的風潮，核電在台灣島政治衝擊下，勢將衰微。

　　1980年台灣島又推出「十二項建設」，就不能算是成功的計畫，其中「每縣一個文化中心」成了「蚊子館」，「新市鎮開發計畫」幾乎完全失敗。1984年再推出「十四項計畫」，除了台北捷運系統外，都只是延伸性計畫，其中「核四廠」更以失敗收場。1991年推出「六年國建」總金額8兆2千億元，因預算問題吵吵鬧鬧，無疾而終，卻開啟台灣島財政赤字的大門，到1995年公共債務總額達新台幣2兆3千億元。2003年推出所謂「新十大建設」，大學升級為國際一流學府、蓋藝術音樂中心等，都華而不實，無益提升台灣島的經濟實力。2008年推出「愛台十二建設」，包括桃園航空城、都市及工業區更新等，都以失敗結束。總而言之，從1980年到2016年整整36年的經濟建設計畫，都了無新意，甚或失敗收場，造成台灣島的經濟墜入遲鈍狀態，空留龐大財政赤字。

　　相較之下，1998年南韓的人均所得才7,400美元，台灣島的人均所得則是1.3萬美元，將近是南韓的1倍。但短短不到6年期間，南韓於2004年的人均所得已達1.5萬美元，首度超越台灣島，台灣島的人均所得仍在1.4萬美元。2015年南韓的人均所得達到3.3萬美元，台灣島則是2.1萬美元，只有南韓的63.6%。南韓的人均所得已連續12年超越台灣島。這間接證實台灣島在1980年後的經濟建設計畫是失敗的。

二、島外不平靜的1976年

　　1975年4月30日南越「反共政府」敗亡，給同樣高舉反共旗幟的台北民國政府帶來不小震撼。1975年至1978年有關越南難民的新聞充斥台灣島，前後期間台北民國政府的政治宣傳單位也製作出1972年的「一個小市民的心聲」和1978年的「南海血書」，企圖安定民心。可是對台灣島內部而言，1976年卻是個平靜的年份，但島外在這一年

發生的事，屢屢佔據台灣島所有媒體的頭條新聞，反而是個不平靜的年度。先是1976年1月8日共和國總理周恩來去世，4月7日副總理鄧小平被撤除職務，華國鋒當上總理。7月2日南越被北越統一。7月6日朱德去世，9月9日毛澤東去世，10月6日江青、王洪文、張春橋、姚文元「四人幫」被華國鋒逮捕，結束文化大革命。11月2日卡特（James Earl "Jimmy" Carter Jr., 1924- ）當選美國總統。

三、長老教會《人權宣言》

1977年8月16日台灣基督長老教會由趙信愨、翁修恭、高俊明具名發表《人權宣言》，但標題與內容跟「人權」無關，卻跟台灣島「主權」有關，《宣言》名實不符。《宣言》主張說：「台灣的將來應由台灣一千七百萬住民決定」，又說：「我們促請政府於此國際情勢危急之際，面對現實，採取有效措施，使台灣成為一個新而獨立的國家。」這份《宣言》的焦點，在以台灣島居民為基礎，把台灣島的領土主權從中國分裂出去，由台灣人單獨擁有台灣島的領土主權，產生「新而獨立的國家」。

這份《宣言》有五個解不開的問題：

第一，1945年《波茨坦公告》和《日皇投降詔書》已確立台灣島主權屬於中國所有，台灣人若不具備中國人身份，是否有權單獨持有台灣島主權？

第二，台灣人不具備中國人身份，台灣人的身份會不會回到1945年前，仍是戰敗的日本侵略共犯，如何有權行使主權？

第三，《宣言》稱基於基督教信仰和《世界人權宣言》，提出台獨主張，但《聖經》和《世界人權宣言》都沒有這項邏輯，可從人權觀點推論出台灣島脫離中國主權的依據，畢竟「人權」是針對政府應如何對待人民的觀點而產生的權利和責任，但是「主權」卻是國家應

如何處理領土的立場出發。

第四，《宣言》呼籲「美國」和「全世界教會」支持台灣獨立，除非中國同意，否則美國支持台灣獨立，就必須面對與中國爆發核戰的風險，且又缺乏任何國際法與憲法理論的支持，特別是美國本身在1861年發動南北內戰，阻止南方邦聯脫離美國獨立，美國更無立場支持台灣獨立。

第五，1979年後中國改革開放，成功創造出新的強國，中國與美國的軍力和經濟力差距越來越小，中國與台灣島政權的軍力和經濟力差距越來越大，台灣島要維持獨立政權已越來越困難，何況要建造獨立國家，更是欠缺客觀的事實基礎。

四、1977年中壢事件

1977年國民黨籍的台灣省議員許信良，脫黨參選桃園縣長，與國民黨正式提名的縣長候選人歐憲瑜激烈競選。選前許信良不斷放話，說國民黨會在投開票時作票，就像宜蘭縣的台灣省議員郭雨新和《自由時報》老闆林榮三競選立法委員，林榮三作票使郭雨新落選的案例一樣，許信良呼籲支持群眾保護投票所和票櫃。11月19日中壢國小校長范姜新林任投票所主任，被邱奕彬指控用拇指沾印泥，將投給許信良的選票按壓成廢票。上百名群眾找范姜新林理論，與執勤警察發生衝突，群眾包圍中壢警察分局，聚眾1萬多人。下午3時40分群眾攻擊中壢分局，焚燒警車。暴亂鬧到午夜3時群眾才散去。開票結果許信良當選。中壢事件被認為是挑戰蔣經國權威的第一件群眾抗議暴動。

五、許信良

　　許信良1941年生，台灣桃園人，出身客家地主家庭。1964年政治大學政治系畢業，1967年拿國民黨中山獎學金，赴英國愛丁堡大學進修，未獲學位。1969年撰寫《台灣社會力分析》，影響深遠。1973年當選台灣省議員，1977年出版《風雨之聲》嚴厲批評國民黨，同年當選桃園縣長，選舉過程爆發「中壢事件」。1979年聲援「余登發事件」，參加橋頭示威遊行，被撤除桃園縣長職務。同年擔任美麗島雜誌社社長，但隨即赴美國度假。美麗島事件發生後，在美國組織「台灣建國聯合陣線」。1981年許信良和史明合組「台灣民族民主革命同盟」，1984年和洪哲勝合組「台灣革命黨」，1986年組織「民主進步黨海外組織」。1989年許信良偷渡回台，被判刑10年，1990年被李登輝特赦出獄，1991年當選民主進步黨主席。1995年撰寫《新興民族》主張西進大陸，1996年參加民進黨總統候選人初選，敗給彭明敏。

　　1996年許信良再接任民進黨主席，1997年林義雄發動罷免許信良的黨主席職務失敗。1999年因民進黨提名陳水扁參選台北民國政府總統，許信良也堅持參選，遂宣布退出民進黨，2000年許信良參選台北民國政府總統，以極大差距失敗。2004年因三一九槍擊案，許信良參加國民黨發起的抗議示威，同年參選立法委員失敗。2008年許信良重返民主進步黨，2011年參加民進黨總統候選人初選，敗於蔡英文，2012年參選民進黨主席，敗於蘇貞昌。

六、聖嚴法師任農禪寺住持

　　聖嚴法師（1931-2009）本名張保康，生於江蘇南通。1943年於

江蘇南通的狼山廣教寺出家，1949年還俗當兵，隨國民黨敗退來台。
1959年棄軍出家，1969年赴日本留學，1975年獲立正大學博士。1977
年任台北農禪寺住持，1989年創設法鼓山，與星雲法師、證嚴法師、
惟覺老和尚並列台灣島佛教四大宗師。2009年去世，年78歲。

七、1978年中國改革開放

1978年12月18日至22日中國共產黨第十一屆中央委員會第三次
全體會議，徹底否定黨主席華國鋒提出的「兩個凡是」的方針，終止
「以階級鬥爭為綱」的政策，把重點轉移到社會主義現代化建設，實
行改革開放。鄧小平在會議召開前發表的「解放思想，實事求是，團
結一致向前看」的講話，提出：「要允許一部分地區、一部分企業、
一部分工人農民，由於辛勤努力成績大而收入先多一些，生活先好起
來。這是一個大政策。」開始實行改革開放政策。1979年7月15日決定
在深圳、珠海、汕頭和廈門試辦經濟特區，開放外商直接投資。這些
地區成為經濟增長的引擎，此後經濟特區的數量與規模持續擴大。

改革開放帶動台灣島企業對中國大陸的投資，由於1980年代兩岸
尚處於對抗時期，台北民國政府嚴格限制兩岸的經貿往來。台資企業
到中國大陸投資時，常在香港註冊以港資名義到大陸設廠。1989年台
資在大陸投資項目只有540件，協議投資金額只有5.5億美元，實際到
位資金不到1.5億美元。

台北民國政府於1990年正式公布《對大陸地區間接投資或技術
合作管理辦法》，開放台商對大陸間接投資。台資企業以「台灣接
單、大陸生產、產品外銷」的商業模式，打開外銷市場，外銷比率平
均85%。台資企業在1993年鄧小平發表「南巡講話」後，投資規模擴
大。1992年到1994年台資企業的大陸投資項目達2.3萬家，投資協議金
額200多億美元，實際到位投資額達75.8億美元。

八、1978年後「一國兩制」的提議

1973年3月10日鄧小平復任共和國政府國務院副總理，立即提出對台灣島的新政策「和平統一」。鄧小平說：「北京已經準備好，可以跟台北直接談判統一的問題。在現階段，優先考慮和平方式。」鄧小平的「和平統一」政策擺在台灣島史上是高度不現實的思考，台灣島史歷次主權變動全部經由戰爭實現，無一例外。鄧小平要兩岸和平，就得面對台灣獨立的可能性。要兩岸統一，就得有林肯的魄力，準備付出軍事上龐大代價，完成統一。但也不可否認，鄧小平的想法是台灣島史上極為新穎的政策，其結果有待觀察。

「一國兩制」的初步概念出現於1978年10月8日，鄧小平會見日本文藝作家江藤淳（1932-1999）時，指出：「如果實現祖國統一，我們在台灣的政策將根據台灣的現實來處理。」這段談話被認為是解決台灣問題，完成中國統一，提議以「一國兩制」處理「台灣的現實」最原始的構想。

1978年11月14日鄧小平再度提出台灣問題，表示：「在解決台灣問題時，我們會尊重台灣的現實。比如，台灣的某些制度可以不動，那邊的生活方式可以不動，但是要統一。」

1978年12月中國共產黨第十一屆三中全會公報首次以「我國神聖領土台灣回到祖國懷抱，實現統一大業」，代替過往「解放台灣」的說法。

1979年12月，鄧小平會見日本首相大平正芳時，提出統一台灣的三個不變原則，即「台灣的制度不變，生活方式不變，台灣與外國的民間關係不變。」並說「台灣作為一個地方政府，可以擁有自己的自衛力量、軍事力量。」這是台灣版「一國兩制」的初步構想。

1981年9月30日葉劍英以共和國全國人大常委會委員長身份發表

《有關和平統一台灣的九條方針政策》，俗稱《葉九條》，其中與領土主權問題有關的「一國兩制」的基本內容是：（1）、中國國民黨與中國共產黨可以對等談判；（2）、統一後的台灣可保留軍隊，作為特別行政區，享有特別自治權；（3）、台灣社會、經濟制度、生活方式與同其他外國的經濟、文化關係不變；（4）、私人財產、房屋、土地、企業所有權、合法繼承權和外國投資不受侵犯。

1982年1月11日鄧小平正式提出「一國兩制」的概念，指出「國家的主體實行社會主義制度，台灣實行資本主義制度」。

1983年6月26日，鄧小平再提出《鄧六條》。1984年2月22日鄧小平會見外賓時說：「我們提出的大陸與台灣統一的方式是合情合理的。統一後，台灣仍搞它的資本主義，大陸搞社會主義，但是一個統一的中國。一個中國，兩種制度。香港問題也是這樣，一個中國，兩種制度。」鄧小平並把「一國兩制」解決中國統一問題的辦法，解釋成「也是一種和平共處」。換言之，鄧小平用處理國際關係問題的原則，來解決國內特殊問題。把「一國兩制」定位成處理內政問題的〈和平共處原則〉，並宣示「五十年不變」。

1984年6月22日、23日鄧小平會見香港工商界訪京團和香港知名人士鍾士元，指出「一個國家，兩種制度」的構想：在大陸內實行社會主義制度，在香港實行資本主義制度。

1985年3月共和國的第六屆全國人民代表大會第三次會議批准1984年12月19日趙紫陽簽署的《中華人民共和國和大不列顛及北愛爾蘭聯合王國政府關於香港問題的聯合聲明》及三個附件，也決議成立共和國香港特別行政區基本法起草委員會，正式把在香港實施「一國兩制」的承諾，確立為共和國的基本國策。把原本針對台灣所提的「一國兩制」構想，轉為適用於香港主權回歸中國的處理方式，5月27日《關於香港問題的聯合聲明》宣告生效，香港的「一國兩制」正式上路。1990年4月4日共和國全國人大第三次會議通過《香港特別行政區基本法》，1993年3月31日通過《澳門特別行政區基本法》。1997年7

月1日共和國政府恢復實施中國對香港的領土主權，1999年12月20日恢復對澳門的中國主權。

九、《中美建交公報》與《台灣關係法》

　　1979年1月1日中美正式建交，雙方於1978年12月17日發表《中華人民共和國和美利堅合眾國關於建立外交關係的聯合公報》，俗稱《建交公報》。美國「承認」（recognizes）中華人民共和國政府是中國的唯一合法政府。在此範圍內，美國人民將同台灣人民保持文化、商務和其他非官方關係。美國政府「認知」（acknowledges）中國的立場，即只有一個中國，台灣是中國的一部份。

　　1979年4月10日美國緊接著制定《台灣關係法》，將台灣島的政府機構定性爲「統治當局」（Governing Authorities），而非「主權國家的政府」（Sovereign Government），同時表明美國決定和中華人民共和國建立外交關係之舉，是基於台灣島的前途，將以和平方式決定這一期望。任何企圖以非和平方式，來決定台灣的前途之舉，包括使用經濟抵制及禁運手段在內，將被視爲對西太平洋地區和平及安定的威脅，而爲美國所嚴重關切。提供防禦性武器給台灣人民，以抵抗任何訴諸武力，或使用其他方式高壓手段，而危及台灣人民安全及社會經濟制度的行動。如遭受威脅，因而危及美國利益時，美國總統和國會將依憲法程序，決定美國應付上述危險所應採取的適當行動。美國法律將繼續對台灣適用，缺乏外交關係或承認，不影響美國法律對台灣的適用。《台灣關係法》使用「台灣上的人民」（People on Taiwan）表達以美國國內法，創設美國政府與台灣島居民之間的法律適用關係，也是繼1950年杜魯門發表《韓國情勢聲明》後，第二份將台灣島納爲美國「勢力範圍」的文件。

　　美國的《台灣關係法》可說是美國版的「一個中國政策」，也是

美國版的「一中一台」政策，一方面承認「一個中國原則」，不承認台灣島是一個國家；另一方面又承認台灣島上存在「統治當局」，美國反對共和國以非和平方式決定「台灣的前途」，亦即反對共和國以武力推翻台灣島上的「統治當局」。美國可以繼續對台灣島上的「統治當局」出售軍火，美國與台灣島也可以透過非官方的方式繼續維持交流，並以「美國在台協會」（American Institute in Taiwan, AIT）作為對台灣島從事交流工作的管道。在美國運作下，原本被視為美國「扈從國家」的「中華民國」及台北民國政府，經過《台灣關係法》的過濾，變成法律上模糊的「扈從政權」。美國明顯是雙手策略：台灣島的領土歸屬在國際法上屬於中國的主權範圍，台灣島上的政府和人民則在美國保護的「勢力範圍」內，這個策略可以阻卻中國實際對台灣島行使主權。美國的政策是在美國反對下，中國沒有實力恢復行使對台灣島的領土主權，台灣島的「統治當局」雖無法律地位，就有機會永遠維持實質的獨立地位。而這個機會是隨中美兩國在西太平洋的軍力對比而變化，也隨著中美兩國動用武力解決這個爭端的意志力強弱而變化。這些因素將左右「中國主權領土」和「美國勢力範圍」這兩股力量對台灣島的歷史發展軌道的影響。

國家是擁有領土主權的政治組織，這個政治組織可以構建行使主權的政府，統治人民，與他國相互承認以及劃定領土範圍與邊界，並負起義務保障他國人民在本國領土範圍內的基本權利。因此，一個主權國家是否存在的問題，涉及內部被統治人民對政府的承認，更涉及外部其他主權國家對該國領土主權和政府的承認。這種承認是法理上的「主權存在承認」（Recognition of Sovereign Existence）。美國與共和國建交事涉對中華人民共和國擁有中國領土主權的「主權存在承認」、「國家組織承認」、「政府承認」、「外交承認」（Diplomatic Recognition），但《建交公報》和《台灣關係法》卻涉及對台北民國政府撤除「主權存在承認」的問題。外交承認和主權存在承認是兩碼事，例如1984年4月29日英國曾與利比亞斷交，亦即英國在外交上不承

認格達費的利比亞政府，但英國也未承認有任何其他國家對利比亞的領土擁有主權。對英國而言，利比亞這個主權國家是存在的，利比亞有權擁有領土主權，建立主權政府，只是英國不承認利比亞政府有權與英國建立外交關係。

主權存在承認、國家組織承認、政府承認、外交權利的承認是四個不同層次的問題。另外也有承認政府卻不承認國家的案例，巴勒斯坦自治政府被承認，卻不承認巴勒斯坦國就是一例。歷史上自稱擁有人民或政府的政權比比皆是，許多政權卻無法在憲法或國際法秩序下被承認爲主權國家。美國的《台灣關係法》不承認台灣島居民所建立的政府有權與美國建立外交關係，也不承認台灣島居民所建立的政府是主權國家的政府，也未承認台灣島是台灣島居民、政府的「領土」，更談不上具有「國家」的國際法身份，而只默認這個政府的「管轄範圍」，卻「認知」台灣島是中國的一部份。美國小心翼翼地推動「模糊戰略」，用《台灣關係法》把台灣島上的「統治當局」定位爲一個中國內部沒有領土主權的區域自治政府，而非地方政府。

有關「台灣是中國的一部分」的議題，美國用「認知」acknowledges中國的立場來表述，並非史無前例。英國、澳洲、紐西蘭、西班牙、泰國、馬來西亞、斐濟、西薩摩亞與中國建交時，都用「認知」（Acknowledges）中國政府關於台灣是中華人民共和國的一個省份的立場來表述。

除了「認知」模式外，有比較輕描淡寫的「留意」（Take Note）模式。例如1970年加拿大與中國建交，表述方式是「中國政府重申：台灣是中華人民共和國領土不可分割的一部分。加拿大政府留意（Take Note）中國政府這一立場。」採用「留意」模式的國家還有義大利、智利、比利時、秘魯、黎巴嫩、冰島、阿根廷、希臘、委內瑞拉、巴西、厄瓜多爾、哥倫比亞、象牙海岸等。

比「認知」模式更強烈的是「尊重」（Respect）模式。日本和菲律賓採取這種模式，「中華人民共和國一再表明台灣爲中華人民共和

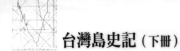

國領土不可分割的一部分，日本充分理解並尊重中華人民共和國的立場。」日本另外還發表聲明「堅持《波茨坦宣言》第八項的立場」。

最直接的就是「承認」（Recognizes）模式，葡萄牙、蘇聯、波蘭、捷克、朝鮮、柬埔寨、馬爾地夫、約旦、尼日、波紮那、幾內亞比索等國採用這個模式，例如：「葡萄牙政府承認台灣是中華人民共和國領土不可分割的一部分」。

對於上述的模式，台獨運動的領導人彭明敏的評論最清晰：「就政治的效果而言，從『留意』到『尊重』，這些國家不論以任何形式言及，以後都無法再反對中國的這種立場。」彭明敏沒有說的是，不只政治效果如此，法律效果也相同。

其實台灣島的法律地位問題可分成四個階段討論：

第一階段是1895年至1945年，台灣島在國際法上的法律地位是日本的殖民地，各國包括大清帝國和中華民國都承認此一法律地位，並在台灣島派駐領事人員。

第二階段是1945年至1949年，台灣島是中國的主權領土，同時是由國家組織中華民國行使中國對台灣島的領土主權，美、英、蘇、日沒有異議，1950年1月美國總統杜魯門還發表《不介入台灣海峽爭端聲明》，清楚表明台灣海峽爭端是國民黨與共產黨各自建立國家組織爭奪中國主權的問題，重申美國遵守《開羅宣言》及《波茨坦公告》的效力，確認台灣島是中國主權領土的一部分，至於中國主權由誰取得的爭端，美國不介入。

第三階段是1950年至1971年，冷戰白熱化，北韓入侵南韓，爆發韓戰，美國率先改變立場，雖未正式否定《開羅宣言》及《波茨坦公告》的效力，杜魯門發表《韓國情勢聲明》，以共產主義「蔑視聯合國安理會」為由，聲明台灣未來地位「由聯合國考慮」，創造出杜魯門式的「台灣地位未定論」。這段期間國際社會因冷戰而分裂，一部分支持台北民國政府，一部分支持共和國政府，但聯合國的中國主權

代表席位由台北民國政府持有，形成鬥爭結果未定的僵局。

　　第四階段是1971年以後，聯合國大會通過〈第2758號決議案〉，而且美國推動「聯中制俄」策略，國際社會由「共產」對「反共」的分裂，變成「反俄」對「反美」的鬥爭，台北民國政府喪失戰略價值，繼而喪失聯合國席位、中國主權者身份以及國際外交合法性，逐漸成爲法律身分不明的「台灣統治當局」，既像國家又不是主權國家，既像政府又不是主權政府。台北民國政府存在台灣島的合法性建立於勉強適用《南京憲法》「代行」中國主權，卻僅能取得國際法秩序及憲法秩序上統治台灣島的「薄弱合法性」。

十、1979年《告台灣同胞書》

　　1979年1月1日共和國與美國正式建立邦交的當天，共和國的全國人民代表大會常務委員會發表《告台灣同胞書》，這是第五次中國大陸方面發表的《告台灣同胞書》，是由鄧小平指示胡喬木和譚文瑞起草的。前四次分別是1950年2月28日由謝雪紅的台灣民主自治同盟發表，要求解放台灣；1958年10月6日在八二三砲戰結束後，由共和國國防部發表，通告停止砲擊金門七天；1958年10月25日共和國國防部再度發表；11月1日共和國國防部三度發表。

　　第五次的內容提到：台灣自古就是中國不可分割的一部份，世界上普遍承認只有一個中國，承認中華人民共和國政府是中國的唯一合法政府。解決統一問題時尊重台灣現狀和台灣各界人士的意見，採取合情合理的政策和辦法，不使台灣人民蒙受損失。表示當天立即停止對金門等島嶼的砲擊，且應當通過中華人民共和國政府和台灣當局之間的商談，結束軍事對峙狀態。希望雙方盡快通航通郵，雙方同胞直接接觸。這份文書代表共和國政府的對台政策，已從「武力解放台灣」轉向「和平統一台灣」。

十一、橋頭遊行事件與余登發

1979年1月21日余登發與兒子余瑞言，被台北民國政府指控涉入「吳泰安匪諜案」遭逮捕，罪名是「知匪不報，為匪宣傳」，判刑8年。許信良、黃信介、施明德、陳菊等人於1月22日趕赴高雄橋頭遊行，抗議余登發被判刑，遊行隊伍經鳳山至高雄車站。許信良事後遭台北民國政府指控「非法遊行」，彈劾停止桃園縣長職務。

余登發（1904-1989）是高雄橋頭人。台南商專畢業，畢生主張兩岸和平統一。1947年任橋頭鄉長，同年當選國民大會代表。1960年當選高雄縣長，1963年被民國政府強迫停職，並以瀆職罪被判刑2年。1979年1月21日被台北民國政府指控「知匪不報，為匪宣傳」，判刑8年，但1980年即保外就醫。1988年任中國統一聯盟名譽主席，曾在民進黨集會場合高喊中國統一。1989年9月13日死於自宅臥室，死因成謎。

十二、三不政策

針對1979年1月1日共和國政府發表第五次《告台灣同胞書》，以「和平方式解決台灣問題」來取代原有「解放台灣」，積極推動「和平統一」。1979年4月4日蔣經國在國民黨中央常務委員會發表談話回應，稱對中國大陸的政策是

「不妥協、不接觸、不談判」的「三不政策」。蔣經國說：「共匪（中國共產黨）所謂統戰，現在是講『和平統一』，其實不是從現在才開始的。遠在我們清黨以前，共匪潛伏到本黨內部時，即使用統戰方法。後來，總裁（蔣介石）堅決反共；並進行剿匪，共匪竄退延

安，到了政府對日抗戰，匪又以統戰來求其本身的生存。民國三十八年大陸變色以前更是匪統戰最厲害的時候。我們到了台灣之後，匪仍繼續不斷的做統戰工作。所以統戰不是共匪新的政治作戰方法，而是它藉以打擊敵人的傳統方法。我們黨根據過去反共的經驗，採取不妥協、不接觸、不談判的立場，不惟是基於血的教訓，是我們不變的政策，更是我們反制敵人最有力的武器。」

1985年9月20日李光耀訪問中國，鄧小平請李光耀帶信給蔣經國，同時表示希望與蔣經國會面，蔣經國拒絕。但是1986年夏天李光耀赴台訪問，與蔣經國討論大陸局勢。蔣經國態度翻轉，明確告訴李光耀，對於改造台灣島的政治體制，他已經有全盤計劃和最新想法。蔣經國說：「我們必須採取主動，踏上中國的統一之路。台灣和大陸，終究必須統一。兩岸若不統一，台灣恐怕將越來越難單獨存在。」

蔣經國的「三不政策」很快就失敗。1986年5月3日中華航空公司一架貨運飛機的機長王錫爵，制伏機組人員，將飛機劫持至廣州白雲機場，迫使蔣經國派人赴香港與大陸官員談判，遣返飛行員與貨機。這是國共內戰以後，雙方官員首度接觸。1987年蔣經國授權台灣紅十字會與中國紅十字會協商，開放台灣居民赴大陸探親，「三不政策」終於結束。

十三、1979年美麗島事件

1979年12月10日國際人權日（International Human Rights Day）晚上，黃信介當發行人、許信良當社長、施明德當總經理的《美麗島》雜誌社，不理會蔣經國的「冬令宵禁演習」禁止示威遊行的禁令，舉辦「慶祝世界人權日四十一週年大遊行」。晚上6時由施明德、姚嘉文率領數百名群眾，從《美麗島》雜誌社高雄服務處出發，手持火把，象徵照亮黑暗，抵達大圓環，席地而坐，由黃信介等人站上宣傳車上

演講，人群越聚越多。蔣經國派出鎮暴部隊包圍群眾，8時30分鎮暴部隊施放催淚瓦斯，群眾騷動，衝向封鎖線，與鎮暴警察爆發衝突。群眾突破封鎖線，衝撞警察分局。10時左右鎮暴部隊與群眾爆發更大規模的衝突，直到半夜群眾才散去。鎮暴警察和群眾各有受傷，但無人死亡。

12月13日蔣經國下令大逮捕，施明德、黃信介、林義雄、呂秀蓮、張俊宏、陳菊、姚嘉文、林弘宣等人以叛亂罪被判刑，施明德被處無期徒刑，黃信介被判刑14年，其餘人士被判刑12年。另有王拓等37人也被判較輕罪刑。這個事件有多重歷史性效果：

第一、蔣經國政府受到美國強大壓力，日益顯現戒嚴體制面對美國壓力的脆弱性，把群眾遊行失控的治安犯罪，升高到「叛亂」的罪責，已得不到國際認同，對已失去國際法地位的台北民國政府，更是重大傷害。

第二、1979年1月1日共和國全國人民代表大會常務委員會發佈《告台灣同胞書》，宣示和平統一方針，同時其國防部長徐向前宣布停止砲擊金門島，早使台北民國政府實施戒嚴的軍事理由，失去正當性。

第三、台灣島民間不滿台北民國政府的戒嚴體制已成氣候，蔣經國被迫必須認真面對。尤其1980年2月28日林義雄住宅發生血案，林義

美麗島事件審判出庭圖

雄母親及一對雙胞胎女兒被殺死亡，其長女重傷，血案震驚全世界，使蔣經國逮捕美麗島「暴動罪犯」過度嚴厲的審判，完全失去政治和道德上的正當性。

蔣經國雖撐過美麗島事件，但步伐闌珊的政權，到了1986年9月28日民主進步黨成立，已無心也無力繼續施行戒嚴。蔣經國毅然決定於1987年7月15日解除戒嚴、解除黨禁。1988年1月1日解除報禁，1月13日蔣經國去世，1990年5月20日李登輝特赦所有美麗島「罪犯」，這些「罪犯」都因坐牢取得政治上更大的光芒。

（一）黃信介

黃信介（1928-1999）是台灣台北人，祖籍福建泉州安溪，台北市的大地主。本名黃金龍，1948年考取北京大學政治系，因國共內戰未入學。1949年加入中國國民黨，1951年台灣省立地方行政專科學校兩年制民政科畢業。1961年因崇拜日本首相岸信介，改名黃信介，同年當選台北市議員。1969年當選立法委員，1979年黃信介以創辦《美麗島》雜誌之名，組織政治團體。黃信介任雜誌發行人，許信良任社長，呂秀蓮任副社長，施明德任總經理。1979年12月10日發生美麗島事件，黃信介被逮捕，後被軍法判刑14年。1987年蔣經國指示假釋黃信介，已被關8年4個月，同年組織民進黨美麗島系，成為最大派系。1988年黃信介加入民主進步黨，同年當選民主進步黨主席，1991年通過〈台獨黨綱〉，並當選國民大會代表。同年美麗島事件平反，黃信介恢復立法委員職務，為訴求解散「萬年國會」，立即宣佈辭職。1993年再度當選立法委員，1999年去世，享年71歲。

（二）施明德

施明德是1941年生，台灣高雄人，1959年考入陸軍砲兵學校，1961年赴金門任職少尉軍官。1962年因籌組台獨組織被捕，判處無期徒刑。1977年蔣經國實施減刑，施明德出獄，已被關15年。1978年

任「黨外人士助選團」總幹事，1979年任《美麗島》雜誌社總經理，1980年因美麗島事件被判死刑，後改判無期徒刑。1983年因陳文成死亡事件，在獄中絕食一個月。1985年因美籍作家江南被殺案，宣佈無限期絕食。施明德絕食4年7個月，被插管灌食3,040次。1987年蔣經國擬釋放施明德，施明德拒絕。1990年李登輝特赦施明德，施明德撕毀特赦令。同年美麗島案平反，施明德才出獄，已被關10年。施明德前後合計被關25年。1992年施明德當選立法委員，1994年當選民主進步黨主席。2006年發起紅衫軍倒扁運動，擬施壓陳水扁辭職。2015年宣布參選台北民國政府總統，未達登記門檻，同年發表「大一中架構」企圖提出兩岸政治關係的解決方案。

（三）林義雄

林義雄是1941年生，台灣宜蘭人，1964年台灣大學法律系畢業。1975年台獨媒體的《自由時報》老闆林榮三與台灣省議員郭雨新競選立法委員，林榮三買票賄選，郭雨新落選，林義雄擔任郭雨新的律師，指責林榮三是台灣島史上最大隻的賄選金牛，林義雄聲名暴起。1977年林義雄當選台灣省議員，1979年因美麗島事件被捕，1980年2月27日林義雄家中發生兇殺血案，其母林游阿珠身中14刀死亡，其雙胞胎女兒林亮均、林亭均遭兇手從後背貫穿前胸的1刀刺殺死亡，長女林奐均送醫生還。這是台灣島史悲慘的「林宅血案」，兇手至今不明，林義雄仍因「美麗島事件」被軍法判處徒刑12年。

1983年林義雄妻子方素敏當選立法委員，1984年林義雄假釋出獄。「林宅血案」徹底瓦解蔣經國政權逮捕美麗島事件相關人士的社會和政治正當性，也讓蔣家政權處於極端不利的政治處境。1986年林義雄加入民主進步黨，1995年參加民進黨總統候選人初選，敗給彭明敏。1997年林義雄發動罷免民進黨主席許信良失敗。1998年林義雄當選民進黨主席，1999年通過〈台灣前途決議文〉。2001年開始推動「核四公投」反對核電廠，2003年推動「國會減半」，2006年宣布退

出民主進步黨。2014年以絕食施壓馬英九廢除核四電廠，2017年蔡英文重啓核電二廠，林義雄卻顧左右而言他，被輿論諷刺只有在國民黨執政時反對核電。

十四、新竹科學工業園區

新竹科學工業園區出自當時經濟部長孫運璿的構想，在新竹設立專區，吸引「資本密集、技術密集」產業，給予特殊優惠和方便，於1980年12月15日成立，著名半導體廠商、通訊光電、電腦產品、精密機械、生物技術等群聚於此。面積653公頃，520家廠商，就業人數15萬人。在晶圓代工、IC設計、液晶顯示器、矽晶太陽能電池、發光二極體等，都有世界前矛的實力。

十五、孫運璿

孫運璿（1913-2006）山東蓬萊人。1934年哈爾濱工業大學畢業，分別在江蘇、湖南、青海等地擔任發電廠工程師或廠長。1946年來台灣島擔任台灣電力公司機電處長、總工程師、協理、總經理，1964年外派擔任奈及利亞電力公司總經理，1967年任交通部長，1969年任經濟部長，1978年任行政院長。孫運璿剛來台時，台灣電力公司在第二次世界大戰期間遭盟軍轟炸，發電量只剩10%，日籍技術人員又依法遣返日本，孫運璿帶著30多名大陸來的技師，和少數台電自己培養的台籍技師。同時招募一群職業學校和工學院在學學生，在5個月內恢復80%供電。到1957年發電量增加1倍，到1964年台灣島的電力普及率已達99.7%，超過日本、南韓。孫運璿接任交通部長負責規劃十大建設中的六項，表現卓越。1973年擔任經濟部長時，籌設工業技術研究院。

1974年籌劃半導體工業，1977年籌設新竹科學園區。1979年任行政院長時，籌設國家公園。1984年孫運璿中風，退出政壇，2006年去世，年93歲。

十六、台灣半導體與張忠謀

張忠謀（1931- ）出生於浙江寧波，1952年美國麻省理工學院畢業，1964年獲美國史丹佛大學博士。1972年任美國德州儀器公司半導體部門總經理，1985年應孫運璿的邀請，經蔣經國特准，按張忠謀的要求得保留美國國籍且領取等同美國德州儀器公司的薪資和待遇，擔任工業技術研究院院長，1987年創辦台灣積體電路製造公司，初期股東是荷蘭飛利浦、經濟部、中國國民黨。2015年台積電的全球半導體廠商排名第三位，2017年3月台積電的市值超越美國英特爾（Intel）。

十七、《葉九條》

1981年10月1日葉劍英（1897-1986）以共和國人大常委會委員長的身份發表談話，提出《有關和平統一台灣的九條方針政策》，俗稱《葉九條》，內容包括：1、中國國民黨與中國共產黨兩黨可以對等談判；2、雙方在通郵、通商、通航、探親、旅遊及開展學術、文化、體育交流達成協議；3、統一後的台灣可保留軍隊，作為特別行政區，享有特別自治權；4、台灣社會、經濟制度、生活方式與同其他外國的經濟、文化關係不變；私人財產、房屋、土地、企業所有權、合法繼承權和外國投資不受侵犯；5、台灣政界領袖可擔任全國性政治機構領導，參與國家管理；6、台灣地方財政有困難時，可由中央政府酌予補助；7、台灣人民願回大陸定居者，保證妥善安排、來去自如、不受歧

視；8、歡迎台灣工商界人士到大陸投資，保證合法權益與利潤；9、歡迎台灣各界人士與團體，提供統一的建議，共商國事。《葉九條》是共和國政府在「一國兩制」政策形成過程的階段性設想。

十八、1981年「中華台北」模式

民國政府在1924年、1932年、1936年、1948年都是以「中國」為名，參加國際奧林匹克運動會。1949年共和國成立，南京的民國政府遷往台北，隔著台灣海峽，組成「台北民國政府」，實際治理區域僅限台灣島、澎湖群島。1952年在芬蘭首都赫爾辛基舉行的奧運會，討論「中國問題」，決議兩岸運動隊伍都可參加，台北民國政府卻下令「漢賊不兩立」，拒絕參加。1956年澳洲墨爾本奧運會，共和國政府堅持「台北不出、北京不入」，拒絕接受兩個中國的奧會會籍，退出比賽，台北民國政府則以「福爾摩沙-中國」（Formosa-China）的名義參加。

1960年義大利羅馬奧運會，「中華民國奧林匹克委員會」被國際奧委會改名為「中華奧林匹克委員會」，台北民國政府以「福爾摩沙」（Formosa）之名參賽。1964年東京奧運會及1968年墨西哥奧運會，改以「台灣」（Taiwan）之名參賽。1972年慕尼黑奧運會，台北民國政府以「中華民國」ROC之名參加，當時發生「慕尼黑慘案」，以色列選手被巴勒斯坦恐怖份子綁架殺害。1976年蒙特婁奧運會，加拿大政府拒絕以「中華民國」（ROC）為名的奧運代表團入境，國際奧委會再要求台北民國政府，改以「台灣」（Taiwan）為名參賽，蔣經國下令拒絕參加。1980年莫斯科奧運會，因為蘇聯入侵阿富汗，美國發起抵制，兩岸都參與抵制行動，沒有派隊參加。

1981年3月23日「中華奧林匹克委員會」與「國際奧林匹克委員會」在瑞士洛桑國際奧會總部簽訂的《國際奧會與中華台北奧會協議

書》，簡稱《洛桑協議》。「中華奧林匹克委員會」更名爲「中華台北奧林匹克委員會」（Chinese Taipei Olympic Committee），並以「中華台北」（Chinese Taipei）之名參與各項國際運動組織，這種參與方式也稱爲「奧會模式」。

1989年4月6日中華台北奧林匹克委員會與中國奧林匹克委員會在香港簽署協議：「台灣地區體育團隊及體育組織赴大陸參加比賽、會議或活動，將按國際奧會有關規定辦理，大會（即主辦單位）所編印之文件、手冊、寄發之信函、製作之名牌，以及所做之廣播等等，凡以中文指稱台灣體育團隊與體育組織時，均稱之爲『中華台北』。」1989年5月台灣島立刻以「中華台北」名義，獲得北京正式邀請，首次組隊參加亞洲青年體操錦標賽，這是兩岸體育交流的開始。

「中華台北」模式從此成爲國際慣例，除了體育賽事外，舉凡電競、學術、技術等許多比賽中，若有「中華人民共和國」組隊以「中國」之名參加，「中華民國」的代表隊只能以「中華台北」的名義參加。

1991年11月12日主辦APEC的韓國居中協調，台北民國政府以「中華台北」名義加入亞太經合組織（APEC）。「奧運模式」或「中華台北模式」就從運動領域轉入經濟文化領域，成爲台灣島參與國際經濟、體育、文化活動的規範。2004年12月15日經濟合作發展組織（OECD）批准，「中華台北」可以成爲OECD「競爭政策委員會」的觀察員。2005年10月27日OECD批准，「中華台北」可以成爲鋼鐵委員會觀察員及漁業委員會專案觀察員。

2009年5月18日「中華台北」獲准以觀察員身份，參加世界衛生大會（WHA）。5月26日胡錦濤會見中國國民黨主席吳伯雄，談及參與國際組織活動問題時，公開稱呼「中華台北衛生署」，這是共和國領導人首次在公開場合表述「中華台北」。

十九、陳文成事件

1981年5月20日美國卡尼基美隆大學（Carnegie Mellon University）統計系助理教授陳文成（1950-1981）返台探親，7月2日被戒嚴單位台灣警備總司令部的人員帶走偵訊。7月3日清晨，陳文成被發現陳屍台灣大學校園。驗傷結果是墜落重傷致死，至於是遭人從高處推落，或自行意外墜落，至今各說各話，原因成謎。但台北民國政府在美國的形象也因此案重挫。

廿、李師科事件

李師科（1927-1982）山東樂縣人，抗日游擊隊出身，1949年隨國民黨軍隊來台，1959年因病退役。1980年1月持土製手槍射殺教廷大使館的警衛李勝源，奪走制式手槍。1982年4月14日李師科持該制式手槍，蒙面搶劫台灣土地銀行古亭分行，劫走新台幣531萬餘元，不久被捕，5月21日被判處死刑。李師科搶劫案是台灣島史上第一件銀行搶案。

廿一、1982年《八一七公報》

1982年8月17日中美又發表一份聯合公報。公報說共和國政府重申台灣問題是中國內政，1979年1月1日中國發表的《告台灣同胞書》，宣布了爭取和平統一祖國的大政方針。1981年9月30日（中國時間10月1日）中國提出的九點方針（《葉九條》），就是按照這一大政方針爭

取和平解決台灣問題的進一步重大努力。

　　美國政府重申，它無意侵犯中國的主權和領土完整，無意干涉中國的內政，也無意執行「兩個中國」或「一中一台」的政策。美國政府聲稱，它不尋求執行一項長期向台灣出售武器的政策，它向台灣出售的武器在性能和數量上將不超過中美建交後近幾年供應的水平，它準備逐步減少它對台灣政權的武器出售，並經過一段時間導致最後的解決。這是美國首度提及「無意執行一中一台政策」，但卻也迴避美國《台灣關係法》是不是「美國版一中一台」的問題。

廿二、1982年美國的六項承諾或保證

　　《六項保證》是美國處理台灣與中國大陸關係的政策指引之一，1982年美國與中華人民共和國協商《八一七公報》時，由蔣經國政府提出，經美國雷根政府認同，於1982年7月知會美國國會後，以雷根私人信函向蔣經國提出保證，信函日期就是8月17日。

　　1982年版本《六項保證》內容包括：

1. 我們不同意對台結束軍售設定日期；（We did not agree to set a date certain for ending arms sales to Taiwan）

2. 我們不在台灣與中華人民共和國之間作調停角色；（We see no mediation role for the United States between Taiwan and the PRC）

3. 我們不會施壓台灣要求與中華人民共和國談判；（Nor will we attempt to exert pressure on Taiwan to enter into negotiations with the PRC）

4. 我們對台灣的主權議題的長期立場並沒有改變；（There has been no change in our longstanding position on the issue of

sovereignty over Taiwan）

5. 我們無計劃尋求修改《台灣關係法》；以及 （We have no plans to seek revisions to the Taiwan Relations Act; and）

6. 《817公報》不應解讀爲意味著我們已同意對台軍售會先徵詢北京意見。（the August 17 Communiqué, should not be read to imply that we have agreed to engage in prior consultations with Beijing on arms sales to Taiwan）

2015年10月28日美國衆議院提出《第88號共同決議提案》，重申《六項保證》與《台灣關係法》均爲美台關係之重要基石，提案文的《六項保證》更改1982年版本內容如下：

1. 美國不會設定終止對台軍售日期；（The United States would not set a date for termination of arms sales to Taiwan）

2. 美國不會更動《台灣關係法》的條款；（The United States would not alter the terms of the Taiwan Relations Act）

3. 美國做成對台軍售決策不會事先與中國諮商；（The United States would not consult with China in advance before making decisions about United States arms sales to Taiwan）

4. 美國不會在台灣與中國之間作調停；（The United States would not mediate between Taiwan and China）

5. 美國不會更動有關對台灣的主權的立場，認爲這是一個由中國人自行和平解決的問題，且不會施壓台灣與中國談判；以及（The United States would not alter its position about the sovereignty of Taiwan which was, that the question was one to be decided peacefully by the Chinese themselves, and would not pressure Taiwan to enter into negotiations with China; and）

6. 美國不會正式承認中國主權涵蓋台灣。（The United States would not formally recognize Chinese sovereignty over Taiwan.）

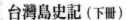

2016年5月16日美國眾議院討論提案時，認爲這《六項保證》的提案與《台灣關係法》都是美台關係的重要基石，要求美國總統和國務院公開接受。但決議案的《六項保證》的提案內容，尤其提案第六點，被認爲挑戰中國對台灣島的領土主權，最後眾議院院會並未通過，而是以1982年的版本內容通過。美國眾議院這《HCR88號共同決議案》，只是表達美國眾議院的聲明。美國參議院於2016年8月7日也通過1982年版本的《第38號共同決議案》。共同決議案只是美國國會的聲明，不須經美國總統簽署，也不具法律效力，對美國總統和國務院無拘束力。但卻是雷根經由私人信函轉爲美國國會正式聲明的第一次。觀其內容，這六點保證用來安撫蔣經國的成份多於提供實質有意義的保證。

廿三、1983年《鄧六條》

鄧小平於1983年6月25日提出《解決台灣問題的六條方針》，具體說明「一國兩制」的性質，俗稱《鄧六條》：

1. 台灣問題的核心是祖國統一，和平統一已成爲國共兩黨共同語言。
2. 制度可以不同，但在國際上代表中國的，只能是中華人民共和國。
3. 不贊成台灣「完全自治」的提法，「完全自治」就是「兩個中國」，而不是一個中國。自治不能沒有限度，不能損害統一的國家的利益。
4. 祖國統一後，台灣特別行政區可以實行與大陸不同的制度，可以有其他省、市、自治區所沒有而爲自己所獨有的某些權力。司法獨立，終審權不須到北京。台灣還可以有自己的軍隊，只

是不能構成對大陸的威脅。大陸不派人駐台，不僅軍隊不去，行政人員也不去。台灣的黨、政、軍等系統都由台灣自己來管。中央政府還要給台灣留出名額。

5. 和平統一不是大陸把台灣吃掉，當然也不能是台灣把大陸吃掉，所謂「三民主義統一中國」不現實。

6. 要實現統一，就要有個適當方式。建議舉行兩黨平等會談，實行國共第三次合作，而不提中央與地方談判。雙方達成協定後可以正式宣布，但萬萬不可讓外國插手，那樣只能意味著中國還未獨立，後患無窮。

廿四、黨外組織與康寧祥

「黨外」一詞專指「國民黨外」的人士，且專指反對台北民國政府由國民黨施行戒嚴統治的鬆散組合或團體。「黨外」一詞是1969年11月台北市議員選舉，康寧祥（1938- ）競選時以「黨外」自稱，以示有別於國民黨籍候選人。當年12月黃信介競選立法委員，康寧祥替黃信介助選，再用「黨外」一詞作識別，而流傳開來。1972年「黨外」的康寧祥當選立法委員，1973年張俊宏以「黨外四人聯合陣線」競選台北市議員，卻全數敗北。1975年台北康寧祥、彰化黃順興、嘉義許世賢皆以「黨外」名義當選立法委員。1977年「黨外」人士大串連，又爆發「中壢事件」，許信良當選桃園縣長，南投張俊宏、高雄余陳月瑛、宜蘭林義雄當選省議員。

1978年黃信介成立「台灣黨外人士助選團」，由施明德當總幹事。1978年12月15日美國宣布與台北的「中華民國」斷交，轉與中華人民共和國建交。1979年12月10日發生高雄美麗島事件。1980年至1981年，與美麗島事件有關的家屬或律師紛紛當選公職，尤清當選監察委員，蘇貞昌、游錫　當選省議員，謝長廷、陳水扁、林正杰當選

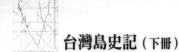

台北市議員。

1983年謝長廷成立「黨外中央後援會」，1984年費希平、林正杰成立「黨外公職人員公共政策研究會」，簡稱「黨外公政會」。1985年改由尤清、謝長廷領導黨外公政會，被視為採選舉路線、公職路線與國民黨鬥爭的政治勢力。

在「黨外」政治勢力成長過程，以辦雜誌作為宣傳工具，例如《大學》、《八十年代》、《台灣政論》、《美麗島》雜誌等，也培養了不少「黨外」的作家、編輯人員。1983年9月9日這些作家、編輯人員成立「黨外編輯作家聯誼會」，簡稱「黨外編聯會」，由林濁水任會長，邱義仁任副會長。後來張富忠、邱義仁、吳乃仁、洪奇昌接續擔任會長。1984年6月1日《新潮流》雜誌出刊，由吳乃仁任發行人，洪奇昌任社長，邱義仁任總編輯，這是「新潮流」政治派系的雛形。

「黨外編聯會」和「黨外公政會」路線歧異，雙方激烈鬥爭。「黨外編聯會」宣稱有所謂「雞兔問題」，「雞」是指強烈反國民黨的「黨外公職人員」，「兔」是指與國民黨妥協甚至合作的「黨外公職人員」。1986年雙方捐棄前嫌，合作組織「民主進步黨」。1987年以「黨外編聯會」為主的人馬，組織民進黨內紀律嚴明的「新潮流系」的政治派系，該派系倡導台灣獨立、群眾路線、左派路線，但該派系的關係人卻與中國大陸有積極的生意往來。2008年7月新潮流改制成「台灣新社會智庫」。2011年9月出現「新潮流」從1997年起，就已和中國大陸國台辦秘密接觸的事證。

康寧祥1938年生，台北萬華人，台北大學畢業。1969年以豐富而感性的演說，異軍突起，當選台北市議員，1972年當選立法委員，1983年遭「黨外編聯會」發起「批康運動」鬥爭而落選。1986年再度當選立法委員，1993年出任監察委員，2002年出任國防部副部長，2003年轉任國家安全會議秘書長，2004年退出公職。康寧祥口才流暢，演講極富魅力，但不善組織。主張溫和，善於議會論政，不適合

群眾運動，與蔣經國頗有交情。

廿五、1984年江南事件

　　1984年10月15日美國的中國移民劉宜良（1932-1984），筆名江南，在美國加州遭台灣島的竹聯幫頭目陳啓禮（1941-2007）刺殺。起因是江南被台北民國政府的「國防部情報局」吸收爲線民，以華語作家的身份，打聽「共和國」在美國的活動。情報局第三處副處長陳虎門發現江南同時被「共和國」吸收爲線民，江南扮演雙面間諜的角色，又明顯對台北民國政府不利。

　　陳虎門於是提案制裁江南，經局長汪希苓核定。汪希苓找陳啓禮執行任務，適巧吳敦在美國旅遊，又是神槍手，陳啓禮安排的槍手臨陣退卻，陳啓禮憑老交情及愛國心說動吳敦執行任務。吳敦誤以爲「國家使命」，開槍刺殺江南。此案很快被美國聯邦調查局偵破，美國嚴厲要求蔣經國查辦，台北民國政府才發現江南也是美國聯邦調查局的線民。蔣經國被迫懲處汪希苓、陳虎門、陳啓禮、吳敦等人外，下令解散「國防部情報局」，同時11月12日宣布展開「一清專案」，逮捕竹聯幫等黑道幫派頭目和徒衆，共4,000人，以向美國交代。外界傳言蔣經國的兒子蔣孝武牽涉江南命案，1985年12月15日蔣經國心力交瘁的宣布蔣家人不接班「既不能，也不會」，台北民國政府從此不再延續蔣家政權。

廿六、《中英聯合聲明》

　　1984年12月19日中國與英國就香港問題簽署《關於香港問題的聯合聲明》（Joint Declaration on the Question of Hong Kong），展開歷時

13年的香港主權從英國移交給中國的過渡期間。《聯合聲明》表示，於1997年7月1日中國恢復行使香港主權，英國將香港統治權交還給中國。中國將設立「香港特別行政區」，實施「一國兩制」、「高度自治」、「港人治港」，維持香港既有生活方式五十年不變。香港保持國際金融中心、國際和區域航空中心、自由港和獨立關稅地區的地位，香港保持財政獨立，中央政府不向香港徵稅。在《聯合聲明》安排的法律架構下，香港政府和議會體制由香港永久居民直接或間接選舉組成，但香港永久居民有三分之一並不具有中華人民共和國公民的身份。

廿七、1985年十信案

1983年台北民國政府財政部發覺「台北市第十信用合作社」，簡稱「十信」，貸款不正常，派人監督。1985年2月9日台北民國政府的財政部認定「十信」放款總額偏高，無法改善，下令接管，造成擠兌。但同時期華僑信託、亞洲信託、第一信託的財務狀況也類似，卻未遭接管。「十信」的負責人蔡辰洲（1946-1987）於1982年當選立法委員，與其他立法委員劉松藩、王金平、洪玉欽等結成「十三兄弟」派系，常對財經官員關說施壓，且又與國民黨領導階層蔣彥士、關中緊密聯繫，引來國民黨其他派系側目相視。「十信」發生後，蔣經國解除蔣彥士、關中等人職務，被視爲台北政壇大風暴。

廿八、1986年「中國台北」

亞洲開發銀行由日本主導，美國支持，成立於1966年11月24日，台北民國政府以「中華民國」名義參加，在27個創始會員中，認股額

度排名第11位。台北民國政府在1968年至1971年間，向亞洲開發銀行貸款11筆，共9,574萬美元。1972年起非但停止貸款，還主動捐款。1986年2月20日亞銀通過中華人民共和國入會，把台北民國政府的「中華民國」會員名稱改爲「中國台北」（Taipei, China）。1987年台北民國政府拒絕參加亞銀年會，1988年4月出席亞銀年會時，在「中國台北」的名牌邊，放置抗議牌（Under Protest），從此這類抗議持續到現在。1991年後台北民國政府提案希望把「Taipei, China」改爲沒有逗點的「Taipei China」，意指「台北中國」，提案未成。1997年香港回歸中國，1998年香港參加亞銀的名稱改爲「中國香港」（Hong Kong, China）。台北民國政府的會員英文名稱則改爲「Taipei,China」，Taipei和China之間有逗點，但逗點後面不再空一格，以示與香港有所區別。不過中文名稱仍是「中國台北」。

廿九、1986年民主進步黨成立

1986年9月28日有132位反對國民黨政權的政治運動人士聚集台北圓山飯店，朱高正提議組黨，公推費希平爲組黨召集人，謝長廷和尤清建議黨名爲「民主進步黨」，費希平宣布「民主進步黨正式成立」，簡稱「民進黨」。並成立「十八人建黨工作小組」，成員爲費希平、傅正、尤清、江鵬堅、張俊雄、周清玉、謝長廷、游錫堃、陳菊、黃爾璇、康寧祥、蘇貞昌、許榮淑、顏錦福、李勝雄、邱義仁、洪奇昌、郭吉仁。雖然仍在戒嚴時期，蔣經國採容忍政策，以「時代在變，潮流在變，環境也在變」爲由，默許民進黨成立，並順勢於1987年7月15日解除戒嚴，讓民主進步黨合法化。民主進步黨的政治主軸就是爭取台灣島的執政權，推動「台灣獨立」。

1986年11月10日民進黨制訂《黨綱》，分爲第一部分〈基本綱領〉共六款，其第一款即〈台灣住民自決黨綱〉，1991年修訂爲〈台

獨黨綱〉。第二部分是〈行動綱領〉。第三部分是1999年的〈台灣前途決議文〉，其他部分則是一些比較不重要的決議文。

1988年4月17日民進黨發表「四個如果」決議文，又稱〈417決議文〉：「如果國共片面和談、如果國民黨出賣台灣人民利益、如果中共統一台灣、如果國民黨不實施真正的民主憲政，則民進黨主張台灣獨立。」

1990年10月7日民進黨發表〈1007決議文〉：「台灣事實主權不及於中國大陸及外蒙。我國未來憲政體制及內政、外交政策，應建立在事實領土範圍之上。」

1991年10月13日民進黨發表〈台獨黨綱〉：「建立主權獨立自主的台灣共和國……台灣主權獨立，不屬於中華人民共和國且台灣主權不及於中國大陸，既是歷史事實又是現實狀態，同時也是國際社會之共識。台灣本應就此主權獨立之事實制憲建國……因此我們主張：1、依照台灣主權現實獨立建國，制定新憲，使法政體系符合台灣社會現實，並依據國際法之原則重返國際社會。2、依照台灣主權現實重新界定台灣國家領域主權及對人主權之範圍，使台海兩岸得以依國際法建立往來之法秩序，並保障雙方人民往來時之權益。3、以台灣社會共同體為基礎，依保障文化多元發展的原則重新調整國民教育內容，使人民之國家、社會、文化認同自然發展成熟，而建立符合現實之國民意識。基於國民主權原理，建立主權獨立自主的台灣共和國及制定新憲法的主張，應交由台灣全體住民以公民投票方式選擇決定。」

1999年5月8日民進黨發表〈台灣前途決議文〉：「第一、台灣是一主權獨立國家，其主權領域僅及於台澎金馬與其附屬島嶼，以及符合國際法規定之領海與鄰接水域。台灣，固然依目前憲法稱為中華民國，但與中華人民共和國互不隸屬，任何有關獨立現狀的更動，都必須經由台灣全體住民以公民投票的方式決定。第二、台灣並不屬於中華人民共和國，中國片面主張的『一個中國原則』與『一國兩制』根本不適用於台灣。」

　　民進黨的台獨主張在法理上最大的問題是，無法改變1943年《開羅宣言》、1945年《波茨坦公告》、《日皇投降詔書》、《日本降伏文書》所確立的國際法及中國憲法秩序：「台灣島主權復歸中華民國」，以及1971年聯合國大會《第2758號決議》所確認的「恢復中華人民共和國的一切權利，承認她的政府的代表爲中國在聯合國組織的唯一合法代表」等文件，所形成的「一個中國」原則的國際法基礎。民進黨主張「台灣事實主權不及於中國大陸」，問題在於「事實主權」只是「治理的事實狀態」，不等於「法理主權」的「國際法的法律狀態」。要改變這種「事實」成爲「法理」，只有「台灣獨立」被中國主權擁有者所承認並接受，才能改變1943年《開羅宣言》等國際法文件的主權規範，否則民進黨的論述充其量只是沒有法理基礎的政治主張而已。民進黨主張台灣不隸屬於中華人民共和國，但民進黨又要廢除中華民國，廢除中華民國後，中華人民共和國對中國主權會完全繼承，也繼承中國對台灣島的主權，民進黨對這些問題卻無答案。民進黨的「事實」是實然「To be」的問題，無法推論出「法理」的應然「Ought to be」，但是應然的「法理」卻可改變實然「事實」的權力。

卅、1987年小金門慘案

　　1987年初有一對中國大陸男女青年游泳至金門大膽島登岸，大膽島指揮官將這對青年送至金門防衛司令部，司令部竟然以「第一線單位不得接受投誠」爲由，解除大膽島指揮官職務，並下令「任何人登島，格殺勿論」，槍殺這對男女。2月28日有艘中國大陸漁船在大膽島遭到射擊，船上漁民揮舞白旗，卻被司令官下令以戰車砲轟擊沉沒，只剩一人漂流至鄰近礁石，亦遭射殺。

　　3月7日有一艘越南難民船航抵金門島，央求政治庇護，金門防衛

司令部拒絕，派蛙人部隊將難民船拖去外海，任其漂流至小金門東崗附近。司令官下令射擊驅離，難民仍強渡上岸。司令官卻下令炸毀難民船，有三名難民用中文哀求收容，卻當場遭射殺。小金門士兵從難民殘骸拖出所有難民，拒絕送醫或給與食物和水，在海灘上全部屠殺滅口，不論老弱婦孺和嬰兒無一倖免。連後來在船體夾層被發現的小男孩亦遭處決，難民遭殺害總數不只19人。

小金門外海有艘中國大陸漁船，目睹這一慘無人道的難民屠殺案，遭司令官下令擊沉，船上漁民4人遇害死亡。5月初香港《南華早報》揭露此事件，國際特赦組織函蔣經國關切此案，蔣經國指示郝柏村、鄭為元查辦，相關人等皆被移送軍法審判，但判刑最高僅一年十個月，卻又全部緩刑，事隔多年又全部升等。但是台灣島的軍隊毫無人性，已傳遍全世界，兩岸當時已無戰事，金門守軍卻如此顢頇冷血殘暴，台北民國政府和台灣島的國際聲譽一落千丈。各國政府紛紛質問台北民國政府，重要官員甚至拒絕會見台北民國政府代表人員，台北民國政府長期打著反共招牌，突然間全部崩潰瓦解。蔣經國面對突如其來的壓力，健康急轉直下，1988年1月13日去世。

卅一、1987年解除戒嚴

1987年7月15日蔣經國解除台灣島長達38年的《台灣省戒嚴令》，全稱是《台灣省政府台灣省警備總司令部布告戒字第壹號》，由陳誠於1949年5月19日頒布，台灣島從此進入「戒嚴時期」，台灣島和澎湖群島分成台北、北部、中南部、東部、澎湖等五個戒嚴區。解除戒嚴後，一般人民不再受軍法審判，公民的基本權利不再被限縮。1987年11月2日「開放探親」准許台灣島居民返回中國大陸探親。

卅二、惟覺老和尚主持靈泉寺

惟覺老和尚（1928-2016），本名劉知安，生於四川營山。1943年就讀香港華僑工商學院，1949年還俗當兵，隨國民黨敗退台灣島。1963年在基隆十方大覺寺出家，1970年閉關茅棚12年，1982年入世弘法，1987年主持靈泉寺，2001年在南投建立中台禪寺，2016年去世，年88歲。惟覺老和尚與證嚴法師、星雲法師、聖嚴法師並稱台灣島四大佛教宗師。

卅三、張憲義事件

張憲義（1943-　），1967年陸軍理工學院物理系畢業，任職中山科學院，秘密參與研發核子武器。1969年赴美國田納西大學攻讀核子工程，1982年被美國中央情報局CIA吸收為間諜，成為美國情報組織在台灣島的「沈睡者」Deep Sleeper，陸續將台北民國政府的核子武器研發資料送交美國。1988年1月9日張憲義在CIA掩護下逃往美國。「沈睡者」深埋在台灣島各個重要位置，平常不從事間諜工作或發展組織，遇有重要關鍵，立刻啟動發揮間諜的功能。1月13日蔣經國去世，當天美國總統雷根（Ronald Wilson Reagan, 1911-2004）立即指派丁大衛（David Dean, 1925-2013）見李登輝，強烈要求終止核武計畫。

美國擔心參謀總長郝柏村會掌控核武，1月15日美國與國際原子能總署封鎖中山科學院的核武實驗室，拆除設施，運走濃縮核原料，強行灌漿封閉實驗室，這時郝柏村才發現張憲義是CIA的特工。美國封閉台灣島核武研究設施的過程，證實台北民國政府是美國的扈從政權，不是主權政府。另一方面，台北民國政府與美國簽有秘密協議，

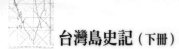

美國有權禁止台灣島發展任何核武設施，時間在台灣島第一座核電廠
於1979年1月5日營運前。美國根據這個秘密協議強力控制台北民國政
府的核子研究計畫。

卅四、新興佛教宗派

　　台灣島經過多年經濟發展，也帶動本島的佛教發展，產生本島新
創的佛教宗派，其中以悟覺妙天禪師和蓮生活佛最為突出。

　　悟覺妙天禪師本名黃明亮（1934-　），台灣屏東潮州人，出身貧
寒，投身軍旅，40歲退役後開始正式修行，42歲宣稱皈依生平事蹟成
謎的的臨濟宗第八十四代居士敬哉禪師，48歲自稱獲傳法印成為第
八十五代在家居士傳人。1988年成立基金會，弘揚印心禪法，創立教
團，累積雄厚財力，堪稱現代維摩詰（Vimalakirti）。

　　佛教大乘佛法和禪宗思想源自被視為釋迦牟尼（Sakyamuni, 566-
486 BC）兄弟的維摩詰，但禪宗作為一個宗派的初祖，被認為是釋迦
牟尼去世前在靈山法會「拈花微笑」的大迦葉尊者（Mahakasyapa），
禪宗傳至第二十八代菩提達摩（Bodhidharma）東傳至中國，並為中
國禪宗初祖。菩提達摩的弟子慧可禪師（487-593）成為第二十九代傳
人及中國禪宗二祖，接續傳承給僧璨、道信（580-651）、弘忍（601-
675）、惠能（638-713），中國禪宗六祖惠能等於是禪宗第三十三代
傳人，傳說惠能預言身後禪宗「一花開五葉」，但禪宗是否有居士傳
人是個疑問。

　　蓮生活佛本名盧勝彥（1945-　），台灣嘉義人，軍校畢業。早年
信奉基督教，25歲改宗道教，29歲皈依佛教印順長老，37歲皈依香港
西藏密宗上師李廷光，1986年剃度，宣稱創立真佛宗，於南投草屯建
有「雷藏寺」，是本島產生的西藏密教宗派。

第八章
李登輝（1988年-2000年）

李登輝1923年生，台灣新北市三芝人，福建永定客家移民後裔。1940年登記為日本皇民，更改姓名為岩里政男。1941年以皇民身份進入專收日本人的台北高等學校就讀，1943年台北高等學校畢業，進入日本京都大學農業經濟系就讀。1944年向日本殖民政府提出「血書」，聲稱「願為君國粉身碎骨，以報答浩蕩皇恩」，申請志願擔任台籍日本兵，在日軍名古屋高砲部隊以少尉軍階服役。1945年日本無條件投降，李登輝轉換身份為中國人，1946年1月轉學回台灣大學農業經濟系，當年9月加入中國共產黨，1947年8月退黨，但改參加中共外圍組織「新民主同志會」，1948年退會。

　　李登輝未參加1947年3月暴動的二二八事件，參加中國共產黨的秘密當時也未被揭露。1949年台灣大學畢業，1952年赴美國愛荷華大學就讀，1953年取得碩士回台任職於台灣省農林廳。1961年轉任職於美國人控制的農村復興聯合委員會，簡稱「農復會」，卻因曾參加共產黨被羈押4個月，經農復會負責人沈宗翰保證後釋放，同年改信基督教。1965年帶職赴美國康乃爾大學就讀，1968年取得博士學位回台。

　　1971年李登輝被蔣彥士推薦為行政院政務委員，1978年被蔣經國提拔為台北市長，1981年提拔為台灣省政府主席，1984年提拔為台北民國政府副總統，1988年1月13日蔣經國去世，李登輝繼任台北民國政府總統。1990年至1996年由台北民國政府的國民大會選任為總統，1996年至2000年由台灣地區公民直選為台北民國政府總統。李登輝當政時期，一改蔣經國的簡樸風氣，帶頭打貴族高爾夫球，購買高爾夫球場別墅，出入高檔日本料理，享用昂貴魚翅、鮑魚，飲用高價紅酒，奢侈風氣一時瀰漫台北政壇。2001年籌組台獨政黨「台灣團結聯盟」，被國民黨開除黨籍。

一、1988年520事件

台灣島解除戒嚴以來，示威遊行活動衍生的最激烈衝突，就是由「雲林縣農民權益促進會」發起的農民上台北的大遊行，抗議台北民國政府開放美國水果蔬菜、火雞肉進口，使農民生存權益受損。來自雲林、嘉義等10個縣市農民5,000人，1988年5月20日集結台北街頭遊行抗議，先後在立法院、城中分局等地與警方發生激烈衝突，警民共數百人受傷。

二、1988年九二四證所稅事件

台北民國政府財政部長郭婉容9月24日週六中午，宣布1989年元旦起恢復課徵證券交易所稅，出售股票超過三百萬元且有所得者，要將證券交易所得納入申報綜合所得稅。9月26日星期一是宣布後的首日交易，股票市場無量下跌，且連續19天，共計下跌3174.45點，跌幅37%，這是台灣島證券史上最慘重的大波段跌幅。這案件曝露李登輝和郭婉容對於台灣島的股票市場結構所知有限，這個錯誤在2012年馬英九和劉憶如又重蹈一次，劉憶如時任馬英九政府的財政部長，她是郭婉容的女兒，也同樣鎩羽而歸。

三、鄭南榕事件

鄭南榕（1947-1989），福建福州人，出生於台北市，外省人第二代。父親鄭木森在公營的中興紙廠福利社擔任理髮師，二二八事件時

曾險遭本省人攻擊。1979年後，原本經商不順的鄭南榕，轉而從事政治雜誌業，宣揚言論自由，強烈批判國民黨。1987年鄭南榕公開主張台灣獨立，1988年與海外台獨份子建立聯繫，而且這些海外台獨組織曾派人入台從事恐怖活動，包括刺殺蔣經國。因此1989年1月21日鄭南榕收到台灣高等檢察署以聯絡海外台獨組織為由，涉嫌叛亂的傳票，不是主張台獨的言論遭傳喚。1月27日開始在雜誌社內自囚，拒絕出庭。4月7日台北市警察局王郡、侯友宜奉命拘捕，雜誌社內突然擲出汽油彈，消防隊員莫懷祖、徐志成、徐源進遭到嚴重灼傷。鄭南榕涉嫌燒傷執行公務的警察，本身就是極為嚴重的罪行。雜誌社內人員以汽油噴灑大門，造成火災。鄭南榕於火勢逐漸撲滅之際，自鎖於辦公室，點燃汽油自焚死亡，號稱為爭取台獨的言論自由而死。其妻葉菊蘭後來當選立法委員，並出任陳水扁政府的部會首長。

四、1990年二月政爭及「黑金政治」

　　1988年1月13日蔣經國去世，1月27日李登輝被選為國民黨代理主席，7月李登輝在國民黨第十三次全代會正式當選主席，會議期間，擔任秘書長的李煥鬥倒行政院長俞國華，迫使俞國華於1989年5月辭職，由李煥接任。1990年3月台北民國政府將改選總統、副總統，1989年年底李登輝刻意排除李煥，規劃提名李元簇為副總統。雙方鬥爭激烈，在國民黨內部形成李登輝、宋楚瑜、宋心濂、鄭心雄等新興的「主流派」，和李煥、郝柏村、林洋港、蔣緯國、王昇等蔣經國助手的「非主流派」，雙方勢同水火。1990年2月11日國民黨召開臨時中央委員會，兩派激烈鬥爭，最後「主流派」以99票打敗70票的「非主流派」，李登輝、李元簇獲得國民黨提名，史稱「二月政爭」。3月21日李登輝在台北民國政府的國民大會選舉總統時，668張選票中獲得641票當選。6月李登輝提名郝柏村任行政院長，「非主流派」的結盟瞬間

瓦解。

　　李登輝在二月政爭後，為壯大個人勢力，積極拉攏「本土派」和財團企業。當時這些本土派大多是在各縣市掌控農會、漁會、水利會、議會的地方派系，並從事砂石業、土方業、營建業、土地開發業、自公共工程攫取利益的政商集團。後來李登輝更結合黑道幫派份子，反而被黑道頭子篡奪地方政治權力。在李登輝縱容及利用下，這些黑金份子紛紛「黑道漂白」，當選鄉鎮長、議員議長、立法委員、縣市長，形成國民黨的「黑金政治」，李登輝也名符其實成了「黑金教父」。李登輝玩弄黑金政治、財團政治、準台獨政策、拉拔台籍菁英和黑道頭子，將國民黨一步一步推向毀滅的邊緣。其中最有名的例子，1991年李登輝拉拔炒地皮出身的林榮三出任監察院副院長，成為李登輝的金牛級樁腳。林榮三辦理的《自由時報》亦配合李登輝玩弄「本土」、「台獨」的意識形態，扮演摧毀國民黨的宣傳機器的角色。

五、李煥

　　李煥（1917-2010）湖北漢口人。1941年上海復旦大學畢業，1956年美國哥倫比亞大學教育碩士。1968年擔任國民黨台灣省黨部主任委員，1976年任國民黨組織工作會主任（組織部長），1980年任高雄中山大學校長，1984年任教育部長，1987年任國民黨秘書長，1989年任台北民國政府行政院長。2010年去世，享年93歲。其子李慶華、女李慶安皆曾任立法委員。

六、郝柏村

郝柏村1919年生，江蘇鹽城人。1938年畢業於國民政府中央陸軍軍官學校，1946年陸軍大學畢業。1958年八二三砲戰時任師長，在小金門嶼立功，1964年升任金門防衛部副司令。1978年任陸軍總司令，1981年任台北民國政府的參謀總長，1989年任國防部長，1990年任行政院長，但不時受困於「反對軍人組閣」的聲浪，1993年卸任。郝柏村長子郝龍斌於2006年當選台北市長。

七、1990年野百合運動

1990年3月16日有9名台灣大學學生忍受不了國民黨的「二月政爭」和當時正在台北陽明山舉行的「國民大會」的「選舉總統」戲碼，跑到中正紀念堂廣場靜坐抗議。3月17日引發各縣市議會和社團紛紛感同身受發表「聲討國民大會」的聲明，傍晚在廣場上靜坐抗議的學生有200多名。3月18日靜坐抗議學生達千人，要求「解散國民大會」、「廢除《動員戡亂臨時條款》」、「召開國是會議」、「訂定民主改革時間表」，民主進步黨也藉機發動數萬名群眾聚集廣場四周。3月19日抗議學生達3,000人，自稱「野百合學運」，要求李登輝、李煥答應所提訴求。

3月20日李登輝當選「總統」，釋出接納學生意見的訊息。3月21日李登輝接見學生代表，答應「召開國是會議」，3月22日學生靜坐抗議6天後退場。李登輝在6月28日召開「國是會議」，達成「終止動員戡亂時期」、「增訂《憲法增修條文》」等共識，但卻沒有「終結萬年國會」或「廢除國民大會」的結論。因為由陳水扁等人於1990年

6月1日所提「終結萬年國會」的「釋憲案」，於6月21日「司法院大法官會議」已做成「憲法解釋」，命令所有未定期改選的「中央民意代表」於1991年12月31日解職，所以1991年12月21日「國民大會代表」才首次在台灣島全面改選。

南京民國政府於1947年在全中國「選出」3,045名國民大會代表，但國共內戰，民國政府失敗撤至台灣島，1950年經由人數不齊的「立法院」修法，使「國民大會」開會人數從二分之一調降爲三之一。這實在是很投機取巧的方法，讓「國民大會」能「依法」順利開會，但卻使「國民大會」的合法性受到破壞，連帶使「國民大會」選舉產生的職位和決議的議案，都不具完整的合法性。1954年僅有1,578名「國民大會代表」到台北報到，幾近一半無法到台北，實際能到場開會的人數更不足半數，滿足三分之二的「修憲門檻」更是天方夜譚。1960年台北民國政府更誇張的「修法」，把國民大會集會的「法定總人數」改爲「報到人數」，表示這時台北民國政府的國民大會已不能代表「《中華民國憲法》規定的『國民全體』」。1990年「國民大會」只剩下大部分逾期未改選的752名「國民大會代表」，純粹是象徵性功能，在法理上已無法自圓其說，既不能代表大陸人民，亦不能代表台灣島人民，只能虛擬的代表法理上說不通的「中國人民」。由這些「國大代表」選出的台北民國政府「總統」，在法理上能代表誰，很難解釋。

八、1990年閩平漁事件

1990年7月12日大陸漁船「閩平漁5540號」漁船在台灣海峽與台灣島漁民從事交易活動，台北民國政府的軍警認定該漁船走私偷渡，將「閩平漁號」押至宜蘭澳底，於7月21日把63名漁民關進船艙，並用六寸長圓釘將艙蓋封死，然後命13名船工駛回福建，7月22日清晨該漁船

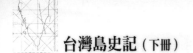

擱淺在福建平潭，船艙中漁民已活活悶死25人。台北民國政府殘酷對待大陸漁民，違反人權和人性已超越最底線的道德標準。

九、1990年國家統一委員會

李登輝於1990年10月7日宣佈成立「國家統一委員會」，只是任務編組的機關，1991年2月23日這個委員會通過《國家統一綱領》，再經「行政院」於3月14日核定爲正式的政策。《國家統一綱領》是一個中國原則的台灣版，承認中國統一是海峽兩岸的共同責任，大陸與台灣都是中國的領土。設立「中介機構」推動兩岸交流，互不否定對方爲「政治實體」。建立官方溝通管道及兩岸統一協商機構，推動兩岸高層互訪。李登輝制訂《國家統一綱領》後，民進黨則於10月13日黨員代表大會通過〈台獨黨綱〉相對抗，主張「住民自決公投」、「獨立建立台灣共和國」、「制定新憲」、「重新界定領土範圍」、「發展台灣認同」。

另一方面，1990年11月21日李登輝成立「海峽交流基金會」，請辜振甫擔任董事長，作爲兩岸交流的「中介機構」。1991年4月28日海基會秘書長陳長文訪問中國大陸，尋求與中國大陸建立溝通管道。這是1949年以來，兩岸首度公開接觸。國台辦副主任唐樹備與陳長文見面，即提出兩岸接觸必須堅持「一個中國原則」爲基礎。中國大陸則於1991年12月16日成立「海峽兩岸關係協會」作爲中介機構，由汪道涵當首任會長。

兩岸看起來似乎積極推動中國統一，但李登輝的目的只要兩岸交流，中國統一只是李登輝對內對外的掩飾工具。相對的，原本分裂的德國卻因1989年11月9日柏林圍牆倒塌，隨後美國、英國、蘇聯、法國於1990年9月12日在莫斯科簽訂《最終解決德國問題條約》，德國獲准統一，10月3日迅速完成兩德統一。同時期世界局勢也激烈變化，1990

年6月12日俄羅斯宣佈主權獨立，1991年8月19日蘇聯爆發政變，12月25日蘇聯解體。1995年7月及1996年3月台灣海峽卻爆發兩次飛彈危機。

台灣島的中國統一氛圍在2000年3月陳水扁當選「總統」後，開始轉爲反對統一及傾向台灣獨立的方向發展。爲緩和兩岸緊張情勢，2000年5月20日陳水扁宣稱「四不一沒有」，表示「不會宣布獨立、不會更改國號、不會推動兩國論入憲、不會推動改變現狀的統獨公投、也沒有廢除《國統綱領》與國統會的問題」。對中國大陸來說，「四不一沒有」仍然未提及「一個中國原則」，也未說明清楚兩岸到底是一個國家，或是兩個國家，海基會與海協會的「中介」功能從2000年5月開始陷入中斷狀態。陳水扁最後於2006年2月27日宣佈《國家統一綱領》「終止適用」，2月28日宣佈「國家統一委員會」「終止運作」。從1990年至2000年這10年間，「國家統一委員會」只是似有若無的存在。縱使2008年馬英九接任台北民國政府總統，也不曾恢復這個機構。

十、《台北增修條文》始末

（一）民國政府的憲法秩序

中華民國時代的憲政秩序始於1911年12月3日由「各省都督府代表聯合會」制定公布的《中華民國臨時政府組織大綱》，1912年1月2日修訂。1912年2月12日大清帝國宣統皇帝發布《退位詔書》，「中華民國」繼承「大清帝國」，取得中國主權的國際法和憲法地位。1912年3月11日「臨時參議院」制定通過《中華民國臨時約法》，1914年5月1日袁世凱的「約法會議」制訂《中華民國約法》，又稱《袁記約法》。1916年1月1日至3月22日袁世凱稱帝，建立「中華帝國」，中

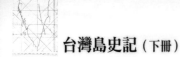

華民國憲法秩序短暫廢止。1923年10月10日由「中華民國憲法會議」制定通過的《中華民國憲法》，又稱《曹錕憲法》。1931年6月1日由「國民會議」制定，經「國民政府」公布的《中華民國訓政時期約法》。

1946年12月25日由南京的「制憲國民大會」通過《中華民國憲法》，這部憲法的原型是1946年1月10日至31日國民黨、共產黨和其他黨派共38位代表在重慶召開「政治協商會議」，決議成立「憲草審議委員會」，成員有國民黨的王世傑、共產黨的周恩來、民社黨的張君勱等人制訂草案，史稱《政協憲草》。1946年12月25日「制憲國民大會」通過《政協憲草》成為《中華民國憲法》，又稱《南京憲法》。

（二）《動員戡亂時期臨時條款》

《南京憲法》制定未久，南京民國政府的「國民大會」於1948年5月10日制定《動員戡亂時期臨時條款》的憲法附加條款，擬在兩年半時間內凍結部分《中華民國憲法》條文。但隨著國共內戰，1949年國民黨敗退台灣，《動員戡亂時期臨時條款》卻在台灣地區實施了43年之久，1991年5月1日才廢止，由在台北制定的《台北增修條文》取代之。

1948年在南京的「國民大會」制定《動員戡亂時期臨時條款》，本質上作為《南京憲法》的臨時修正案，僅適用於「動員戡亂時期」，意指條款僅在「國共內戰時期」有效。此臨時條款賦與「總統」擁有臨時性的「緊急處分權」，卻經1954年在台北的「國民大會」決議修訂為無限期繼續有效，變成「臨時性的永久條款」，成為台北民國政府的「實質小憲法」。

1960年修改增訂《動員戡亂時期臨時條款》部分條款使蔣介石得以無限制連任「總統」，並有權終止「動員戡亂時期」。1966年2月修訂使「國民大會」擴權。1966年3月再度修訂使「總統」有權設立機構、調整中央政府組織、訂定辦法增補選「國民大會代表」及「立法

委員」等「中央級民意代表」。1972年修訂設立定期改選的「第一屆
增額中央民意代表」和保障原有在南京民國政府時期選出的「第一屆
中央民意代表」繼續行使職權，不必改選，成為法理上說不通的「萬
年國會」。1991年4月22日這個施行43年的臨時條款經「國民大會」
議決廢止，但同日也通過《憲法增修條文》，可稱為《台北增修條
文》。

在這43年的「動員戡亂時期」，「總統」擴權形成實質的獨裁
總統制。擴權方式如下：第一，除了蔣介石去世後，嚴家淦由「副總
統」繼任「總統」期間，「總統」都同時擔任台灣島的執政黨國民黨
的黨　，執政黨又是外造剛性的政黨，不受選舉影響執政地位，「總
統」實質上掌控所有重要人事任免權。第二，「國民大會」和「立法
院」長期不改選，已失去民意和權力基礎，毫無制衡「總統」和「行
政院長」的實權，更不可能提供民主與法治的基礎條件。

（三）《台北增修條文》

1991年4月22日後，台灣地區的憲政秩序進入《台北增修條文》
時期。1991年的《增修條文》著重在「中央民意代表」選舉方式的改
革，但仍授予「總統」擴權的依據，包括緊急命令的發布權、主持國
家安全會議及掌控國家安全局，「總統」開始取得憲法上屬於政府首
長的重要職權；1992年的《增修條文》，「總統」改由「自由地區全
體人民選舉之」，但未說明如何選舉。總統任期由六年改為四年，增
加對監察委員的提名權；1992年12月19日根據《台北增修條文》舉行
「第二屆立法委員」選舉，才完成所有民意代表的全面改選，終結所
謂「萬年國會」。「自由地區」選舉產生的「總統」，實質上是「自
由地區總統」，並未隨之改稱「地區總統」，如同孫文稱「非常大總
統」的法理案例。

1994年的《增修條文》，「總統」確定由「自由地區全體人民」
「直接」選舉之，確立「總統」是台北民國政府最具民意基礎的公職

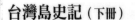

人員，同時限縮「行政院長」的副署權，「總統」任免「行政院長」及其他一些高層重要公職，不再經「行政院長」副署，更擴張了「總統」的權力；1997年《增修條文》，「總統」進一步擴權，任用「行政院長」不須經「立法院」同意，「行政院長」雖名為最高行政機關的政府首長，實質上僅是「總統」的直接下屬。同時，「總統」又取得「立法院」的解散權，可以制衡「立法院」對「行政院長」的不信任案；1999年修訂的《增修條文》則被外界稱為「國民大會修憲自肥案」；2000年修訂的《增修條文》則是改設「國民大會」為「任務型國民大會」的修憲案；2004年修訂的《增修條文》是廢除「國民大會」、改「立法委員」為單一選區兩票制、「立法委員」名額減半等。

　　總結來說，《南京憲法》制定不到一年半，即進入長達43年的「動員戡亂時期」，接著進入《台北增修條文》時期至今，成為台灣島的憲政秩序。《南京憲法》可以說幾乎從未完整實施過。因此台灣地區施行的憲政秩序是根據1946年中華民國在南京所制定的《中華民國憲法》和《動員戡亂時期臨時條款》，可稱為《南京憲法》和《動員戡亂條款》，以及「民國政府」在台北分別於1991、1992、1994、1997、1999、2000、2004等七次「修憲」所制訂的《台北增修條文》建構起來的。台北民國政府調整憲法秩序的目的在於使《南京憲法》仍適用於台灣島、澎湖群島、金門、馬祖，成為「地區性」的憲法秩序，畢竟《南京憲法》自1949年後已喪失在中國大陸適用的法理和政治基礎，調整《南京憲法》的適用範圍是台北民國政府應付憲法及國際法的「主權消損」危機的因應措施之一，但功效有限。

　　按照這個憲政秩序的規定，在「國家統一前」，《台北增修條文》優先適用於《南京憲法》的相關規定，其隱義是《台北增修條文》在「國家統一後」將失去其適用效力，憲政秩序將回歸《南京憲法》。《台北增修條文》把「中華民國」分成「自由地區」和「大陸地區」，「民國政府」僅從「自由地區」產生，在法理上形成「地區

性的中央政府」，實質上形成「地區性的自治政府」。有趣的是，這個憲法秩序沒有明確規定「香港澳門地區」不屬於「大陸地區」，但也非「自由地區」。1949年以前南京的中華民國政府從此成為台北的「自由地區政府」。

十一、蘇聯解體

1991年12月25日蘇聯總統戈巴契夫（Mihail Sergeyevich Gorbachov, 1931-2022）辭職，隔日蘇聯最高蘇維埃決議蘇聯終止存在，宣布解體。1922年12月30日列寧（Lenin，Vladimir Ilyich Ulyanov, 1870-1924）宣布成立「蘇維埃社會主義共和國聯邦」（Union of Soviet Socialist Republics），至1991年12月25日解體，立國69年，其國際法及憲法上的權利義務被俄羅斯聯邦（Russian Federation）所繼承和取代。

蘇聯自1980年代後，經濟已停止成長，增長率甚至是負數。人民生活水準低落，有40%的人口生活在貧窮線下，有80%的老年人貧困交加，有36%家庭沒有自來水。嬰兒夭折率上升，男性人口平均壽命縮短。全世界的工業國家有此現象者，只有蘇聯。蘇聯的經濟體制全由國有企業壟斷，這些國有企業對內不須競爭，對外毫無競爭能力。人類史上從未有過如此高教育的民族，掌握如此豐富的資源，又長時間拚命工作，但生產量卻如此之少。蘇聯領導階層對外駐軍、戰爭、冷戰，耗盡絕大部分資源在軍備軍費，造成人民生活水準持續性下降，徹底動搖政治體制，最終導致解體。

蘇聯解體使美國成為世界唯一的霸權，有餘力將部署在西歐的兵力調動至亞洲，以「再平衡」之名，用「準遏制政策」的手法，企圖壓制崛起的中國，尤其在南海、台灣海峽及東海的海域。但中國主權者視台灣島為「核心利益」，對美國而言，只是和平秩序的承諾，不

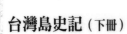
是生存的核心利益，無法如美蘇對峙般全力投入。所以美國一方面接受中國對台灣島的主權聲索，一方面維護台灣島上的「統治當局」以自治政府的形式存在，視之爲勢力範圍內的扈從政權。美中雙方互採迴避策略，比「低盪」Detente策略更低盪，但台灣島上的台獨勢力會趁機日益茁壯，卻遲早會引爆戰爭，使這個「再平衡點」失去平衡。

十二、1992年郝柏村震盪

郝柏村於1992年1月30日以「行政院長」身份表示，台北民國政府將抑制股票市場的金融遊戲，台灣島的股價加權指數因此從5459點下滑13個月，跌至1993年1月8日的3098點，下跌43.25%。這個事件是郝伯村政治聲望下跌的重要轉折點，1993年2月27日郝伯村的職務由連戰取代。

十三、「一個中國」問題的起源

台灣島及澎湖群島自1945年8月15日起歸屬中國領土。但自1949年10月1日起，中華人民共和國成立，原中華民國政府的部份機關遷移至台灣島及澎湖群島，形成兩個分裂分治的憲法秩序及國際法秩序。關鍵問題是：中國主權由這兩個國家組織中的哪一個擁有？或由哪一個代表？就憲法秩序而言，中華人民共和國自1949年10月1日起有效代表大多數中國人民行使中國主權，有效治理除台灣島及澎湖群島外所有中國領土及人民，已擁有中國領土主權。原中華民國的南京部份政府機關遷移至台灣島成爲「台北民國政府」，已無法代表中國的「國民全體」，自然無法擁有或代表中國主權，治理範圍也僅及於台灣島及澎湖群島，但就國際法秩序而言，卻仍持有聯合國的中國主權代表

權，直到1971年10月25日聯合國大會《第2758號決議案》通過後才喪失。台灣島及澎湖群島顯然與中國大部分領土，自1949年起處在不同的國家級政權治理下的事實，延伸出「兩個中國」、「一中一台」、「台灣獨立」等的政治爭議及法律問題。海峽兩岸的政府試圖梳理「一個中國」的法理定義和爭議，分別產生許多重要文件和論述，用來定位「對方」的法律性質。

1949年9月29日由中國共產黨召集的「中國人民政治協商會議」提出《共同綱領》，是共和國成立前的憲法性文件，其第二條規定：「中華人民共和國中央人民政府必須負責將人民解放戰爭進行到底，解放中國全部領土，完成統一中國的事業。」其第五十五條並把當時的「中華民國政府」定義為「國民黨政府」，或以第五十六條定位為「國民黨反動派」。

1954年、1975年的《共和國憲法》並未提及任何領土或統一台灣的相關規定，直到1978年3月5日制定的《共和國憲法》的序言第七段才規定：「台灣是中國的神聖領土，我們一定要解放台灣，完成統一祖國的大業。」

1982年12月4日《共和國憲法》公布施行，其序言第九段再度敘明：「台灣是中華人民共和國的神聖領土的一部份。完成統一祖國的大業是包括台灣同胞在內的全中國人民的神聖職責。」把「中國的神聖領土」改為「中華人民共和國的神聖領土」，用意在表彰「中華人民共和國」的國家組織已持有中國的領土主權。

共和國政府另方面分別由不同單位發表了五次的《告台灣同胞書》，反映各個歷史階段內外在局勢的論述：

第一次是1950年2月28日南北韓戰爭前夕，且是美國杜魯門政府公開放棄支持台北民國政府的時期，由謝雪紅的台灣民主自治同盟發表，稱「台北民國政府」為「蔣匪幫」，主張要完成解放台灣的任務。

第二次是1958年10月6日金門砲戰期間，毛澤東撰搞，由彭德懷以

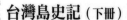

共和國國防部長名義發表，要求台灣共同對付美國。「你們與我們之間的戰爭，三十年了，尚未結束，這是不好的。建議舉行談判，實行和平解決。」稱「台北民國政府」爲「你們」或「台灣的朋友們」，稱呼「中華人民共和國」爲「我們」。

第三次是1958年10月25日，以共和國國防部長彭德懷的名義發表，要求台灣要與中國大陸團結一致，共同對付美國，稱爲《再告台灣同胞書》。「中國人的事只能由我們中國人自己解決。一時難於解決，可以從長商議。」「我們兩黨間的事情很好辦。」「美國人迫於形勢，改變了政策，把你們當作一個『事實上存在的政治單位』，其實並非當作一個國家。」這份文件把兩岸關係解讀爲國共「兩黨間的事情」的關係。

第四次是1958年11月1日，也是由毛澤東撰稿，仍以共和國國防部長彭德懷的名義發表，稱爲《三告台灣同胞書》，但當時並未公開發表。這份文件首度稱呼「台北民國政府」爲「台灣當局」。

第五次是1979年1月1日共和國政府與美國建立外交關係後，由共和國的全國人大常委會通過決議，發表《告台灣同胞書》，從民族主義的立場主張「台灣自古就是中國不可分割的一部分」，要求結束分裂局面「儘快結束目前的分裂局面」，「實現祖國統一」。要求結束軍事對峙，「應當通過中華人民共和國政府和台灣當局之間的商談結束這種軍事對峙狀態」。「在解決統一問題時尊重台灣現狀和台灣各界人士的意見，採取合情合理的政策和辦法，不使台灣人民蒙受損失。」要求兩岸三通，「發展貿易，互通有無，進行經濟交流。」「雙方儘快實現通航通郵，以利雙方同胞直接接觸，互通訊息，探親訪友，旅遊參觀，進行學術文化體育工藝觀摩。」這份聲明稱「寄希望於台灣當局」，默認台北民國政府爲中國主權下「地區政府」式的「台灣當局」。

台北民國政府在1991年3月14日通過《國家統一綱領》，宣布「大陸與台灣均是中國的領土，促成國家統一，應是中國人共同的責

任。」但2006年2月27日陳水扁卻宣布《國家統一綱領》停止適用。台北民國政府另在1991年5月1日通過《中華民國憲法增修條文》，宣示「因應國家統一前之需要」，確認台灣地區的憲法秩序，默認大陸地區存在另一部憲法秩序。

1992年海峽兩岸由海基會和海協會在香港舉行會談，討論處理文書認證所產生的「一個中國」問題。會談中未就「一個中國」的定義達成結論，卻在會談後的函電交換中達至共識，事後被稱爲《九二共識》，從而開啓1993年的辜汪會談。

共和國政府在1993年8月31日發表《台灣問題與中國的統一白皮書》，強調「台灣是中國不可分割的一部份」及說明「台灣問題的由來」。台北民國政府則在1994年7月1日公布《台海兩岸關係說明書》詮釋「中華民國的立場」。共和國政府在2000年2月21日再發表「一個中國原則與台灣問題」，說明一個中國原則的立場，並列舉「否定一個中國原則」是武力統一台灣的條件。

十四、刑法一百條修正案

1935年1月1日中華民國南京政府公布《刑法》共357條，其中第100條第1項規定：「意圖破壞國體、竊據國土或以非法之方法變更國憲、顛覆政府，而著手實行者，處七年以上有期徒刑。」這個條文被視爲處罰主張台灣獨立、傾向共產主義者的刑法條款。1991年5月台北民國政府逮捕新竹清華大學學生廖偉程等人，指控其接受日本台僑史明的「獨立台灣會」資助，在台灣島從事台獨組織工作。此舉引發各大學學生的抗議，1991年5月17日台北民國政府廢除《懲治叛亂條例》，釋放廖偉程等人。繼而5月24日廢除《檢肅匪諜條例》，1992年5月18日修訂《刑法》第100條，將「而著手實行者」修訂爲「而以強暴或脅迫著手實行者」。換言之，「強暴或脅迫」才是處罰要件。

十五、1992年《九二共識》

　　1992年3月22日海基會和海協會在北京進行首度事務性商談，雙方對如何表述「一個中國原則」發生重大分歧。海基會表示未獲授權商談「一個中國的問題」，卻又提出許多明顯違反「一個中國原則」的主張。海協會則堅持事務性商談應該在「一個中國原則」下進行，同時考慮台灣的實際情況，只要求台灣方面表明「一個中國原則」的態度就行，不涉及其政治內涵。至於「一個中國原則」的表述方法可以討論。

　　爲回應大陸方面的要求，1992年8月1日，台灣方面由李登輝主導的「國家統一委員會」通過關於「一個中國」的涵義如下：「海峽兩岸均堅持『一個中國』之原則，但雙方所賦予之涵義有所不同。中共當局認爲『一個中國』即爲『中華人民共和國』，將來統一以後，台灣將成爲其轄下的一個『特別行政區』。台灣方面則認爲『一個中國』應指1912年成立迄今之中華民國，其主權及於整個中國，但目前之治權，則僅及於台澎金馬。台灣固爲中國之一部份，但大陸亦爲中國之一部份。1949年起，中國處於暫時分裂之狀態，由兩個政治實體，分治海峽兩岸，乃爲客觀之事實，任何謀求統一之主張，不能忽視此一事實之存在。」李登輝試圖主張在一個中國的主權下論述有「兩個分治的政治實體」。

　　李登輝的回應確立海峽兩岸在事務性商談中，要有堅持「一個中國原則」的共識。1992年9月海基會和海協會分別派出秘書長在福建廈門會面，就堅持「一個中國」的表述問題，非正式交換意見。海協會表示海峽兩岸堅持「一個中國原則」已有共識，但大陸方面不同意台灣方面對「一個中國」內涵的解釋，也不可能和海基會討論關於「一個中國」的內涵。

1992年10月26日至29日海基會的許惠祐與海協會的周寧，在香港的港麗酒店舉行會議，兩會各自提出五個關於「一個中國原則」的文字表述方案，討論時雙方意見分歧。海協會希望先就「一個中國」的議題達成協議，主張：「在海峽兩岸共同努力謀求國家統一的過程中，雙方均堅持一個中國的原則，對兩岸公證文書使用（或其他商談事務）加以妥善解決。」

1992年10月30日台灣方面透過海基會的許惠祐用口頭表述方式，提出另外三個表述方案。海基會最後一個方案提議表述：「在海峽兩岸共同努力謀求國家統一的過程中，雙方雖均堅持一個中國的原則，但對於一個中國的涵義，認知各有不同。惟鑑於兩岸民間交流日益頻繁，爲保障兩岸人民權益，對於文書查證，應加以妥善解決。」

海協會認爲海基會這項「一個中國」的表述，與海協會歷來主張「在事務性商談中只要表明堅持一個中國原則的態度，不討論一個中國的政治涵義」的立場接近，可以考慮與海基會以各自表述的內容，表達堅持一個中國原則的態度。海協會希望海基會能夠確認這是台灣方面的正式意見，但直到香港會談結束時，台灣方面都未確認海基會這項表述。

1992年11月3日上午海協會孫亞夫給海基會陳榮傑打電話，表示對海基會提議各自以口頭聲明方式，表述堅持「一個中國原則」的態度，表示尊重和接受，並請海基會確認許惠祐的建議是台灣方面的正式意見，具體表述內容再另行協商。11月3日晚上海基會以新聞稿的方式傳眞致函海協會表示，已徵得台灣方面大陸事務委員會同意，以口頭聲明方式各自表達「一個中國」原則的「表述」；至於口頭聲明的具體內容，台灣方面將根據《國家統一綱領》及國家統一委員會「本年八月一日」對於「一個中國」涵義所作決議，表述爲「雙方雖均堅持一個中國的原則，但對於『一個中國』的含義，認知各有不同。」台灣單方面稱這項表述爲「一中各表」。

1992年11月16日海協會去函海基會表示「我會充分尊重並接受

貴會的建議」，並表述如下：「現將我會擬作口頭表述的要點函告貴
會：海峽兩岸都堅持一個中國的原則，努力謀求國家的統一。但在海
峽兩岸事務性商談中，只要表明堅持一個中國原則的態度，不涉及
『一個中國』的政治含義。」大陸方面的表述常被稱為「見面時擱置
爭議」。

換言之，如果海峽兩岸官方人員見面會商時，若提及「一個中
國的政治含義」，則該會商就不是「事務性商談」，而是涉及「一個
中國的政治含義」的「政治性談判」。因此雙方正式見面時，僅以某
種方式「表明堅持一個中國原則的態度」即可，大陸方面的代表不提
「中華人民共和國」，台灣方面的代表也不提「中華民國」，以維持
「事務性商談」的性質。

12月3日海基會回函海協會，對11月16日海協會的函件內容表示
「我方表示歡迎」。海基會函中強調：「我方始終認為：兩岸事務性
之商談，應與政治性之議題無關，且兩岸對『一個中國』之涵義，認
知顯有不同。我方為謀求問題之解決，爰建議以口頭各自說明。至於
口頭說明之具體內容，我方已於十月三日發布之新聞稿中明白表示，
將根據《國家統一綱領》及國家統一委員會本年八月一日對於『一個
中國』涵義所作決議加以表達。」這個「八月一日」的涵義指涉「兩
個分治的政治實體」。

這就是1992年海協會及海基會在香港會談結束後，以函電「換
文」方式達成的共識內容。這個共識在2000年4月28日蘇起創造出
《九二共識》的名詞，加以概括說明：台灣方面的表述是「堅持一個
中國的原則，但認知各有不同」，大陸方面的表述是「堅持一個中國
的原則，但事務性商談不涉及一個中國的政治涵義」，雙方互不否定
對方的表述。

總而言之，海峽兩岸達成了四點《九二共識》：1、雙方都堅持一
個中國的原則；2、兩岸都謀求國家統一；3、台灣的但書是一個中國
的涵義，認知各有不同；4、大陸的但書是事務性商談不涉及一個中國

的政治涵義。

但《九二共識》在1995年台海飛彈危機後名存實亡，直到2005年連戰訪問北京，與胡錦濤發表〈五項願景〉，才正式成爲國民黨的政策綱領。2008年馬英九執政後才又成爲台北民國政府的政策，但2016年蔡英文執政，《九二共識》又被擱置。

十六、1993年辜汪會談

1992年的年初和8月海協會汪道涵兩度邀請海基會辜振甫訪問大陸，1992年8月22日辜振甫回信汪道涵，表示接受邀請並建議在新加坡舉行會談。由於1992年11月兩岸透過海基會與海協會達成《九二共識》，奠定辜汪會談的政治基礎，海協會同意在新加坡舉行會談。1993年4月27日至29日「海峽交流基金會」與「海峽兩岸關係協會」在新加坡海皇大廈舉行辜振甫與汪道涵的「辜汪會談」。汪道涵首先講話，表達大陸領導人以個人身份對台灣方面領導人的問候，即展開具體問題的會談。汪道涵說應以兩岸經濟交流合作爲重點，不受政治分歧的影響。辜振甫則談台商權益保障，能源合作開發，工商界領導人互訪。第二天會談討論鼓勵和保護台商，卻陷入僵局。大陸方面要求台灣方面放寬台商赴大陸投資，放寬對大陸商品的進口限制，台灣方面卻不同意。只達成加強經濟交流的共識，卻擱置台商投資保護的討論，以後再議。辜汪兩人簽訂《兩岸公證書使用、查證協議》、《兩岸掛號函件查詢、補償事宜協議》、《兩會聯繫與會談制度協議》、《辜汪會談共同協議》。

其中《辜汪會談共同協議》敲定1993年兩會事務性協商的議題，包括「違反有關規定進入對方地區人員之遣返及相關問題」、「有關共同打擊海上走私、搶劫等犯罪活動問題」、「協商兩岸海上漁事糾紛之處理」、「兩岸智慧財產權（知識產權）保護」、「兩岸司法機

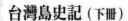

關之相互協助（兩岸有關法院之間的聯繫與協助）」，並同意加強經濟、能源資源開發、文教科技等的交流。

辜汪會談這些成就在1995年飛彈危機後，形同失效。1998年辜振甫雖然應汪道涵邀請赴上海會面，亦無進一步的發展。

十七、1993年《台灣問題白皮書》

1993年8月31日共和國政府公布《台灣問題與中國的統一白皮書》，在前言開頭即主張「維護國家統一和領土完整，是國際法的基本原則」，聲明凡以局部或全部破壞這個基本原則，都不符合《聯合國憲章》及聯合國《關於各國依聯合國憲章建立友好關係及合作之國際法原則之宣言》。

《白皮書》第一部分論述「台灣是中國不可分割的一部份」。《白皮書》引用三國時吳國人沈瑩的《臨海水土志》論證「台灣自古即屬於中國」，並強調三國孫吳政權和隋朝楊廣政府「都曾先後派萬餘人去台」，但這段說法經不起歷史事實的科學驗證。

沈瑩是三國孫吳政權的丹陽太守，在公元268年的《臨海水土志》一書中記載「夷洲在臨海郡東南，去郡二千里」，應是聽聞之作，沒有證據可以證明沈瑩本人或當時有人去過「夷州」，更無法證明「夷洲」就是台灣島，也無法證明中國人在當時已「佔領」或「移居」台灣島；當然也談不上有任何中國中央或地方政權曾經在三國時代對台灣島進行有主權展示意義的活動。

甚至更早的公元230年，《三國志》〈吳志 孫權傳〉記述，「遣將軍衛溫、諸葛直將甲士萬人，浮海求夷洲及亶洲，…但得夷洲數千人還。」以當時的航海技術，要在東海或台灣海峽派遣一萬人的艦隊跨海航行，十分不靠譜，而且「得夷洲數千人還」更無其他佐證。

若當時吳國人口曾突然出現數千人的台灣原住民，不可能沒有

其它文獻記載。何況當時台灣原住民是否有「數千人」可以被吳國俘虜，都是技術上不可思議的事。

甚且陳壽《三國志》裡的〈吳志 陸遜傳〉和〈吳志 全琮傳〉，還有完全相反的記載。《白皮書》引用這些材料去證明「台灣自古即屬中國」，不是很妥當的做法。歷史著作提供的主權證據如果時間跨度太長，間隔太大，且屬於單一或臨時起意的事件，甚或相互矛盾的事實，不能作爲領土先佔（Occupation）的證據，更不能作爲行使主權的證據。「先佔」是一個國家通過和平方式佔領「無主之地」（Terra Nullius），並宣佈爲其領土的法律權源（Title）創設行爲，是創設領土主權的原生性權源（Original Title）的方式。「無主之地」的基本定義就是無任何國家組織擁有該土地的主權，但是在具體實踐上，有時不得將無國家組織卻有結構性政治社會組織的部落和民族居住的土地視爲「無主之地」。從這些部落或民族的土地取得領土主權的權源，應通過簽署協定或取得歸順作爲創設領土主權的權源，否則不算是對無主之地的先佔行爲。荷蘭殖民政權在1635年從麻豆社原住民手上取得領土主權，即通過與西拉雅族麻豆社原住民簽署《麻豆條約》而來。

《白皮書》提及宋、元、明三代中國政府即派兵駐守澎湖群島的歷史事實，雖然自宋代開始，澎湖群島已是中國主權所轄領土的一部份，但忽略當時台灣島與澎湖群島並無政治上的連結。澎湖群島納入中國主權版圖的時間點，並不代表台灣島也在同一個時間點納入中國主權版圖。

台灣島納入中國領土最明確的證據是，1662年2月1日鄭成功以「大明招討大將軍國姓爺」的名義和荷蘭東印度公司大員長官揆一簽署《鄭荷條約》時，台灣島才正式納入中國的主權版圖。當時鄭成功以「明代中國東都」之名在台灣島設立政權，其性質相當於「明代中國東部邊區政府」，這時中國主權才透過地區性政權施行於台灣島之上。當時佔有廈門、金門、澎湖群島的延平王政權，取得台灣島之

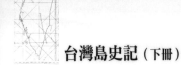

後，澎湖群島才與台灣島有了政治上的連結。在這之前，台灣島沒有明確證據與中國主權有任何關聯。一個國家擁有某一土地的主權或宗主權，有時不一定非通過中央政府展示主權，地方政權也可以。1609年日本薩摩藩派兵3,000名入侵琉球王國，將琉球尚寧王「日賀末按司添」（1564-1620）俘虜到鹿耳島，被迫向薩摩藩島津氏稱臣並簽訂《掟十五條》的投降條約，就是一例。

1683年10月5日台灣島的延平王鄭克塽具表上奏康熙皇帝「爲舉國內附，仰冀聖恩事」，聲明「謹籍土地人民，待命境上。數千里之封疆，悉歸土宇。百餘萬之戶口，並屬版圖。」台灣島及澎湖群島才在歷史上歸屬一個統一的中國領土，這也是歷史上「一個中國原則」明示台灣島屬於中國中央政府的首度實踐，而非屬於中國「分裂分治的政治實體」。

台灣島隸屬中國的大明帝國屬下的延平王國之領土21年及大清帝國領土212年後，1895年4月17日清代中國政府與日本明治政府在日本山口縣下關市馬關港，簽署《馬關條約》。第二條規定：「下列地方之城壘、兵器製造所及國有物永遠讓與日本：1、遼東半島。2、台灣全島及所有附屬各島嶼。3、澎湖群島，即英國格林尼次東經百十九度至百二十度止，北緯二十三度至二十四度之間諸島嶼。」從此台灣島及澎湖群島成爲日本帝國的殖民地，中國的領土主權不再及於台灣島及澎湖群島。

1683年鄭克塽及康熙皇帝確立的「一個中國原則」，自1895年起終止適用，直到1943年公布的《開羅宣言》，在1945年經由《波茨坦公告》及《日皇投降詔書》確認後，產生國際法效力，台灣島及澎湖群島於1945年8月15日重歸中國版圖，「一個中國原則」又重新適用。因此，現代版的「一個中國原則」確是從《開羅宣言》產生的。

《白皮書》最重要的論述是「中華人民共和國政府是中國的唯一合法政府，台灣是中國的一部份。」這段論述留下的問題是台灣島是「什麼中國」的一部份。海峽兩岸在1992年香港會談後的函電中表

明，雙方都堅持一個中國的原則，台灣島是中國的一部份已無疑義，但對「中國」的定義留下模糊的爭論空間。「唯一合法政府」顯然不是指台灣方面的台北民國政府。台灣島的台北民國政府是不是「合法政府」，《白皮書》並未給予正式的答案。「唯一合法政府」和其他「合法政府」也是迄今兩岸憲法秩序的重大議題。尤其1958年11月1日及1979年1月1日《告台灣同胞書》所承認的「台灣當局」到底具備什麼法律意義也尚未釐清，形成「台灣當局法律地位未定論」的問題。

《白皮書》認為台灣問題的由來是中國國民黨發動內戰，以及外國勢力介入。1949年10月1日中華人民共和國成立，中華人民共和國政府繼承中國主權，已成為中國的唯一合法政府。「國民黨集團的一部份軍政人員退據台灣。他們在當時美國政府的支持下，造成了台灣海峽兩岸隔絕的狀態。」則是台灣問題的源頭，亦即間接不承認遷至台灣島的「國民黨集團」是「合法政府」。

《白皮書》延續1958年11月1日及1979年1月1日《告台灣同胞書》的說法，模糊地稱呼台北民國政府為「台灣當局」，而不提及「台灣當局」的合法性問題，同時確認1972年《中美上海公報》、1978年《中美建交聯合公報》、1982年8月17日的《八一七公報》。

《白皮書》認為1979年美國通過《台灣關係法》違反《中美建交公報》，阻擾台灣與中國大陸統一，同時《八一七公報》的減少售武決定，美國並未認真執行且不斷違反。《白皮書》最後提出「和平統一、一國兩制」作為解決台灣問題的基本方針，即一個中國、兩制並存、高度自治、和平談判。美國的《台灣關係法》也用「台灣上的統治當局」稱呼台北民國政府，而不明確定義其法律性質。

十八、1993年尹清楓命案

12月10日台北民國政府的海軍上校尹清楓死亡的遺體在宜蘭外

海被發現，引爆台北民國政府向法國採購「拉法葉艦」收受回扣的貪污案，牽涉跨國龐大軍火交易，驚動多國政壇。尹清楓負責海軍武器採購，被殺的眞正原因始終成謎，與拉法葉艦採購佣金有關或其他原因，一直未獲釐清。被認爲與該案相關的台灣及法國人員計有14人，也於事發後離奇死亡。法國政府對此案也諱莫如深。

十九、1994年《一中兩體說明書》

1994年7月1日台北民國政府的大陸事務委員會公布《台海兩岸關係說明書》，作爲對1993年共和國政府所發表《台灣問題與中國統一白皮書》的回應。《說明書》的前言部分提倡：「很多國家在歷史上都有過分裂與統一的經驗，傳統中國歷朝各代也是分分合合，現代中國仍未能跳脫這個歷史的循環。」《說明書》接著強調自1949年起，「中國人民以台灣海峽爲界」分別生活在意識形態和制度不同的「社會」，提出以1991年制訂的《國家統一綱領》追求統一。

《說明書》主張，「中華民國」是由孫中山所創立，中國共產黨在1931年11月在江西成立「中華蘇維埃共和國」是中國再度分裂的開始，1949年10月在北京成立「中華人民共和國」，民國政府從南京經廣州，播遷台北，「中國遂以台灣海峽爲界暫時形成分裂分治之勢」。《說明書》認爲，兩岸分裂分治的本質，受到國際政治及意識型態的影響，且認定「中國統一問題的眞正癥結還是出在中共本身，不在別人。」統一的條件是「如果中國大陸實施自由民主的制度，經濟條件符合現代化水準，哪有中國人不願見到自己國家統一呢？」《說明書》主張：「中華民國」是孫文所創立，可能會有歷史學的爭論。「中國人願見到自己國家統一」的說法留下伏筆，暗示「如果台灣人不認爲自己是中國人」情勢會有變化。

《說明書》歷數中共對台政策的演變，質疑若眞的要「和平統

一」，但中共卻仍不承諾放棄以武力解決統一的問題。《說明書》解釋台灣方面推動交流統一的努力，包括在1990年6月召開「國是會議」，在1990年10月成立「國家統一委員會」制訂《國家統一綱領》，1991年1月成立「大陸事務委員會」，1991年2月成立財團法人海峽基金會，1991年行政院院會通過《國家統一綱領》，1991年5月1日終止「動員戡亂時期」及廢止《動員戡亂時期臨時條款》。

　　《說明書》強調，台北民國政府率先片面放棄以武力追求統一，不在國際上競爭「中國代表權」，且認為「中國只有一個」，但「台灣與大陸都是中國的一部份」，「中共不等於中國」，在統一之前，兩岸應有「平行參與國際社會的權利」。換言之，《說明書》認為中華人民共和國並未全盤繼承中國的領土主權，目前還留有隔著台灣海峽分裂分治的現實。

　　《說明書》敘述，1990年9月兩岸紅十字會簽訂《金門協議》處理大陸偷渡客遣返問題。1992年7月制訂《台灣地區與大陸地區人民關係條例》，奠定兩岸交流的法理依據。1993年4月在新加坡舉行「辜汪會議」，正式簽訂四項協議：《兩岸公證書使用、查證協議》、《兩岸掛號函件查詢、補償事宜協議》、《兩會聯繫與會談制度協議》、《辜汪會談共同協議》。

　　在政治方面，《說明書》主張：「中華民國」自1912年以來，在國際間始終是一個「具獨立主權的國家」；兩岸關係既不是國與國間的關係，也不是一般單純的國內事務；兩岸是兩個「政治實體」的互動，應暫時擱置「主權爭議」問題。換言之，台灣方面主張「台灣當局」仍具有1912年創立的「中華民國政府」的合法權力，而不提1953年3月1日蔣介石「復行視事」後，「中華民國」是否還有符合中國國民主權原則的憲法地位。也不提1971年10月25日後，聯合國《第2758號決議案》通過，「中華民國」是否還有符合主權國家要件的國際法地位。更重要的是這份《說明書》刻意迴避一個很關鍵的法律問題，1950年3月1日蔣介石宣布復職後的「中華民國」與此前存在於中國大

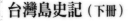

陸1949年10月1日前的「中華民國」是不是相同的「國家組織」。

《說明書》詮釋《國家統一綱領》，認爲兩岸關係是「一個中國、兩個對等政治實體」，「一個中國是指歷史上、地理上、文化上、血緣上的中國」，但《說明書》始終不提「國際法上、政治上、憲法上的中國」的具體定義。《說明書》強調：「中華民國的存在是不容否認的事實」；台北民國政府不接受「一國兩制」的主張；高度自治的特別行政區是要「中華民國」向「中共」全面歸降。但《說明書》結論是，「民國政府」堅決主張「一個中國」，反對「兩個中國」與「一中一台」，在和平統一之前，應以理性、和平、對等、互惠四項原則處理兩岸關係。《說明書》意圖使用「對等政治實體」來彰顯「中華民國」與「中華人民共和國」的對等地位。

《說明書》承認，統一與分裂有國際環境因素，也默認台灣獨立的主張逐漸滋長，統一與分裂兩股力量同時存在。尤其1987年解除戒嚴，開放黨禁後，台灣地區已形成民主自由的「生命共同體」，台獨黨派的民意勢將影響大陸政策的制訂。最後結論是「民主、自由、均富才是中國統一的眞正價值。」這是台灣方面首度承認「台獨勢力」已成長至能影響中國統一及一個中國原則的正式文件。更正確的說法，李登輝正準備打「台獨牌」應付中國統一的壓力，操作台北民國政府的生存策略與台獨勢力的發展策略相輔相成的戰略平行。

《說明書》所揭示的「政治實體」的概念在1974年12月13日聯合國大會《第3292（XXIX）號》〈西班牙沙哈拉問題（Question of Spanish Sahara）決議案〉出現過，該決議案使用「毛里塔尼亞實體」（the Mauritanian Entity）一詞表述由四個酋邦和許多部落組成的「政治實體」，該「政治實體」後來發展成毛里塔尼亞共和國，台灣島是否可視爲一個「實體」且具有部分國際法上的主權權利，確實是一個爭議問題。

廿、台獨勢力的立論

　　台灣島在李登輝執政後的1994年，開始興起以台灣島為主體的想像共同體（Imagined Community）。這是新崛起的「公民意識」，用「命運共同體」（Destiny Community）的想像共同體跨越省籍問題和統獨問題，並把國民黨版的中國意識拋下，以中國或中共作為想像共同體的共同敵人。在這「公民意識」的基礎上建立「準台獨」的命題：「台灣是台灣人的台灣」；「台灣的命運由台灣人決定」；「台灣前途由台灣人決定」。但實際上大部分台灣人都心知肚明，自己的實力無法支撐自己的口號。美國華盛頓和中國北京對台灣前途的決策權力，比起台灣島現住居民手中的籌碼毫不遜色。

　　台獨勢力在這個意識形態基礎上，不斷編造政治神話，有假證據、假論述、假歷史、假法理，目的在建立「去中國化」的理論，完成台獨的心裡準備工作：

　　第一，編造「台灣人不是中國人血統」的假證據。一些中國移民的後裔自稱不是中國人，自認只是台灣人，自稱是中國移民和平埔族的混血兒，已不是純種中國人。這些本省人明明是純中國移民後裔，卻引用不科學的「只有唐山公，沒有唐山嬤」的傳言，幻想自己是平埔族原住民的後代，否認自己的中國血緣，無視平埔族在荷蘭殖民時代人口已減半，只剩3萬多人，接近滅族，根本生不出這麼多本省籍人口的歷史事實。那些偽裝擁有原住民血統的「冒牌原住民」說法，只是企圖偽證自己擁有台獨正當性的謊言。

　　荷蘭人已對中國女性課徵人頭稅，證實1649年中國女性已很普遍存在台灣島。荷蘭人的海關紀錄也證明每一艘自中國來的船都有八分之一的乘客是女性。荷蘭人更委託鄭芝龍去中國大陸載運婦女到台灣島，賣給中國男性移民。郭懷一事件的記載，有大量中國婦女被平

埔族殺害，從此中國人與平埔族形同死敵，互不往來。荷蘭人、鄭芝龍、中國漁民的兩岸船運已相當發達，除了走私的人蛇船或較小的戎克船，渡過澎湖與台南之間的海域比較危險外，並沒有經過黑水溝就會「埋冤」，或有沉入台灣海峽的太大風險。但這些想台獨的本省人靠自我欺騙，僞裝成全是中國移民和平埔族的混血後代。事實上，這些混血後代佔台灣島人口總數少之又少，比近年大陸籍配偶與台灣島所生育的後代更少到可以忽略不計。

到了清代中國時期，也是中國移民大量移居台灣島的時期，在清代中國軍隊的保護下，中國移民強奪原住民的生活空間，形成「本省人」在台灣島的主流社會，與原住民的混血在這些中國移民裡，宛如一粒鹽掉進一缸糖水，可以忽略不計。有人提及大清帝國對「渡海」到台灣島有很多限制，但這些資料是引用伊能嘉矩的論文發生錯誤的說法，且與事實不符，清代中國的台灣島確定是台灣島史上中國人大移民、大開發的時代。清朝皇帝還下達數次命令，不准中國移民娶原住民婦女，防止中國移民利用原住民的土地由女兒繼承的制度，透過婚姻奪取原住民的土地。中國移民與原住民通婚在清代可說少之又少，連馬偕牧師一生在台傳教都沒見過中國移民和原住民通婚。

到日本殖民時代，日本人調查統計，閩南籍的「島人」只有千分之五的人曾有家族與原住民通婚的紀錄，與現今台灣島外籍配偶的比例相較，規模小到可以忽略。但是爲了「去中國化」，台獨份子不斷製造謊言，散播本省人是原住民的混血後代，不具中國血統。這個謊言的嚴重後果是構成數典忘祖、侮辱先祖的罪狀，提供中國武力統一台灣島，可以不計民族感情，展開殲滅戰爭的正當性。

從台灣島的人口增長資料可以很輕易推翻「只有唐山公，沒有唐山嬤」的說法，直接否定本省籍台灣人是平埔族的後代。1996年陳順勝醫師發表「20%至60%台灣漢人有原住民基因」的結論，很快被學者陳叔倬發現陳順勝計算錯誤，陳順勝取消該結論。但是有一半日本人血統，也在日本長大的馬偕醫院女醫師林媽利卻不死心，2000年

林媽利說「13%本省籍台灣人有原住民基因」，2007年林媽利更正說「85%台灣漢人有原住民基因」，不斷發表台灣人的DNA和中國人的DNA不相同的論述，企圖用所謂DNA科學論證，建立台灣人不是中國人的論述。但卻被其他學者如陳叔倬、段洪坤明確指證（陳叔倬，2008，p.138），林媽利的「研究」根本是違反科學的假論文，林媽利顧左右而言它，心虛不敢回應。可是台獨人士仍死不認錯，在《自由時報》這類台獨刊物大肆放送這些假論文，用科學謊話企圖製造政治神話。

第二，編造「台灣島不是中國領土」的假論述。台獨勢力自身最大的難題，在於國際法上不承認台灣島居民有權自行決定台灣島的領土歸屬，台灣島居民也並未在國際法上取得台灣島的領土主權。相反的，國際法上自1945年已確立台灣島主權歸屬中國，至今並未改變，這正是一中原則或政策的法理來源。台獨論述要以「台灣島地位未定論」推衍出「台灣人決定論」，有相當大的困難。台獨勢力第二個難題，在於不論台獨份子費多大心力要重構台灣島居民的政治認同，費多大的宣傳力道去仇視中國，但面對崛起的中國政經軍力量，可能使支持台獨的國際力量日漸萎縮，台獨勢力也日益渺小，台獨已是歷史上台灣島居民不可能實現的選項。

台獨論述引用美國《獨立宣言》，人民可為自己的幸福建立新政府，但人民卻無權為自己的幸福自動取得領土主權，除非是無主權之地，或既有的主權者放棄，但通常都要經過戰爭。美國總統林肯在就職演說發表的《林肯原則》，至今從未被美國最高法院否定過。《林肯原則》說：除非經過聯邦同意，任何從聯邦分離，企圖建立獨立國家的行動，就是叛國。台灣島、澎湖群島的領土主權，和中國東北的滿洲沒有不同，從1945年的《波茨坦公告》和日本天皇無條件《投降詔書》發布後，就已是中國的領土，這個法理基礎至今從未改變。要談台獨不能只談《獨立宣言》，而不談《林肯原則》。不可能只談美國獨立戰爭，而不談美國南北戰爭，而戰爭卻都是唯一的選項。這個

歷史經驗顯示，台獨成功的機會繫於台獨軍隊從事一項台灣海峽長期戰爭且獲勝的機會，但這項機會已隨著冷戰結束，反共主義失落，中國崛起而徹底消失。

第三，編造「台灣島早有獨立國家或本土政權」的假歷史。台獨份子企圖編造「台灣島的政權都是外來政權」，台灣島曾產生「本土政權」，但都被「外來政權」鎮壓滅亡。荷蘭、鄭氏、清朝、日本、國民黨都是外來政權，現在的台灣人要爲自己建立「本土政權」，產生新的獨立國家。爲了編造這種「本土與外來」的政權論述，台獨份子故意忽略「現在台灣島的大多數人口都是靠著外來政權才能移民台灣島」這樣的客觀歷史事實，也忽略客觀邏輯是「98%的大多數台灣人口都是外來政權的產物，沒有外來政權的保護，就沒有這些中國血統的台灣人」。編造台灣島史上的「本土政權」，如「大肚王國」、「大龜文王國」、「瑯嶠王國」、「台灣民主國」，卻都經不起檢證。事實真相是台灣島絕大多數人口都是外來政權帶來的外來人口，台灣島也從未出現「本島國家」。

至於台獨史觀推崇的「本土政權」，所謂「大肚王國」、「大龜文王國」、「斯卡羅王國」、「卑南王國」、「東寧王國」、「台灣民主國」卻從來就不是「國家」，更非主權國家，充其量只是部落聯盟或藩王國。台獨勢力拚命「去中國化」，廢除祭拜孔子、媽祖、鄭成功，或紀念孫文、蔣介石，轉而祭拜八田與一和日本神社。崇拜日本殖民成就，搞「轉型正義」，否定兩蔣治台成績，用皇民心態去扭曲自己先祖的歷史。

像台獨氣氛濃厚的台南地區，放棄紀念反日的台灣島英雄余清芳，甚至還醜化他。台獨人士拉倒並毀壞公園裡的孫中山銅像，用同一地點紀念日本血統的湯德章。結果是「去中國化」與「日本皇民化」同時並行，讓中國大陸更擔心海權被日本滲透，危及中國核心的安全戰略利益，反過來會更殘酷的鎮壓台獨勢力。

第四，編造「公民投票就有權獨立」的假法理。有一些追隨民進

黨路線的外省人為取悅主張台獨的本省人，常比本省人更加激進，明明是第一、第二代中國移民，父執輩靠國民黨撤退來台，才能棲身移居，並在台灣島安身立命，但這些外省人卻毫不遲疑背棄民族主義立場。這些外省人就是憑藉所謂「中華民國台灣化」，以及認為「民主、自由、人權」壓倒一切，其法理基礎來自美國《獨立宣言》「人生而平等，有追求自由幸福的權利」的《傑佛遜原則》。《傑佛遜原則》論證「人民追求自由幸福有權推翻政府」，但沒有論證「人民有權決定領土，建立國家」，那是華盛頓的軍隊和法國參戰打敗英國，並不是法理上有根據。李登輝曾抄襲日本右派理論鼓吹「中國七塊論」，斷定中國會分裂成七個諸侯國，讓台灣島有獨立的機會，但歷史發展卻使中國統一的力量日益強大，台灣島民的「公民有權獨立」的論述因此在法理和現實都失去依據。

因為美國南北戰爭的歷史經驗，推翻了「人民有權決定領土」的論述。美國南北戰爭前，南方組成的「美國邦聯」，如果訴諸南方的公民投票，百分之百可以通過獨立案。但是以北方為主的「美國聯邦」高舉《美國憲法》沒有明文規定的《林肯原則》，揮軍擊敗南方，「美國邦聯」就此被消滅。《林肯原則》說：「未經聯邦同意，任何脫離聯邦的獨立行動，就是叛亂，要以軍力摧毀。」所以美國獨立戰爭和南北戰爭揭櫫兩個憲法原則，並存到現在，從未被否定，那就是「民主」可以推翻政府，但不能分裂領土。要分裂領土，就得靠軍事力量在戰爭的血泊裡取得勝利才有機會。

台獨人士要確立「公民投票就有權獨立」的法理，就要有軍事實力挑戰「一個中國原則」，否則一切免談。評估實力問題可以參考台灣島經歷的五次主權更迭，《麻豆條約》、《鄭荷條約》、《鄭克塽降表》、《馬關條約》、《開羅宣言》等五次主權更迭，每次都是通過戰爭勝負決定結果，台獨勢力是否有實力通過戰爭的考驗，令人存疑。畢竟領土問題不是公民投票能處理的，連最溫和且具備「民族」身份的魁北克和加泰隆尼亞的「獨立公投」都被宣布為「無效」或

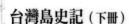

「非法」，「台灣人」只是中國漢族在台灣島的「居民」，不是獨立的「民族」，更不具備國際法或憲法上可獨立建國的資格。

第五，編造「中國不會武力攻台」的假說法。這些假的說法包括：中國的軍隊無能力渡過台灣海峽；台灣島的武力會給中國大陸造成重大傷害，使中國不敢冒進；美國會出兵保護台灣島；中國經濟會受到國際制裁而不敢妄動；中國進攻台灣島將是中國的越南或阿富汗。這些假說法真真假假，信者恆信，不信者恆不信。

廿一、1994年千島湖事件和名古屋空難

1994年3月31日中國大陸有歹徒吳黎宏、胡志翰、余愛軍三人結夥搶劫台灣旅客在浙江千島湖所搭乘的遊船，將24名台灣遊客及大陸籍船員和導遊8人，共32人關入船艙放火燒死。4月6日共和國政府總理李鵬講話，表達歉意並嚴令緝兇，且責成國務院秘書長羅幹全力處理。4月9日李登輝藉機煽動台灣島民情，指責共和國政府是「土匪」，李登輝卻忘記1990年7月21日台灣軍警以不人道的方式悶死25名大陸漁民的「閩平漁事件」，共和國政府也沒指責李登輝政府是「土匪」。何況千島湖事件的受難者也有8名大陸人。6月19日千島湖事件3名匪徒被執行槍決。

相較之下，2016年7月19日桃園機場附近發生大陸旅客搭乘的遊覽車起火燃燒，短短時間，車門鎖死，全車24名大陸旅客、台籍導遊鄭焜文、台籍司機蘇明成皆活活燒死。調查認定蘇明成蓄意縱火焚車，燒死大陸旅客。在這個案件中，蔡英文政府故意刁難大陸罹難旅客的家屬，只給7天入台簽證，且不給延續簽證，逼使家屬在調查結果未出爐前，誤以為一般事故，不得已簽署和解書離台，蔡英文政府才公布火燒車事件是刑事案件。大陸罹難旅客在台辦理喪事期間，蔡英文本人及其政府官員對罹難旅客完全漠不關心，用李登輝在千島湖事件的

「土匪」標準，蔡英文政府不知如何自處。

　　1994年可說是台灣島不平靜的一年，4月26日台籍的中華航空140號班機從台灣桃園飛往日本名古屋，在名古屋機場降落時，因正副駕駛員操作失誤墜毀，機上264人全數罹難，這是台灣島航空史上傷亡最嚴重的空難。

廿二、1994年台北市長選舉

　　1994年12月3日台灣島首次舉辦台灣省省長、台北市與高雄市市長的選舉，這是台灣島自1992年「國會全面改選」後的大型選舉。宋楚瑜打敗陳定南（1943-2006）當選台灣省省長，吳敦義（1948-　）打敗張俊雄當選高雄市市長，陳水扁打敗黃大洲、趙少康當選台北市長。這次選舉是民進黨首度贏得台北市的執政權，奠定陳水扁在台灣島政壇的關鍵地位，累積陳水扁2000年當選總統的政治本錢。另一方面，這場選舉也奠定宋楚瑜在台灣政壇的地位，埋下2000年國民黨提名連戰爲總統候選人的爭權危機。

廿三、1995年〈江八點〉與〈李六條〉

　　1995年1月30日江澤民以中共總書記身份發表「爲促進祖國統一大業的完成而繼續奮鬥」的講話，提出八點主張，稱〈江八點〉。其中與主權有關的是：

1. 堅持一個中國原則，是實現和平統一的基礎和前提。反對台灣獨立、分裂、分治、階段性兩個中國的主張。
2. 在一個中國的前提下，和平統一談判，什麼問題都可以談。

3. 努力實現和平統一，中國人不打中國人。

1995年4月8日李登輝在國家統一委員會發表談話，回應江澤民，俗稱〈李六條〉，但與主權有關的只有三條：

1. 在兩岸分治的現實上追求中國統一。
2. 兩岸平等參與國際組織，雙方領導人藉此自然見面。
3. 兩岸均應堅持以和平方式解決一切爭端。

廿四、1995年全民健保

1993年2月27日連戰就任行政院院長著手推動台灣島的全民健康保險制度。1995年3月3日台灣島正式實施全民健保，這是台灣島史上最大規模的醫療社會福利制度，使台灣島居民享有幾乎全世界最便宜的醫療服務。以2013年的統計比較，台灣醫療支出只佔GDP的6.6%，英國是9.4%，法國是11.8%，美國是17.2%，但這也造成全民健保的財務困境，需要不斷調漲保費。連戰推動的全民健保制度是建立在1956年勞工保險及1958年公務員和教師保險的醫療保險給付制度上，將之擴大範圍至全部人口，但不包括監獄受刑人和拘留所的被羈押人。連戰推動時遭遇民進黨強烈反對，民進黨認為公教勞的醫療保險制度虧損嚴重，連戰企圖強迫「全民」繳納健保費彌補虧損。民進黨並指控全民健保制度迫使勞工增加保險費支出，涉嫌剝削勞工。這些負面攻擊使1995年底的立法委員選舉，國民黨席次下滑，民進黨席次增加。2011年立法委員蔡正元提案修法將全民健保涵蓋受刑人及被羈押人，完成全部人口的健保制度，但民進黨後來仍不斷質疑並攻擊大陸配偶及大陸來台就學的學生是否應該納入健保範圍。

廿五、台灣海峽爆發兩次飛彈危機

　　1995年6月7日李登輝爲競選首任直選總統造勢，花費鉅資由美國卡西迪遊說公司操盤，促使白宮同意訪問美國，並赴康乃爾大學演講。李登輝此舉觸怒共和國政府，認定李登輝和美國在助長台獨勢力，大陸方面於7月21日展開飛彈和軍事演習，並中斷海協會與海基會的聯繫。7月21日從江西鉛山導彈基地，向台灣島富貴角北方海面試射兩枚東風15短程彈道飛彈，7月22日再發射兩枚，7月24日又發射兩枚。8月15日至25日大陸方面南京軍區派59艘艦艇、192架次戰機，在馬祖東引島北方進行海上演習。9月15日至10月20日再派81艘艦艇、610架次戰機在閩南沿海演習。10月31日至11月23日派第九十一步兵師、63艘艦艇、50架戰機，在福建東山島演習登陸作戰。

　　1995年12月19日美國派出尼米茲號航空母艦戰鬥群通過台灣海域，發出政治訊息，美國可能會依《台灣關係法》，介入可能的台灣海峽戰爭。

　　1996年3月8日解放軍從福建永安發射兩枚東風15導彈，落在高雄外海。從福建南平發射一枚落在基隆外海。3月12日至20日在東海及南海舉行實彈演習，3月18日至25日在福建平潭島舉行陸海空聯合作戰演習。

　　1996年3月8日美國宣布派遣獨立號航空母艦戰鬥群部署在台灣島東北海域，3月11日美國加派尼米茲號航空母艦戰鬥群前往台灣島東部海域。

　　美國、日本、菲律賓及馬來西亞等國家，皆準備從台灣島撤僑。

　　台灣方面軍事情報員龐大爲與解放軍退役大校邵正宗聯絡，吸收解放軍少將劉連昆當台灣方面的間諜，提供解放軍攻擊台灣島的軍事情報。劉連昆將解放軍演習時發射導彈是「空包彈」的情報透露給李

登輝，同時透露解放軍的陸海空聯合作戰可能會轉而攻擊台灣島或離島，李登輝據此情報派丁懋時向美國求救，美國於3月8日派獨立號航空母艦部署在台灣島東北海域，3月11日派尼米茲號航空母艦部署在東部海域。解放軍潛伏在台灣軍事情報局的間諜李志豪取得劉連昆的資料，1999年劉連昆被大陸方面判處死刑，同年李志豪被台灣方面判處無期徒刑。

廿六、1996年戒急用忍

1996年李登輝剛度過台海飛彈危機，又於3月23日以54%過半票數當選首次總統民選，連戰當選副總統，3月28日台灣島第一條捷運系統台北捷運木柵線正式通車營運。照理說一切都很順利，應該設法穩定兩岸關係，李登輝卻繼續執行1992年郝柏村威脅台塑集團王永慶不得赴福建廈門投資海滄石化廠的政策，以停止台塑股票交易，凍結銀行融資，限制台塑幹部出境，逼使王永慶放棄海滄計畫。9月14日李登輝正式提出「戒急用忍」一詞，限制高科技業、五千萬美元以上規模、基礎建設項目，皆不得赴大陸投資。「戒急用忍」從此成為限制海峽兩岸經貿交流的廣泛代名詞。

廿七、王永慶、張榮發、郭台銘、蔡衍明

在李登輝「戒急用忍」政策下，台塑集團王永慶（1917-2008）於1989年擬在福建廈門的海滄區投資煉油廠及石化工廠，1992年11月郝柏村下令，王永慶如果進行海滄計畫，將停止台塑集團股票上市，凍結銀行資金往來，限制高層人員出境，王永慶被迫放棄海滄計畫。長榮集團張榮發（1927-2016）1994年赴大陸投資，未受戒急用忍影響。

鴻海集團郭台銘（1950- ）1988年赴廣東深圳投資，也未受戒急用忍影響。旺旺集團蔡衍明（1957- ）1992年赴湖南長沙投資，同樣未受戒急用忍影響。

廿八、1996年、1997年的命案

1996年也是個不幸的年份，11月21日發生劉邦友命案，桃園縣長劉邦友等8人在縣長官邸遭到槍殺身亡，另有1人身受重傷，至今始終未能破案。11月30日又發生彭婉如命案，民主進步黨婦女發展部主任彭婉如在高雄搭計程車回飯店途中一去不回，12月3日在高雄鳥松發現其屍體，也至今未能破案。

1997年4月14日知名演藝人員白冰冰的女兒白曉燕遭歹徒陳進興、高天民、林春生綁架殺害，棄屍於新北泰山大排水溝。5月14日及18日分別有10萬人走上台北街頭，抗議李登輝政府治安不力，要求李登輝認錯，連戰下台。最後是內政部長林豐正下台，跟此事無關的政務委員馬英九卻也宣佈辭職。

歹徒逃亡途中連續犯案，6月6日綁架台北縣議員蔡明堂，取贖新台幣500萬元。8月8日勒索台北縣陳姓商人500萬元得逞。8月11日陳進興搶劫台北市民宅，捆綁女子三人，與警察爆發槍戰後逃脫。8月19日林春生和高天民在台北市與警察爆發槍戰，林春生死亡，高天民逃脫，警察一死一傷。10月23日台北市外科醫師方保芳遭陳進興、高天民脅迫替高天民整形，事後滅口殺害方保芳及其妻張昌碧，並強姦殺害護士鄭文喻。11月17日警察在台北石牌圍捕高天民，高天民自殺死亡。11月18日陳進興闖入台北市民宅強姦沈姓姊妹，當天晚上闖入南非武官卓懋祺家中，挾持一家五口，要求外國記者訪問，頓時成為國際事件。後經與侯友宜談判，棄械投降。陳進興共強姦19名以上婦女，年齡最大超過60歲，最小只有13歲，是台灣島史上最大罪案，

1999年10月6日被處死。

廿九、1997年亞洲金融風暴

　　1997年7月1日英國將香港主權移交給中華人民共和國，成立香港特別行政區，董建華出任第一任行政長官，香港臨時立法會展開運作。鄧小平的「一國兩制」開始落實，對台灣島的政治也開始產生正反的影響，但「香港化」卻成了政治上負面的用語。7月亞洲金融風暴爆發，香港也受災慘重，中國大陸為維持局面，大筆資金挹注香港金融市場，香港因此解除災情。

　　7月2日泰國因為外匯準備大量流失，宣佈放棄泰銖對美元的固定匯率制度，泰銖匯率暴跌17%，接著菲律賓披索、馬來西亞令吉、印尼盾、新加坡元全受到波及大貶。10月台灣島新台幣突然一天貶值3.46%，香港港幣硬守美元匯率，10月23日造成香港股市恆生指數大跌1211.47點，28日再大跌1621.80點，跌破9000點，香港特區政府靠著北京中央政府的資金死守美元匯率，順利渡過金融風暴。11月17日南韓韓圜兌美元匯率暴跌，南韓央行幾乎破產，21日獲得國際貨幣基金支持，暫時撐住，但到12月13日又告暴跌。日本金融業在南韓有大量的投資，韓圜大貶造成日本的銀行和證券業相繼破產。這波風暴直到1998年4月才暫時停住，但到8月初，香港恆生指數又再暴跌至6600點。9月2日俄羅斯盧布貶值70%，引發經濟和政治危機。新台幣則貶值了18.8%。

卅、國民黨的警訊

　　1997年11月29日台灣地區舉行縣市長選舉，民主進步黨在23個縣

市長選舉中，取得12個縣市長，國民黨只取得8個縣市長，且民進黨執政縣市所佔人口超過70%。國民黨在李登輝領導下，已開始走向衰敗。國民黨投入選舉的總經費是民主進步黨的5倍之多，國民黨每張選票的成本是民主進步黨的3倍之多，高成本，低效益，是國民黨嚴重的警訊，也是李登輝黑金政權衰敗的徵兆。

卅一、1998年桃園空難

2月16日中華航空676號班機從印尼峇里島飛抵台灣桃園，降落過程高度過高，準備重飛時，操作失誤，在機場附近墜毀，機上196人全部罹難，還波及地面上6人死亡，共202人罹難。當時台灣的中央銀行總裁許遠東也搭上這班死亡班機。中華航空連續遭遇1994年名古屋空難、1998年桃園空難，都是操作失誤，幾乎聲譽掃地。

卅二、台灣高鐵

台灣高速鐵路全長349.5公里，從台北至高雄，最快時速315公里。1998年台灣高鐵公司成立，2000年3月動工，2007年2月營運。台灣高鐵採「興建營運契約」（BOT）興建營運，由大陸工程的殷琪得標。殷琪得標的條件是「政府零出資」，事後殷琪要求「政府投資」，引發強烈爭議。但殷琪與陳水扁的關係密切，陳水扁動用公營銀行的資金，大力「投資」支助，頻遭指控「興建營運契約」脫軌，引發特權爭議，爆發多次政黨之間的對壘，風波不斷。

卅三、李登輝提出「兩國論」

1999年7月9日，李登輝接受《德國之聲》錄影訪問，德國人問到：「在並非實際可行的台灣宣佈獨立與不被大多數台灣人民接受的一國兩制之間，是否有折衷方案？」李登輝答：「中華民國從1912年建立以來，一直都是主權獨立的國家，又在1991年的修憲後，兩岸關係定位在特殊的國與國關係，所以並沒有再宣布台灣獨立的必要。」因此，爆發「兩國論」的爭議。中國政府國台辦立刻批判李登輝「公然把兩岸關係歪曲為國與國關係，暴露其一貫蓄意分裂中國領土和主權的政治本質。」原訂1999年10月汪道涵赴台訪問，與辜振甫在台北舉行第三次辜汪會談的計劃也因此終止。但由於1999年9月21日台灣島發生大地震，共和國政府原訂的軍事演習行動也因而中止。

事實上，1998年8月李登輝已秘密組織「強化中華民國主權國家地位小組」，蔡英文就是成員之一。這個小組計畫透過修憲、修法、廢除《國統綱領》、凍結「一個中國原則」，揚棄「一中各表」的《九二共識》，在法理上效法東德的《何內克原則》修憲，製造「兩個中國」或「一中一台」，使兩岸關係形成李登輝口中的「特殊國與國的關係」。整套計畫原本要默默進行，並在1999年推動修憲。蔡英文事後回憶，她也不解李登輝為什麼在接受《德國之聲》訪問時，大刺刺地講出來，引起軒然大波，反而引發美國介入，最後無疾而終。

卅四、1999年九二一大地震

1999年7月29日全台大停電，台灣島嘉義縣市以北的地區發生大規模停電，原因只是台南縣左鎮鄉的一座輸電鐵塔倒塌，民眾議論紛

紛，有人甚至認為這是不祥之兆。

　　突然之間，9月21日凌晨1時47分台灣島南投集集山區的車籠埔斷層及大茅埔雙冬斷層錯動，發生芮氏規模7.3級地震，震央位於南投縣集集鎮一帶。死亡2,415人，失蹤29人，受傷11,305人，房屋全倒51,711間，半倒53,768間。另有大規模山崩和土壤液化。

卅五、1999年 李登輝修憲陰謀

　　1949年民國政府遷移至台灣，並實際管治台灣、澎湖、金門、馬祖、南海部分島嶼，這是歷史上台灣島首次出現中央級形式的政府，在這之前都是地方政府或區域型的政府。南京的民國政府成立於1912年，1949年遷移至台灣島成為地區型的台北民國政府。北京的共和國政府成立於1949年。民國政府與共和國政府之間，儘管所取國號不同，都宣示同屬一個中國。兩者之間的矛盾，有國民黨執政權和共產黨執政權之爭，有資本主義和社會主義之爭，也有歐美勢力與蘇聯勢力之爭，是一種國際化的中國內戰所產生的分裂局面。

　　1949年後，適用範圍僅限於台灣島的民國憲法秩序，除了面臨如何修正以適應分裂局面外，其原來擁有國民主權支持的憲法秩序也面臨存續的法理性挑戰。面對這個挑戰，形成一個生物鏈式的憲法局面，主要的利益關係者是台北民國政府的「總統」、「國民大會」、「大法官」、「選民」。

　　「總統」需要國民大會的推舉才能連任總統，也需要「大法官」解釋憲法的支持，以便馴服國民大會。更需要「選民」的奧援，迫使國民大會配合修憲改變「憲法秩序」。第一屆「國民大會」需要「總統」給予豐厚的酬勞及退休待遇，第二屆及第三屆「國民大會」需要總統給予更多政治權力，也需要獲得「選民」更多的選票支持。「大法官」需要總統提名，也需要「國民大會」的同意票。如此形成這些

利益關係者各自的立場，也共同面臨台北民國政府的憲法危機。李登輝充分利用這些生物鏈的利益糾葛和台灣島主權消損危機所附帶產生的憲法危機，鞏固個人權位，企圖推動延長其「總統」任期的修憲陰謀。

（一）台灣島的憲法危機

《中華民國憲法》於1946年由「制憲國民大會」依《政協憲草》制定於南京，稱《南京憲法》。依《南京憲法》第二條規定，「國民全體」擁有「民國」的主權，「國民全體」經由「國民大會」行使主權制定憲法。《南京憲法》制憲權的法理基礎和《中華人民共和國憲法》（稱《共和國憲法》）完全一致，都屬於「中國國民全體」。

但1949年後「南京民國政府」遷移至台灣島，成為「台北民國政府」，透過《動員戡亂時期臨時條款》及「大法官釋憲」賦予的法理基礎，讓《南京憲法》繼續適用於台灣島、澎湖、金門、馬祖及南海等島嶼，即由「台北民國政府」實際管治的少部分中國領土。但「台北民國政府」實際管治領土上的「居民」，卻不是《南京憲法》的「國民全體」。這些居民若簡單地合稱為「台灣島居民」，「台灣島居民全體」並非民國的「國民全體」。「台灣島居民全體」並無「國民全體」所擁有的「國家主權」，因此亦無《南京憲法》的制憲權。因為「制憲權」屬於「國民全體」，不屬於「台灣島居民全體」。

按《南京憲法》第四條規定，領土是《南京憲法》制定時的「固有之疆域」，和《共和國憲法》所宣示管治的領土完全相同，都不包括外蒙古。雖說《南京憲法》第三條規定，有民國國籍者為民國國民，但並不等於民國國民一定有民國國籍。目前有民國國籍者僅剩台灣島等地區的居民，台灣島居民是目前擁有民國國籍的全部國民，但仍非《南京憲法》上的「國民全體」。《南京憲法》的「國民全體」仍是「固有之疆域」上的全體居民。目前「台灣島居民」在法理上無法認定為「國民全體」。

　　《南京憲法》第一七四條規定，修憲案須經「國民大會代表總額」三分之二出席，四分之三同意始爲通過，這個表決數字可類推爲修憲案必須有二分之一以上的全體國民同意。「台北民國政府」在台灣島的「國民大會代表」人數已大幅度少於在南京時的人數，總額不足就沒有法理依據可召開「國民大會」。「國民大會」不能合法召開，就沒有法理依據可以選舉「總統」，選出的「總統」當然不具合憲性。這個憲法難題，「台北民國政府」交由「大法官」釋憲，「大法官」也巧立名目，扭曲法理，刻意迴避「主權消損」的憲法危機。

　　依《南京憲法》選出的第一屆「國民大會代表」大部份留在中國大陸，在台北可召集的「國民大會」面臨人數嚴重不足的問題。「大法官」於是就「國民大會代表總額」提出「解釋」，於1960年2月12日發佈《第85號解釋令》，認定「國家發生重大變故」，該「總額」以「能應召」出席在台北集會的人數計算「總額」，以處理「國民大會」人數不足，解決無法選舉「總統」的憲法困境。這種「總額」解釋，是明顯的曲法狡辯。

　　接著1953年9月25日「台北民國政府」的「立法院」通過史無前例的《第一屆國民大會代表出缺遞補補充條例》，規定「國民大會代表」出缺時，由當時未當選的其他候選人以「候補人」的名義依次遞補。這已違背任何可以理解的民主法理，但「台北民國政府」要克服憲法上「主權消損」的危機，也只有出此下策，掩飾一時。

　　「南京民國政府」原依《南京憲法》於1948年選出第一屆「立法委員」的任期應於1951年5月7日屆滿，「台北民國政府」事實上已無法依法改選「立法委員」，憲法秩序將因之失靈。「台北民國政府」只好經由「大法官」會議於1954年1月29日發佈《第31號解釋令》，認定「國家發生重大變故」無法辦理改選，在第二屆「立法委員」未能選出前，由第一屆「立法委員」繼續行使職權。這個《解釋文》也突顯在1951年至1954年之間，「台北民國政府」的「國會」合憲性及合法性有了嚴重問題。這個「解釋」同時創造了萬年不必改選且永遠保

持第一屆任期的「國會」，後來更成為1990年3月台灣島政治風暴的颱風眼。

1972年3月23日「台北民國政府」以《動員戡亂時期臨時條款》的憲法修正案方式，將第一屆「立法委員」和「國民大會代表」的任期一律延至能在大陸地區辦理改選時為止，這項條款於1991年5月1日才廢除，被稱為「萬年國會條款」。

「台北民國政府」用一個扭曲的法理，試圖合法化台灣島的憲法秩序，解決「主權消損」危機。1954年先由「大法官」釋憲，認定隨民國政府遷至台灣島的「國民大會代表人數」，雖然已不足1947年制憲的半數，但仍可以「合法」集會，代表「國民全體」進行「修憲」和選舉「總統」。再者，「台北民國政府」在台灣島不斷增補選新的「國民大會代表」，這些新選出的代表和舊有不必改選的代表共同行使職權，代表「中華民國」的「國民全體」進行「修憲」和選舉「總統」。

1990年6月21日大法官會議又發佈《第261號解釋令》，認定所有未定期改選之「立法委員」及「國民大會代表」應於1991年12月31日以前終止行使職權，並依法辦理次屆選舉。由此可見，台北民國政府的憲法秩序是用「憲法解釋」勉強建構起來的。先以《第31號解釋令》延長第一屆「立法委員」任期，36年後再以《第261號解釋令》表達《第31號解釋令》並無意使該任期無限期延長，「為適應當前情勢」應終止第一屆的職權，依法定期改選，在台灣島全面改選「立法委員」和「國民大會代表」。

1991年至今則以《憲法增修條文》的修憲方式，凍結部分《南京憲法》原條文，改適用新的《增修條文》，適用時間是「國家統一之前」，適用空間是「自由地區」。在不更動《南京憲法》本文的原則下，不斷修訂《憲法增修條文》，且明訂這些《增修條文》只限於「國家統一之前」適用在「自由地區」。所謂「自由地區」即「台北民國政府」實際治理的「台灣地區」。

問題是，1991年先由「南京民國政府」選舉產生的「第一屆國民大會」制訂10條的《台北增修條文》，賦予「第二屆中央民意代表在台灣地區選舉產生的憲法法源」。「第一屆國民大會」的合憲性已成問題，「台灣島居民」並非「民國」的「國民全體」，人口總數和實際管治的領土面積也都未達民國憲法制憲時的一半，是如何在法理上取得《南京憲法》的修憲權，自會產生爭議。

《台北增修條文》確立在時空限制條件下，台灣島居民有權局部修訂《南京憲法》，但修訂局部的條文，僅在「國家統一之前」適用於台灣島。這是解決台灣島主權消損危機及附帶產生的憲法危機的一環，也使得「台北民國政府」在法理上成為台灣島的區域自治政府，而非全國性的政府。「國會」只是「地區議會」，「總統」只是「地區總統」。

（二）1999年9月修憲

李登輝和蘇南成（1936-2014）是1999年9月修憲的關鍵人物，李登輝從未公開清楚的表態是否要修憲及如何修憲。但時任「國民大會議長」的蘇南成口口聲聲向各黨派「國民大會代表」說李登輝允許修憲延長「國民大會代表」的任期，理由是爭取多兩年的時間，修出一部可長可久的憲法，因此他帶領各黨派「國民大會代表」積極推動「國民大會代表延長任期案」（「國大延任案」）。到了2010年蘇南成親口向蔡正元陳述，他自1999年1月13日擔任「國民大會議長」後，多次和李登輝密談，兩人達成默契：

第一，2000年總統大選國民黨候選人連戰很難當選，應該嘗試修憲延長李登輝任期兩年，冷卻陳水扁和宋楚瑜的聲勢。

第二，擬延長李登輝的「總統」任期，必須同時延長「國民大會代表」的任期，兩者互綁才能通過修憲。

第三，李登輝想多任兩年「總統」，修出「兩國論」的憲法，李登輝早有此構想。構想的研議者就是後來加入民進黨成為黨主席，並

於2016年當選「總統」的蔡英文。

但是1999年7月9日李登輝接受《德國之聲》訪問，卻發表「兩國論」說：「台灣島和中國大陸的關係已經是國家與國家，至少是特殊的國與國的關係，並非一個中國的內部關係。」兩國論談話內容則等到7月25日才播出。李登輝的「兩國論」顯然已悖離1992年11月台灣島和中國大陸雙方香港會談，達成「一個中國，各自表述」的《九二共識》，立刻引起軒然大波。

蘇南成在2001年5月10日接受中天新聞台專訪時說，他早已知道李登輝的「兩國論」，但不知道李登輝會跟《德國之聲》講，尤其東西德早在1972年12月21日簽有《兩德基礎條約》，李登輝透過德國之聲發表「兩國論」更是敏感。

1972年東西德簽署的《兩德基礎條約》，提供了1974年東德總統何內克（Erich Honecker, 1912-1994，或譯「埃里希·昂奈克」）類似「兩國論」的修憲原則。何內克於1971年出任東德執政黨「德國統一社會黨」總書記，著手修改東德1968年制訂的憲法，即1974年《東德憲法修正案》。兩者最重要的差別在其憲法第1條。1968年《東德憲法》第1條是：「德意志民主共和國是一個德意志民族的社會主義國家」，「一個德意志民族」代表德國統一的憲法表述。1974年何內克把該第1條修改為：「德意志民主共和國是一個工農社會主義國家」，用「工農」取代「一個德意志民族」，已經刪除統一的憲法表述。經由憲法修正把東西德分裂永久化，就稱為《何內克原則》（Honecker Doctrine）。東德更早的憲法是1949年憲法，其第1條是：「德國是由德國各州組建的一個不可分割的共和國」。和1949年憲法的統一表述相較，《何內克原則》的修憲幾乎把德國統一的憲法規範完全刪除。李登輝提「兩國論」的修憲計劃就是採用《何內克原則》的版本。

據蘇南成說，美國政府早就探知，李登輝擬操縱1999年修憲延長「總統」任期，因此美國認定李登輝發表「兩國論」是為掩護「總統」延任案，遭美國政府強烈反對。美國於是傾全力向李登輝施壓，

派出國安會高級官員威脅李登輝，將不「承認」其延任的「總統」職位，也不排除關閉「美國在台協會」，還要暴露李登輝更多「醜事」。李登輝深知美國CIA在台灣島各個角落佈局很深，在美國壓力下，李登輝於1999年8月20日上午明確向蘇南成表示「總統延任案」不可行。蘇南成問李登輝已經箭在弦上的「國民大會代表延長任期案」如何處理，李登輝則未表示意見。蘇南成認為李登輝已經默許，於是繼續大力推動「國大延任案」。可是「國大延任案」在國民黨和民進黨內部各有支持和反對的意見，一場複雜的政治角力早已從1999年6月8日「國民大會」開議啓動。

雖說「國民大會」的會議從6月8日開始，新黨一再攻擊國民黨和民進黨「毀憲分贓、擴權自肥」，應自6月30日起休會。「國民大會」於是在6月29日通過民進黨籍「國民大會代表」鄭麗文的提案，決議自6月30日起休會，直到7月29日再復會。其實眞正的原因是國民黨和民進黨爭取時間協商，觀察宋楚瑜在當年7月底前要宣佈自行參選「總統」，或要搭配連戰成爲「連宋配」。「國民大會」在7月29日復會時情勢已明朗，再決定修憲方向。所以這場假修憲之名的憲法大戲是純粹的政治算計。國民黨中央的判斷，如果連宋配成局一定贏，「國大延任案」成不成功則無所謂。但若宋楚瑜自行參選，國民黨選票分裂，連戰選情艱困，「國大延任案」無異雪上加霜，必須反對。

「國民大會」在7月29日開議時，宋楚瑜已宣佈自行參選。所以1999年8月14日國民黨籍「國民大會代表」柯三吉仍提出「國大延任案」時，8月16日時任國民黨秘書長章孝嚴裁示不予支持。8月20日「國民大會議長」蘇南成宣稱已當面向李登輝報告「國大延任案」，李登輝沒有意見。8月25日李登輝的「總統」辦公室主任蘇志誠向「國民黨國大黨團」表示應該封殺「國大延任案」。8月29日章孝嚴向蘇南成強調反對「國大延任案」。國民黨中央的反對意見都是在宋楚瑜宣佈自行參選「總統」後才出現，但蘇南成仍繼續領軍推動「國大延任案」。國民黨方面，蘇南成和章孝嚴扮演「國大延任案」的支持和反

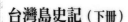

對的主要角色，而李登輝則悶不吭聲。

　　民進黨方面也出現支持和反對「國大延任案」兩派意見。8月19日民進黨團提出修正案主張「國民大會」延任至2002年，後一屆開始改採全額政黨比例代表制選任「國民大會代表」。民進黨中央明確表示反對延任案，民進黨總統候選人陳水扁也表示反對。但是民進黨大老施明德、張俊宏和謝長廷系統的「立法委員」李應元、陳昭南卻表態支持。可見雖是政治考慮，但對「國大延任案」的立場，國民黨和民進黨內部都有分裂的意見。兩黨黨中央都表示反對，也都表示違者究辦，但都沒有實質的反對措施。兩黨黨內都有支持延任案的力量，且兩黨大部份「國大代表」在蘇南成帶領下都積極推進「國大延任案」。這形成很特殊的跨政黨立場。

　　國民黨秘書長章孝嚴在9月2日晚上召集國民黨籍「國大代表」，表示堅決反對用無記名投票表決修憲案，也要求封殺「國大延任案」。同時間蘇南成卻已和民進黨籍「國大代表」的領導幹部陳金德、劉一德及無黨籍的江文如，達成修憲投票改採「無記名投票」的決定。9月3日上午江文如提案要求本次修憲改採無記名投票，經表決通過。9月3日晚上劉一德的「國代延任案」以270人出席，204票贊成，44票反對，22票棄權，表決通過二讀。9月4日凌晨2時30分蘇南成再以無記名投票進行三讀表決，結果出席代表214人，211票贊成，2票反對，1票棄權，修憲通過「國大延任案」。最後三讀這2票反對，是國民黨團幹部陳鏡仁、陳明仁兩人投下的，1票棄權是非黨團幹部蔡正元投下的。蔡正元投下反對票，又在表決票上簽署姓名，開票人員不知如何處理，請示蘇南成，無記名投票上有人簽名該如何處理，蘇南成裁示這違反無記名投票的決議，視同廢票棄權，才有1票棄權。由於開票工作人員與蘇南成的對話，提及簽名者是蔡正元，引起媒體特別的注意。

　　9月8日國民黨中央祭出黨紀，開除蘇南成，解除其「國大議長」職務。另以領導不力爲由，解除陳明仁國大黨團書記長職務，陳鏡仁

則記過停職半年。「國大議長」由副議長陳金讓代理，「國民黨國大黨團」書記長則遴選和國民黨中央沒有淵源的蔡正元接任，只因蔡正元投出唯一記名反對票，較爲媒體和選民接受。

（三）2000年3月釋憲

1999年9月4日凌晨，「國民大會」表決通過〈國大延任自肥修憲案〉後，媒體批判力量非常激烈，國民黨和民進黨內部批判力量也隨之升高。爲收拾善後，有學者提議聲請大法官解釋，令〈國大延任自肥修憲案〉無效。這派意見認爲，該修憲案違反更上位階的憲法原則，大法官得宣告修憲文本內容違憲。1990年6月21日大法官都可以作成《第261號解釋文》，以「定期改選貫徹民主憲政」及「適應當前情勢」爲理由，擺脫《動員戡亂時期臨時條款》這個憲法文本的牽絆，宣告「第一屆中央民意代表」任期於1991年終爲止，未嘗不能在「延任案」發揮同樣功能。但反對意見認爲：「大法官」釋憲只能就憲法文本做解釋，不能推翻憲法文本。修憲是「國民大會」的職權，「大法官」只能就適用憲法發生疑義或法律命令有牴觸憲法疑義時才有權解釋憲法，「大法官」並無就「國民大會」已決議通過之修憲文本宣告無效的權力。「大法官」如果有宣告修憲文本無效的權力，則所有憲法文本都處於不確定狀況，「大法官」由「憲定機關」變成「制憲機關」，更是違憲。

雖有兩派的釋憲論爭，民進黨籍「立法委員」鄭寶清率先提出釋憲。鄭寶清在1999年9月9日以「國民大會」明顯超越修憲權力爲由，提出三項憲法爭議，聲請釋憲：一、國民大會延任案是否違憲，二、國民大會修憲權是否有界限，三、大法官是否有權審查修憲文本的合憲性。新黨籍「立法委員」郝龍斌接著在同年10月27日也聲請釋憲。這場釋憲權力鬥爭，只有「立法委員」和「大法官」參加，各政黨領導階層無人表示意見。媒體雖有討論，但並不熱烈，似乎都在等待大法官會議的結論。

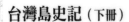

2000年3月24日「大法官」會議作成《釋字第499號解釋文》，要點如下：一、引用Karl Larenz等人的學理，憲法條文間有衝突、矛盾或疑義，屬憲法規範競合與衝突，「大法官」有權審查並解釋；二、修憲乃國民主權之表達，必須公開透明，1999年9月4日修憲表決，採無記名投票，違反公開透明原則，使擁有主權之國民無從對參與表決之「國民大會代表」究責；三、「國民大會」乃憲定機關，有遵守憲法之義務，自由民主憲政賴以存立之憲法條文不得修改，如國民主權原則、民主共和國原則、人民基本權利保障條文、政府權力分立與制衡原則皆不可以修憲毀棄。因此，大法官宣告〈國民大會延任修憲案〉無效。

2000年3月24日釋憲文公佈，〈國大延任修憲案〉無效，立即引起「國民大會代表」的強烈反彈，紛紛給黨團幹部施加壓力，要求召開「國民大會」再次修憲。有人主張廢除「大法官會議」，有人主張將「國民大會」改為上議院，「立法院」改為下議院，各種提議五花八門，不一而足。首當其衝的是國民黨團和民進黨團的領導幹部，當時是蔡正元和陳金德。

（四）2000年4月修憲

2000年「第六次修憲」可以說史無前例，擔任總統的李登輝完全沒有角色，其他總統當選人陳水扁、落選人連戰和宋楚瑜都未表示意見，民進黨主席林義雄也只是被形勢牽著走，修憲方向完全被媒體和蔡正元推著走。有人提及「李登輝第六次修憲」，完全不是事實，因為當時沒有人理會李登輝。

2000年3月27日「國民大會」內，國民黨黨團由蔡正元領軍，民進黨黨團由陳金德領軍，兩個黨團展開協商關於召集國民大會臨時會的事宜。協商因各種爭論相持不下，蔡正元突拿起桌上便條紙寫下協商結論，自行簽字後要陳金德簽字。該便條紙文字如下：一、國民黨團與民進黨團針對廢除「國民大會」達成共識，其實施日期與配套措

施，由兩政黨進行協商。二、兩黨團同意連署呈請「總統」召集國大會議。三、建請兩政黨立即安排協商。

陳金德表示未獲民進黨主席林義雄授權，拒絕簽字。蔡正元發出警告，如果陳金德不簽字，將立即召集協商會場外的報紙及電子媒體，指控民進黨長期主張廢除「國民大會」，面對國民黨團主動提議廢除「國民大會」的協商結論，卻不敢簽字，可見民進黨長期以來只是在欺騙選民。陳金德臉色鐵青要求暫停協商半小時向林義雄請示。陳金德與林義雄和民進黨秘書長吳乃仁電話討論半小時後，返回談判桌，表示獲得授權同意簽字。兩黨團隨即召開記者會宣佈這三點協商結論，展開廢除「國民大會」的修憲工作。這就是所謂的「第六次修憲」的開始，跟李登輝毫無關係。

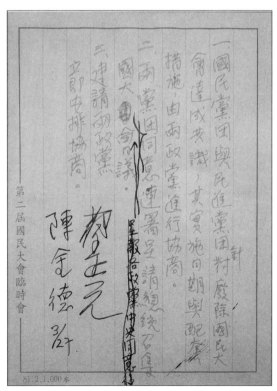

蔡正元寫下的便條紙成為兩黨廢除國民大會的共識

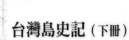

　　國民黨一貫的憲法立場是「國民大會」及「五權憲法」體制都必須堅持，尤其是「國民大會」這個憲法機構，只能虛級化，不可廢除。在3月27日當天早上，國民黨中央還公開反對廢除國民大會。因此任何其他人代表國民黨團出面協商，都會持反對廢除「國民大會」的立場。但在這場兩黨協商負責主談的國民黨代表蔡正元的憲法立場，卻是主張廢除「國民大會」。蔡正元在1996年競選「國民大會代表」時所提出的政見號召，就是廢除「國民大會」，且獲得最高票當選。競選期間還曾被國民黨中央「提醒」不應主張廢除「國民大會」，但蔡正元反駁說孫文從來沒有清楚提及「國民大會」這個制度，「國民大會」和五權憲法毫無關連，何況「總統」選舉都已改採公民直接投票產生，「國民大會」的修憲工作也可以交還給人民，由公民複決。從此，國民黨中央不再干涉，他們認為這只是初出茅廬的候選人的個人想法，不必理會。只是國民黨中央沒料到1999年9月「國民大會」通過〈延任自肥案〉，國民黨遭媒體輿論大加撻伐，國民黨中央只好在解除黨團書記長陳明仁職務後，選擇名不見經傳，卻在〈延任自肥案〉表決時，投下唯一記名反對票的蔡正元，接任國民黨團書記長。這是國民黨有史以來第一位主張廢除「國民大會」的黨員出任這個實權的職位，使得3月27日這場協商有可能產生廢除「國民大會」的結論。

　　國民黨中央的指揮系統停擺，是促使這場協商結論有可能產生的第二個因素。2000年3月18日總統選舉，國民黨的總統候選人連戰敗選，支持群眾於當天晚上包圍國民黨中央黨部究責李登輝。李登輝在3月20日辭去國民黨主席，國民黨秘書長黃昆輝也一併辭職。預定接任代理黨主席的連戰在3月27日卻還未上任，原本可以指揮蔡正元的國民黨秘書長林豐正也還未上任。代表國民黨團的蔡正元當時等於沒有上級領導指揮或也無黨紀約束，可以自行決定兩黨團協商的談判戰略。「國民大會」作為憲法機構在〈自肥延任案〉後的社會支持度跌落谷底，是促成這個協商結論公佈後，不但被國民黨中央接受，且廣獲社

會及媒體支持的重要原因，且完全未見明顯的反對聲音。

3月28日晚上吳乃仁與陳金德秘密拜會蔡正元，蔡正元提議民進黨應辦理幾件事：1、民進黨中常會要通過修憲決議，把「國民大會」的職權全部移交給立法院；2、民進黨主席林義雄要拜訪宋楚瑜，爭取親民黨「國大代表」的支持；3、民進黨要開除任何未支持「修憲廢國大」的民進黨籍「國大代表」。吳乃仁全數答應。宋楚瑜籌組的親民黨已預定於三天後的3月31日正式成立。

在3月28、29日兩天，國民黨中央組成修憲專案小組，跫上政治上的難題：如何召集「國民大會」，又能讓「國民大會代表」願意投票同意廢除「國民大會」。反覆討論都得不到有把握的可行方案，蔡正元於是提議援引美國總統選舉人團的制度，創設「任務型國民大會」。此議獲國民黨中央支持，於是責由蔡正元、謝瑞智、朱新民草擬方案，提交3月30日兩黨正式協商談判之用。

3月30日兩黨協商，國民黨派洪玉欽、蔡正元出席，民進黨派吳乃仁、陳金德出席。協商會議一開始，吳乃仁堅持修憲完全廢除「國民大會」，把「國民大會」所有職權全部移交由「立法院」行使。洪玉欽則請蔡正元說明〈任務型國民大會方案〉，說明後吳乃仁表示反對不能接受，雙方僵持不下，吳乃仁要求暫停協商一小時。結果媒體得知〈任務型國大方案〉後，一面倒的報導及支持。因為這個方案同時受到大多數要求「廢國大」和要求「國大虛級化」的人共同支持。吳乃仁得知輿論反應狀況後，只好回談判桌簽字同意。2000年4月8日國民大會集會，在4月24日記名投票表決，〈任務型國民大會修憲案〉以287人投票，285票贊成，2票棄權通過。

卅六、2000年《白皮書》

2000年2月21日共和國政府再公布《一個中國的原則與台灣問題白

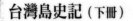

皮書》，開宗明義再度認定「國民黨統治集團退據中國的台灣省，在外國勢力的支持下，與中央政府對峙，由此產生了台灣問題。」時間點刻意選在「台北民國政府」「總統」選舉前，政治意義有著複雜的解讀。這份《白皮書》被認為是針對1999年李登輝提出「兩國論」的反制。

《白皮書》承認，1949年10月1日起，中國的主權和固有領土疆域並未改變，只是在中國這一國際法主體下，新政權取代舊政權，中華人民共和國取代中華民國，中華人民共和國政府完全享有和行使中國的主權，其中包括對台灣的主權，成為全中國的唯一合法政府，和中國在國際上的唯一合法代表。

《白皮書》明確地認定，國民黨統治集團退據台灣島的政權性質，始終只是中國領土上的一個「地方當局」。雖然「台灣當局」繼續使用中華民國和中華民國政府的名稱，但已完全無權代表中國行使國家主權。「台灣當局」被定位為「地方當局」。

《白皮書》聲明，外國承認中華人民共和國政府是代表全中國的唯一合法政府，與台灣當局斷絕或不建立外交關係，是「新中國與外國建交的原則」。中國政府堅持「世界上只有一個中國，台灣是中國的一部份，中華人民共和國政府是代表全中國的唯一合法政府」的主張，構成了中國大陸方面一個中國原則的基本涵義。

這個《白皮書》定義的「一個中國原則」，可說是1955年西德政府《赫爾斯坦原則》（Hallstein Doctrine）的中國版。《赫爾斯坦原則》在國際法上專指分裂國家中的一方，不僅不承認對方，且拒絕與承認對方的其他國家建立正式外交關係，也拒絕正式參與承認對方的國際組織。

《白皮書》也肯定「台灣當局」的立場，是堅持一個中國的立場，堅持台灣是中國的一部份，反對製造兩個中國和台灣獨立，只是不承認中華人民共和國政府代表全中國的合法地位。

《白皮書》詮釋「和平統一，一國兩制」的基本方針，兩岸敵對

狀態並未正式結束，爭取和平統一，但是不承諾放棄使用武力。台灣如果否認「一個中國原則」，圖謀將台灣島從中國領土中分割出去，和平統一的前提和基礎不復存在。採用武力是最後不得已而被迫做出的選擇。統一後台灣實行高度自治，中央政府不派軍隊和行政人員駐台。

《白皮書》認定，台灣獨立、兩個中國、兩國論都違背「一個中國原則」，只要在一個中國的框架內，「台灣當局」的政治地位，可以通過政治談判，在和平統一的過程中解決，這顯然是很複雜的憲法問題。《白皮書》這段論述，與《林肯原則》（Lincoln Doctrine）揭開美國南北戰爭的憲法原則相同。

《美國憲法》規定的聯邦體制，依憲政慣例經聯邦國會同意即可加入聯邦，但並無各州退出聯邦之規定。1861年3月4日林肯就任美國總統的就職演說提出《林肯原則》，可稱為「一個美國原則」。《林肯原則》主張「任何州均不得僅憑自己動議，即可合法脫離聯邦…反抗美國政府當局的暴力行動，都可以按具體情況視為叛亂或革命。」當《林肯原則》轉成「一個中國原則」，即「台灣當局」不得僅憑己意脫離中國，或有反抗中國政府的暴力行動，可被定性為叛亂。

卅七、首次政黨輪替

2000年3月18日台北民國政府舉行總統選舉，民主進步黨提名的陳水扁以39.3%的選票當選。無黨籍的宋楚瑜和中國國民黨提名的連戰分別以36.8%和23.1%的選票落選，產生台北民國政府第一次的政黨輪替。中國國民黨由執政黨變成在野黨，民主進步黨由在野黨變成執政黨，距離1986年民主進步黨成立時，還不到14年。中國國民黨主席李登輝於落敗後，辭去黨主席，並於2001年另行籌組台獨色彩濃厚的政黨，取名「台灣團結聯盟」。從中國國民黨分裂並以無黨籍身份參選的宋楚瑜則於2000年籌組「親民黨」，形成台灣島的多黨政治。

第九章
陳水扁（2000年-2008年）

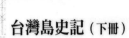

陳水扁1950年生，台灣台南人，福建漳州詔安客家籍移民後裔。1969年考入台灣大學商學系，並加入中國國民黨。1970年重考大學進入台灣大學法律系，1973年考取律師資格，1974年台灣大學法律系畢業，1975年與吳淑珍結婚，1976年由岳父吳崑池出資成立華夏海事商務法律事務所。1979年擔任美麗島事件黃信介的辯護律師，開始積極參與政治活動。1981年當選台北市議員，退出中國國民黨。1985年參選台南縣長落敗，其妻吳淑珍在謝票時遭拼裝車撞傷癱瘓下半身。

1986年因毀謗案被判刑8個月入獄，同年其妻吳淑珍以悲情訴求當選立法委員。1988年加入民主進步黨，並當選中常委。1989年當選立法委員，1992年連任立法委員，1994年當選台北市長。1998年競選連任時敗給馬英九，2000年競選民國政府總統打敗連戰、宋楚瑜，造成台灣島首次政黨輪替。2004年競選連任打敗連戰，但爆發三一九槍擊案。2008年卸任總統後因貪污案遭羈押，2010年因龍潭購地弊案被判處徒刑11年定讞，陳敏薰買官案被判處徒刑8年定讞。2012年因洗錢案被判處徒刑2年定讞，二次金融改革弊案被判處徒刑10年定讞。陳水扁是台灣島史上最大的貪官，2015年保外就醫不再入獄。

一、謝長廷

謝長廷1946年生，台灣台北人，祖籍福建漳州詔安客家籍後裔。台灣大學法律系畢業。1979年美麗島事件發生，擔任姚嘉文的辯護律師。1985年當選台北市議員，1986年參與組織民主進步黨。1986年競選立法委員落敗，1990年當選立法委員，1996年與彭明敏搭配競選副總統失敗，1998年當選高雄市長，2000年當選民進黨主席，2005年任行政院長。2008年競選台北民國政府總統失敗，2016年出任駐日本代表。謝長廷在民進黨崛起過程，與陳水扁相互競爭，1994年民進黨台北市長提名初選，敗於陳水扁。

二、連戰

　　連戰1936年生於陝西西安，台灣台南人，祖籍福建漳州龍溪。祖父連橫是《台灣通史》作者。曾祖父連得政經營糖業致富，雖育有五子，但長子連重承是螟蛉子，二子連城璧膝下無子繼承，三子連重國早夭，四子連橫單傳連震東，五子連重廷早夭，連戰是四代單傳。外曾祖父沈宏傑是台南安平五大洋行之一瑞興洋行創辦人。連戰於1946年回到台灣島，1957年台灣大學政治系畢業，1961年取得美國芝加哥大學碩士，1965年取得芝加哥大學政治學博士，任教威斯康辛大學和康乃狄克大學，1968年回台灣大學任教。1975年被外派出任駐薩爾瓦多大使，1978年任國民黨副秘書長，1981年任交通部長，1987年任行政院副院長，1988年任外交部長，1990年任台灣省政府主席，1993年任行政院長，任內建立台灣島的「全民健康保險」制度。1996年當選台北民國政府副總統。2000年參選總統失敗，接任國民黨主席。2004年與宋楚瑜搭檔競選總統，爆發三一九槍擊案再度失敗。2005年4月訪問中國大陸，與共產黨總書記胡錦濤會談，這是1945年後國民黨和共產黨的領導人首次會面。連戰和胡錦濤共同發表〈五項願景〉，奠定國民黨後來的兩岸基調。〈五項願景〉全稱是〈兩岸和平發展共同願景〉，內容包括「在九二共識基礎上盡速恢復兩岸談判」、「終止敵對狀態，達成和平協議」、「促進兩岸經濟全面交流，建立兩岸經濟合作機制」、「促進協商參與國際活動問題」，以及「建立黨對黨定期溝通平台」。連戰並曾向胡錦濤建議台灣島與中國大陸可嘗試建立邦聯關係，作為兩岸政治穩定互動的法律基礎。

三、宋楚瑜

宋楚瑜1942年生於湖南湘潭。1964年政治大學外交系畢業，1967年取得加州柏克萊大學國際關係碩士，1971年取得美國天主教大學圖書館碩士，1974年取得美國喬治城大學政治學博士。1974年任行政院秘書，1977年任新聞局副局長，1978年任總統府秘書，1979年任新聞局長。1984年任國民黨文工會主任（文宣部長），1987年任國民黨副秘書長，1989年任國民黨秘書長，1993年任台灣省政府主席，1994年當選台灣省長。2000年競選台北民國政府總統失敗，選後組織親民黨。2004年與連戰搭配競選副總統失敗，2006年競選台北市長失敗，2012年及2016年競選台北民國政府總統都失敗。

四、2000年四不一沒有

2000年5月20日陳水扁宣示：「只要中共無意對台灣動武，本人保證在任期之內，不會宣布獨立，不會更改國號，不會推動兩國論入憲，不會推動改變現狀的統獨公投，也沒有廢除《國統綱領》與國統會的問題。」陳水扁這項宣示，俗稱「四不一沒有」，但已不提「堅持一個中國原則」。這段「四不一沒有」的論述，是由美國在台協會台北辦事處處長薄瑞光（Raymond F. Burghardt, 1945- ）操作產生的。

五、八掌溪事件

2000年7月22日有4名工人在嘉義八掌溪施工，溪水突然暴漲，被

水流圍困近兩個小時，4人相互緊抱等待救援，但救難機關相互推諉，導致4人在電視機實況轉播及家屬眼前，活生生被沖走溺斃。這事件引爆輿論暴怒，剛上任的陳水扁的民意支持度嚴重下跌。「八掌溪」從此成為政府官員疏於救難的代名詞。

六、核四存廢

2000年10月27日陳水扁命令張俊雄宣佈停建台灣島第四座核能發電廠，簡稱「核四」，宣佈停建同一時間，陳水扁正邀請連戰會晤。連戰準備資料，建議續建核四廠，讓核一廠、核二廠提早除役。兩人會晤後，連戰尚未回到辦公室，即獲悉陳水扁突然宣布停建核四，連戰極為憤怒，以陳水扁破壞朝野互信為由，發動罷免陳水扁，陳水扁被迫於2001年2月13日宣佈核四復工。但核四停建或續建，始終成為國民黨和民進黨的鬥爭焦點，直到2011年3月11日日本福島核電廠因地震及海嘯發生災變，台灣島民意開始轉向多數反核，2014年4月24日馬英九政府在林義雄以絕食相威脅下，宣佈封存核四廠。

七、兩兆雙星失敗

陳水扁政府於2002年繼承李登輝的「戒急用忍」政策，宣稱「厚植台灣，力抗大陸」，擬訂「兩兆雙星產業發展計畫」，要發展DRAM半導體、LCD面板，產值個別超過新台幣一兆元，稱「兩兆」產業，並發展數位內容和生物技術作為明星產業的「雙星」。半導體產業重心在DRAM，2001年至2010年動用銀行資金新台幣9,048億元投入DRAM五大廠，卻虧損2,245億元。台灣島DRAM產業在2008年全球市佔率達23.2%，卻賠掉1,592億元。2009年金融海嘯爆發，2011年

全球市佔率只剩6.3%，可說完全被南韓打敗。至於LCD面板、數位內容、生物技術，也全部失敗或聊備一格，台灣島經濟從此落後於南韓和中國大陸。

八、2001年桃芝和納莉颱風

2001年7月29日桃芝颱風從花蓮登陸台灣島，滯留10小時，7月30日從新竹出海，造成災害死亡111人、失蹤103人。

9月16日納莉颱風逼近台灣島東北角，9月17日風力減弱，9月18日從台南出海，滯留台灣島49小時20分鐘，是史上最長的颱風滯留紀錄。納莉帶來雨量高達2,319公釐，台北市堤防、抽水機出問題，造成北台灣「九一七水災」。受災死亡94人、失蹤10人、受傷265人。當時任台北市長的馬英九遭到不小的責難。

九、九一一紐約恐怖攻擊

2001年9月11日賓拉登（Usamah bin Muhammad bin Awad bin Ladin, 1957-2011）組織的「蓋達」Al-Qaeda，劫持美國民航飛機，衝撞紐約世界貿易中心及美國國防部的五角大廈，死亡2,977人。美國發起反恐戰爭，入侵阿富汗，追擊「蓋達」，阿富汗人死亡7萬人。2003年至2011年美國發動伊拉克戰爭，聲稱伊拉克擁有大規模殺傷性武器，推翻並絞死伊拉克總統海珊（Saddam Hussein, 1937-2006），結果查無任何大規模殺傷性武器的證據。2014年被推翻的伊拉克海珊政權的軍官加入「伊斯蘭國」（Islamic State of Iraq and the Levant）掀起真正的恐怖主義。2011年5月2日美國派出海軍海豹部隊在巴基斯坦的阿伯塔巴德（Abbottabad）擊斃賓拉登。

十、一邊一國論

2002年8月2日陳水扁透過視訊向在日本東京舉行的世界台灣同鄉會演講，首度提出「一邊一國論」，主張台灣島與中國是沒有關聯的兩個國家，比李登輝主張台灣與中國是有特殊關係的兩個國家，更加激進的主張台灣獨立。

十一、SARS事件

2002年11月16日廣東佛山出現全球第一個SARS（嚴重急性呼吸道症候群）病例，2003年2月26日越南河內法國醫院醫生厄巴尼（Carlo Urbani）才發現這種傳染病，厄巴尼本人也感染而去世。3月14日台灣島出現第一個病例，4月22日台北和平醫院爆發群聚感染，4月24日和平醫院被封院，有1,000多人被隔離在院內。4月29日台北仁濟醫院也被封院，直到7月5日世界衛生組織WHO才將台灣島從SARS疫區除名。這4個月期間，台灣島陷入恐慌，戶外活動幾乎停止，人人戴口罩成為街景，商店市集一片死寂。共有141人死亡，81人直接因SARS死亡，其餘間接因SARS死亡。另有300多人疑似因SARS而死亡。當時的台北市長是馬英九，他處理和平醫院封院問題引起爭議，有人認為他的決策過程有失誤，有人認為在當時資訊有限的情況下，他處理得不錯。

十二、三一九槍擊案

2004年陳水扁、呂秀蓮競選連任，預定3月20日投票，3月19日下午1時45分兩人連袂在台南市金華街掃街拜票，突遭「槍擊」。當時鞭炮聲響，煙霧瀰漫，兩人被送往5公里外的奇美醫院治療，院長詹啓賢診斷兩人雖受傷，但傷勢不重。競選對手連戰、宋楚瑜陣營的對應策略，卻失誤連連。下午二時左右，連宋陣營的文宣部門負責人蔡正元經由記者告知，陳呂兩人被鞭炮誤傷，蔡正元立即通知國民黨秘書長林豐正。過不久蔡正元得知陳呂兩人受槍傷，再緊急告知林豐正，林豐正要蔡正元趕回國民黨黨部會商。蔡正元返回途中，接獲台北市副市長歐晉德（1944-　）代表馬英九打來電話，馬英九要求停止一切競選活動，並要蔡正元停辦當晚六場造勢晚會及電視轉播。蔡正元不予理會，反而更改晚會形式爲祈福晚會，擴大聚衆，並請明光法師（1952-　）召集全台各寺廟於晚間10時鳴鐘爲國祈福。

下午三時，蔡正元回到國民黨部，林豐正急電正在掃街拜票的連戰回去磋商。宋楚瑜在高雄拜票，不克回台北。不久馬英九和林豐正的顧問陳文茜（1958-　）也趕來國民黨黨部，馬英九力主停止競選活動，林豐正與詹啓賢通電話，得知陳呂傷勢不重。陳文茜極力主張停止晚會及電視轉播，她斷定晚會上若有人說錯話，將不可收拾。陳文茜要求晚會電視直播改爲電視座談，由她和馬英九、蘇起、趙少康等人上電視座談，蔡正元擔心士氣潰散，極力反對。但連戰最後裁示，接受馬英九、陳文茜、林豐正的意見，宋楚瑜在高雄得知後氣得跳腳。下午三時三十分後，邱義仁召開記者會說明陳水扁槍傷，臉露「神秘微笑」，因此常被國民黨支持者認定是「假槍擊案的主謀」。

當晚陳文茜稱獲悉有「小護士」告知，陳水扁槍傷是假的，堅持與馬英九到連宋競選總部召開記者會，對外說明。蔡正元認爲情況

不明，不宜躁進，強烈反對，但在馬英九堅持下，反對無效。蔡正元拒絕主持記者會，改由黃義交主持，由陳文茜、馬英九講述。記者會前，蔡正元急著找連戰阻止馬英九和陳文茜召開記者會，連戰卻正去陳水扁官邸探望陳水扁，陳水扁故意拖時間，且拒絕見面。蔡正元改找陳健治（1944- ）、王金平（1941- ）阻止，但王金平也陪同連戰探望陳水扁，陳健治在洗澡，經過一連串耽擱，馬英九和陳文茜已召開記者會講述「小護士」的說法，此說法遭蘇貞昌強力抨擊為「喪盡天良」，連宋的聲勢頓時下滑。

　　3月20日投票時，連宋支持者拉票動力衰退，負責監票的組織部門負責人丁守中又讓中南部很多投票所無人監票，被認為中南部遭民進黨人「作票」，最後連宋僅以1.6萬多票的差距落選。全台有1.4萬多個投票所，等於每個投票所輸不到2票。3月20日當晚，連宋不服投票結果，率眾赴凱達格蘭大道要求驗票，查明槍擊真相，控訴陳水扁「竊國」。但馬英九主張接受投票結果，要求連戰承認敗選，反對抗爭，撤走輔選的馬系人馬。但連宋從此展開一段長時間的群眾抗爭，直到法院裁定驗票後才停止。

　　三一九槍擊案官方認定台南漁民陳義雄是兇手，但疑點重重。先是陳義雄於3月29日溺斃於台南安平港，但陳義雄是游泳高手。陳義雄家屬說陳義雄留有遺書，卻又說遺書已燒毀。槍擊所用槍枝是改造土製手槍，子彈所填火藥量不足以殺人致死。陳水扁抵達奇美醫院前，傷口及外衣塗滿創傷用的一般油膏，車上何以有這麼多油膏，沒人說得清楚。射擊兩顆子彈，第一槍射中敞篷吉普車的擋風玻璃，轉射中呂秀蓮的膝蓋，呂只受輕傷。第二槍不知射在哪裡，子彈卻出現在陳水扁的外套裡，但外套卻無火藥痕跡，整起事件宛如電影虛構情節。

　　在《海峽風雲錄》作者唐耐心（Nancy Tucker, 1948-2012）筆下，台北民國政府的「中華民國」只是美國的「扈從國家」，必須被保護，也被要求聽從美國指示的國家。台北民國政府每任「總統當選人」都急著獲得美國華府拍來的賀電，表示美國同意或批准「當選

人」的資格。2004年「當選」的陳水扁因兩顆子彈槍擊的問題，美國賀電遲遲不來，陳水扁如坐針氈的等待，到三一九槍擊案風波平靜一些後，美國拍來賀電，陳水扁當選的合法性危機才解除，由此可以看出，台北民國政府是美國勢力範圍內「扈從政權」的特性顯露無疑。

十三、陳水扁提兩岸和平協議

2004年2月3日陳水扁親自舉行記者會（新聞發佈會），提出參照中東地區和朝鮮半島等歷史上著名的和平架構協議模式，由兩岸簽署《和平穩定互動架構協議》，依循「一個和平原則」就協商機制、對等互惠交往、建構政治關係、防止軍事衝突等「四大議題」進行正式談判。「一個和平原則」指的是確立共同維持和平的責任，尋求合作共識，和平解決一切爭端，禁止使用武力，不片面改變台海現狀。當時幫陳水扁起草這份和平協議文件的大陸事務委員會主任委員就是蔡英文。2006年陳水扁政府發表《國家安全報告》，重申簽訂《兩岸和平穩定互動架構協議》的必要性，負責核定這份報告的主管也是行政院副院長蔡英文。

世界各地類似兩岸和平協議的案例很多，例如北愛爾蘭1998年4月10日由盎格魯薩克遜族（Anglo Saxon）的基督新教徒和凱爾特族（Celt）的天主教徒以交戰團體的身份簽訂《貝爾法斯特協議》（Belfast Agreement），又稱《耶穌受難日協議》（Good Friday Agreement）。該協議規定雙方共掌政權，建立北愛爾蘭議會和內閣，解除非法武裝，假釋好戰份子，撤減英國軍警等。北愛爾蘭與愛爾蘭共和國建立「部長會議」，北愛爾蘭也與英國建立「英愛理事會」，北愛爾蘭居民可自行選擇持有英國國籍或愛爾蘭國籍，但不影響其在北愛爾蘭可享有的所有權利。

1999年北約組織（NATO）提交給科索沃（Kosovo）和南斯拉夫

交戰雙方一份和平協議的版本，內容包括維護南斯拉夫聯盟領土完整，准許科索沃境內的阿爾巴尼亞族實質自治，通過對話以和平方式解決問題，衝突雙方遵守停火協議停止暴力行動，北約組織派遣三萬人維和部隊保證執行和平協議。

2006年11月22日尼泊爾（Nepal）境內七黨聯盟（Seven-Party Alliance）和尼泊爾共產黨（Communist Party of Nepal）共同簽訂《全面和平協議》（Comprehensive Peace Agreement），協議內容包括終止軍事行動和武裝動員的停火協議，共同草擬臨時憲法，共同管理政治經濟和社會轉型的衝突，維護人道主義和基本人權，建立爭端解決機制等。2008年7月23日聯合國安全理事會並通過《第1825號決議》替《尼泊爾全面和平協議》背書。可見有些「和平協議」雖然是國內法文件，卻可以有國際法的效力，進而產生強大的和平維護效果。

十四、立委減半與單一選區兩票制

2004年林義雄要求陳水扁履行立委減半的承諾，到國民黨中央黨部門口靜坐，連戰請林義雄入內會晤，兩人達成立委減半共識，陳水扁只好同意。民進黨與國民黨合作於2005年完成立法委員減半為113席，並劃分73個選區，每個選區僅選一名立法委員。另有6席原住民立委，以3席山地原住民、3席平地原住民，由原住民用複數選區選出。還有政黨代表的不分區立法委員，由政黨選票選舉產生。林義雄公開稱讚連戰對此事「居功厥偉」。

十五、「中華民國是台灣論」

2004年10月10日陳水扁發表談話提出「中華民國是台灣」的說

法，他說：「中華民國的主權屬於兩千三百萬台灣人民，中華民國就是台灣，台灣就是中華民國，這是任何人都不能否定的事實」。陳水扁的宣示，將「中華民國」的主權者從1946年在南京制定的《中華民國憲法》規定的主權屬於「國民全體」，縮小至台灣島上的「兩千三百萬台灣人民」。

「中華民國台獨化」一直是台獨運動的一項策略，其分階段主張包括「中華民國的主權屬於台灣人民」、「中華民國領土僅及於台灣澎湖」、「中華民國國號應改為台灣共和國」、「《中華民國憲法》應廢棄，另訂《台灣共和國憲法》」。陳水扁的「中華民國是台灣論」是「中華民國台獨化」的第一步，這個模式是現代版的「王莽篡漢」。這個「王莽篡漢」的策略，在 2016年後民進黨「立法委員」的席次過半，被蔡英文運用得更順手。

十六、二次金改

陳水扁上台後在2001年至2003年間，推動「二五八金融改革方案」，稱「一次金改」，即二年內把金融壞帳比率降至百分之五以下，銀行資本適足率提高到百分之八以上。為了達成這個目標，在2001年訂定《金融重建基金條例》、《金融控股公司法》、《票券金融法》，並修訂另外三種金融法律，合稱《金融六法》。陳水扁第二任期的2004年10月20日宣佈限時、限量、限對象的金融機構合併方案，稱「二次金改」。陳水扁及其妻吳淑珍卻藉著「二次金改」的名義，向金融機構負責人收受鉅額賄賂，在2008年卸任後，因此被判刑入獄。

十七、2005年《反分裂國家法》

2005年3月14日共和國全國人大通過《反分裂國家法》，只有10個條文，除了將過去統一台灣的大政方針以法律形式規範外，其中第八條規定「『台獨』分裂勢力以任何名義、任何方式造成台灣從中國分裂出去的事實，或者發生將會導致台灣從中國分裂出去的重大事變，或者和平統一的可能性完全喪失，國家得採取非和平方式及其他必要措施，捍衛國家主權和領土完整。」

《反分裂國家法》第七條強調「台灣海峽兩岸」應平等協商和談判，實現和平統一。和平統一的步驟和安排、「台灣當局」的政治地位、「台灣地區」在國際上與其地位相適應的活動空間，都可以協商和談判。然而「台灣當局」和「台灣地區」卻都涉及憲法和國際法的問題，很難和平談判。尤其1950年後台灣島被美國納入「勢力範圍」，1979年4月10日美國制訂《台灣關係法》更把這個「勢力範圍」法律化，台獨以「王莽篡漢」策略爭取政權更加得心應手，這個僵局更難解開。

尤其2014年後，台灣內部主張「台獨」的聲浪日益高漲，主張「統一」的聲勢大不如前。台獨由暗而顯，統一由顯而暗。和平統一的寬裕度必將面臨更加嚴酷的考驗，2005年共和國制訂的《反分裂國家法》是否適宜應付變局，仍屬不確定狀況。這個法律以共和國國內法面貌出現，相當程度也是針對美國國內法《台灣關係法》而來。兩部法律都把台北民國政府定位為「台灣當局」或「在台灣的統治當局」，都模糊的「認知」台北民國政府的法律地位不是「主權政府」，主權承認、國家承認、政府承認、外交權承認都不適用，法律地位接近「區域性自治政府」。美國的《台灣關係法》把台灣定位為美國勢力範圍法律化，《反分裂國家法》則把台灣是中國的主權領土

法律化。

十八、2005年連胡會談

　　2005年4月26日中國國民黨主席連戰訪問中國大陸，送行支持者與反對者在桃園機場大廳爆發嚴重的肢體衝突。4月29日連戰在北京人民大會堂與中國共產黨總書記胡錦濤舉行歷史性的會見，會見後發表新聞公報，稱〈連胡五項願景〉，兩黨共同體認要堅持《九二共識》，恢復兩岸談判、終止敵對狀態、達成和平協議、建立黨對黨定期溝通平台。這是繼1993年辜振甫、汪道涵新加坡會談後，第二次海峽兩岸重大會談的歷史事件。

　　〈連胡五項願景〉如下：

1. 促進兩岸在《九二共識》基礎上儘速恢復平等協商。
2. 促進正式結束兩岸敵對狀態，達成和平協議，建構兩岸和平穩定發展架構，包括建立軍事互信機制，避免兩岸軍事衝突。
3. 全面經濟合作，建立密切經貿合作關係，包括全面直接雙向三通等，進而建立穩定經濟合作機制，並促進恢復兩岸協商後，優先討論兩岸共同市場問題。
4. 討論台灣民眾關心參與國際活動問題，包括優先討論參與世界衛生大會（WHA）。
5. 未來國共將建立黨對黨定期溝通平台，徹底落實國共和解。

這〈五項願景〉有部分在2008年馬英九當政後付諸實施。

十九、2005年馬英九的「三中案」

　　2005年12月24日國民黨主席馬英九將國民黨所屬企業中國電視公司（中視）、中國廣播公司（中廣）、中央電影公司（中影），即所謂的「三中」出售給余建新的《中國時報》集團，價金40億元外加土地增值利益分享金。國民黨在2006年的1月8日才發現余建新放在陳長文律師處4億元保證金無法順利取得，因爲這筆4億元保證金是由日月光半導體的張虔生所提供。張虔生受到陳水扁的威脅，要抽走這4億元保證金，造成馬英九賣黨產卻收不到錢的窘境。馬英九只好和余建新見面，要求取回「三中」。余建新憤怒的抗議說，他爲了馬英九才買「三中」，卻被陳水扁「追殺」。余建新撂狠話：「馬主席，你以爲總統當定了嗎？」最後馬英九退讓，只拿回「中廣」和「中影」，余建新買走「中視」。「中廣」後來出售給趙少康，但不包括土地資產。「中影」出售給郭台強等人，但「中影」高達60億元的土地增值利益分享金，卻憑空消失。馬英九這個倉促的決定，讓國民黨損失重大。但陳水扁視馬英九如寇讎，自馬英九首度當選國民黨主席後，立即透過金融機構抽走國民黨黨營事業的貸款，高達新台幣150億元，央行總裁彭淮南私下極爲憂心，國民黨黨營事業倒閉可能產生的金融失序。國民黨幸運的是，當時兆豐金控董事長鄭深池私下掩蓋旗下票券公司替國民黨黨營事業保證發行的新台幣80億元商業本票，未被陳水扁發現，讓國民黨度過難關。

二十、2006年的台獨議題

　　2006年1月1日陳水扁在元旦文告，明確宣示憲法修改時間表。1

月29日陳水扁利用返鄉拜年，在台南宴請地方人士時公開宣示，將考慮廢除國統會及《國統綱領》。同時提到將以「台灣」的名字直接申請加入聯合國。2月27日傍晚5時，陳水扁召開記者會宣布「終止」國統會的運作與《國統綱領》的適用。3月8日陳水扁將一年前北京制定《反分裂國家法》的日子（3月14日）定為「反侵略日」。3月18日陳水扁、蘇貞昌發起「護民主、反併吞」20萬人的大遊行。

5月4日長榮集團總裁張榮發在日本接受採訪時，支持「一國兩制」，張榮發的表態備受矚目。5月11日美國副國務卿佐立克（Robert Bruce Zoellick, 1953- ）在國會聽證會上強調，「台灣不是主權國家」，美國對台灣的政策並未改變，美國必須小心處理台灣問題，避免外界以為美國鼓勵「台獨」，因為「台獨」就是戰爭，美國會被迫捲入。佐立克認為陳水扁應繼續維持「四不一沒有」的承諾，否則會「撞牆」。5月12日陳水扁以「台海和平現狀就是兩岸兩國」，回應佐立克的「撞牆」說法。但美國國務院6月8日發表聲明，就陳水扁對美保證「四不」原則，在任期內不會改變，表示欣慰。

8月11日陳水扁政府宣布要推動〈台灣參與聯合國案〉及〈東亞和平案〉。「和平案」稱為降低東亞區域內的緊張情勢，「必要時得邀請相關爭端當事方向安理會或聯合國大會提出說明」。中國外交部發言人姜瑜發表談話指出，相關提案是搞「台灣獨立」，表示堅決反對。8月16日陳水扁政府翻修高中歷史教材，把《舊金山和約》和《中日和約》視為「台灣地位未定論」的法理依據。9月12日聯合國連續14年否決陳水扁的「聯合國參與案」。9月24日陳水扁在民進黨憲政改造研討會提出變更領土範圍的台獨主張。9月25日美國國務院表示，美國反對任何一方片面改變現狀，美國「非常嚴肅看待陳水扁總統一再重申的各項保證」，包括不允許憲改議題觸及領土定義。台北民國政府屬於美國勢力範圍內扈從政權的特性，在這些你來我往的談話中顯露無遺。

廿一、2006年「紅衫軍」倒扁運動

　　9月9日施明德控訴陳水扁貪污，發起倒扁運動。9月15日展開台北市「圍城」遊行。10月10日施明德再發起「天下圍攻」集會遊行，有數十萬人參加。因參加者都穿紅色上衣，稱「紅衫軍」。11月3日台灣檢方認定陳水扁與其妻吳淑珍涉嫌貪污及偽造文書罪，吳淑珍涉及國務機要費案，被提起公訴，陳水扁則於卸任後再由檢方追訴。

廿二、馬英九因案被起訴

　　2007年2月13日早上七時國民黨秘書長吳敦義急電，召回人在北京的國民黨中常委蔡正元。下午蔡正元趕回台北後，吳敦義向蔡正元說明，馬英九因特別費案，即將遭檢察官侯寬仁以貪污罪起訴。若不修改馬英九自己制訂的國民黨提名辦法，馬英九將無法被國民黨提名，參選台北民國政府的總統。當時國民黨內只有蔡正元曾力主修改國民黨提名辦法，讓馬英九縱使被起訴，也能被國民黨提名參選總統。吳敦義認為當天晚上召開臨時國民黨中常會，唯有由蔡正元提案修改提名辦法最為恰當。下午四時侯寬仁公布起訴馬英九，馬英九宣布辭去國民黨主席，隨後國民黨召開中常會，蔡正元的提案卻遭胡志強、王志剛、黃昭順等人反對，帥化民、邱毅、郝龍斌贊成，在數回激烈爭辯後，擔任中常會主席的吳伯雄婉言勸導爭辯雙方，先行通過提名辦法修改案。馬英九在吳伯雄、吳敦義、蔡正元協助下，終於度過一生最難堪的夜晚，並順勢於5月2日取得國民黨提名，參選台北民國政府的總統。吳伯雄則於4月7日國民黨主席補選時，擊敗洪秀柱，當選主席。6月23日馬英九宣布與蕭萬長搭檔參選2008年總統。8月14日馬英

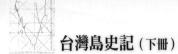

九特別費案，台北地方法院一審宣判，馬英九詐領特別費及公務背信罪名不成立。12月28日馬英九所涉特別費案二審宣判無罪，馬英九參加2008年總統選舉的資格不受影響。

廿三、陳水扁2007年的台獨行動

2007年3月4日陳水扁對台灣前途提出「四要一沒有」的宣示，這「四要」分別是：台灣要獨立，要正名，要新憲法，要發展；「一沒有」則是台灣沒有左右路線問題，只有國家認同分歧與統獨問題。這是陳水扁要撤銷他自己在2000年宣示的「四不一沒有」所提出的台獨論述。陳水扁隨後於4月11日致函WHO，提出以台灣名義成為WHO正式會員國的申請，被拒絕收受。另一方面，海峽兩岸首次端午節直航包機卻於6月16日啟航。

7月23日陳水扁致函聯合國秘書長潘基文，要求以台灣名義加入聯合國，遭「退件」拒絕處理。8月27日美國副國務卿內格羅蓬特（John Dimitri Negroponte, 1939- ）接受鳳凰衛視專訪，就台灣入聯公投議題，發表嚴厲措辭反對。9月30日民進黨全國黨員代表大會中，通過陳水扁版的〈正常國家決議文〉。

民進黨的台獨論述從1991年的〈台獨黨綱〉中，提出「住民自決」、「制訂新憲」、「國際參與」、「台灣認同」四大論述。1999年的〈台灣前途決議文〉保留「住民自決」、「國際參與」、「台灣認同」，不提「制訂新憲」，增提「破除一中原則」。2007年的〈正常國家決議文〉，保留前面所有論述，增提「台灣正名」、「轉型正義」。

廿四、陳水扁貪污案

2008年5月20日陳水扁卸任，立即被檢方列為貪污案被告。8月14日洪秀柱揭露陳水扁家族在瑞士洗錢美金2,100萬元，遭瑞士凍結帳戶，總金額約新台幣7億元，被媒體戲稱「海角7億」。陳水扁被迫承認，8月15日宣布退出民進黨。10月21日檢方查獲吳淑珍收受南港展覽館工程賄款，10月28日查獲陳水扁收受龍潭土地用公款收購案的賄款，11月11日陳水扁經法院裁定羈押。12月12日檢方認定陳水扁貪污新台幣近5億元及美金874萬元，予以起訴。陳水扁於12月13日經法官周占春裁定當庭釋放，12月30日又被法官蔡守訓裁定羈押，經判刑入獄服刑，於2015年1月5日以健康因素，保外就醫。

廿五、邱毅

邱毅1956年生，高雄人。獲得台灣大學農業推廣學士、農業經濟碩士、經濟學博士等學位，進美國康乃爾大學博士後研究。任台灣大學教授、中華經濟研究院研究員。2001年以親民黨籍在高雄當選立法委員，2004年連任，因反對宋楚瑜與陳水扁合作，退出親民黨。2006年加入國民黨，2008年至2012年擔任國民黨不分區立法委員。2012年參選高雄立委失敗。

2004年大選前一日爆發「陳水扁319槍擊案」，邱毅率眾到高雄地方法院抗議，遭法院判刑一年兩個月。2005年揭發謝長廷、陳哲男的高雄捷運弊案，兩人因此去職，陳哲男子陳其邁亦辭去高雄市代理市長，國民黨在年底的縣市長選舉大勝，黨主席馬英九力邀邱毅加入國民黨。隔年邱毅在連戰為介紹人下加入國民黨，之後連續揭發陳水

扁女婿趙建銘股票內線交易案、陳水扁貪污案、私藏巨額現金案、詐領公務機要費案等。初期輿論尚半信半疑，卻被檢調單位陸續證實為真實，重挫民進黨聲勢，導致2008年民進黨大敗，馬英九輕鬆贏得大選。

在此過程中，有三件頗為耐人尋味的傳奇過程：

一是2006年5月8日邱毅從高雄小港機場準備返回台北時，突接獲前高雄市長王玉雲交付的機密爆料，細查發現是陳水扁女婿趙建銘涉入台開公司股票內線交易的情事，趙建銘父母、兄弟及好友均涉入其中。邱毅揭發此案並引發數起案外案，成為台灣島最轟動的政治新聞。趙建銘也在數周後被逮捕收押在台北看守所，自此陳水扁家族貪腐內幕出現了突破口。

二是在2006年8月間，當時邱毅鎖定陳水扁官邸「貴婦團」成員李惠芬等人，追查陳水扁妻子吳淑珍涉入「SOGO百貨公司侵佔案」時，陳水扁害怕李惠芬透露貪腐內情，因此派媒體人蘇拾瑩以閨蜜身分監視李惠芬，發現李惠芬的記事本中不斷提及與「邱毅」互動，便向陳水扁告狀，陳水扁下令對李惠芬進行抹黑攻擊。其實真相是李惠芬的兒子也叫「邱毅」，記事本中的「邱毅」是她兒子，並非是邱毅本人。這一特大烏龍惹火了李惠芬，憤而向邱毅爆料陳水扁夫妻蒐集台北君悅酒店發票報假帳，詐領公務機要費。邱毅將此資料向審計部門核實後，並向君悅酒店調集了200多張發票，到檢察署查黑中心舉報陳水扁夫妻貪污。同年11月，陳水扁妻子吳淑珍被起訴，陳水扁因「總統」身份有刑事豁免權，因此只列為「共犯」，暫不起訴。但此一貪腐風波經媒體報導已成鐵證如山的事實，因此激起「百萬人倒扁反貪腐」的紅衫軍運動，陳水扁政權從此如風中殘燭，走向末路。

三是在2007年3月間，邱毅不斷地揭發陳水扁貪腐弊案，越來越多人向他提供內幕消息。陳水扁為遏止邱毅揭弊的威脅，利用2004年邱毅被控高雄地方法院聚眾抗爭的衝撞案，命令法院迅速審結，將邱毅囚禁在高雄燕巢監獄，並關押在重刑犯的囚室，長達兩個月不准會

客，過了兩個月的黑牢後，才被發配到監獄農場勞改。邱毅的刑期本來是一年兩個月，後來在連戰、吳伯雄與吳敦義的奔走下，減一半刑期，於2007年11月出獄。邱毅在出獄後的第一句話是「陳水扁，我回來了！」邱毅出獄後仍不斷揭發更多的陳水扁貪腐弊案，直到將陳水扁送入監獄為止。陳水扁是個很迷信的人，在各種弊案纏身之際，還曾投下重金購買大量紙錢，虔誠祭拜地藏王菩薩，祈求化解他和邱毅的「前世恩怨」。

2012年馬英九競選連任，因首屆任期施政不佳，聲勢頗為低迷，又遇到強勁對手蔡英文的挑戰，連國民黨籍立法委員都不願意和他掛合照競選看板。在此危機時刻，邱毅強烈批判蔡英文涉入「公款投資宇昌公司案」，並同時揭發蔡英文的競選搭檔蘇嘉全的「豪華農舍違建案」，及牽連出來的貪腐醜聞，讓原本自認為有勝選希望的蔡英文聲勢滑落，馬英九小勝連任，但國民黨的立委席次大減，邱毅也因分心揭弊，在高雄選區被綠營圍攻而飲恨落敗。

2016年連戰推薦邱毅出任國民黨不分區立委，時任黨主席的朱立倫（1961-　）應允，並請邱毅出面揭發蔡英文弊案，但馬英九罔顧曾永權當時是國民黨不分區立委提名審議委員會的審議委員，強壓朱立倫必須提名曾永權。朱立倫被迫無奈拋棄邱毅，改提名曾永權，邱毅因而退出選戰。朱立倫的不分區立委名單被輿論批評為「史上最糟糕的名單」，終不為選民接受，創下國民黨史上政黨不分區立委得票率最低的紀錄，只有26.91%，曾永權也落選。

在不分區立委提名名單遭輿論嚴厲批評的風波正起時，朱立倫的競選搭檔王如玄遭蔡英文陣營揭發軍用住宅不當買賣案，朱立倫聲勢受挫，支持率大跌，回頭央求邱毅出面批判蔡英文投機炒作土地事件，試圖穩住朱立倫已然大亂的陣腳。邱毅雖不計前嫌奮戰不懈，擋住蔡英文的攻勢，但朱立倫、馬英九、國民黨百病叢生，大選結果仍難逃慘敗的命運，最後將執政權和立法院多數黨地位拱手交給民進黨。

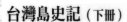

廿六、第二次政黨輪替

　　2008年3月22日台北民國政府舉行總統選舉，中國國民黨提名馬英九以58.45%的選票，擊敗民主進步黨提名參選得票率41.55%的謝長廷，產生台北民國政府第二次政黨輪替，中國國民黨再度成為執政黨。

馬英九1950年生，湖南衡山人。出生英屬香港九龍，取名英九，1952年移居台灣島。1968年加入中國國民黨，1972年台灣大學法律系畢業，獲得國民黨中山獎學金，1974年赴美國紐約大學就讀，1976年取得法學碩士，轉赴哈佛大學法學院，1981年取得法學博士，返台擔任蔣經國英文秘書。1984年任國民黨副秘書長，1988年任行政院研究考核發展委員會主任委員，1991年任大陸事務委員會副主任委員，1993年任法務部長。1996年轉任政務委員，1997年辭職。1998年擊敗陳水扁，當選台北市長，2002年順利連任。2005年擊敗王金平，當選國民黨主席。2008年擊敗謝長廷，當選台北民國政府總統。2012年擊敗蔡英文、宋楚瑜，順利連任。2013年擬開除王金平國民黨黨籍失敗，2014年地方選舉大敗，辭國民黨主席。2015年在新加坡與習近平會面，2016年卸任台北民國政府總統。

一、金溥聰

　　金溥聰是滿族鑲黃旗人，本姓愛新覺羅，1956年生於台南市。政治大學新聞系畢業，1985年進國民黨服務，擔任時任國民黨副秘書長的馬英九的助理，從此成為馬英九的密友兼最重要的政治夥伴，被稱為「馬金體制」。1989年獲國民黨中山獎學金，1990年赴美留學，1994年取得美國德州大學政治傳播學博士。1998年擔任馬英九競選台北市長的宣傳組長，1999年任台北市政府的新聞處長，2004年任台北市副市長，2009年沒有黨務經驗卻出任國民黨秘書長，2012年沒有外交經驗卻出任駐美代表，2014年沒有國家安全經驗卻出任國家安全會議秘書長，2015年馬英九還密聘金溥聰為「總統府資政」，被八卦雜誌揭露。金溥聰在馬英九時代權傾一時，在國民黨內以「金老師」為名控制黨政軍特調機器，是馬英九政權的第二號人物。2008年馬英九當選「總統」前一週，競選大將詹啟賢與蕭萬長和馬英九見面，詹

啓賢率直的建議馬英九，不宜重用金溥聰，馬英九就任台北民國政府總統後，反而永不錄用詹啓賢。可見本省籍政治人物即使有再大的功勞，只要不能支持金溥聰，必定會遭馬英九貶謫。

二、馬英九的高峰與迷失

馬英九以俊帥、優秀、健美、高道德標準崛起台灣政壇，在2008年獲得765萬票，以58.45%得票率當選台北民國政府總統，達到個人的政治高峰，但從此開始顛顛簸簸，逐漸喪失政治光芒，雖於2012年再度競選連任成功，只得票689萬票，得票率51.6%，2016年卻以極低的支持率卸任。

馬英九走向高峰即開始迷失，2008年得票率比國民黨立法委員的53.5%還要高，其幕僚團隊即自認爲「馬英九比國民黨大」，馬英九自己也以「追求歷史地位，當全民總統」自我期許，卻走入與同黨同志疏離，決策剛愎自用，用人相互取暖的境地；甚至任命其密友金溥聰爲國民黨史上權力最大的秘書長，卻與國民黨各派系搞得水火不容。

馬英九政府先起用具有台獨色彩的鄭瑞城擔任教育部長，上任第三天即推行陳水扁時代制訂的中小學歷史課本編寫綱領，這個綱領充斥台獨意識形態的歷史詮釋。台獨陣營出身的賴幸媛出任大陸事務委員會主任委員，以及沒有國民黨籍的江宜樺出任研考會主委，後來升任內政部長；沒有國民黨籍的歐鴻鍊、楊進添、林永樂擔任外交部長；無黨籍的王清峰擔任法務部長。馬英九任命非國民黨籍人士出任重要閣員，作爲實踐「全民總統」的指標，很快引發三大後遺症。首先，國民黨籍立委反彈，否決馬英九提名的考試院長人選張俊彥及監察院副院長人選沈富雄。再者，馬英九認爲要掌控國民黨立法委員，必須擔任國民黨主席，因此違背2008年競選前的不兼任黨主席的承諾，阻擋吳伯雄續選黨主席。最後，當馬英九面臨重大政策困境時，

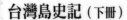

「全民總統」打造出「社會性同質，但政治性異質」的政府，沒有閣員或委員願意替馬英九的政策奮戰，不論是核四廢建的爭議、《兩岸服務貿易協議》的爭論、高中歷史課綱的爭執，都是如此。馬英九最後垮在國民黨支持者反對「取消軍公教退休慰問金」、「證所稅復徵」、「十二年國民教育」、「黑心油風暴」等問題，可說咎由自取。

三、馬英九調漲油電價

馬英九2008年風光當選，5月20日就職，5月28日宣佈調漲油價12.7%，7月1日 調漲電價12.6%，7月2日再調漲油價4.3%。用油電漲價推動自由化，反映油電成本合理化都說得通，但那是蛋頭學者之見，不是政治領袖的視野。選民還沒看到馬英九競選時的甜美承諾，就開始面對馬英九冷冰冰的政策。因為馬英九忘了下雨不修屋，馬英九的蜜月期立刻結束，只剩下蛋頭內閣沾沾自得，標榜有魄力推動油電定價合理化。

馬英九政府竟然不懂，2007年8月9日美國次貸危機爆發，引爆全球金融危機，石油需求跟著衰退，油電價格自然下跌，馬英九聽不進這些經濟學道理，只死守「以價制量，節約能源」、「使用者付費，油電定價反映成本」、「解決油電公司的虧損」等狹隘的政策觀點。2008年9月14日金融海嘯全面爆發，台灣的經濟環境已全面緊縮，不該再推動緊縮政策。不幸的是，油電雙漲正是緊縮政策。人民已經頭痛腹瀉，不給止痛藥，反下清腸劑，馬英九全面動搖國民黨的小市民支持度。2009年1月9日中油獲得馬英九許可，再度調漲油價。

但是馬英九沒有記取教訓，2012年當選連任，再度油電雙漲。2012年4月1日 調漲油價10.7%，5月15日調漲電價29.5%。問題是2010年5月9日歐債危機爆發，2012年危機方興未艾，延伸至2015年才停

止，台灣的經濟環境處於緊縮情勢，油電再漲會使經濟情勢更加緊縮，國民黨的小市民群眾基礎已岌岌可危。如果沒有開放兩岸政策，擴增大陸訂單，引進大陸觀光客，台灣經濟會更慘。油電漲價政策及後來的課徵證券交易所得稅政策，都反映馬英九的經濟觀念和決策能力相當薄弱。馬英九和支持群眾疏離的第一個原因，就是在金融海嘯和歐債風暴的經濟陰影下調漲油價。

四、金融海嘯

2008年9月14日美國華爾街的投資銀行「雷曼兄弟公司」宣告破產，引爆全球性金融海嘯。同日「美林證券」宣佈由「美國銀行」收購。9月15日全球股市崩盤，9月16日「美國國際集團AIG」瀕臨倒閉。9月19日美國政府動用7,000億美元收購不良債券，並以134億美元疏困通用、福特、克萊斯勒等三大汽車製造商。9月28日後，英國、西班牙、荷蘭、比利時、盧森堡、德國、法國、愛爾蘭、冰島、俄羅斯、加拿大、瑞典、瑞士紛紛公布「救市方案」。

馬英九政府宣佈所有銀行存款皆足額保險，並將政府銀行的存款轉存有被擠兌風險的民間銀行，嗣後並舉債新台幣858億元發放「消費券」，每人發放新台幣3,600元，於2009年1月18日開始發放，用意在刺激消費性需求。但消費券購買商品，有六成是原本的購物需求，只有四成是新增需求，另外有近半以上消費券流向進口物品，對GDP貢獻很有限。受到海外投資損失和股市衰退的衝擊，台灣經濟受到重傷，卻也順利度過金融海嘯。在此期間，立法委員蔡正元向馬英九政府建議動用退休基金新台幣800億元，收購美國AIG公司的台灣島子公司「南山人壽」，馬英九政府不予採用，事後「南山人壽」被財團買走，該財團迄今獲利數倍。馬英九政府不擅於投資管理的特性，也顯露無遺。

五、2009年八八水災

2009年8月6日至10日莫拉克颱風侵襲台灣島，造成台灣島史上最大水患災難，高雄甲仙小林村發生山崩滅村活埋474人，高雄、屏東、台東、台南、南投計死亡681人，失蹤18人，是台灣島史上死亡人數第二多的天然災害。馬英九政府被指責救災不力，馬英九及閣員在救災過程連連失言，聲望大幅滑落。9月7日行政院長劉兆玄辭職，由吳敦義接任。八八水災重建經費由台北民國政府籌措新台幣1,165億元，民間捐款254億元，另有大陸海協會轉來捐款4.5億元人民幣，約當22.5億元新台幣。馬英九卻把重建經費直接交給民進黨籍的縣市長，八八水災後反而壯大民進黨的群眾基礎。

六、兩岸直航與ECFA

2002年10月27日蔣經國傳聞中的兒子蔣孝嚴，時任立法委員，率先提議「大陸台商春節返鄉專案」，啟動「春節包機」。經陳水扁政府同意，分別於2003年及2005年辦理兩次「台商春節包機」，搭機對象僅限台商及家眷。2004年大陸要求直飛，陳水扁政府堅持停經第三地，談判破局，包機停航。2006年春節擴大搭乘資格至所有在大陸的台灣居民，稱「台灣居民包機」。同年7月，開放「專案貨運包機」，8月兩岸議定，包機擴及春節、清明、端午、中秋。2007年開辦常態貨運包機、緊急醫療包機。

2008年5月12日汶川大地震後，開辦「人道救援包機」，5月20日馬英九政府執政，7月4日起開辦「週末包機」，並開放大陸居民及其他國家人民搭乘。12月15日兩岸包機常態化，不再停經第三地，拐彎

飛航，由上海與台北兩個空管中心直接對接，實現眞正直航。2009年8月31日包機轉爲定期航班，終於達成兩岸直航的成果。

2005年連戰訪問大陸，與胡錦濤共同發表〈連胡五項願景〉，其中第三項是「促進兩岸經濟全面交流，建立兩岸經濟合作機制」。2008年馬英九競選時，主張兩岸簽訂《經濟貿易協定》。2009年1月國民黨與工商團體呼籲兩岸及早簽訂經貿協議。2010年6月29日海峽兩岸在重慶簽訂《海峽兩岸經濟合作架構協議》（Economic Cooperation Framework Agreement），簡稱《ECFA》。8月17日立法院經過國民黨、民進黨立委在議場主席台打架，民進黨不敵，王金平宣佈通過ECFA。兩岸直航及開辦定期航班、簽訂ECFA可說是馬英九的兩項政績。

2010年通過ECFA時，只有部分貨品降免關稅，部分服務項目獲得市場准入，列名其中的貨品和服務的清單，稱「早收清單」。2011年2、3月兩岸依ECFA規定，繼續協商《服務貿易協議》及《貨品貿易協議》，擴大貨品和服務的清單，2013年6月達成《服務貿易協議》。2014年3月台灣方面審議《服務貿易協議》時，爆發台獨份子假「太陽花學運」之名，發動暴民佔領議場，馬英九無法處理，兩個協議完全停擺。

七、日本福島核災

2011年3月11日日本東北地方太平洋近海發生9.1級大地震，隨即引起高達40.1公尺的大海嘯。海邊的福島核電廠遭到15公尺高的海嘯襲擊，海浪捲起，電廠工人逃跑時遺留在岸邊的工程車輛，撞破冷卻系統的發電機，造成停電，無法冷卻核電反應爐。

福島核電廠屬於東京電力公司，竟然不知向鄰近的東北電力公司討救兵，要求補給電力或電池，反要求遠距離的東京送來電池，卻受

日本福島核電廠災害現場

阻於路上救難與逃難人潮，無法運抵。福島核電廠廠長竟然無權緊急關廠，必須等待遠在東京的社長（總經理）下達關廠指示，人在東京的社長遲遲不回應，最後卻要求廠長等待首相菅直人搭飛機巡航福島核電廠上空後，再考慮關廠。菅直人卻未按預定時間巡航作秀，等巡航完畢，已超過核電廠內氫氣累積可忍受的上限。

就在菅直人離開後，核電廠氫氣累積超越上限，即刻產生爆炸，電廠人員來不及關廠，引爆爐心熔燬，造成核電廠災難。福島核電廠事故可說是人謀不臧的後果。

八、馬英九明星的隕落

馬英九的呆板匠氣，在2012年連任後更加嚴重。他昧於空圖「改革」的美名，沒有盱衡全局的政治視野。2012年4月12日馬英九政府

推出劉憶如設計的政策：「復徵證券交易所得稅」，導致股市全面下滑，交易量大幅萎縮。證券交易所得稅尚未徵收，可以徵得的證券交易稅大量流失。馬英九親手摧毀國民黨與工商界的信賴基礎，也徹底疏離爲數甚衆的支持國民黨的股市投資者。台灣股市震盪不安，直到2012年6月4日立法院審查時，由蔡正元獨立對抗支持馬英九的媒體輿論，提出修正動議版，對劉憶如版證所稅踩煞車，股市帶動的經濟危機才煞住。馬英九對這麼重大的財稅政策，竟然不尊重經驗豐富的中央銀行總裁彭淮南的意見。在最後決策會議時，冷凝的氣氛，讓反對的財經官員不敢發表反對意見，反而國民黨組織部門的負責人（組織部長）蘇俊賓主張「改革要大步前進」，符合馬英九的心意，這個決策惡例就此定案。但這已是馬英九的獨斷，第二度造成支持群衆的疏離。

2012年10月19日馬英九任命的行政院長陳冲用踐踏軍公教尊嚴的理由，呼應民進黨立委管碧玲的質詢，同意刪除軍公教年終慰問金，瓦解國民黨的鐵票基礎。馬英九動用黨主席的威權壓迫國民黨立委表決支持，除了少數立委如蔡正元、孫大千、黃昭順外，其餘立委如丁守中均聽從馬英九指示，刪減軍公教退休慰問金。這是馬英九第三度疏離支持群衆的案例。

爲了反擊馬英九、陳冲及民進黨刪減軍公教退休慰問金所造成的藍營支持群衆的怨氣，蔡正元於10月24日提議刪除立法委員九項津貼及馬英九的特支費，但也只能暫時止住鐵票支持者的憤怒。這些支持者於2014年大選發生拒絕出門投票的現象，造成國民黨大敗。

2012年11月17日出版的英國《經濟學人》（The Economist）雜誌報導馬英九的施政，以"Ma the Bumbler"爲標題（「馬笨王」之意）引起輿論波瀾。

2013年2月18日馬英九拉拔江宜樺接替陳冲任行政院長，與朱立倫種下接班人心結，國民黨的內部裂痕，持續擴大。馬英九政府成爲被洪水圍困，而無同志肯協助的擱淺旗艦。到了2013年7月20日洪仲丘事

件的白衫軍遊行，馬英九、江宜樺政府已顯現兵疲馬困、左支右絀的窘境。馬英九處在複雜的台灣島政治中心，以前無往不利可以奪取權力的優勢，經過決策錯誤的折騰，已蕩然無存。馬英九的人格魅力流失後，在需要魄力擔當，勇敢對抗時，謹小愼微，不敢造次。對純粹表面的虛名，卻勇氣十足。這使馬英九任內毫無重大建樹，明星氣勢至此殞落。

九、馬英九違法第三度參選國民黨主席

　　馬英九於2005年7月16日首度當選國民黨主席，但因特別費貪污案被起訴，2007年2月13日自行請辭，吳伯雄於2007年4月11日補選接任黨主席。馬英九違反「總統不兼黨主席」的承諾，阻止吳伯雄續選黨主席，於2009年7月26日第二度當選黨主席，並於2013年7月20日第三度當選黨主席。馬英九第二度、第三度參選黨主席，都是同額競選。第三度參選時，被蔡正元公開指出，馬英九依法不得參選，因爲國民黨黨章規定，黨主席只能連選得連任一次，如果當選後，被人告到法院，法院會判當選無效。但馬英九置若罔聞，爲迴避法院問題，於2013年11月10日國民黨全代會修改黨章，效法陳水扁修改民進黨黨章的方式，增加規定「總統」是當然的黨主席。馬英九的盤算是，縱使被法院判決當選無效，也可以繼續做「當然的黨主席」。馬英九很講究守法，但參選2013年黨主席這件事，馬英九留下違法又玩法的紀錄。馬英九這第三任黨主席卻因國民黨2014年11月地方選舉大敗，於12月3日辭職，由朱立倫於2015年1月19日補選接任。朱立倫又因2016年大選，國民黨大敗而辭職，再由洪秀柱於2016年3月30日補選接任。

十、馬王九月政爭

2013年9月6日立法院長王金平赴馬來西亞主持女兒婚禮，最高檢察署特別偵查組召開記者會，宣稱法務部長曾勇夫（1943- ）、高等檢察署檢察長陳守煌（1952- ）接受王金平關說柯建銘（1951- ）司法案件。晚間行政院長江宜樺（1960- ）壓迫曾勇夫辭職。9月8日馬英九、吳敦義、江宜樺召開記者會，公開譴責王金平，指稱：「這不是關說，那什麼才是關說？」。

9月9日馬英九致電連戰、吳伯雄尋求支持，連戰表態反對馬英九的做法。9月10日早上馬英九的部屬羅智強召開記者會抨擊連戰。晚間八點王金平返台，在機場召開記者會，指稱他打電話給曾勇夫、陳守煌，並未要求不要上訴，而是提醒切勿濫權上訴。馬英九方面接著暗示王金平應辭去立法院長，支持洪秀柱接任。

9月11日馬英九召開記者會宣稱王金平已不適任立法院長，要求國民黨考紀委員會開除王金平黨籍，馬英九並取消接見外賓，坐鎮國民黨中央黨部，強壓考紀委員會通過開除王金平黨籍，並發函立法院解除王金平的立法委員資格及立法院長職務。9月13日台北地方法院裁准國民黨的王金平開除黨籍案暫時無效，王金平的職務暫時不受影響。

但是開除王金平黨籍案，不論馬英九自認為理由是如何正當，但手法粗糙到不可思議，國民黨內部馬系和王系，已徹底分裂。馬英九自認為王金平關說證據確鑿，卻忽略2007年馬英九自己身陷特別費貪污案時，國民黨立法委員如何聲援且公然「關說」司法部門的事實，兩相對照，使馬英九指證的王金平關說證據無法被廣為接受。唯一有政治效果的操作，是馬英九成功煽動國民黨內對王金平替民進黨籍的柯建銘關說的惡感。馬英九在此案顯現的個人好惡和權謀風格，令國民黨各地方派系離心離德，馬英九政府的群眾基礎，已如大漠流沙，

從此完全喪失自我防衛的能力。

十一、王金平

　　王金平1941年生，台灣高雄路竹人，台灣師範大學數學系畢業。1976年起擔任立法委員至今，1999年至2016年任立法院長。2005年與馬英九競選國民黨主席被擊敗，2013年遭馬英九指控司法關說，馬英九擬開除王金平國民黨黨籍，進而廢除王金平的立法委員及立法院長的職位，但法院裁定馬英九敗訴。馬英九與王金平的對立和鬥爭是國民黨2014年和2016年選舉大敗的重要因素。王金平從政逾40年，以「謙沖人和」著稱。輿論評為：「王金平無敵人，馬英九無朋友」，堪稱是兩人性格的寫照。

　　王金平與馬英九兩人歧異很大，馬英九認為王金平拒絕動用議場的警察權，遇有民進黨立法委員破壞議事程序，癱瘓議場時，王金平即宣布黨團協商，中止議事，影響法案進度，也妨礙馬英九政府的施政步驟和政績。王金平則認為馬英九下令禁止國民黨籍立委參與議場鬥毆，只怕影響國民黨形象，卻無視議場現實，單憑立法院警衛根本不敢與民進黨立法委員打鬥，動用警察權無濟於事。王金平認為在決議ECFA時，就是找無黨籍立法委員顏清標等人打前鋒，國民黨籍立法委員才肯加入鬥毆，擊敗民進黨立法委員攻佔主席台癱瘓議事的計畫，才能順勢宣佈ECFA決議通過，所以馬英九不准鬥毆是不切實際的作法，自行妨礙立法進度。服務貿易協議被阻攔，就是國民黨不準備打架，又要硬行通過的失敗案例。

十二、《兩岸服務貿易協議》

海峽兩岸於2010年6月29日在重慶簽訂《海峽兩岸經濟合作架構協議》，英文簡稱ECFA，內容擬訂「早收清單」，先就部分商品貿易免除關稅，部分服務貿易先行開放，同時達成共識，將另行就簽訂涵蓋範圍更廣的《貨品貿易協議》和《服務貿易協議》進行協商。2013年6月21日海峽兩岸在上海簽署《服務貿易協議》，並公佈雙方開放服務貿易的清單。

6月27日台灣方面預定送交立法院「備查」，但6月25日國民黨與民進黨的立法委員進行朝野協商時，民進黨的柯建銘用書面提出要求：「《海峽兩岸服務貿易協議》本文應經立法院逐條審查，逐條表決；《服務貿易協議》特定承諾表應逐項審查、逐項表決，不得予以包裹表決，非經立法院實質審查通過，不得啓動生效條款。」沒想到國民黨的賴士葆（1951-　）立即簽字同意，賴士葆被視爲馬系立委，國民黨其他人認爲賴士葆擁有馬英九的授權，也跟著簽字。當時在場的洪秀柱嘆了口氣說：「國民黨慘了！」因爲洪秀柱判斷「逐條項審查，逐條項表決」等於給了民進黨否決權，《服務貿易協議》也不可能過關，洪秀柱的判斷事後證明是正確的。賴士葆簽這個字，讓《服務貿易協議》由「備查」改爲「審查」，讓「包裹審查」改爲「逐項審查」，埋下國民黨開始敗亡的定時炸彈。

2013年7月民進黨開始拖延審查《服務貿易協議》，並以此爲主軸全面攻擊國民黨「親中賣台」，並集結台獨份子和法輪功人士鄭秀玲等人，在互聯網上大量散佈抹黑《服務貿易協議》內容的材料。馬英九政府的領導階層從總統馬英九、行政院長江宜樺、陸委會主委王郁琦、經濟部長張家祝、國民黨秘書長曾永權卻都無力應付。除了蔡正元外，馬政府閣員和國民黨立法委員更是紛紛走避，拒替《服務貿易

協議》背書辯護。台灣民意從支持轉為觀望，到2014年3月18日太陽花學潮攻佔立法院議場後，更轉為反對。台灣經濟體完全靠貿易推積起來，有力的貿易條件更是台灣經濟生存的憑藉，《服務貿易協議》是台灣所有對外經貿協議最為有利的協議，台灣人自己胡搞，讓《服務貿易協議》胎死腹中，台灣經濟從此更加欲振乏力。

十三、太陽花學潮

　　2014年3月立法院開始審查《服務貿易協議》，原訂負責審查的內政委員會召集人國民黨的張慶忠（1951- ）意外地改排審查《都市更新條例》，《服務貿易協議》的審查主導權落入民進黨的陳其邁（1964- ）手中。3月12日、13日陳其邁主導審查《服務貿易協議》時，國民黨與民進黨數度衝突。3月17日張慶忠主導審查《服務貿易協議》，民進黨鬧場攻擊張慶忠。張慶忠於走避時，以不到半分鐘時間，用私藏麥克風宣佈《服務貿易協議》「視同已審查，送院會存查，並宣布散會」。3月18日民進黨指控張慶忠僅用「半分鐘」通過《服貿協議》審查為非法，阻止立法院院會進行，要求重審《服貿協議》，並發動群眾抗議。3月18日晚間7時台獨份子在立法院辦「守護民主之夜」晚會，指控馬英九及國民黨「親中賣台」、「半分鐘反民主」、「黑箱作業搞服貿」。3月18日晚間9時台獨份子攀越立法院圍牆，攻佔議場，聚集媒體焦點，取得發聲舞台。

　　3月19日台獨團體「黑色島國青年陣線」在臉書發文，希望支持群眾能賣向日葵，俗稱「太陽花」，替攻佔立法院議場的台獨份子加油打氣，因此被稱為「太陽花學運」。參加此次攻佔行動的團體，包括「黑色島國青年陣線」、「反黑箱服貿民主陣線」、「公民1985行動聯盟」，領頭者都是台獨份子，跟從者則不一定。3月23日台獨份子分兵企圖攻佔行政院，江宜樺果敢下令警方強力驅離。3月30日台獨份

子號召群眾集合在凱達格蘭大道示威，到場12.5萬人，但卻說謊宣稱50萬人，台灣島媒體也跟著瞎說。台灣島搞群眾運動說謊膨風已成習慣，這並非第一次。4月6日王金平進入立法院議場，承諾《兩岸協議監督條例》未完成立法前，不召集朝野黨團協商討論《兩岸服務貿易協議》，台獨份子覺得已有收穫，宣佈結束攻佔行動，撤離議場。這也等同宣佈《兩岸服務貿易協議》死刑，國民黨縱使是立法院的多數黨，卻兵敗如山倒。

事後太陽花學生運動的領頭者陳為廷說他們花了21天演了一場大戲。陳為廷說對了，這場大戲以台獨學生團體為首，掌握反馬、反中情緒，編造《兩岸服貿協議》的黑箱謊言，用立法院議場發聲，產生很大召集效果。隨著領頭者陸續爆發醜聞，太陽花學潮也快速萎縮。陳為廷是性騷擾慣犯，林飛帆是兵役義務的閃避者，反而非學生如黃國昌、林昶佐藉著已打響的知名度，組織政黨「時代力量」，和民進黨主席蔡英文討價還價，在2016年立法委員選舉時，成功取得席位。

太陽花學潮可以分成三個時期，前期從有人在網路散播反對《兩岸服務貿易協議》的資料算起，中期就是民進黨杯葛《兩岸服務貿易協議》，引爆台獨份子攻佔立法院議場和行政院。後期則從台獨份子自立法院議場撤退、罷免蔡正元，到時代力量組黨取得立法委員席位為止，前後長達四年。

十四、林義雄絕食反核四

太陽花學潮才剛結束，馬英九立即面對更棘手的問題。2014年4月15日林義雄宣布在義光教會無限期絕食反對續建核四，這份雪上加霜的壓力，已遠超過馬英九和江宜樺政府的負荷能力。義光教會是1980年2月28日發生林宅血案地點，林義雄身為罹難家屬在義光教會絕食，產生更大的悲情訴求力量。反核團體趁機宣佈4月22日包圍立法院的

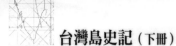

抗爭行動。4月27日馬英九政府在壓力下，做成封存核四的決定，4月28日林義雄離開義光教會，停止絕食。但是2017年蔡英文重啓核二電廠，未見林義雄出面反對，從此林義雄被譏諷爲「只在國民黨執政時反核」。

十五、鄭捷隨機殺人事件

　　隨機殺人事件指殺害無冤無仇且素昧平生之人的刑事案件。台灣島史上最嚴重的隨機殺人事件是2014年5月21日東海大學21歲學生鄭捷，在台北捷運板南線車廂內，行經龍山寺與江子翠間，持刀隨機砍殺車廂內乘客，造成4死22傷的駭人事件。鄭捷於2016年4月22日判處死刑定讞，5月10日執行槍決。太陽花學潮的頭子林飛帆、陳爲廷於2014年5月23日及25日表態反對判處鄭捷死刑。

　　2015年5月29日龔重安29歲潛入台北北投文化國小，持刀對8歲女童劉小妹妹割頸二刀，割斷氣管、血管，觀其流血致死，才打電話自首。

　　2015年7月20日台北捷運中山站，27歲郭彥君持刀隨機砍傷4人，2016年7月28日判12年徒刑定讞。案發當晚，新北三峽台北大學附近，有15歲倪姓少年持刀砍傷一位路人。

　　2016年3月28日33歲王景玉於路邊當著4歲劉姓女童母親王婉諭面前，持刀砍殺劉姓女童，致身首異處。時代力量的立法委員林昶佐卻表態應該廢除死刑。

　　但是台灣島第一件隨機殺人事件，一般認爲是2009年3月9日36歲黃富康殺人事件。黃富康假借租屋爲名，殺害台北士林的簡添智，並按死者身分證赴簡家，殺傷簡妻余瑞瑛、簡子簡裕倫。2012年8月16日黃富康被判死刑，受廢死運動的影響，至今仍未槍決。

　　第二件隨機殺人事件，則是2012年12月1日30歲曾文欽於台南金華

街電動遊戲店「湯姆熊歡樂世界」，誘騙10歲方姓男童進入廁所，持刀砍斷咽喉、氣管、頸動脈，大量失血，當場死亡。曾文欽被捕後，倡言「犯案前有上網查過，現在台灣殺1、2個人，也不會判死刑」。2016年5月5日曾文欽被判無期徒刑定讞。

十六、馬英九政府亂成一團

2014年後半年，馬英九政府急著創造政績，不顧主客觀條件，7月硬推十二年國教，要把菁英高中社區化，遭致家長團體、菁英高中校友團體的強烈反對，直接傷害國民黨與中產階級的信賴關係，新北市長朱立倫更是表態反對。8月、10月兩次食品安全風暴，馬英九政府和國民黨的戰鬥部隊已潰散，任憑民進黨和電視名嘴宰割，國民黨僅存的執政信賴度已全面被打垮，馬英九的民調支持度甚至一度低落至不足10%。馬英九走到哪裡，總有民眾嗆聲抗議，甚至丟鞋攻擊，國民黨各種選舉的候選人更是與馬英九保持距離。2014年11月29日國民黨在地方選舉大敗，反映了所有不滿馬英九的因素。

十七、2014年國民黨大敗

2014年11月29日台灣地區22個縣市長選舉，國民黨大敗，從上屆的15個縣市，敗到只取得6個縣市。民進黨從上屆的6個縣市，增至13個縣市。國民黨的著名候選人連勝文、胡志強、吳志揚都落選。

台北市長選舉，無黨籍但深綠背景的柯文哲擊敗連勝文，一個重要原因是柯文哲被所有媒體捧護著，包括柯文哲在投票前夕謊稱其辦公室遭竊聽，還查出有竊聽的電線，稱「老鼠尾」。媒體包括藍營立場的《聯合報》都大肆報導，且暗指連勝文人馬可能裝設器材竊聽柯

文哲。結果警察找到裝竊聽器材的人竟然是柯文哲找來的人，媒體也顧左右而言他，對柯文哲毫無批評，這種毫無是非的媒體環境，明顯偏頗立場，就是要推翻國民黨。警方也相信柯文哲本人不知情，就輕輕放過「老鼠尾團隊」的柯文哲。

民進黨得票率47.55%，國民黨得票率40.70%，無黨籍得票率11.73%。民進黨的得票率雖低於上屆的48.21%，國民黨的得票率卻更低於上屆的45.76%。馬英九施政失敗的症狀，反映到選票的衝擊，開始顯現。馬英九辭去中國國民黨主席，以示對敗選負責。國民黨於2015年舉辦黨主席補選，由朱立倫同額競選當選，繼任馬英九未完成的任期。

十八、罷免蔡正元

2014年台獨份子發動太陽花學潮佔領議場，宣稱要罷免國民黨籍三位立法委員林鴻池、張慶忠、吳育昇。但後來發現蔡正元才是這段期間，最強力反對太陽花和台獨份子的國民黨立法委員，就集中全力，在2015年2月14日發動罷免蔡正元。台獨份子發動罷免期間，蔡英文、柯文哲、賴清德、黃國昌紛紛出面號召選民罷免蔡正元，最後罷免投票率僅有24.98%，罷免案失敗。這個罷免案是台灣島史上第一次以統獨為立場明顯劃分的投票案，獨派出錢出力，要透過罷免案企圖扳倒反台獨立場清楚的蔡正元，沒有成功。

十九、換柱風波

2015年7月19日國民黨全國代表大會通過提名洪秀柱為「總統候選人」，10月17日又召開臨時全國代表大會廢除洪秀柱的提名，改提名

朱立倫，稱「換柱事件」。這事件對2016年國民黨的總統及立法委員選舉產生重大的負面影響。洪秀柱（1948-　）浙江人，台北市出生，文化大學法律系畢業，教師出身，1990年當選立法委員直到2016年退休，長達26年。2012年至2016年間擔任立法院副院長，2015年經國民黨提名為總統候選人，不到三個月被朱立倫為首的國民黨中央撤銷提名。2016年參加補選國民黨主席當選，2017年競選連任國民黨主席失敗。洪秀柱的父親洪子瑜於1950年捲入台糖公司總經理沈鎮南的白色恐怖案件，遭誣陷關押三年，致使洪秀柱幼年生活相當艱苦。

廿、馬習會

2015年11月7日習近平與馬英九在新加坡香格里拉大酒店會晤，這是自1949年以來，海峽兩岸雙方最高領導人首次會晤。會中主要就推動兩岸關係的和平發展交換意見，但雙方沒有簽署協議，也沒有發布共同聲明。但會中雙方確認一個中國原則的《九二共識》。1993年辜汪會談、2005年連胡會、2015年馬習會是兩岸關係三次重大會談。馬英九宣稱在與習近平會面時，有提出「一中各表」，並於事後出具講稿全文為證。大陸國台辦主任張志軍對本書作者蔡正元的求證否認此事，直指馬英九未曾當著習近平面前讀出講稿上「一中各表」的文字，只是會後氣氛不便駁斥。

廿一、2016年國民黨慘敗

民進黨的蔡英文在2012年參加「總統大選」，只得45.63%選票，得票數6,093,578票。蔡英文在2016年再次參選，卻得56.12%選票，得票數6,894,744票。國民黨的馬英九在2012年得票率51.60%，得票數

6,891,139票。但2016年國民黨的朱立倫得票率只有31.04%，得票數僅有3,813,365票，國民黨慘敗，產生台北民國政府第三次政黨輪替。

2015年馬英九已非國民黨主席，施政也未再犯下錯誤。但是朱立倫接任國民黨黨主席，卻又不選總統，朱立倫的心態令人錯愕。洪秀柱闖關獲得提名爲國民黨總統候選人，又因民調大幅下滑硬被朱立倫操控的國民黨代表大會決議換下。朱立倫原本屬意徵召王金平接棒，但馬英九激烈反對王金平參選總統，朱立倫只好親自上場。「換柱風波」使國民黨的深藍選票接近全面罷投，再加上朱立倫在提名審查小組全面反對下，專斷的提出國民黨不分區立委名單，卻被評爲一份史上最爛的名單。又提名連幾位副主席、秘書長都事先不知道的王如玄當「副總統候選人」，偏偏王如玄投資買賣專爲軍人建造的「軍人住宅」，廣遭各界批判。朱立倫放著「軍宅案」整整三個星期未做危機處理，只央請蔡正元、邱毅出面抨擊蔡英文投機買賣土地，以平衡輿論，但國民黨政權已危如累卵。

國民黨慘敗的現象是2016年的朱立倫比2012年的馬英九少300萬票，其中80萬票轉投民進黨的蔡英文，2016年的宋楚瑜比2012年的宋楚瑜增加120萬票，可假設是從國民黨轉向的。另外，有100萬票拒絕投票。

國民黨慘敗的原因可歸納爲：

第一，馬英九削減軍公教待遇、課徵證所稅、提高油電價格、食品安全控管失敗、強推十二年國民教育，使支持國民黨的選民散失。

第二，馬英九想當「全民總統」，刻意拉攏綠營人士，苛待藍營幹部，再加上「馬王政爭」，使國民黨的組織人脈離心離德，軍心潰散。

第三，朱立倫接任國民黨主席，未能藉由參選總統凝聚士氣，反而在洪秀柱取得提名資格後，製造「換柱事件」，造成深藍選民全面杯葛投票。

第四，朱立倫親自參選後，提名國民黨不分區立法委員的名單，

不得人心。提名王如玄當副手，又爆出「軍宅案」，中間及淺藍選民反彈，轉向改投蔡英文或宋楚瑜。

　　2016年同時辦理的立法委員選舉，國民黨的立法委員席次從2012年的64席，掉到2016年的35席，其中區域選票從2012年的48.12%得票率，掉到2016年的38.71%；不分區選票從2012年的44.55%，掉到2016年的26.91%。民進黨方面，立法委員席次從40席增至68席，區域選票從44.45%增至45.08%，不分區選票從34.62%增至44.04%。國民黨許多重量級立委都落選，如李慶華、林郁方、丁守中、吳育昇、廖正井、楊麗環、孫大千、楊瓊瓔、蔡錦隆、王廷升，連郝龍斌參選基隆市立委都敗北。

　　朱立倫辭去國民黨主席，以示對2016年敗選負責。國民黨辦理補選，由洪秀柱當選，繼任朱立倫未完成的任期。

廿二、2016年高雄美濃地震

　　2016年2月6日凌晨3時57分高雄美濃發生芮氏規模6.6級地震，但受災嚴重的地區在台南，死亡117人，其中115人死亡是台南永康維冠大樓倒塌造成。

第十一章
蔡英文（2016年-2017年）

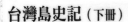

蔡英文1956年生，台灣屏東枋山人。父親蔡潔生是屏東客家人，1936年18歲時赴中國東北大連當日本軍隊的飛機維修工，這些飛機是侵略中國的武器，1945年返台開設貨運行，1968年赴台北開設汽車修理廠，並開設樂馬飯店，專供駐台美軍玩樂，累積財富從事土地投機成巨富。蔡英文是蔡潔生第四房姨太太張金鳳的非婚生子女，祖母傳說是屏東原住民排灣族後裔。

蔡英文於1978年台灣大學法律系畢業，1980年取得美國康乃爾大學法學碩士，自稱1984年取得英國倫敦政治經濟學院法學博士，自稱1984年取得英國倫敦政治經濟學院法學博士，但是蔡英文始終提不出確切證據足以證明其博士學位，因此廣泛地被懷疑是「假博士」。2000年任大陸委員會主任委員，2004年任民進黨不分區立法委員，2006年任行政院副院長。2008年任民主進步黨主席，2010年連任，同年參選新北市長敗於朱立倫。2012年競選台北民國政府總統失敗，辭民主進步黨主席。2014年回任民主進步黨主席，2016年擊敗朱立倫、宋楚瑜，當選台北民國政府總統。

一、蔡英文出線

第二次世界大戰末期，日本人在台灣的殖民統治者推動「皇民化運動」，利誘威逼台灣人改成日本姓名，改拜天皇祖先和日本神祇，改說日語，改穿和服。當時也只有2%台灣人家庭變成「皇民」，例如：李登輝、柯文哲。由於蔡英文父親蔡潔生在日據時代時是少數被選派到日本學飛機修理的機工，後到滿洲國修理皇軍的戰鬥機。援引台獨人士批評外省人的口頭禪，這批人可稱為「高級本省人」。這批人士現在成了台灣島的統治者，這個現象與日本殖民統治韓國時期的「韓國皇民」在南韓或北韓所受到的貶抑，成為顯明而強烈的對照。

2008年民主進步黨提名謝長廷、蘇貞昌參選正副總統，被馬英

九、蕭萬長以懸殊差距擊敗。民進黨新潮流派系推舉無派系背景，也非傳統民進黨人出身的蔡英文擔任黨主席，力求穩住陣腳。蔡英文2010年參選新北市長，雖未當選，但已給國民黨的朱立倫帶來強大威脅，期間還在新北市發生連戰的兒子連勝文在輔選時遭槍擊重傷事件，連戰並未取消輔選助講行程，以愛國忠黨慈父的形象發表穩重痛惜而不慌亂、識大體的講話，感動國民黨及中間選民，積極投票，國民黨才穩住陣腳。

　　蔡英文2012年參選台北民國政府總統，她本人被邱毅爆料家族投資「宇昌生技」，是否濫權動用關係找政府基金入股投資的操守爭議。她的副手蘇嘉全被邱毅爆料非法建造農舍問題，聲勢大跌。大陸台商如王雪紅等人紛紛以支持《九二共識》為由，間接表態支持國民黨的馬英九和吳敦義。結果馬英九僅以79.7萬票的差距打敗蔡英文，比起2008年馬英九大勝謝長廷221萬票，這縮小的差距反映的不僅是蔡英文的聲勢看漲，也標示馬英九施政不得人心，自巔峰下墜之勢加速。到了2016年，馬英九領導下的國民黨千瘡百孔，已擋不住蔡英文的前進。

二、蔡英文的走向

　　蔡英文當政後，採行「急獨於內，緩獨於外」的策略。藉著修改學校教科書，擴充台獨論述，培養台獨新生代；大肆任用急獨派人士掌握各種政府公職，甚至司法部門，佈建台獨組織實力；揮動權力沒收國民黨黨產；搞「轉型正義」推動意識型態鬥爭，全面殲滅「親中」勢力，這都是「急獨於內」的政策。另外，不在兩岸關係的法理上，挑戰國際上的一中政策，也不挑釁中國大陸的一中原則，但也拒絕承認《九二共識》或「一中原則」，這是「緩獨於外」的政策。蔡英文既擔心中國大陸發動「反台獨」的戰爭，所以「緩獨於外」。

依靠美國、日本的反中勢力，在台灣島內部鞏固權力搞台獨，她認為中國大陸師出無名，且受制於美日，因此大力推動「急獨於內」的政策。

基於「急獨於內」的需要，蔡英文必須全力打擊統派或反台獨的力量，打擊的方法就是運用手上的立法和司法工具。第一步是削弱國民黨，2016年7月25日以處理不當黨產為名義，制定《政黨及其附隨組織不當取得財產處理條例》，沒收國民黨的財產，使國民黨陷入財務困境，喪失作戰能力。第二步是剷除異己，2017年7月17日藉口「背信侵佔案」為說詞，搜索國民黨前政策會執行長蔡正元住所，並羈押禁見4個月，期間卻全力偵訊與馬英九出售國民黨黨產的案情，預定在2018年12月選舉前起訴馬英九。在台灣島一般「背信侵佔案」從來沒有人遭到羈押禁見，而且該案曾以不起訴處分過，竟然還可以羈押禁見，其目的在於創造寒蟬效應，恐嚇國民黨人不可以像蔡正元那麼激烈批判蔡英文。第三步是恐嚇統派，2017年12月19日搜索新黨青年軍王炳忠、侯漢廷等人，試圖以違反《國家安全法》的匪諜罪偵辦，同時並有系統地恐嚇有主張統一傾向的台商。

「緩獨於外」的策略在不正式宣布台灣獨立外，結合美國和日本的反中勢力，利用美日不滿中國崛起的心理，2018年3月16日在美國推動通過《台灣旅行法》，提高美國可以軍事干預方式介入台灣海峽兩岸軍事衝突的強度，增大台灣島屬於美國勢力範圍的國際認知。同時，對內對外盡量不提「中華民國」的國號，也盡量稱呼「中國政府」以取代「中國大陸當局」，創造「一中一台」的政治環境。換言之，以「一中一台」的模式爭取，讓不能宣布的「台灣獨立」有突破的機會。

三、新皇民化政策

　　蔡英文、李登輝、柯文哲的背景都屬於日本殖民時代較爲親日的階級，或是具有台籍日本兵的背景。爲推動台灣獨立，帶領民進黨內的政治人物積極推動「去中國化」政策，改編歷史及中文教科書，全面縮減中國歷史及文學教育。假借「轉型正義」，拆除孫文及蔣介石銅像。搞「正名運動」消除任何具有中國意象的名字或稱號。還試圖剷除孔子和媽祖信仰，大力復興日本神社。美化日本殖民統治台灣島的形象，歌頌日本人樺山資紀、八田與一、湯德章等人，誇大日本殖民政府的治台政績。企圖與侵略的日本殖民者親善，用這類的「新皇民化政策」填充挖空中國元素後的台灣島文化內容，作爲推動台獨運動的精神支柱。

　　總的來說，台獨進程策略分三個階段，第一個階段是把中華民國台灣化，中華民國是在中國主權領土上產生的國家組織和政權，於1949年失去中國主權，1971年失去中國主權的代表權，被另一個中國主權領土上的國家組織中華人民共和國所取代。內外在的客觀形勢使得中華民國必然有台灣化的趨勢，這是民進黨發布1999年「台灣前途決議文」的政治基礎，也是自稱創建中華民國的國民黨無力招架的客觀形勢。第二個階段是去中國化，也就是新皇民化，祛除台灣島上的任何中國印記和色彩，使中華民國完全等同於台灣島，甚至小於台灣島，變成只是台灣島歷史上的過渡政權和國家組織。這是目前蔡英文政府正在推動的工作，急獨於內，緩獨於外是最恰當的政治描述。第三階段是選擇適當時機宣布創立「台灣共和國」，滿足國家組織成爲主權國家在國際法上必備的主權和領土範圍的法律宣示，完成民進黨1991年「台獨黨綱」的政治訴求。

　　蔡英文和民進黨推動台獨進程目前正處於第二階段，但就像在

1999年「台灣前途決議文」裡坦承，中國國力上揚是台獨最大障礙，兩岸國防年度經費差距在2000年是2.60倍，2015年已達23.34倍，要完成台獨第二階段或進入第三階段，目前都摸索不到可行路徑。雖然民進黨不斷有人闡釋「台灣已經獨立，不必宣布獨立，國名叫中華民國」，蔡英文也不斷提倡要「團結台灣派、中華民國派」，這些說法其實是反映了第二階段台獨進程的困境。不論這些民進黨的台獨文獻如何自圓其說，不能完成台獨第二階段，也不敢進入台獨第三階段公開宣布台獨，都使任何台獨政權成為國際法上的「偽政權」，沒有明確的主權權源，也沒有清楚的領土範圍，更說不出來太平島、東沙島、金門、馬祖、澎湖歸屬台灣島，且成為獨立國家的任何法律依據。

四、南海仲裁案

2016年7月12日根據《國際海洋法公約》附件七組成的仲裁庭就〈南中國海仲裁案〉宣告，將台北民國政府定位為「中國的台灣當局」（The Taiwan Authority of China），這是最新的國際法文件就台北民國政府的國際法地位所下的定義。在這個定義下，台灣是中國的一部分，但「台灣當局」是不受中國中央政府管轄的地區性政府。

五、吳敦義當選國民黨主席

國民黨於2017年5月20日舉行黨主席換屆選舉，吳敦義擊敗洪秀柱、郝龍斌、詹啓賢、韓國瑜，當選中國國民黨主席。吳敦義生於1948年，南投草屯人，台灣大學歷史系畢業，1973年當選台北市議員，1981年當選南投縣長，1990年擔任高雄市長，2002年當選立法委

員，2007年出任國民黨秘書長，2009年擔任行政院長，2012年擔任台北民國政府副總統。吳敦義是中國國民黨歷史上第一位台灣島出生的閩南籍黨主席。

六、「王莽篡漢」的台獨策略

蔡英文出任台北民國政府總統後，推動新型的台獨策略，可稱之為「王莽篡漢」的策略。以「中華民國」為名，以「台灣共和國」為實，宣稱台灣島是主權獨立的國家，國號暫時維持稱作「中華民國」，過去有人稱這個策略叫「借殼上市」。公元前1年至9年王莽是「大漢帝國」實際的掌權者，不斷抽樑換柱，在公元9年改國號為「新帝國」。蔡英文正以同樣策略佈局，等待時機更改國號，宣布台灣島為主權獨立的國家。蔡英文作為台獨政權的領導人，已在司法系統包括「大法官」、「法院」、「檢察署」、「警政署」、「調查局」，全面布下台獨人馬，作為消滅反台獨的鎮壓工具，且已開始羅織各種罪名到反台獨人士頭上。台獨政權正在等時機成熟，宣布第二共和或其他方式完成台獨的最後一里路。

蔡英文台獨政權的最大罩門，是沒有武力可以保衛台獨政權，這個弱點比美國南北戰爭時的南方邦聯還脆弱。台灣島現有軍隊並不具備保衛台獨政權的基本條件，蔡英文口中「天然獨」的年輕一代台灣島民，對於服兵役，避之唯恐不及，激進的年輕台獨份子大多是逃避兵役的投機份子。台獨勢力進行街頭暴動的能力有之，組織堅實戰鬥力的軍隊卻如天方夜譚，這是台獨政權可被武力推翻的客觀條件。但是「王莽篡漢」所建立的台獨勢力卻足以阻擋任何中國大陸「和平統一」的提議，創造出有和平就沒有統一，要統一又不能使用武力的客觀環境，使實質台獨長期化、永久化。

第十篇
台灣島的歷史總結

第一章
主權移轉的歷史

一、戰爭是唯一決定因素

歷史明白揭示，台灣島的主權移轉都是通過戰爭完成的。

荷蘭的聯合東印度公司殖民台灣島，並從平埔族原住民手上取得台灣島主權。從麻豆戰役打敗西拉雅人的麻豆社，簽訂《麻豆條約》開始，長達十幾年的征戰，降伏全島原住民，打敗西班牙人，統一台灣島，台灣島已無其他可以聲索主權的國家組織或政治力量存在，荷蘭共和國終於取得全台灣島主權。荷蘭人統一台灣島的戰爭，是歷史上台灣島主權移轉的第一場戰爭。

鄭成功以海陸戰爭，順利逼降荷蘭人，從荷蘭人手上取得台灣島主權。嗣後鄭經在台灣島各地征服不順從的原住民，並非主權的獲取行動，而是主權權利（Sovereign Rights）的展示行動。因為荷蘭人簽訂《鄭荷條約》的投降協議時，鄭成功即已在國際法上取得全台灣島主權。鄭荷戰爭是歷史上台灣島主權移轉的第二場戰爭。

康熙大帝派遣施琅實施的攻台戰爭，鄭成功的孫子鄭克塽「具表」投降。清代中國因此取得台灣島主權，這是歷史上台灣島主權移轉的第三場戰爭。鄭成功以明代中國的國姓爺兼招討大將軍身份，從荷蘭人手上取得台灣島主權，主權者的身分是明代中國皇帝，不是鄭成功的藩王身分。鄭成功的延平王政府儘管在政治上是一個獨立的自治政權，具有封建世襲藩王的地位，但在法律上仍是明代中國的邊區政府，台灣島的主權仍是屬於明代中國的「國家組織」。《鄭克塽降表》使台灣島主權從明代中國的邊區政權，轉移給清代中國的中央政權。

明治天皇的日本帝國在1894年甲午戰爭打敗光緒皇帝的清代中國，雙方簽訂《馬關條約》，台灣島的主權就由中國移轉給日本。當時兩國都是施行君王主權制，即領土主權屬於君王，不屬於人民、政

府或議會，簽署《馬關條約》即把中國光緒皇帝擁有的台灣島和澎湖群島的主權移轉給日本明治天皇。中日甲午戰爭是台灣島主權移轉的第四場戰爭。1895年日本征台戰爭或稱台灣抗日戰爭，包括滅亡倉促宣告成立卻從來不曾存在過的「台灣民主國」，以及鎮壓其他中國移民和原住民的反抗行動，都是日本實施主權權利的行動，跟主權的法律移轉無關。

　　第二次世界大戰美國、英國、中國發佈《開羅宣言》，聲明台灣島和澎湖群島主權應由日本歸還中國。《開羅宣言》後經美國、英國、蘇聯、中國簽訂《波茲坦公告》確認，再經日本昭和的《投降詔書》確認，《開羅宣言》立即生效。第二次世界大戰從1945年昭和發佈《投降詔書》起，台灣島和澎湖群島在法律上已經轉而歸屬中國。日本人愛面子把日本天皇的《投降詔書》稱為《終戰詔書》。其後的《舊金山和約》、兩份《中日和約》都只是各國或中日兩國政府在議定台灣島主權移轉的相關細節，跟主權移轉本身的效力無關。因為就當時的日本憲法而言，台灣島主權是天皇的，不是日本政府或人民的。日本《昭和投降詔書》一發佈，台灣島主權和滿洲主權一樣，移轉給中國立即生效。第二次世界大戰因此是台灣島主權移轉的第五場戰爭。

　　第二次世界大戰後，中國內部的國共戰爭是中國的內戰，國民黨領導的南京民國政府因內戰失利敗退台灣島，成為台北民國政府，以及後來政黨輪替，國民黨下台成為在野黨，台灣島的主權從未發生移轉問題。在《開羅宣言》生效時，台灣島的主權即已移轉給中國，且中國從1911年後的主權者不再是中國皇帝，而是中國人民，在憲法秩序上，1911年後不論哪一部中國的憲法，中國的主權擁有者都是中國人民，不是中國皇室，也不是哪一個政府及政黨。中國作為國際法上的主權法律人格不變，但主權的法人代表已發生變遷。

　　目前的問題，是中國人民在政治上分裂成大陸人民及台灣人民，大陸人民組織的中華人民共和國及其政府在國際上已取得中國的國際

法人格的代表權，台灣島人民支撐的台北民國政府已不具備代表全中
國人民的法律資格。

現在爭議的問題癥結是：中華人民共和國擁有全中國的主權代表
權，但所代表的全中國人民卻未包括台灣島人民。台灣島上的台北民
國政府已不能代表全中國人民，也無法擁有台灣島主權。台灣島內部
於是有主權獨立運動的主張產生。然而中華人民共和國並未直接以主
權者身份對台灣島居民進行實際統治，其統治方式及結果，無法證明
有違反其他國際法原則，一如荷蘭《斷絕誓言》指控西班牙國王「宗
教迫害」，美國《獨立宣言》指控英國國王「暴虐統治」的事證，台
灣島居民也無法援引其他國際法原則，否定中華人民共和國以中國主
權繼承者的身份，對台灣島所提出的領土主權聲索。

台灣島有人主張，中華人民共和國從來沒有統治過台灣島，因此
不具擁有台灣島領土主權的資格。沒有實施統治和沒有擁有主權是兩
回事。有沒有實施統治涉及是否有能力履行主權者權利的能力，但有
沒有擁有主權則關係著主權的合法基礎是否存在。有無統治是事實問
題，過去沒有，未來不可知。有無主權是法理問題，台灣島是中國主
權的一部分，早已確立，中華人民共和國是否已完全繼承中國主權，
才是問題重點。例如香港新界地區在1997年前，中華人民共和國沒有
統治過是一個事實，但並未否定中國擁有該地的領土主權的法理基
礎。就是這個法理基礎，提供中國主權者介入台灣島主權異動的合法
性。

在一方面中國依據已生效的《開羅宣言》擁有法理上的台灣島主
權，另一方面台灣島上目前的政府是由台灣人民選舉產生，已開始聲
明台灣人民擁有台灣島主權的說法。這些聲明若正式化，台灣島的主
權即產生法理上台灣獨立的效果。屆時擁有台灣島主權的中國若不願
意放棄，拒絕簽約把台灣島的領土主權移轉給主張台獨的政權，將是
一個法理、政治、歷史、國際安全秩序衝突的總爆發。

國家取得領土主權的方式，基本上只有兩種：第一，經由憲法和

國際法秩序繼承，依法取得或鞏固領土主權。第二，經由戰爭勝利取得或鞏固領土主權。中國取得台灣島的領土主權則可能需要兩者兼而有之，中國欲保有台灣島的領土主權也勢必兩者無法偏廢，戰爭變成是必然的選項。中國如果沒有效法林肯殲滅美國南方獨立意志的魄力，不敢、不願或不能為鞏固台灣島主權而戰，在美國和日本操縱下，勢必失去台灣島主權。

台灣島與中國的政治對峙和軍事對壘，時間拖愈久，台灣島內的台獨意識會越強化。政治對峙時，台獨份子會自認為越有時間優勢，台獨政權掌權越久，會自認為建立「台灣共和國」的機會越大。另一方面，中國大陸與台灣島的軍事力量，也會隨時間拖越久，差距越大，中國民族主義的壓力也會越大，遑論兩岸的政經實力差距日益擴大。最後不管美國如何填補這個差距，都於事無補，戰爭也將無可避免。美國未必有意願為台灣獨立而戰，但不能排除美國有利用台獨戰爭削弱中國國力的意圖。

中國歷經百年屈辱，在第二次世界大戰後，從日本手中取回台灣島、澎湖群島、滿洲地區的領土主權。這是中國人民在歷史上痛苦犧牲換回的國家主權、尊嚴及利益，中國是否可能再度淪為東亞病夫，如滿清末年任由列強宰割，而默然接受曾經與日本人共同侵略中國的台獨勢力及皇民後代，在美國和日本支持下，再度把台灣島以各種名義從中國分裂出去，是一個嚴肅的歷史課題。面對民族偉大復興的號召，若不能統一台灣島，比上不如康熙，比下不如林肯，這種壓力不是任何中國主政者所承擔得起的。

相對的，台灣島自1988年李登輝執政後，傾全力以民主之名，培育台獨勢力的策略相當成功。陳水扁雖然手法粗糙，但也成功地在台灣島內築起一道台獨高牆。馬英九的軟弱和立場不定，再加上其個人特殊的美國背景，直接促使台獨勢力繼續高漲。蔡英文更乾脆推動緩獨於外、急獨於內的兩手策略，台獨勢力不只在台灣島生根，且日益壯大。國民黨也日漸式微，被迫向台獨勢力靠攏，轉型為準台獨的獨

台政黨。任何中國主權者面對這個局勢，可以選擇的空間日益狹小，必須在兩者之間作出抉擇，逐步默認台灣共和國的產生及台獨勢力的壯大，或端出實力連根拔除台獨勢力及粉碎其背後企圖干預的美日軍力，但目前看不出中國主政者有1861年美國總統林肯所具備的勇氣與決心。林肯投入南北戰爭，犧牲聯邦軍隊36萬人的性命，企圖獨立的南方邦聯軍隊也陣亡26萬人。但林肯的戰略目標很清楚：「不僅要同敵軍作戰，而且要同敵對的人民作戰，要讓南方人和他們的子孫後代得到教訓，讓他們永遠不敢再想獨立。」林肯的決心也很清楚：「讓南方人認清戰爭的災難，徹底放棄獨立的念頭。」中國主政者是否有林肯的決斷力，尚待觀察。

絕大多數推動台灣獨立者都是中國移民的後裔，且以福建閩南人為主流，台灣島原住民反而對台獨運動興趣缺缺。台獨份子為強化「台灣認同」，積極切斷一切與中國的思想連結，包括否定台灣人絕大多數具有中國血統，編造與平埔族混血的謊言；否定中國歷史文化為主流的台灣社會特質，假藉多元文化為由，企圖自詡為西洋文化、日本文化、原住民文化的混合體，與中國文化作出決裂的切割；不顧一切推進且製造台灣人與中國人對立的政治概念，塑造新生代台灣人為「天然獨」，推動「台灣共和國」的進程。但另一方面，這批不當兵，無作戰力的天然獨卻遭遇中國崛起後的「天然統」的挑戰。台灣島是否是中國主權領土的一部分，代表著中國民族主義興起的核心問題，特別是台灣獨立代表著日本侵略中國的民族痛苦與羞辱，也代表著台灣人曾是日本侵略共犯的責任必須清算。「天然獨」與「天然統」的衝撞，必然走上以戰爭對決的道路。這個核心價值的對決戰爭所會投入的資源和籌碼，也不是美國、日本想介入所負擔得起的代價，但卻是美國和日本用以削弱中國國力的有效工具。

概括來說，台灣島的現狀在國際法上既被認定為中國主權領土的一部份，也被國際政治視為美國勢力範圍的一部分，自然會產生台灣島的統獨問題。可預見的統獨問題有兩個解決模式，第一個模式是和

平模式，例如東西德的和平統一，捷克與斯洛伐克的和平獨立，都是
和平解決統獨問題的案例。第二個模式是戰爭模式，美國1774年的英
國對美國的獨立戰爭，美國1861年的南北統一戰爭，則是以戰爭處理
統獨問題。但是台灣島的統獨之爭，將很難避免的歷史宿命是：歷史
上台灣島的前五次主權變動，都是通過五場戰爭完成的。若有第六次
主權變動，雙方互不相讓，可推斷第六場戰爭勢將難以避免。

　　台灣島的出路似乎只有兩條，一是如何在「中國台灣」的主權架
構下，取得更大的權力和利益；二是如何有機會脫離中國主權，獨立
建國。但如同歷史上的迦太基，台灣島的台獨理論夸夸其談，甚囂塵
上，能付諸施行者卻寥寥可數。「中國台灣島」和「獨立台灣島」兩
條路線的鬥爭與擺盪，可能使台灣人失去所有籌碼，隨命運擺佈。台
灣島的「當局」也因「台北民國政府」或「準台灣獨立政府」的內部
矛盾，在時間、環境、資源壓力沖刷下，「主權展示」能力和「主權
權利」的運作空間，不是日益增強，而是逐步減弱。從曾經擁有國際
法地位和憲法基礎的「主權政府」退化為既無國際法地位，亦無憲法
基礎的「自治政府」，更別提「國家」的法律地位。

二、外來政權與外來人民

　　台灣島有部分人士認為，台灣島都是由外來政權統治。這句話是
對的，從荷蘭人政權到台北民國政府，台灣島歷代的政權都是外來
的，不論是地方政權或中央政權都是外來武力或政治力量建立的。但
問題的真相是，講這些論調的人都是中國移民及其後代，有的是靠鄭
成功武力保護來台的，有的是靠清代中國武力保護來台的，全都是靠
外來政權的武力才在台灣島生存下來。如果武力不足，會像十六世紀
時，豐臣秀吉派人來台，旋即被原住民殺死或抵制，不得不撤離。如
果當時日本人有足夠的武力征服台灣島原住民，台灣島早就是日本人

的天下，也輪不到荷蘭人和中國人。由於這些外來政權的保護，中國移民比起遠赴東南亞的同胞更加幸運，沒有遭到土著或原住民族發起「排華暴動」的殺害或驅逐，讓中國移民成爲台灣島上的主流人口，也成爲世界上中國漢族人口密集比例最高的地區，比中國大陸、香港、新加坡還要高。

「台灣自古以來就是中國不可分割的領土」的法理依據是有模糊之處。第一，「自古以來」是指何時開始？第二，中國各式政權何時統治台灣島？如果中國政權不知多久以前的「自古」統治台灣島，且中國人「自古」就居住台灣島，這段論述是不須有「外來政權」的討論。但若中國政權是有確定時日開始統治台灣島，中國人是在可確認的時期移民台灣島，不論分幾波或幾梯次，當然也是外來政權及外來移民。

有論述說自漢代以前，就有古籍稱台灣島爲「島夷」，魏晉南北朝時稱台灣島爲「夷洲」。但這些古籍的說法，無法證明島夷和夷洲就是台灣島，也無法證明當時中國人就已經去過台灣島，更無法證明當時中國的政治力量已伸展到台灣島，足以宣稱當時的台灣島已是中國領土。

更客觀的事實是，直到十七世紀的大航海時代，中國人才有橫跨台灣海峽的技術，尤其澎湖和台灣本島之間的海域，海底很深，浪差很大，號稱黑水溝，中國人到十七世紀才有能力經常性橫渡台灣海峽。在這之前，中國人只有航行到澎湖的駕船技術而已。直到鄭成功時代，澎湖和台灣本島才變成同一個政治場域，同屬於一個政治組織管轄。

也有論述提到，在西元十二世紀，宋代政府已派兵守衛澎湖，並將澎湖列歸今天的福建省泉州市晉江縣管轄。又說元明兩代政府也都在澎湖設立「巡檢司」。但這些歷史證據，只能證明澎湖群島從宋元明三代政府以來，就已納入中國領土，但不足以證明台灣島已是中國領土，因爲當時澎湖群島和台灣島沒有政治上的連結。不能因爲後來

鄭成功的政治力量把澎湖群島和台灣島連結起來，就可以倒推回去論斷，當澎湖已是中國領土時，台灣島就必然同步成爲中國領土。

尤其1623年明代中國政府不同意荷蘭人進佔澎湖，卻同意不干涉荷蘭人進佔台灣島，更足以證實明代中國政府，仍然只認定澎湖群島是中國領土，但台灣島不受中國管轄，因當時的台灣島也無衆多的中國移民聚落。1624至1661年間，荷蘭人進佔台灣島，在台南建立殖民政權，政治局勢始終是：澎湖群島是中國領土，台灣島是荷蘭共和國的領土，澎湖群島和台灣島不相隸屬。

自1624年荷蘭人剛開始在台灣島建立政權，只是建立港口殖民城市，尚未樹立主權者的權威，直到1635年發起麻豆戰爭，擊敗原住民西拉雅族，取得台南至高雄之間的廣大土地，降服附近所有原住民，荷蘭人才在台灣島陸續確立主權者的統治地位。這時的台灣島是荷蘭共和國的領土，但澎湖群島是中國的領土。

台灣島有中國人正式移民，始自1621年顏思齊帶領福建移民進入台灣島中部地區建立十座村寨，但仍未建立政權，明代中國政府也與顏思齊開台移民沒有干連，稱不上是台灣島納入中國領土的證據。鄭成功家族的延平政權於1662年確立台灣島屬於中國主權領土的法律事實，爭議點只是中國主權應由哪一個「國家組織」行使，是興起中的「大清帝國」或是衰微中的「大明帝國」。1683年延平藩王國滅亡後，1683至1895年間，台灣島不再是中國藩王的領地，而是清代中國的主權領土。1895年清代中國因甲午戰爭失敗，把台灣島、澎湖群島割讓給日本，成了日本帝國的殖民地，台灣島的中國移民成了日本帝國臣民。1945年日本戰敗，根據《開羅宣言》和《波茨坦宣言》，日本無條件投降，台灣島和澎湖重新歸屬中國主權領土。

因此可以推定，自1624年至1945年這321年間，台灣島的主權數次移轉，從荷蘭東印度公司、延平藩王國、清帝國、日本帝國、到中華民國，全部都是外來政權通過戰爭勝負決定台灣島主權的歸屬，現今台灣島人口除原住民外，也都是隨著外來政權進入台灣島的外來移民，而且絕大多數是中國移民，不是漢化的原住民。

第二章
台灣島的法律地位

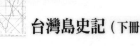

一、台灣問題的解決方案

台灣島的法律地位問題在憲法和國際法學理上，可能只有四種解決方案：

第一，「中華民國自由地區」方案。此模式的先天性瑕疵，使人可以解讀爲統一前的中國「自由地區」，也可以解讀成「王莽篡漢」前的「準台獨國家」。這個模式的優勢是現狀已經存在很久，弱勢是高度不穩定，更糟的是「主權消損」現象日益增大，「中華民國」已無國際法地位，「自由地區」更難維持合法立場。台獨份子愈發不甘心名實不符，試圖以「王莽篡漢」的模式推翻現狀，達成假藉「中華民國自由地區」之名，行使「台灣共和國」之實，所以這是高度不穩定的方案。中國主權者也會越發不能容忍假和平眞獨立、假獨台眞台獨的台灣島現狀。

第二、「中華人民共和國特別行政區」方案，就是所謂「香港式一國兩制」方案的修正版。要施行這個方案的先決條件必須準備以武力屈服台獨勢力，但目前看不出來北京的領導者有美國南北戰爭時期林肯的那種決心，和願意付出的代價。就如同俾斯麥說：「當代的重大問題（德國統一）不是通過演說和多數派決議所能解決的，必須用鐵與血來解決。」中國主權者若期待台獨政權未經敗戰會自動接受特區式的統一方案，是很不切實際的幻想。

第三、「台灣共和國」方案，就是標準的「台灣獨立」。要實踐這個方案，台獨政權和外圍勢力必須擁有足夠的武力，對抗中國民族主義，否則在清算日本皇民侵略共犯的咎責壓力下，台海戰爭勢必比美國南北戰爭更激烈，台灣島將被摧毀殆盡，最後只可能出現「台灣省」方案。

第四、「中國台灣自由邦」方案。援用邦聯制度，台灣島成爲中

國的自由邦，不威脅中國主權，同時以「自由邦政府」的名義，維持
台灣島自治政府的憲法及國際法地位，並取得國際法上相對應的有限
國防及外交權力。這個模式類似波多黎各與美國的關係。台灣島既是
1945年後國際法上的中國主權領土，又是1950年後國際政治上美國的
勢力範圍，形成台灣島的雙重處境。這個方案可以解決台灣島法律地
位的雙重處境問題，但需要高度智慧的政治談判和國際情勢的配合，
不易輕鬆達成。

在沒有面臨被戰爭毀滅的壓力下，可預料台灣島不會有人出面
談判，也不易產生願意談判的政府。這也是任何和平談判達至統一
的途徑上的巨大障礙。「和平」不會達致「統一」，也不會導致「獨
立」，「戰爭」卻是天秤上唯一的砝碼。中國主權者終會明白，要和
平就不會有統一，要統一就不可能有和平。關鍵問題是，在統一與台
獨的戰爭中，雙方都將面臨心理壓力，不會有單一方獨佔痛苦的深
淵，也不會有單一方獨佔道德的制高點。這是台灣島的歷史宿命，必
須通過戰爭的洗禮以尋求地位問題的解決和歷史責任的清算。但在兩
岸領導人都受到高度壓力下，「中國台灣自由邦」可能是最後達成世
紀大妥協的方案。

二、台獨公投的問題

台灣島上的民進黨把台灣問題的解決歸諸於程序性問題，即通
過公民投票決定。其本意是希望通過公民投票成立「台灣共和國」，
並拒斥其他解決方案。用公民投票滿足國際法上有關民族自決的規範
是早有成例，但公民投票能不能產生新而獨立的國家，答案在於是否
符合國際法規定，符合者可以，不符合者不可以，因為國際法另有規
定，公民投票或民族自決不得牴觸既有國家的領土主權。東帝汶、前
南斯拉夫幾個分裂國家可以通過公民投票成立新而獨立的國家，但西

班牙的加泰隆尼亞、加拿大的魁北克卻不行。法律上的理由是西班牙和加拿大的中央政府不同意公民投票，這個不同意並不違反國際法。況且政治和軍事實力的差距，也使公民投票成爲中國主權者以武力解決台灣問題的引爆點，畢竟沒有一個公民投票能在戰爭中存續下來。

台灣島以公民投票導致獨立的方案，不可行的理由如下：

第一，台灣島居民縱使自稱不是中國人的台灣人，但台灣人仍不是一個民族，而且98%的台灣人還與91%的中國人同屬一個漢民族，「台灣人」作爲一個群體不符合國際法上民族的定義，無法適用民族自決的條件。以「民族切割」的謊言作爲獨立的理由，將成爲「民族背叛」的罪證，迫使中國主權者不得不以武力毀滅台獨勢力和思想，如同林肯在南北戰爭中的決心一樣。

第二，台灣島的現狀不是殖民地，不符合國際法上殖民地可以獨立的條件。 儘管台灣島現狀屬於美國勢力範圍，但美國也無法當作美國殖民地般提供完全的武力保護。

第三，台灣島居民並未受到宗主國或保護國的迫害和壓榨，不像荷蘭獨立之前遭受西班牙宗教迫害，美國獨立之前遭受英國經濟壓榨，在國際法上因生存權問題可以獨立爲新國家的空間，在當前的台灣問題並不存在。台獨問題反而會成爲台灣島「自治政府」的現狀是否繼續存在的障礙。

第四，《開羅宣言》和《波茨坦公告》已確立台灣島是中國領土的一部分，一個中國原則及台灣島不可獨立的原則已經確立，而且中國主權者並未聲言毀滅台灣島居民既有的生活方式，台灣島獨立反而牴觸中國領土主權的完整，因此台灣島居民無法取得國際法上的獨立權利。

第五，台灣島獨立的聲浪與論述目前尚停留在「爲獨立而獨立」的層次，並無其他重大國際法事由，也無軍事實力打敗中國主權軍隊，無法憑實力割據領土，達致獨立。

第六，台灣島若寄望於美國軍事實力實踐1979年美國的《台灣

關係法》所提到「任何企圖以非和平方式，來決定台灣的前途之舉，包括使用經濟抵制及禁運手段在內，將被視爲對西太平洋地區和平及安定的威脅，而爲美國所嚴重關切。」的承諾，但美國在西太平洋的相對實力已大不如前。儘管美國的語調與《門羅宣言》（Monroe Doctrine）如出一轍，1823年美國總統門羅（James Monroe, 1758-1831）衝著西班牙說：「我們把在西半球擴展其體系的任何企圖都視爲對我們和平與安全的威脅」，但是2017年後的中國畢竟不是1823年的西班牙。

第七，「民主」不表示大多數台灣人想做什麼就可以做什麼，仍會受到更大多數國家在更長的時間和空間跨度上凝聚出來的國際法原則所拘束。

第八，林肯在美國南北戰爭前提出的原則：「非經聯邦同意，南方邦聯脫離美國獨立就是叛亂，必須嚴懲到使南方人的子孫記得戰爭的傷痛，永遠不敢獨立。」這個〈林肯原則〉已是《美國憲法》的既成規則，適用在台灣問題，美國很難反對，但美國可能會找其他理由壓抑或限縮中國對台灣島的領土主權的內涵和範圍，刻意製造中美衝突。

第九，第二次世界大戰時台灣島居民積極支持日本侵略中國與東南亞，擔任日本的侵略共犯，在戰後沒有任何法律基礎能以戰勝者的姿態聲索台灣島主權，公民投票無法成爲主權聲索工具。

第十，台灣人想藉著日本右派勢力及美國反中勢力爭取獨立，在中國崛起趨勢下，不符日本與美國的核心利益，眞的付諸對決，台灣島勢必成爲中國安全的重大威脅，中國即使要應付美日壓力，除了全力消滅台灣島獨立勢力之外，也別無選擇。

第十一，中國大陸近年以「民族偉大復興」爲號召，作爲全民運動和執政者的自我期許，民族復興若以經濟或軍事實力做衡量標準，已不會有新意。一個偉大復興的中國卻無法統一台灣島，對內對外都會喪失說服力。因此，中國的歷史動力必然會出現「統一台灣是檢驗

民族復興的唯一標準」的思想體系，這是台獨勢力難以招架的局面。

三、統獨解決模式

台灣島統獨問題可能的解決模式，有古巴模式、克里米亞模式、越南模式、巴伐利亞模式、東德模式等。

「古巴模式」指台灣島的統治當局效法卡斯楚的古巴，在蘇聯支持下，長期與美國抗衡，對內強化獨立自主意識，對外巧妙鬥爭美國，使美國只能經濟封鎖，不能武力入侵。古巴距離美國只有145公里，面積只有台灣島的三分之一，人口只有台灣島的一半，人均GDP更不到台灣島的四分之一。古巴這麼弱小，而且人口的種族結構近似美國，蘇聯對古巴的支持遠不如美國對台灣島的支持，古巴還能長期抗衡美國。有些台獨人士因此認為台灣島更有條件長期抗衡中國，讓中國如鯁在喉，無法統一。但這個模式忽略美國無法軍事入侵古巴的原因，不是實力差距不夠懸殊，而是當時美蘇均勢中的蘇聯有實力入侵西柏林作為報復，以及國際法拘束美國無法用武力消滅古巴。

「克里米亞模式」指在俄羅斯支持下，克里米亞內部產生統派力量，以公民投票的方式脫離烏克蘭，再與俄羅斯合併，全程皆以和平方式達成。克里米亞的人口大多數與俄羅斯人相同，有些中國大陸上相信和平統一的人認為經由「惠台措施」可以在台灣島產生統派力量，讓和平統一水到渠成。但這個模式忽略台灣島有很強的日本殖民意識的殘留，以及美國插旗的勢力範圍根深柢固，使得台灣島的民族意識和統派力量不易成長。

「越南模式」指北越以武力統一南越，越南人民為了國家統一，經歷法國的殖民戰爭和美國的分裂戰爭，時間長達30年，付出的代價相當驚人，越南人反而鍛鍊出不可思議的韌性。中國主政者若必須以武力統一台灣島，面對美日干涉和介入，也必須有付出相當大代價的

心理和物質準備。

「巴伐利亞模式」指俾斯麥（Otto Eduard Leopold von Bismark, 1815-1898）統一南德意志時以談判方式，同意巴伐利亞以相當獨立地位的自由邦身份加入德意志帝國。巴伐利亞盱衡國際環境半被迫、半主動，爭取國際法及憲法上最有利的條件完成德國統一。這裡涉及很複雜的談判環境、技巧和智慧，台灣海峽兩岸主政者要同時具備這些條件還真是不容易。

「東德模式」指東德自動解散加入西德聯邦，完成德國統一。雖然經過布蘭德的東方政策，1972年兩德互相承認，雙方簽署《兩德國家關係基礎條約》。但是完成統一的最大原因還是蘇聯戈巴契夫（Mihail Sergeyevich Gorbachov, 1931-　）執政失敗及東德的衰落。這個情形在台灣海峽兩岸有限的期間內發生的機率都不高。

第三章
修昔底德陷阱的陰影

一、修昔底德陷阱

　　希臘歷史學家修昔底德（Thucydides, 460-400 B.C.）寫下《伯羅奔尼撒戰爭史》（The History of the Peloponnesian War）時，留下一句名言：「使戰爭不可避免的原因是雅典實力的增長和因此而起的斯巴達的恐懼」（What made war inevitable was the growth of Athenian power and the fear which this caused in Sparta.）這段話被美國哈佛大學教授艾利森（Graham Tillett Allison, Jr. , 1940-　）命名爲「修昔底德陷阱」（Thucydides's Trap），指舊有強權與新興強權必然會爆發戰爭，因爲新興強權實力增長，舊有強權恐懼霸主地位受到威脅，埋下戰爭的地雷，再由第三方的原因引爆，導致戰爭不可避免。

　　近年中國的崛起，引來美國的疑慮。中國實力越增強，美國各界不斷散佈「中國威脅論」，美國以「再平衡」爲名企圖遏制中國的姿態也越趨明顯。中國與美國之間的關係會不會掉入修昔底德陷阱，成爲眾所關注的議題。「引爆中國和美國戰爭的第三方，顯然不是釣魚台島或南海島礁問題，最可能的地雷應該就是北韓和台灣。美國企圖打台灣牌刺激中國的意圖日益明顯，中國反手打台灣牌的力道也會愈加強勁。台灣島是國際法上中國的主權領土，又是國際政治上美國的勢力範圍，這兩者都是歷史的現實，所以台灣島的爭議最適合擔當引爆中美戰爭的地雷。中美如果無法避免「修昔底德陷阱」，且爲台灣島的爭議爆發戰爭，中國與美國固然都會遭受重大損失，但台灣島無可置疑地將遭到徹底毀滅。

　　中國與美國雙方管理「修昔底德陷阱」的能力很充足或逐漸流失，甚至雙方擴大「修昔底德陷阱」的態度是在增加或日益減少，不只是政策觀察的議題，更是歷史審判的關鍵。二十世紀英國與德國連續兩次掉入「修昔底德陷阱」，爆發規模龐大的「世界大戰」。同一

個世紀，美國和蘇聯也掉入「修昔底德陷阱」，雖然沒有爆發戰爭，但長達四十幾年的冷戰，幾次危機都相當接近核子戰爭的邊緣。問題是中國對美國、日本、韓國、東南亞都沒有領土野心，唯獨對台灣島的統一卻是名正言順的主權聲索，美國從來沒有異議過。但美國卻不斷企圖打台灣牌勒索中國，反而激發中國放棄和平途徑，以武力統一台灣島的意志和願望，這反成爲台灣島的歷史宿命。

艾利森說：「當我們說戰爭是不可思議時，是在陳述這個世界其實可能發生的事，或只是表達我們有限的頭腦無法想像的事？」在歷史上16個「修昔底德陷阱」的案例中，有12起爆發戰爭，有4起和平落幕，但雙方都進行了艱鉅且痛苦的調整。倘若中美兩國延續目前態勢，拒絕進行「艱鉅且痛苦的調整」，戰爭不僅是可能，甚且是無法避免。這個調整的核心勢必是台灣島的領土主權和勢力範圍不相吻合的問題，尤其當中國崛起的速度快得令人沒有時間感到驚訝，美國更會腳步紊亂到無法探取正確且可以避免戰爭的措施，甚至無法承認中國的利益，也無法給予中國應有的尊重。畢竟美國人長期自認爲世界超強霸主的地位是美國不可剝奪的權利，有權把美國的價值和美元的利益強加在他國頭上，已經深化爲美國人國家認同的一部分。中國追求「民族偉大復興的中國夢」也快得讓美國無法適應，從南海、東海、網路空間的對抗，到可能失控的貿易關稅衝突，都會被誇大和擴大，喧鬧的叫囂導致最後可能在台灣島引爆中美大戰。如果美國無法接納一個14億人口的文明大國重返榮耀，歷史的教訓是戰爭的「不大可能」和「不可能」只有一線之隔，「修昔底德陷阱」式的戰爭不會有贏家。

二、中國崛起的影響

中國的崛起可能導致中國與美國之間政治上與經濟上的摩擦與

衝突，雙方在東亞地區優勢地位的爭奪，會出現美國不甘心放棄既有的主導地位，中國則要求得到權力增長後應有的勢力範圍。這個摩擦與衝突會爆發中美戰爭，或者因有更大的共同利益而控制住戰爭引爆點，要觀察三個因素：

第一、中美關係會不會陷入安全困境，形成東亞軍備競賽或戰爭動員？

第二、中美貿易投資的互賴和衝突關係是否足以阻卻雙方在台灣問題的重大爭執？或引起更大的矛盾打起關稅貿易戰爭？

第三、中美在意識形態上的歧異是否導致重大誤解，以致無法溝通，必須武力相向？

第四、中美兩國在東亞劃分勢力範圍時，是否可能依勢力增減進行調整？尤其牽涉台灣島的法律地位問題時，中美雙方是否有妥協空間？

中國不像蘇聯會在西歐地區構成對美國地緣政治利益或意識形態的挑戰，中國除了台灣問題外，並無對東亞其他國家有重大領土爭執。中國與美國的摩擦不至於產生類似俾斯麥發動普法戰爭的背景因素。但是如果美國不在台灣問題上對中國讓步，或者中國不相對讓步，世界史上第三顆核彈爆炸點，落在台灣島或台灣海峽，不會是意料之外的事。因為中國民族主義會隨中國崛起而壯大，更不可能容忍皇民化的台獨勢力在台灣島生根茁壯，台灣島將是中美之間唯一的戰場，而核子武器是中國軍隊對抗美國航空母艦最好的武器。對中國民族主義者而言，台灣島任何政權推動「去中國化」，就是「皇民化」的現代版。中美兩國必須面對安全困境，共同管控台獨勢力，或各自為保護台獨或消滅台獨而戰。2016年11月習近平會見洪秀柱時表示，如果中國共產黨不處理台獨，會被中國人民推翻，確立「處理台獨」是中國的核心價值和利益。但是台灣島的統治當局被美國視為勢力範圍內的扈從政權的國際政治事實也尚未改變，這使中美衝突具備潛在

引爆點。

　　台灣島自蔣介石去世後逐漸「去軍事化」，年輕男人拒絕從軍，軍隊素質下降，社會對軍人不重視，已蔚爲風氣。台灣島政壇上許多領導風騷的人物，大多是閃逃兵役之輩。台灣人巴望美國軍隊保護，已成爲獨立生存的唯一寄託。年齡老化更加速「去軍事化」的傾向，聯合國2007年的World Population Prospects預測，台灣島在2050年將是全世界老齡化人口最嚴重的地區。老齡化指標是人口的「年齡中位數」，台灣島的指標是56.3歲，第二名是日本的56.2歲，第三名是保加利亞的55.9歲。「去軍事化」使台灣島更無機會「獨立建國」。

　　雖然美國的歷史顯示，美國人只要編得出能欺騙自己的故事，證明美國人自己動機良善，就會毫不顧忌拿起槍砲，自以爲有責任使用霸權替天行道，不必事先徵求他國的意見，也不必了解對手的想法和立場。但美國也是現實主義者，2014年3月美國重量級國際政治學者米爾斯海默（John J. Mearsheimer, 1947-　）在《國家利益雜誌National Interests》公開提倡美國要「向台灣說再見」（Say Goodbye to Taiwan）。對美國而言，台灣島的確沒有重大的地緣政治利益和軍事價值，但卻可以用作挑釁中國崛起的「台灣牌」，以冠冕堂皇的名義向中國勒索美國自己的利益。

　　1949年美國的實力遠遠超過中國，美國領導階層有實力撕毀《開羅宣言》，卻都做不到，2017年中國的實力已非吳下阿蒙，任何企圖毀棄《開羅宣言》的勢力，就更顯得有心無力。但是中國主權者也會面臨兩個嚴酷的挑戰，第一是中國是否具備能力和決心，如林肯解決美國南方邦聯脫離美國聯邦時動用的軍事實力和冷酷的魄力。第二是中國是否有能力如同門羅排除歐洲國家把南美洲納入勢力範圍的政治實力。中國要達成民族的偉大復興，如果不能解決台獨問題和美國把台灣島納入勢力範圍的問題，很難既稱偉大，又稱復興。雖說中國的民族復興未必要與統一台灣島掛鉤，但中國內部的政治動力必然會使民族復興與消滅台獨、統一台灣島緊密聯繫，這是中國領導人必須面

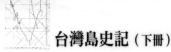
對的重大壓力。

在沒有需要急切解決台灣問題的情勢下，美國採取模糊策略處理台灣島的主權問題，一方面對中國展示武力優勢，顯示保護台灣島上統治當局的實力。另一方面否定台灣島上的統治當局是國家級的主權政府，以安撫中國的民族主義。美國以《台灣關係法》及《六項保證》表達保護台灣島政權的意圖，又以《三個公報》和《四項保證》支持一個中國原則，把台灣當局定位爲區域性的自治政府。當然也不能排除美國想以時間換取空間，不斷使兩岸長期對峙，掩護台灣島尋找最有利的台獨機會，藉機消耗中國戰力。美國目前的做法自1972年起，有效地平衡台灣海峽的對峙局勢，但其政策基礎在於美國的遠東軍力必須遠大於中國的軍力。隨著中國的崛起，這個平衡點正往中國傾斜，傾斜的幅度越大，台灣島引爆中美戰爭熱度的機率就越高。但不論中美戰爭結局如何，只要戰爭爆發，台灣島上任何統治當局或政權都注定滅亡，台灣島即會進入新一輪歷史性的主權移轉。

附錄 台灣島歷史年表

一、史前人類之島

138億年前，宇宙誕生。

136億年前，恆星誕生。

45.7億年前，太陽誕生。

45.4億年前，地球誕生，冥古宙開始至38億年前結束。

45億年前，月球誕生。地球大氣層形成。

44.5億年前，地殼形成。

44億年前，水分子、液態水和海洋誕生。地殼開始出現板塊構造。

42.8億年前，沒有細胞核的單細胞原核生物（Prokaryotes）誕生，即生命誕生。

41億年前至38億年前，地球和月球的後重轟炸期，單細胞原核生物幾乎滅絕。

38億年前，「太古宙」開始至25億年前結束，大氣層的二氧化氮或臭氧經太陽光照射產生「光解作用」（Photolysis），開始產生氧氣。

35億年前，原核生物演化出「光合作用」（Photosynthesis），產生「疊層岩」（Stromatolite），變成「岩礁」。

30億年前，「製氧光合作用」的藍綠藻（Cyanobacteria）誕生。最早的大陸板塊「烏爾大陸」形成。

27億年前，凱諾蘭大陸形成。

25億年前，大氣層和海洋表層產生富含大量氧氣的「大氧化事件」（Great Oxygeneration）。

25億年前，元古宙開始至5.42億年前結束，真核細胞生物及多細胞生物出現。

24億年前至21億年前，休倫（Huronian）冰河時期。

20億年前至15億年前，哥倫比亞大陸或稱努那大陸出現。

18.5億年前，會「呼吸」的真核細胞生物出現。

18.5億年前至8.5億年前，地質學的「無聊十億年」。

12億年前，有性生殖演化的生物出現。

11.5億年前至7億年前，羅迪尼亞大陸出現。

8.5億年前至6.3億年前，成冰紀（Cryogenian）冰河時期，整個地球冰封宛如雪球，史稱「地球的雪球事件」。

7億年前，「羅迪尼亞大陸」開始裂解。

6.5億年前，冰蓋壓裂地殼使火山爆發，引起溫室效應，結束了「地球的雪球事件」。

6.35億年前至5.42億年前，埃迪卡拉紀（Ediacaran）的軟體生物出現。

5.73億年前，羅迪尼亞大陸裂解成岡瓦那大陸和勞亞大陸。

5.42億年前，顯生宙開始，古生代寒武紀開始，多細胞動植物如水生植物、有胚植物和脊索動物誕生。

5.42億年前至2.51億年前，「古生代」，又稱「魚類時代」。

5.42億年前至4.85億年前，「寒武紀」，海洋脊索動物和海生硬殼無脊椎動物出現。

4.85億年前至4.43億年前。「奧陶紀」，海星、魚類出現。

4.6億年前至4.3億年前，安迪－沙哈倫（Andean-Saharan）冰河時期。

4.5億年前，第一次生物大滅絕事件。

4.43億年前至4.19億年前，「志留紀」，無翼昆蟲、陸地植物出現。

4.19億年前至3.59億年前，「泥盆紀」，脊椎動物出現，兩棲類動物登陸，陸生動物出現。

3.75億年前，第二次生物大滅絕事件。

3.6億年前至2.6億年前，卡魯（Karoo）冰河時期。

3.59億年前至2.99億年前,「石炭紀」,有翼昆蟲和蜻蜓出現,蕨類植物叢生,「盤古大陸」出現。

3.35億年前至1.0億年前,「岡瓦那大陸」和「勞亞大陸」聚合成「盤古大陸」出現。

3.3億年前至2.6億年前,埋入土壤的森林石化為煤炭層。

2.99億年前至2.51億年前,「二疊紀」,異齒獸出現與西伯利亞火山大爆發。

2.51億年前至0.65億年前,「中生代」,又稱「爬蟲類時代」。

2.51億年前至2.01億年前,「三疊紀」,恐龍和哺乳動物出現,當時的哺乳類大多是小型穴居動物。

2.5億年前,中國峨嵋山和俄羅斯西伯利亞火山大爆炸,發生第三次生物大滅絕事件,70%陸生脊椎動物及96%海中生物滅絕。

2.45億年前陸地上出現會開花的植物。

2.01億年前至1.45億年前,「侏羅紀」,始祖鳥類出現。

2.3億年前至6千5百萬年前,恐龍生存的時期。

1.74億年前至1.57億年前,「真極漫步」時期,發生第四次生物大滅絕事件。

1.5億年前至1.0億年前,盤古大陸裂解成七大洲。

1.45億年前至0.65億年前,「白堊紀」,蜜蜂出現。

1.2億年前與0.95億年前,造成兩次的「海洋無氧事件」。

1.2億年前,印度古大陸從非洲大陸分裂而出,開始向北飄移,於7千萬年前撞上歐亞大陸,美洲大陸也從盤古大陸分裂而出。

1億年前,厚度10公里的菲律賓海底板塊開始向西推擠。

8,000萬年前,大西洋從北極裂開至南極,南美洲與非洲分裂開來。

6,500年前至今,「新生代」,又稱「哺乳類時代」。

6,500萬年前,90%地球生物滅絕,恐龍滅絕,是第五次生物大滅絕事件。

6,500萬年前,古近紀開始至2,300萬年前結束,靈長類動物出現。

6,300萬年前，原猴類動物出現。

5,800萬年前至5,600萬年前，古新世及始新世最熱期（PETM）。

5,800萬年前，簡鼻類動物出現。

5,200萬年前，喜馬拉雅山造山運動開始。

4,000萬年前，類人猿（新世界猴）出現。

3,500萬年前，東非大裂谷（Great Rift Valley）受非洲板塊運動影響
　　而形成，全長6,400公里，平均寬度48至65公尺，最大寬度200公
　　尺，面積500萬平方公里，是靈長類動物演化成人類的起源地。

3,390萬年前，漸新世大冰期（Oi-1）。

3,000萬年前，猴類動物（舊世界猴）出現。

2,800萬年前，猿類動物出現。

2,300萬年前，新近紀開始至260萬年前結束。現代動植物、現代哺乳
　　類和鳥類動物、人科動物（人族）、地猿（Ardipithecus）和南方
　　古猿（Australopithecus）等物種出現。

2,000萬年前，喜馬拉雅山從海中出現，但高度僅1,000公尺。

1,800萬年前，原康修爾猿出現。

1,700萬年前至800萬年前，澎湖群島陸續已出現。

1,500萬年前，人猿（人猿科動物，或稱人科動物）出現。

1,400萬年前，中新世大冰期（Mi-1）。

1,200萬年前，菲律賓海底板塊碰撞厚度80公里的歐亞大陸板塊
　　（Eurasian Plate），並隱沒入歐亞大陸板塊底下。

1,200萬年前，森林古猿、西瓦古猿出現。

880萬年前，非洲猿（人猿亞科動物，人亞科動物）出現。

800萬年前，祿豐古猿出現。

700萬年前至630萬年前，人族動物、查德沙赫人出現。

610萬年前，圖根原始人（千禧年人）出現。

600萬年前，台灣島露出海平面。

596萬年前，非洲大陸板塊往北衝撞歐洲大陸，直布羅陀海峽消失，地

中海封閉成為內海。

580萬年前，卡達巴地猿（Ardipithecus Kadabba）出現。

533萬年前，板塊移動，直布羅陀海峽再次打開，大西洋的海水灌入，再度注滿地中海。

440萬年前，始祖地猿出現。

420萬年前，南方古猿湖畔種出現於非洲衣索比亞。

320萬年前，南方古猿阿法種出現。

300萬年前，非洲南猿、粗壯南猿（傍人）、南方古猿驚奇種出現。

260萬年前至今，第四紀（Quaternary）冰河時期開始。

260萬年前至180萬年前，拜伯冰盛期。

260萬年前至7萬年前，直立猿人（Homo Erectus）出現，人類（直立猿人）進入舊石器時代。直立猿人在7萬年前的多峇巨災（Toba Catastrophe）中滅絕。

260萬前，地球的第四紀更新世開始，舊石器時代也開始，於1.2萬年前結束。

250萬年前，東非出現「"盧道夫"人」（Homo Rudolfensis）的直立猿人。

240萬年前，中國安徽繁昌縣孫村鎮「人字洞遺址」試圖證明中國已有「猿人」或「類猿人」居住，但更多證據指出這個遺址不是「人類遺址」。

215萬年前，湖北「建始遺址」也是舊石器時代的遺址出現「建始人」5枚牙齒的遺骨，但更多證據也指出這個遺址不是「人類遺址」，「建始人」是「古猿」，不是「猿人」。

210萬年前至150萬年前，「巧人」（Homo Habilis）出現及滅絕，率先製造出「奧杜威文化」（Oldowan）石器。

204萬年前，重慶巫山縣廟宇鎮龍骨坡遺址發現的「巫山人」，但「巫山人」僅有一小段牙床及門齒，雖宣稱是「猿人」，但更多證據指出，該遺址不是「人類遺址」，該遺骨是「古猿」的遺骨，不

是「猿人」的遺骨。「巫山人」與「建始人」的發現地點相距僅80公里。

190萬年前至140萬年前，「匠人」（Homo Ergaster）出現及滅絕，是東非和南非的直立人種，率先製造出「阿舍利文化」（Acheulian）的石器，但部分「匠人」被認為是海德堡人、尼安德塔人、丹尼索瓦人、智人的直接祖先。

180萬年前至100萬年前，多瑙冰盛期。

180萬年前，「匠人」演化出的直立猿人離開非洲，移居歐亞各地。

180萬年前，侏儒型的人種「格魯及亞人」（Homo Georgicus）出現在喬治亞共和國（Georgia）的德馬尼西（Dmanisi）。

170萬年前，中國的直立猿人「元謀人」出現，但元謀人僅發現兩顆牙齒，且發現過程、地點及年代檢定方法不符合考古學的標準程序，較為科學的判斷其年代不會超過73萬年前，頂多60萬年前，比北京人還要晚出現。

120萬年前，南方古猿、粗壯南猿（傍人）滅絕。

120萬年前80萬年前，直立人的分支稱為「前人」或「先驅人」（Homo Antecessor）出現。

115萬年前，中國的直立猿人「公主嶺」的「藍田人」出現，這是中國境內出現的最沒爭議的「猿人」遺骨。

100萬年前左右，哈斯拉赫冰盛期。

100萬年前，「隕縣人」出現。

80萬年前，「洛南人」出現。

78萬年前，直立人學會保存和使用火種。

70萬年前，非洲和歐亞各地的直立人開始分化為各式人種，海德堡人出現。

70萬年前，中國的直立猿人「北京人」出現。

70萬年前至30萬年前，海德堡人出現，被認為是尼安德塔人、丹尼索瓦人、智人的直接祖先。海德堡人開創了「克雷克通文化」

（Clactonian）石器。

68萬年前至62萬年前，鄱陽冰盛期。

65萬年前，陝西「陳家窩」的「藍田人」出現。

45.5萬年前至30萬年前，大姑冰盛期。

45萬年至19萬年前，台灣海峽的直立猿人「澎湖原人」出現，但這個
　　年代的估算並不符合嚴格的科學標準。

35萬年前，「尼安德塔人」出現，但4萬年前消失滅絕。最早發現的
　　「尼安德塔人」遺骨在德國的尼安德河谷，存在於15萬年前。
　　「尼安德塔人」被認為是從「海德堡人」演化出來的人種，沒有
　　系統性的語言能力。有些研究文獻甚至推估「尼安德塔人」出
　　現在43萬年前，甚至認為「尼安德塔人」在20萬年前已有語言能
　　力。「尼安德塔人」開創了「莫斯特文化」（Mousterien）的石器
　　美學和墓葬。

30萬年前，「丹尼索瓦人」出現在西奈半島及中東，「納來迪人」出
　　現在南非。28萬年前中國的遼寧金牛山人、20萬年前的陝西大
　　荔人、16萬年前的甘肅夏河人、12萬年前河南許昌靈井的「許昌
　　人」，被認為屬於30萬年前出現的丹尼索瓦人。

30萬年前，「海德堡人」與「智人」（Homo Sapiens）的過渡期人種
　　出現在非洲摩洛哥。

28萬年前，遼寧「金牛山人」出現。

25萬年前至20萬年前，「智人」出現東非奧莫河谷和尚比西河流域。

25萬年前，安徽「和縣人」出現。

20萬年前至13萬年前，廬山冰盛期。

20萬年前，女性智人的最早祖先「非洲夏娃」出現。她的後代在13.5
　　萬年前離開非洲。

20萬年前，陝西「大荔人」出現。

19萬年前，湖北「長陽人」出現。

16萬年前，甘肅「夏河人」出現。

13萬年前，廣東「馬霸人」出現。

13萬年前，非洲尚比河流域的智人開始向外移民。

12萬年前，河南「許昌人」出現，屬直立猿人的分支，屬於「丹尼索瓦人」。

11萬年前至1.2萬年前，大理冰盛期或稱玉木冰盛期。

10萬年前，山西「許家窯人」出現。

10萬年前，智人的人口數約1萬人，並發展出語言。

10萬年前至6萬年前，佛洛勒斯人出現，1.8萬年前至1.2萬年前滅絕。

8萬年前，「智人」離開非洲移居至歐亞美等各洲。

7萬年前，多峇巨災（Toba Catastrophe）爆發，直立人滅絕。

6.8萬年前，中國最早的智人「廣西柳江人」出現。

5萬6千8百年前，克羅馬儂人出現。

5萬年前，晚期智人（或稱「新人」）突然創造力大幅躍進。

5萬年前，智人的人口數約5萬人。

5萬年前，智人出現東亞南部。

5萬年前至6千年前，地球處於最近一次冰河時期的「冰盛期」，全球海平面平均下降最深至140公尺。台灣海峽多處變成陸地或冰面，台灣島與中國大陸形成多處局部相連狀態的「陸橋」。

4.7萬年前，菲律賓的「太邦洞人」出現。

4.6萬年前，智人抵達歐洲。

4萬年前，丹尼索瓦人4萬年前的化石出現。

4萬年前，中國智人「田園洞人」出現。

4萬年前，大洋洲的智人已懂航海，能跨越80公里的海峽抵達澳洲。其他地區的智人直到3萬年前才學會使用船隻。

3.9萬年前，尼安德塔人和丹尼索瓦人滅絕。

3.4萬年前，中國智人「山頂洞人」出現。

3.2萬年前，琉球出現「山下洞人」。

3萬年前，居住在當時還是陸地的台灣海峽海底的智人「海峽人」或稱

「陸橋人」、「東山人」出現。

3萬年前，智人的人口數約50萬人。

3萬年前，智人移居台灣島，即舊石器時代的「長濱人」。長濱人生活
　　在台灣島東南部與南部，位於台東與屏東，與現在台灣島居民沒
　　有任何血緣或文化關係。

2.7萬年前至2.4萬年前，末次冰盛期。

2.4萬年前，日本舊石器時代開始，開始有人類居住在日本。

1.8萬年前至1.5萬年前，老仙女木事件。

1.8萬年前，中國進入新石器時代，出現聚居部落，也出現粗陶和江西
　　仙人洞遺址。

1.8萬年前，亞洲的智人從西伯利亞進入北美洲。

1.7萬年前，琉球「港川人」出現。

1.5萬年前，台灣島的長濱人消失。此後台灣島的人類遺跡消失9,000
　　年，於6,000年前才又出現。

1.29萬年前至1.16萬年前，新仙女木事件。

1.2萬年前（或1.14萬年前），第四紀更新世結束，「大理冰期」或稱
　　「玉木冰期」結束，全新世開始，普遍性的新石器時代開始。

1.2萬年前，智人在兩河流域展開農業生活。

1.2萬年前，蒙古人種的智人開始演化成中國漢族的祖先。

1.2萬年前至2,300年前，日本進入新石器時代，日本人則稱為「繩紋文
　　化時代」。

1萬年前，長江流域出現稻作農業。

1萬年前，冰河時期的「冰盛期」末期，海平面開始上升，台灣海峽的
　　「陸橋」逐漸消失，台灣島漸漸成為四面環海的島嶼，與中國大
　　陸以海峽相隔。

1萬年前，荷蘭地區才有穴居人類，進入舊石器時代。

1萬年前，全新世開始，全球人口約500至800萬人。

1萬年前，人類最早出現市集的定居「城市」約旦河西岸的耶律哥

（Jericho）出現。

1萬年前至6,000年前，人類普遍進入新石器時代。

1萬年前，中國開始進入農耕部落社會。

9,000年前，中國河南出現「斐李崗文化」。

9,000年前至4,700年前，中國進入傳說中的「三皇」時代。

8,500年前，中國黃河流域粟米稻作開始。

8,500年前，中國中國北方和南方的古代人群的基因已有著很明顯的不同。

8,250年前至6,000年前，台灣島舊石器時代「網形人」遺址出現，但資料不足，無法確定。

8,000年前，中國出現「賈湖刻符」的符號式文字。

8,000年前，中國內蒙古出現「興隆窪文化」。

8,000年前，中國河北出現「磁山文化」。

8,000年前，荷蘭開始有凱爾特人（Celt）定居。

8,000年前，福建馬祖出現南島民族屬性的「亮島人」。

8,000年前至7,500年前，馬祖亮島人的基因和福建龍岩奇和洞人的基因相同，現代中國傣族和台灣島的阿美族、泰雅族的基因也含有很高比例的奇和洞人的基因。

8,000年前，台灣海峽的海平面比目前至少低60公尺以上，澎湖群島與中國大陸之間的台灣海峽目前的水深只有平均約30公尺至50公尺深。

7,300年前，中國甘肅秦安出現「大地灣文化」。

7,000年前，中國出現新石器時代早期的仰韶文化。

7,000年前，台灣海峽的海平面比目前至少低50公尺以上。

7,000年前，敘利亞的阿勒坡和土耳其的加托胡耶出現市集城鎮。

6,700年前，中國內蒙古赤峰紅山文化出現，並出土豬頭蛇身的龍形玉製品。

6,600年前，中國「賈湖遺址」出現龜甲刻符。

6,500年前，可能是南島語系的民族從中國大陸跨越台灣海峽抵達台灣島，成爲最早的台灣島居民。

6,500年前，台灣島北部出現新石器時代早期的「大坌坑人」，4,200年前消失。

6,000年前，台灣海峽的海平面比目前至少低40公尺以上。

6,000年前，中國出現浙江河姆渡文化、馬家濱文化、上海崧澤文化。

6,000年前，伊拉克的蘇美人最早進入青銅器時代。

5,500年前，中國山東出現「大汶口文化」。

5,500年前，中國古閩族在福建發展出「曇石山文化」。

5,500年前，遼寧出現「牛河梁遺址」。

5,300年前至4,000年前，中國浙江出現「良渚文化」。

5,300年前，蘇美人出現簿記用的泥板文字。

5,100年前，美索不達米亞的楔形文字、埃及的圖形拼音文字出現。

5,000年前，智人的人口數約5,000萬人。

5,000年前，希臘克里特島出現線形文字A。

5,000年前，甘肅臨洮縣馬家窯遺址證實中國進入青銅器時代初期，中國出現酋邦。

5,000年前，荷蘭地區進入新石器時代。

5,000年前至2,000年前，台東「麒麟人」出現。

4,800年前，中國古代北方人群已經南下移民或征服南方部落，在古代南方人群身上留下古代北方人群的基因。但是現代中國南方漢人身上已找不到這些中國古代南方人群的基因。

4,800年前，澎湖鎮港遺址出土人骨的基因和曇石山人的基因相同。

4,800年前，台灣島進入陶器時代。

4,700年前至4,000年前，中國產生「酋邦」和「酋幫聯盟」，古書稱爲「方國」。

4,700年前，姬軒轅領導的「有熊氏族部落」在「阪泉之戰」擊敗姜烈山領導的「神農氏族部落」，姜烈山兵敗投降，兩部落合併形成

「炎黃酋邦」，產生「炎黃子孫」的民族觀念。中國進入「五帝時代」的酋邦聯盟時期。

4,600年前至3,700年前，台灣島進入新石器時代中期，「訊塘埔人」出現在台灣島北部地區。

4,600年前，中國歷史上「逐鹿之戰」後，黃帝公孫軒轅的「酋邦聯盟」時代出現。但「阪泉之戰」和「逐鹿之戰」相距一百年，屬於神話層次。

4,500年前，中國出現「龍山文化」。

4,500年前，中國「良渚文化」建造城牆。

4,500年前至3,500年前，台灣島中部出現新石器時代中期的「牛罵頭人」。

4,500年前，台灣海峽的海平面漲至目前的水位。

4,200年前，地球發生氣候重大變遷的「4.2千年事件」。

4,200年前，大坌坑人都突然消失，原因可能是「4.2千年事件」。

4,100年前，中國河南出現「二里頭文化」。

4,052年前（2032 BC），傳說「無餘」建立「越國」，不是姒少康的幼子，與浙江杭州「良渚遺址」存在的時間吻合。

4,000年前，蘇美城邦國家在伊朗的埃蘭人入侵後滅亡。

4,000年前，中國山西「陶寺遺址」出現繪有文字符號的陶壺。

4,009年前（1989 BC），大禹姒文命創立的「夏王國」出現，中國進入「國家」組織階段，史稱「夏朝」，夏王國滅亡於公元前1600年，存在389年。

4,000年前，荷蘭進入青銅器時代。

4,000年前，中國長江流域的文化如「良渚文化」、「湖北石家河文化」、「四川寶墩文化」等突然消失。

4,000年前，中國古閩族進入青銅器時代，史稱「七閩文化」。

4,000年前，希臘克里特島出現稱米諾斯文明的青銅器文明。

3,875年前（1855 BC），傳說夏朝國王姒少康的後裔「無餘」在浙江

紹興建立「越國」。

3,700年前，訊塘埔人消失。

3,700年前，土耳其的「西台王國」進入鐵器時代。

3,620年前（1600 BC），中國「夏王國」滅亡，進入「商王國」時代，史稱「殷商」。

3,600年前，台灣島北部出現新石器時代晚期「芝山岩人」，但3,000年前消失。

3,500年前，台灣島東部出現新石器時代晚期的「卑南人」，開始製作「玉器」，但2,300年前消失。

3,500年前，「牛罵頭人」消失。

3,500年前至2,000年前，台中「營埔人」出現。

3,400年前至2,400年前，高雄「鳳鼻頭人」出現。

3,200年前至2,300年前，台北「圓山人」出現。

3,200年前至1,800年前，高雄「大湖人」出現。

3,200年前（1200 BC），青銅器時代晚期大崩潰（Late Bronze Age Collapse）。

3,200年前，中國文字以鐘鼎文及甲骨文形式出現。

3,066年前（1046 BC），中國爆發「牧野之戰」，進入「周王國」時代，史稱「西周」。

3,062年前（1042 BC），周成王即位，中國西周時代的青銅器「何尊」銘文，出現「中國」一詞。

3,000年前，智人的人口數約1.2億人。

3,000年前，「芝山岩人」消失。

3,000年前，中國在西周時代開始進入鐵器時代。

3,000年前，荷蘭進入鐵器時代。

2,800年前，中國出現「毛公鼎」。

2,800年前至1,800年前，台北「植物園人」出現。

2,790年前（770 BC），西周鎬京滅亡，周平王在洛陽即爲，東周時代

開始。

2,790年前（770 BC）至2,486年前（476 BC），中國的「春秋時代」。

2,680年前（660 B.C.）2月11日 日本神話稱「皇紀元年」，傳說是神武天皇登基日。

2584年前（564 BC），第一代越王勾踐的祖父「越子夫譚」的記載出現。

2,550年前，中國在東周春秋時代晚期普遍進入鐵器時代。

2,516年前（496 B.C.），越王勾踐與吳王夫差發生戰爭。

2,496年前（476 BC）至2,241年前（221 BC），中國的「戰國時代」。

2,354年前（334 B.C.），楚國攻入越國，越國臣民南逃福建，自稱「于越族」，與古閩族融合，形成「閩越族」。

2326年前（306 BC），楚國滅亡越國，第十代越王無疆自殺，浙江的越國臣民南逃福建。

2,300年前，「卑南人」和「圓山人」消失。

2,320年前（300 BC），日本進入青銅器時代，日本人則稱爲「彌生時代」。

2,276年前（256 BC），東周滅亡。

2,266年前（246 BC），嬴政繼位秦王。

2,242年前（222 BC），秦國統一中國時，越王無諸失去越國王位。

2,241年前（221 BC），秦始皇嬴政建立中國第一個帝國秦帝國。

2,222年前（202 BC），劉邦建立中國第二個帝國漢帝國。

2,220年前（202 BC），漢高祖劉邦冊封「騶無諸」爲「閩越國王」，定都福州。

2,130年前（110 BC），漢武帝滅亡「閩越國」，強制遷徙「閩越族」至江淮，福建的「閩越族」幾乎消失。

2,111年前（91 BC），中國西漢帝國中書令司馬遷完成中國第一部歷史書《史記》。

2,078年前（58 BC），凱撒率軍控制荷蘭地區，成爲羅馬帝國的領

土。

2,000年前，智人的人口數約2.5至3.0億人。

2,000年前，日本進入鐵器時代，也進入眾多「小倭國」酋邦林立的時代。

2,000年前，台東太麻里的舊香蘭遺址出現青銅耳飾或鈴鐺的砂岩鑄模。

（西元紀元開始）

25年，劉秀建立東漢帝國。

57年，日本倭酋邦「奴國」獲漢光武帝劉秀頒發「漢委奴國王印」金印。

82年，班固的《漢書·地理志》提到：「會稽海外有東鯷人」。

107年，倭王「帥升」向漢安帝劉祜進貢。

157年，中國人口調查約5,600萬人。

188年，卑彌呼即位邪馬台國女王。

1,800年前，台灣島北部出現鐵器時代的「十三行人」。

200年，日本的彌生時代結束，古墳時代開始。另有一說，古墳時代從公元300年大和政權興起才開始。

220年，中國進入三國時代。

230年，陳壽的《三國志》記載孫權派衛溫、諸葛直「將甲士萬人浮海求夷洲及亶洲」。

239年，魏明帝曹叡頒賜「親魏倭王」金印給卑彌呼。

240年，曹魏帝國正始皇帝曹芳賜封日本邪馬台國女王卑彌呼爲「假倭王」，代理倭王之意。

268年，沈瑩的《臨海水土志》稱：「夷洲在浙江臨海郡的東南，離郡二千里」。但台灣島北部的基隆嶼距離臨海郡只有936里。

280年，中國進入「晉帝國」時代，史稱「西晉」。

280年，中國人口調查約1,600萬人，比157年的人口少了4,000萬人，顯示漢朝末年及魏蜀吳三國時代的動亂造成71.4%的人口損失。

286年，東西羅馬帝國分裂後，荷蘭屬於西羅馬帝國。

300年，日本大和政權興起，至600年才結束。

316年，西晉帝國滅亡，漢族難民逃亡到江蘇，開始移民至福建泉州，沿「南安江」出海口兩岸聚居，史稱「衣冠南渡」。

317年，中國進入「東晉及五胡十六國」時代，史稱「東晉」。

413年，日本進入「倭五王」時代。

420年，東晉帝國滅亡，漢族的上層階級開始移民至福建泉州，有八姓大家族遷居福建泉州，自稱「泉州人」或「晉江人」，形成最早的「閩南人」，史稱「八姓入閩」。

421年，中國進入「南北朝」時代。

476年，西羅馬帝國滅亡。

486年，克洛維一世建立法蘭克王國，統治荷蘭地區。

548年，中國南朝梁武帝蕭衍末年爆發「侯景之亂」，漢族大舉從江蘇、浙江逃難進入福建，形成閩南人的大型聚落。

581年，中國進入「隋帝國」時代。

598年，日本進入「飛鳥時代」。

607年，日本將國號由「倭國」改爲「日本」。

607年，《隋書》記載隋煬帝派朱寬、何蠻入海訪異俗，到「流求」，「掠一人而返」。

607年，倭國派人到中國呈遞國書自稱「日本」。

610 年，《煬帝紀》記載，隋煬帝派陳稜、張鎭州率軍「擊流求，破之，獻俘萬七千口，頒賜百官」。

618年，中國進入「唐帝國」時代。

677年，陳元光帶兵入閩，鎮壓畬族暴動，被尊爲「開漳聖王」。

683年，印尼蘇門答臘興起「室利佛逝王國」，統治範圍到達台灣島屏東的南部恆春一帶。

703年，中國承認日本國號由「倭國」改爲「日本」。

781年，大唐帝國朝議郎呂秀岩撰寫「大秦景教流行中國碑」。

862年，「法蘭德斯伯爵邦」（County of Flandes）統治尼德蘭南部。

875年，唐朝帝國爆發王仙芝及黃巢事件，漢族躲避戰亂和饑荒，逃難
　　進入贛南，再越過武夷山進入福建汀州成為客家先民。

907年，中國進入「五代十國」時代。

918年，勃艮第公　成立。

960年，中國進入「宋帝國」時代，史稱「北宋」。

二、原住民之島

1,000年前，菲律賓群島上的南島語系民族跨越巴士海峽移居台灣島，
　　成為現今台灣島原住民的一部分。

1087年，北宋政府即在泉州設「市舶司」，管理港口、海關、船舶、
　　貿易。

1091年起「荷蘭伯爵邦」（County of Holland）統治尼德蘭北部。

1187年，琉球群島出現半傳說半歷史的「舜天王朝」。

1126年，北宋帝國爆發「靖康事變」，漢族難民湧入贛州、汀州、漳
　　州平原，逼迫原居民「畬族」遷移入閩粵贛交界的丘陵山區。這
　　些漢族難民也成為客家先民。

1127年，中國進入「南宋帝國」時代。

1171年，宋代泉州知府汪大猷派兵屯駐澎湖，確定澎湖屬於中國的主
　　權領土，但與台灣島無關。

1225年，趙汝适的《諸蕃志》記載「彭湖」東面有「毗舍耶」，然其
　　地「無他奇貨，尤好剽掠，商賈不通」。

1266年，忽必烈致國書給日本，自稱「中國」。

1280年，中國進入「元帝國」時代。

1281年，元朝政府在澎湖設巡檢司，隸屬福建同安。

1346年，歐洲鼠疫（Plague）或黑死病（Black Death）盛行。

1346年，阿拉伯旅行家伊本巴圖塔自印度抵達泉州，他認為泉州是世
　　界最大的港口之一。

1349年，汪大淵撰《島夷誌略》，稱呼台灣島爲「琉球」，並稱「余登此山」。

1368年，明朝洪武皇帝朱元璋推翻元朝建立明朝，中國進入「明帝國」時代。

1369年，「法蘭德斯伯爵邦」與「勃艮第公國」（Burgundy）聯姻，歸「勃艮第公國」統治。

1375年，明代福建至琉球的航海圖稱爲《針路圖》，已出現「雞籠山」的標示。

1377年，「室利佛逝王國」被爪哇島興起的「滿者伯夷（Modjopait）王國」滅亡。

1384年至1482年，「法蘭德斯伯爵邦」和「荷蘭伯爵邦」組成「共主聯邦」，稱「勃艮第尼德蘭」（Burgundian Netherlands），隸屬「勃艮第公國」，由勃艮第公爵統治。

1387年，明朝朱元璋政府廢澎湖巡檢司，江夏侯周德興「遷其民而墟其地」，將澎湖居民全部遷至泉州、漳州，稱爲「墟澎」。

1392年，《明實錄》記載「小琉球」。

1404年，日本與中國正式展開「勘合」貿易。

1405年，鄭和首次出航南海及印度洋，傳說爲尋找失蹤的明惠帝，而非擴大海疆，史稱「鄭和下西洋」。

1415年，葡萄牙親王恩里克開始發展從大西洋向南，沿著非洲西海岸航行的新航路，開啓「大航海時代」。

1431年，鄭和第七次出航南海及印度洋，鄭和七次下西洋卻從未到達台灣島。

1440年，歐亞大陸氣溫陡降，全面進入罕見的低溫期，史稱「十五世紀氣候危機」，至1500年才結束。

1453年，土耳其鄂圖曼帝國滅東羅馬帝國。

1455年，教宗尼古拉五世發布詔書，批准葡萄牙國王阿方索有權征服「非基督徒」的土地和人民，並禁止其他基督徒侵犯葡萄牙人因

此取得的土地及財產，開啓了歐洲向東方及美洲的大航海殖民時代。

1467年，應仁天皇元年，足利幕府因繼承權問題，爆發以山名持豐爲首的「西軍」，及以細川勝元爲首的「東軍」，展開長達十年的戰爭，史稱「應仁之亂」。幕府統治體制瓦解，日本各地「大名」、「守護代」、「國人」、「浪人」武力割據，形成日本的戰國時代，直到1590年豐臣秀吉統一日本，才結束戰國時代。

1482年，「美男子」腓力一世繼任勃艮第公爵，統治尼德蘭。

1488年，葡萄牙人狄亞士航抵非洲好望角。

1492年，哥倫布從大西洋向西航行，發現美洲新大陸的存在，開啓歐洲人殖民美洲新大陸的歷史。

1492年，西班牙王國滅亡崇信伊斯蘭教的格拉納達王國。

1494年6月7日，西班牙和葡萄牙經教宗亞歷山大六世協調，劃分海外殖民勢力範圍，簽訂《托爾德西里亞斯條約》（Treaty of Tordesillas）。

1497年，達伽瑪繞過非洲好望角抵達印度洋，開創歐洲到印度的新航線，對絲路或阿拉伯人及義大利人所掌握的貿易路線構成嚴厲挑戰。

1506年，查理五世继承勃艮第公國爵位，1516年继承西班牙王國王位，荷蘭地區改歸西班牙王國統治。

1510年，葡萄牙人佔領印度果阿（Goa），作爲殖民貿易基地。

1511年，西班牙人征服古巴。葡萄牙人攻佔麻六甲。

1511年，葡萄牙人航抵印尼群島，發現摩鹿加群島（Maluku Islands），盛產香料，史稱「香料群島」，遂以武力控制摩鹿加群島，把香料運往歐洲，獲得龐大利益。

1514年，葡萄牙船隊航抵中國廣東，這是史上首次經海路航抵中國的歐洲人。

1516年，葡萄牙人攻佔錫蘭和馬來半島的麻六甲。

1517年，明朝政府派王守仁（王陽明）鎮壓江西、福建的畬族，採行策略漢化畬族，出現客家化的畬族及畬族裔的客家人。

1517年10月31日，馬丁路德在威丁堡大學的教堂大門上張貼「關於贖罪券的意義及效果的見解」，史稱《九十五條綱領》，開啓宗教改革，基督新教派紛紛成立，不受羅馬天主教管轄。

1519年至1581年，信奉羅馬天主教的西班牙王國對轄下信奉基督新教派的尼德蘭地區進行宗教迫害。

1519年8月10日，在西班牙國王卡洛斯一世支持下，麥哲倫橫渡大西洋，繞行南美洲最南端，後稱「麥哲倫海峽」，再橫渡太平洋，於1521年3月航抵馬里亞納群島。

1520年，麥哲倫船隊完成環球壯舉。

1520年左右，明代中國朱厚照皇帝時代，台灣島十三行人消失。

1521年3月16日，麥哲倫航抵菲律賓的霍蒙洪島，再航至菲律賓宿霧Cebu。

1521年，神聖羅馬帝國議會在沃爾姆斯（Worms）召開，哈布斯查理五世發布《沃爾姆斯敕令》，下令任何人都不得幫助馬丁路德傳播宗教改革思想。

1522年，麥哲倫艦隊繼續歸航，完成環繞世界一周的航行。

1529年，西班牙和葡萄牙簽訂《薩拉戈薩條約》（Treaty of Saragossa）。

1530年，梅蘭希頓起草《奧格斯堡告白》作爲《沃爾姆斯敕令》抗議者的戰鬥宣言，從此支持宗教改革者被稱爲「抗議者」（Protestant），中文翻譯爲「新教徒」、「抗議基督徒」，甚至簡化爲「基督徒」，以示與羅馬梵蒂岡教廷的天主教有所區別。

1535年，陳侃（1507-?）的《使琉球錄》以「小琉球」稱呼台灣島。「九日，隱隱見一小山，乃小琉球也。」並說隋煬帝派朱寬、陳稜征伐的「流求國」就是現今的琉球群島。

1539年，日本「泉州堺」商人納屋助左衛門在大員設有商貿據點。

1541年，加爾文在瑞士日內瓦建立新教派。

1542年，葡萄牙人漂流到日本九州的種子島，將「火繩槍」傳入日本。

1543年，波蘭人哥白尼在1506年就認為太陽為中心，而地球繞太陽轉，並有自轉。

1543年，西班牙人以王子腓力二世之名，命名菲律賓群島（Las Islas Filipinas）。

1544年，傳說葡萄牙船隻航經台灣海峽，喊「Ilha Formosa」，將台灣島稱為「福爾摩沙島」，但此事沒有直接史料證實。不過被葡萄牙船員稱呼為「福爾摩沙」的島嶼很多，台灣島只是最大面積的「福爾摩沙」，但葡萄牙人並未進佔台灣島。

1545年，西班牙人在玻利維亞的波多西（Potosi）發現銀礦山，南美洲的白銀大量流入歐洲。

1549年，葡萄牙人派神父沙勿略開始在日本傳播天主教。

1550年，葡萄牙在日本長崎的平戶島（Hirado）設立商館（factory）。

1550年4月29日， 神聖羅馬帝國查理五世頒佈《血腥詔令》，全面迫害基督新教派。

1553年，葡萄牙人以「借地晾曬水浸貨物」為由，獲准在澳門租地設商館，每年地租2萬兩。

1554年， 倭寇侵犯南京。

1554年，歐蒙（Lopo Homen）繪製地圖首次標示出 I. Fermosa 的名稱。

1556年，尼德蘭的領土主權從神聖羅馬帝國的哈布斯堡皇室，改劃歸西班牙王室，開始受西班牙王國統治。

1557年， 葡萄牙人開始長期居留澳門。

1557年，張天復出版《皇輿考》，繪制「小琉球」。

1560年，鄭舜功出版《日本一鑒》，繪有「滄海津境」簡易地圖，標示小琉球、雞籠山。

1560年，加爾文的學生諾克斯在蘇格蘭創立長老教會（Presbyterian Church）。

1563年，明朝政府復設澎湖巡檢司，但後又廢置。

1563年，海盜林道乾擾亂沿海居民，俞大猷率軍追擊至澎湖，林道乾遁入台灣島，俞大猷戰於鹿耳門口外，這是中國明代政府軍首次因追剿海盜靠近台灣島海域。

1564年，英國人莎士比亞出生，卒於1616年，年50歲。

1564年，西班牙人正式佔領菲律賓作爲亞洲據點。

1565年，西班牙佔領菲律賓群島的宿霧，建立殖民地，開通菲律賓和墨西哥之間的郵輪航線。

1566年8月，荷蘭人全面暴動，反抗西班牙王國的宗教迫害。

1568年，荷蘭人反抗西班牙統治，反抗天主教壓迫基督新教派，爆發「荷蘭叛變」，荷蘭人和西班牙王國之間開始斷斷續續的「八十年戰爭」。

1568年，葡萄牙人拉雷多的地圖用紅色、金色、藍色三個小方塊示意台灣島爲三個小島組成的群島。

1571年，西班牙人全面佔領菲律賓群島的呂宋島，建馬尼拉城爲首府。

1573年，曹學佺的《倭患始末》用「東番」稱呼台灣島。

1574年，海盜林鳳逃亡到台灣島的魍港。

1579年，尼德蘭地區以荷蘭省、澤蘭省和烏德勒支教區爲首，成立「烏德勒支同盟」（Unie van Utrecht），爭取宗教自由和高度自治。

1579年，蕭崇業撰《使琉球錄》所附〈琉球過海圖〉繪有「雞籠嶼」。

1580年，西班牙兼併葡萄牙，形成「共主邦聯」，此舉讓荷蘭人有口實，以對西班牙戰爭進行中爲由，在海上劫掠葡萄牙商船，在海外征伐葡萄牙人的殖民地。

1581年，荷蘭爲首的烏德勒支同盟的聯省議會通過《斷絕宣誓法案》，宣佈成立「尼德蘭七省聯合共和國」，從西班牙分離獨立。

1582年7月16日，葡萄牙商船從澳門前往日本途中，遇暴風創上台灣島北部海岸，倖存乘員登陸台灣島，這件船難因而聞名歐洲，也使「福爾摩沙（Hermosa）」一詞爲歐洲人熟知。1996年葡萄牙政府紀念這次船難，發行一款硬幣。

1583年，長白山出現強大的女眞族，其領袖努爾哈赤舉兵侵犯遼東。

1588年，西班牙無敵艦隊被英國海軍擊敗。

1589年，福建巡撫許孚遠的《海禁條約行分守漳南道》引述前兩任巡撫周案的說法，用「北港」稱呼台灣島。

1590年，日本軍閥豐臣秀吉討伐小田原，消滅北條氏家族，統一日本。

1591年，日本豐臣秀吉派使臣前往菲律賓，要菲律賓原住民臣服日本。

1592年，日本海盜登陸基隆、淡水。

1592年，日本豐臣秀吉領兵30萬侵略朝鮮，朝鮮向中國萬曆皇帝求援，中國出兵，替朝鮮收復失土，這是「中日第一次朝鮮戰爭」。

1592年，歐洲的航海圖將台灣繪成兩個大島與一個小島，總共是三個島。

1592年，豐臣秀吉開始發給日本商人「渡航許可狀」。

1593年，福建巡撫許孚遠撰《疏通海禁疏》，稱呼台灣島爲「北港」。

1593年，日本幕府豐臣秀吉派家臣原田孫七郎攜帶《高山國招諭文書》到台灣要求原住民納貢稱臣未成。

1596年，荷蘭人林斯喬登出版《東西印度水路志》（Itinerario），1598年又出英文版，引發荷蘭的東向貿易熱潮。

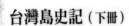

1597年，日本豐臣秀吉領兵十六萬再度侵略朝鮮，中國萬曆皇帝再度派兵協助，史稱「中日第二次朝鮮戰爭」。

1597年，西班牙人科羅內爾把台灣繪成一個完整的島，可惜未將地圖大量發行，歐洲航海家接觸這張圖的機會非常少，直到1625年才獲得糾正。

1597年，明朝政府獲知日本意圖攻擊中國，特派兵朝鮮，再度收服澎湖，並於春冬前派兵汛守。

1598年，西班牙人從菲律賓派兵200人搭船兩艘，擬進佔台灣島，遇颱風受阻，未能航抵台灣島。

1599年，努爾哈赤仿蒙古文字創造滿洲文字。

1600年，英國成立「東印度公司」，執掌對印度、中國的殖民貿易。

1600年，荷蘭船隻慈愛號及希望號從南美洲橫渡太平洋，漂流至日本九州上岸。

1600年2月19日，秘魯的「於埃納普蒂納火山」（Huaynaputina）爆發，開啓了十七世紀氣候危機。

1602年3月20日，尼德蘭七聯省共和國的聯省議會通過成立「聯合東印度公司」VOC，得在海外代行國家主權，招募軍隊，武裝船艦，發行貨幣，設立政府及法庭。

1602年3月20日，荷蘭聯合東印度公司抵達印尼爪哇萬丹（Bantam或Banten）設據點。

1602年，倭寇以台灣為巢穴，騷擾海域，明政府海將沈有容討伐，12月30日，雙方戰於台灣島外海，倭寇大敗。沈有容是史上第一位登陸台灣島的中國官員。

1602年，德川家康建立「朱印狀」制度。

1603年，日本德川家康在江戶建立「幕府」，即軍閥政府。

1603年，陳第撰《東番記》，陳第跟沈有容抵台灣島，《東番記》是作者親自見聞寫下台灣島狀況的第一份歷史文獻，也是最早出現「大員」稱呼台南的中文文獻，但以「東番」稱呼台灣島。

1603年，西班牙人在菲律賓呂宋島藉故屠殺中國移民2.5萬人。

1603年，德川家康出任「征夷大將軍」，成立德川幕府，又稱江戶幕府。江戶即東京。

1604年4月16日，鄭芝龍出生於福建泉州府南安縣安平鎮石井村，名鄭一官。1625年21歲改名鄭芝龍。

1604年8月7日，荷蘭東印度公司艦隊長韋麻郎，趁島上無兵防守，趁機佔領澎湖，佔據131天後，明朝政府派浯嶼都司沈有容逼退。

1604年，日本朱印船船長山田長政有停泊於台灣島的紀錄。

1605年，葡萄牙商館遷移至長崎的扇形人工島「出島」。

1607年，荷蘭東印度公司驅逐葡萄牙人，佔領摩鹿加群島和蘇門達臘。

1609年，荷蘭東印度公司設立阿姆斯特丹證券交易所上市，流通該公司股票以籌集資金。

1609年，西班牙與荷蘭烏德勒支同盟簽訂《12年休戰協議》。

1609年，日本幕府德川家康派有馬晴信到台灣島要求原住民納貢稱臣，與原住民發生衝突，日本人死傷慘重。

1609年，荷蘭東印度公司在雅加達設置「巴達維亞總督」，驅逐葡萄牙人，建立荷蘭的印尼殖民地。

1609年，荷蘭人在日本長崎平戶島設立商館。

1612年，鄭芝龍遭西班牙人迫害，逃出馬尼拉，抵達日本長崎平戶島。

1613年，日本德川幕府下令禁止日本人信仰天主教。

1613年，英國東印度公司赴日本設立商館，派考克斯擔任館長，但英國商館業績不佳，於1623年封館停業。

1615年，李旦和華宇在台灣島魍港建立對中國大陸的轉口貿易基地。

1616年，日本幕府德川家康派長崎代官村山等安率兵到台灣島。

1616年，努爾哈赤在中國東北建國稱帝，國號金，史稱「後金」。

1616年，明代福建巡撫黃承玄撰《條議海防事宜疏》說：「瀕海之

民，以海爲業，其採捕於澎湖、北港之間者，歲無慮數十百艘。」足證到這個年代，中國人仍把台灣島稱爲「北港」。

1617年，福建海盜趙秉鑒曾來台建造「赤坎城」。

1617年，張燮（1574-1640）撰《東西洋考》。

1619年，荷蘭東印度公司在印尼雅加達設立總部取名「巴達維亞」。

1619年，柯恩出任第4任「巴達維亞總督」，他對台灣島的歷史發展有重大影響。

1619年，荷蘭與英國建立同盟關係，共同對抗西班牙與葡萄牙。

1619年，沈有容招降聚集在台灣島的海盜袁進、李忠。

1620年， 英清教徒乘五月花號抵美洲科得角（Cape Cod）。

1621年，泉州海商顏思齊率泉州移民入居台灣島，設十寨，是中國移民最早在台灣島建立的「移民村落」，後來由鄭芝龍接管，再將收稅及管轄權轉賣給荷蘭人。

1621年，荷蘭爲了爭奪美洲殖民及奴隸貿易的利益，也成立「西印度公司」。

1622年4月10日，爪哇巴達維亞的荷蘭總督柯恩命雷耶生率領艦隊遠征中國，企圖進攻葡萄牙人佔領的澳門。

1622年 7月11日，雷耶生進攻澳門失敗，轉佔無人防守的澎湖群島，建造紅毛城和砲台，並派人探勘大員港。

1622年7月27日，雷耶生找中國漁民當嚮導，從澎湖至台灣島探勘「大員」（Teyoan）港口，葡萄牙人稱該港爲「拉曼」（Lamangh）。

1622年10月，荷蘭金獅號船艦遇風，停靠台灣島西南海岸外的小琉球島，當時稱爲「拉美島」（Lamey），金獅號派船員登島取水，全遭小琉球島民殺害，荷蘭人稱此爲「拉美島事件」，並改名爲「金獅島」。

1623年，日本德川幕府禁止日本船隻前往馬尼拉。

1623年3月1日，中國籍翻譯洪玉宇向荷蘭人介紹「大員灣」，建議荷蘭人進駐。

1623年3月1日，荷蘭艦隊司令雷耶生日誌記載，隨船的中國籍通譯
　　Hung Yuyu說，大員灣（Bay of Tayouan）魚蝦豐饒，鹿群遍野，
　　很適合荷蘭人去經營。這是西方紀錄上首度出現Tayouan的用語。

1623年3月，荷蘭人從澎湖派維虎特率船來到台灣島的瓦維斯濱，即
　　後來鄭成功改稱的「安平港」，進行首次貿易。荷蘭商務員J.
　　Constant和B. Pessaert勘查西拉雅族蕭壟社。

1623年10月，雷耶生更派遣50多人到「瓦維斯濱」（Walvis Been），
　　在沙洲上用竹子和沙土構築一個簡陋寨堡，俗稱「砦堡」，又稱
　　「木柵城」，以防禦原住民攻擊。

1623年，鄭芝龍娶田川松子，其父「田川七左衛門」早逝，其母改嫁
　　中國福建泉州移民的鑄劍師翁翊皇，田川松子成為翁翊皇的繼
　　女，亦稱「翁松子」。田川松子生於1602年，1647年去世，年僅
　　45歲。

1623年，李旦推薦鄭芝龍擔任進佔澎湖的荷蘭人的翻譯，鄭芝龍從此
　　躍上歷史舞台。

1623年，荷蘭東印度公司殺害印尼的英國人，英國東印度公司撤出印
　　尼，史稱「安汶大屠殺」。

三、荷蘭公司之島

1624年，宋克（1590-1625）出任荷蘭第1任大員長官。

1624年，明朝福建巡撫南居易率兵驅逐佔領澎湖的荷蘭人，後雙方達
　　成協議，荷蘭人撤離澎湖，明朝政府則贊同荷蘭人佔領台灣島。
　　同年8月26日，荷蘭人進佔台南，建「熱蘭遮城」，開啟台灣島的
　　荷蘭殖民統治時代。

1624年8月27日，田川松子在日本長崎平戶島川內浦的千里濱生下鄭
　　成功，取名「鄭福松」。

1624年，鄭芝龍自日本長崎平戶島抵達澎湖，出任荷蘭人的翻譯員，
　　再隨荷蘭人轉赴台灣島大員港。

1624年，日本禁止西班牙商船赴日貿易。

1625年1月，宋克以「花布」向新港社原住民購買赤崁土地，作爲「普羅民遮市街」（Stadt Provintie）。

1625年，韋特接任荷蘭第2任大員長官。

1625年3月，荷蘭人派探測隊繪製台灣地圖，駕兩艘戎克船自大員出發。該地圖稱呼台灣島爲「北港」（Packan）。

1625年，韋特發「劫掠許可狀」並借一艘船給鄭芝龍，去搶劫一艘西班牙商船，鄭芝龍因此發了大財。

1625年4月，鄭芝龍離開荷蘭人，赴魍港和笨港參加顏思齊的武裝船團。

1625年8月12日，日本平戶島華僑海商李旦病死，鄭芝龍接收其在台灣島的海商事業。

1625年，荷蘭人開始對從大員港出口去日本的貨物課徵10%出口關稅，這是台灣島首度出現的賦稅。

1625年10月，台灣島中國移民首領顏思齊死亡，鄭芝龍接收其海商移民集團。

1626年8月21日，努爾哈赤去世，皇太極繼位。

1626年，台南地區發生瘟疫，中國移民紛紛逃離。

1626年，西班牙駐菲律賓總督施爾瓦派瓦迪斯率兵300名，進佔基隆，建「聖薩爾瓦多城」。

1626年，西班牙人逮獲荷蘭奴隸，根據口供所繪制的《福爾摩沙島荷蘭港口形勢圖》。

1627年，第2任大員長官韋特在「熱蘭遮城」東邊規劃一個市街區，稱「熱蘭遮市街」（Stadt Zeelandia），中國人則稱「大員市街」（Stadt Tayouan）。

1627年，大員長官韋特在北線尾沙洲上建造碉堡，設置大砲，取名「海堡」（Redoudt Zeeburch）。

1627年，台灣島史上第一位基督教傳教士甘地斯抵台傳教。7月荷蘭牧

師甘地斯到平埔族新港社傳教，教育原住民兒童，並以羅馬拼音創造平埔族文字，流傳的文書稱《新港文書》。

1627年，荷蘭的第3任台灣島長官由納茲擔任。

1627年，鄭芝龍已是擁有約400條帆船，約6至7萬名部下的海盜頭子。

1627年，鄭芝龍進犯漳浦，佔領廈門，名震天下。

1627年，西班牙王國爆發財政破產的危機。

1628年，大明帝國崇禎皇帝元年。

1628年1月，鄭芝龍攻入廈門，殺死許心素，逼使總兵俞咨皋棄城逃走。

1628年，鄭芝龍受明朝政府招撫，任明朝政府的海軍將領，以掃蕩替洋人走私的海盜為名，消滅海盜同業，趁機建立鄭氏海上霸業。

1628年，西班牙人進佔淡水，建「聖多明哥堡」，即紅毛城。

1628年，日本人濱田彌兵衛綁架大員長官納茲，史稱「濱田彌兵衛事件」，日本關閉荷蘭平戶商館，斷絕日荷貿易。

1628年，納茲曾到中國海岸與鄭芝龍見面，結果納茲卻趁機綁架鄭芝龍，威脅鄭芝龍簽三年《貿易協定》，開放中國與台灣島間生絲、胡椒等的貿易。

1628年11月，鄭芝龍的手下李魁奇趁鄭芝龍赴福州參見熊文燦時叛離。

1629年，鄭芝龍的拜把兄弟劉香拒絕投降明朝政府，兩人決裂。劉香與西班牙人、葡萄牙人結盟，鄭芝龍則與荷蘭人結盟。

1629年6月13日，麻豆社原住民殺害62名荷蘭士兵是為「麻豆溪事件」。

1629年，普特曼斯出任第4任大員長官，隨即征伐新港社、目加溜灣社。

1629年，尤紐斯牧師奉派到台灣島傳教。

1629年，何喬遠在奏章上使用「台灣」稱呼台灣島，是現存文獻最早使用「台灣」的紀錄。

1629年11月23日，普特曼斯出兵懲罰目加溜灣社。

1630年，鄭芝龍將台灣島北港溪至八掌溪間的地區中國移民村落的治理權賣給荷蘭人。

1630年，荷蘭人在新港社建教堂，是台灣最早的基督教堂。

1630年，崇禎皇帝處死袁崇煥。

1630年，鄭成功6歲時，從日本回中國，在福建南安及南京等地讀書。

1630年，西班牙神父艾斯奇維在淡水社蓋一座「玫瑰聖母堂」，在林仔社蓋一座Nuestra Senora del Rosario教堂。

1631年，荷蘭人開始從中國大陸招募中國人到台灣島開墾拓荒。中國移民的人口數超過2,000人的荷蘭人口數。

1631年，熱蘭遮城完工，但1633年才舉行命名典禮。

1631年，普特曼斯攻擊和新港社有嫌隙的「上淡水社」，或稱「大木連社」。

1631年，日本實施「奉書船」制度。

1632年，西班牙人進入台北，同年並進佔領宜蘭，但不久就離開。

1632年，荷蘭巴達維亞總督將台灣島長官納茲交給日本幕府懲罰，納茲在日本服刑至1636年才獲釋。

1632年，西班牙神父艾斯奇維撰寫《關於福爾摩沙島情況報告》並編撰《淡水印地安人語言詞彙》。

1633年，明朝政府駐守遼東「參將」孔有德投降皇太極。

1633年，荷蘭人與劉香聯手攻佔福建廈門，在金門料羅灣被鄭芝龍擊敗。

1633年，鄭芝龍升任明朝政府福建都督，福建發生旱災，鄭芝龍招募饑民至台灣島開墾。

1633年11月12日，普特曼斯焚燒小琉球村社。

1633年2月28日，日本發布鎖國政策，禁止日本人到海外定居。

1634年，劉香不滿荷蘭人與鄭芝龍修好，攻打大員的熱蘭遮城失敗。

1634年，荷蘭人揮軍北上，陸續降服原住民部落，驅逐中國人的武裝

海商集團。

1634年，荷蘭人在熱蘭遮城的西南方規劃興建「烏特勒支堡」。

1634年，明朝政府駐守遼東副司令官尚可喜投降皇太極，皇太極出城 30里迎接，大明帝國開始崩塌。

1634年，荷蘭東印度公司重啓平戶商館。

1635年，何楷撰《靖海策》是最早稱呼「台灣」之名的正式文獻。

1635年，荷蘭東印度公司大員長官派兵征服麻豆社原住民，簽訂《麻 豆條約》，這是台灣島歷史上第一份領土主權讓渡條約。

1635年，鄭芝虎剿滅海盜劉香，兩人同歸於盡，中國與台灣島之間船 隻往來增加，中國移民人數也增加。

1635年，日本德川幕府頒布《鎖國令》，禁止日本人出國，驅逐外國 人。

1635年，後金皇帝皇太極征服內蒙古，取得元朝帝國的國璽。

1635年，普特曼斯發動「聖誕節之役」，攻擊塔卡揚社、塔加里揚 社。

1635年，普特曼斯招募中國移民到台灣島種植甘蔗，中國移民從中國 帶甘蔗種苗到台灣島，熱蘭遮城提供金錢獎勵以及耕牛用來翻 土。

1636年，普特曼斯攻擊蕭壠社、大目降社、小琉球社。

1636年2月21日，有26個原住民村社聚集新港社，舉行儀式歸降荷蘭 東印度公司。

1636年4月，普特曼斯再度興兵殺害小琉球社300多人。

1636年5月，荷蘭人在魍港建造碉堡，稱「維利申根堡」（Vlissingen）。

1636年5月15日，皇太極改國號爲「大清」。

1636年7月，普特曼斯第三度派兵徵滅小琉球社。

1636年12月14日，琅嶠十六社的頭目率衆到熱蘭遮城表示歸順。

1636年，印尼僑領蘇鳴崗來台開墾，即招募中國移民墾地種植稻米、 甘蔗。

1636年，甘地斯牧師於新港社設立學校。

1636年，荷蘭人實施捕魚執照制度，向打狗等地捕捉烏魚的中國漁民課稅。

1637年，荷蘭爆發「鬱金香狂熱事件」，各大都市陷入混亂。

1637年，日本爆發天主教徒的「島原天草暴動」。

1637年6月至1638年11月，荷蘭人《大員商館日記》記載，超過60人運量的商船，從廈門、安海開往大員的商船就有50艘，載客5,216人，平均每月2.94艘，每艘104人；從大員開往廈門、安海有35艘，載客3,159人，平均每月2.06艘，每艘90人。

1637年10月25日，荷蘭人進攻虎尾壠社。

1637年12月，第5任大員長官伯格攻擊拒不參加「歸順典禮」的麻里麻崙社。

1638年，鄭成功15歲成為南安縣秀才。

1638年1月24日，荷蘭人聯合斯卡羅人進攻台東太麻里社，史稱「太麻里事件」。

1638年12月22日，巴達維亞總督向東印度公司十七人董事會報告，荷蘭人管轄下的中國移民有1萬人至1.1萬人。

1638年，西班牙的馬尼拉總督胡太都下令拆毀淡水的聖多明哥堡。

1639年2月27日，荷蘭人魏斯霖湊合大龜文社和瑯嶠社，成為友好鄰居。

1639年，菲律賓中國移民慘遭西班牙殖民當局屠殺2.5萬名中國移民，明朝政府束手無策。

1639年，日本德川幕府推行鎖國政策，驅逐葡萄牙人。

1639年，第5任大員長官伯格對中國移民徵收人頭稅。

1640年，第6任大員長官特羅德尼斯下令對7歲以上中國移民課徵每人每月0.25里爾的人頭稅。1640年9月1日，熱蘭遮城及新港社附近就有3,568位中國移民長期居留，都被課徵人頭稅。

1640年3月20日，魏斯霖率12名荷蘭士兵和卑南社原住民攻擊里壠社，

殺死500名里壠人，俘虜9名婦孺。

1640年，台灣島的中國移民成年納稅人口3,568人，以1.4倍計算，總人口數4,995人以上；以3.08倍計算，總人口數11,000人。

1640年，葡萄牙貴族發起「王政復古戰爭」，試圖從西班牙獨立。

1640年12月，大員長官特羅德尼斯下令不得殺牛，不得食用牛肉。

1640年，鄭芝龍升任明朝政府的「福建總兵」。

1641年，台灣島的中國移民成年納稅人口4,000人，以1.4倍計算，總人口數5,600人以上。以3.08倍計算，總人口數12,320人。

1641年1月4日，菲律賓民答那峨（Mindanao）派克火山（Mount Parker 或 Melibengoy）爆發，將十七世紀氣候危機推向高峰。

1641年4月11日，荷蘭第6任台灣島長官特羅德尼斯召集「歸順典禮」，原住民部落長老42人出席，稱在赤崁舉行「地方會議」，荷蘭人把「地方會議」（Landdag）定位為「殖民地方的最高臣服會議」。

1641年9月12日特羅德尼斯獲報，派駐卑南的商務員兼軍醫魏斯霖遭到台東大巴六九社和呂家望社謀殺。

1641年11月20日，特羅德尼斯親率荷蘭兵400人及中國移民舢舨船300艘登陸雲林笨港，與牧師尤紐斯率領新港社等原住民部隊1,400人會師，征伐西螺社。

1641年11月27日，特羅德尼斯續攻虎尾壠社，焚燒虎尾壠社房屋400間，穀倉1,600座。

1641年，日本下令斷絕西班牙外交關係，禁止葡萄牙商船進港貿易。

1641年，李自成自號「闖王」，攻陷河南，張獻忠攻陷湖北襄陽。

1642年1月11日特羅德尼斯進攻大巴六九社，焚毀全村。

1642年1月，特羅德尼斯前往東部開拓尋金路徑，經過一個月的征伐，花蓮及台東許多原住民部落紛紛投降。

1642年2月及11月荷蘭人再派兵攻擊虎尾壠社、二林社、東螺社、西螺社。

1642年2月14日，荷蘭人與虎尾壠社訂立的《虎尾壠條約》。

1642年7月26日，特羅德尼斯為了禁止西拉雅族的墮胎習俗，將強迫婦女墮胎的3名蕭壠社人判處絞刑。

1642年8月，荷蘭第6任大員長官特羅德尼斯派兵驅逐基隆的西牙人，佔領淡水的「聖多明哥堡」，即紅毛城，及基隆的「聖薩爾瓦多城」。西班牙人投降，結束17年台灣島北部的港口佔領軍工作，荷蘭人統一全台灣島。

1642年9月22日，台灣島北海岸的大雞籠社、金包里社、三貂社原住民向荷蘭人臣服，比照《麻豆條約》，承認荷蘭人的主權統治。

1642年，台北里族社頭目冰冷與荷蘭人簽訂「里族條約」。

1642年，鄭成功18歲鄭成功娶董氏，10月2日生鄭經。

1642年12月至1643年1月3日，特羅德尼斯派拉莫修斯率軍進攻琅嶠，大頭目逃亡台東知本。

1643年，李自成、張獻忠等流寇戰亂，中國移民大舉湧入台灣島。

1643年，張獻忠攻陷武昌，李自成攻破潼關，孫傳庭戰死。

1643年，第7任大員長官麥爾拆毀西班牙人的雞籠堡，並在淡水修建另一堡壘，就是現在的紅毛城。

1643年10月9日，瑯嶠大頭目的弟弟加祿堂（Caylouangh）帶領追隨者搬遷到放索社（屏東林邊）鄰近土地，取名「加祿堂社」（枋山加祿村）。

1644年，皇太極去世，順治皇帝即位，多爾袞親王任攝政王。

1644年1月15日，麥爾派兵從淡水遠徵噶瑪蘭山豬毛社。

1644年3月19日，李自成攻破北京城，崇禎皇帝朱由檢在北京煤山自殺身亡，「明帝國」滅亡。

1644年，吳三桂引清軍入關，順治皇帝自盛京遷都北京，成為中國皇帝，建立「大清帝國」。

1644年，鄭成功20歲赴南京就讀太學，拜錢謙益為師。

1644年6月19日，福王朱由崧在南京繼位為明朝政權的弘光皇帝，史稱

「南明弘光帝」。

1644年8月，弘光皇帝封鄭芝龍為安南伯。

1644年，卡朗就任第8任大員長官劃分台灣島為南部、北部、東部、淡水等四個行政區，分區舉行「地方會議」。

1644年7月30日，台灣島暴雨成災，熱蘭遮城附近海岸被海水沖塌。

1644年，台灣島中部平埔族大肚部落酋長柯達王率眾反抗荷蘭人。

1644年10月，卡朗派兵征伐噶瑪蘭原住民，拒絕歸順荷蘭人的村社，被焚毀一空，荷蘭人終於完全掌控基隆、淡水與宜蘭地區。

1644年11月，卡朗實施原住民「贌社制度」課徵「贌社稅」。

1645年1月，卡朗再度出兵征伐大肚部落，大舉焚毀大肚村社，柯達王兵敗投降，簽訂有名的《大肚降約》。

1645年1月23日，荷蘭人逼使琅嶠大頭目簽訂歸順條約《琅嶠條約》，統一台灣島。

1645年5月22日，清軍攻陷南京，弘光帝朱由崧被殺。

1645年，杭州的潞王朱常淓、撫州的益王朱慈炲、福州的唐王朱聿鍵、紹興的魯王朱以海、桂林的靖江王朱亨嘉等紛紛以「監國」名義即位為大明帝國的代理皇帝。

1645年，唐王朱聿鍵由鄭芝龍、鄭鴻達及鄭彩等閩南軍隊擁立在福州（天興府）即位為「南明」隆武皇帝。

1645年，朱聿鍵封鄭芝龍為「平虜侯」。

1645年，隆武帝朱聿鍵賜鄭成功姓朱，名成功，封忠孝伯，贈尚方寶劍，掛招討大將軍印。鄭成功21歲因此稱為「國姓爺」（Koxinga），全銜是「大明忠孝伯招討大將軍國姓爺」。

1645年4月，台中「大肚番大王」向荷蘭人報告，他管轄下的村社有15個。

1645年2月，卡朗去信巴達維亞宣稱荷蘭東印度公司已可完全統治台灣島原住民。10月即派兵征伐噶瑪蘭原住民。

1645年，鄭成功母親由日本平戶移居中國泉州南安縣安平鎮。

1645年，屏東「塔加里揚社」（Taccariangh）併入「阿猴社」。

1645年，卡朗鼓勵中國移民攜帶妻兒到台灣島定居，宣佈第一位帶妻子到台灣島定居的中國移民可以免繳十年的土地什一稅，第二位可以五年免繳，其餘也有獎勵。

1645年4月29日，卡朗准許牧師（van Breen）兼任行政官員，可向中國移民徵稅和收取訴訟罰金，並可抽成當作酬勞，擁有稅務官員的權力。

1646年，歐沃德華特出任第9任大員長官。

1646年，鄭芝龍降清，卻被清軍統帥博洛挾持赴北京，清軍攻克福州，8月隆武帝朱聿鍵逃至福建汀州被殺。清軍攻打泉州南安，鄭成功母親田川松子受辱自殺。

1646年，鄭成功率軍出海起兵抗清，鄭成功時年22歲。

1646年11月初，紹武帝朱聿熓在廣東廣州番禺即位，永曆帝朱由榔10月10日即位為「桂王監國」，11月18日在廣東肇慶即位永曆皇帝。兩人互爭帝位，爆發武力衝突，永曆皇帝兵敗。

1646年，抗清部隊紀律鬆散，劫掠百姓，互相征戰，再加上清軍野蠻屠殺，福建社會秩序崩潰，向外移民大增，台灣島的中國移民從1640年的4,995人，增加至1647年的13,500人以上。

1646年12月，台灣史上第一位中國婦女配偶來台定居，所有中國婦女都免繳人頭稅。

1647年1月，紹武帝朱聿熓被殺。南明皇帝僅剩永曆帝朱由榔。

1647年4月，鄭成功與鄭彩、楊耿等人攻入海澄，進攻漳平、龍巖。

1647年7月，鄭成功與叔父鄭鴻逵進攻泉州，清軍提督趙國祚兵敗。海澄的清將甘輝、南安的清將施琅轉投靠鄭成功。

1647年，明朝代理皇帝「監國」魯王朱以海派兵攻打福建，攻下建寧、邵武、興化、福寧等3府1州及漳浦27縣。

1647年，荷蘭人建立土地登記制度，發給土地所有權狀（Landbrieven）。

1647年，鹿港的商船人員在「船仔頭」興建媽祖廟，這是台灣島最早的媽祖廟。1683年施琅自湄洲媽祖廟奉請神像來台，改建媽祖廟爲「鹿港天後宮」。

1647年，荷蘭人統計平埔族有246村社，13,619戶，32,849人。以中國移民成年納稅人口數1萬人，以1.4倍計算，總人口數約13,500人；以3.08倍計算，總人口數30,800人。

1648年3月，鄭成功率林習山、甘輝攻打福建同安，清將祁光秋與清朝知縣張效齡棄守後，鄭成功轉進攻泉州。

1648年5月15日，大員長官歐沃德華特在赤崁設立第一個農產品市集，被中國移民稱爲「牛墟」。

1648年，永曆帝的勢力範圍已擴及廣東、廣西、雲南、貴州、湖南、江西、四川。

1648年，鄭成功改奉永曆皇帝朱由榔。

1648年，明朝「監國」代理皇帝魯王朱以海派馮京第、朱舜水遠赴日本，向日本幕府軍閥借兵抗清。

1648年10月24日，西班牙在德國明斯特市簽署《威斯特伐利亞和約》，承認尼德蘭七省聯合共和國獨立。

1648年，荷蘭人統計平埔族有251村社，13,955戶，63,861人。以成年納稅人口數1.4倍計算，中國人估計約1萬2千人至2萬人；以3.08倍計算，總人口數3萬2千人。

1649年，鄭成功進攻漳浦，攻下雲霄，進抵詔安，屯兵分水關，與抗清部隊張名振合作，南攻潮州，佔領廣東。11月鄭成功攻入南陽，進佔許隆，攻克達濠、青林、霞美、新墟等據點。

1649年，荷蘭人從印尼運120頭水牛至台灣島，變成「台灣水牛」第一代。

1649年，中國移民成年納稅人口11,339人，男性10,501人，女性838人。以1.4倍計算，總人口數15,875人；以3.08倍計算，總人口數34,924人。荷蘭人對中國女性移民開徵人頭稅。

1649年，荷蘭人對中國女性移民開徵人頭稅。

1650年，費爾保出任第10任大員長官。

1650年，荷蘭人統計平埔族有315村社，15,249戶，68,657人。中國人成年納稅人口數10,811人，以1.4倍計算，總人口約1萬5千人；以3.08倍計算，總人口數33,298人。

1650年，鄭成功進攻潮陽，潮陽知縣常翼風投降。再轉攻金門、廈門。銅山、南澳、閩安投降，鄭彩的部將楊朝棟、王勝、楊權、蔡新率水師歸順鄭成功，鄭成功軍力達四萬人，戰艦百餘艘。

1650年1月，清軍平南王尚可喜、靖南王耿仲明包圍廣州，永曆帝下令鄭成功出兵救援，但清軍10月攻城，11月攻陷，鄭成功都未出兵。

1651年，中國成年納稅人口1萬4千人，以1.4倍計算，總人口數19,600人。以3.08倍計算，總人口數43,120人。

1651年3月，鄭成功從虎門出兵廣東，無功而還。

1651年4月，荷蘭人發覺鄭成功派人到魍港向中國漁民徵收捕魚稅。

1651年5月，清軍攻入廈門，鄭成功的輜重、財務、谷糧被清軍劫掠一空，損失不貲。

1651年，英國以《航海條例》杯葛荷蘭的海運事業，造成荷蘭經濟危機，波及台灣島的蔗糖產業。

1652年，英荷雙方從盟友變為敵人，爆發史上第一次英荷戰爭。

1652年1月，魯王朱以海投靠鄭成功。

1652年，鄭成功擬殺施琅，施琅逃亡，鄭成功殺施琅父親及弟弟，施琅投奔清軍。

1652年9月7日，郭懷一事件。

1652年，荷蘭人放逐平埔族女巫250人於諸羅山下，女巫餓病死亡者達202人。

1652年，沈光文著有《台灣輿圖考》。

1653年，西撒爾（Cornelis Caesar）出任台灣島第11任長官，著手興建

「普羅民遮城」（赤崁樓），1654年竣工，經費來自對中國女性移民課徵的人頭稅。

1653年3月，魯王朱以海放棄「監國」稱號。

1653年，麻疹和高燒傳染病肆虐，原住民大量死亡，稻田荒蕪。

1653年11月，台灣島發生第一次大蝗災。

1653年12月，台灣島發生大地震，中國移民和原住民大量死亡。

1653年，中國移民成年人口數12,400人，以1.4倍計算，總人口數17,360人；以3.08倍計算，總人口數38,192人。

1653年，荷蘭人課徵人頭稅統計，納稅中國女性移民有838人，是納稅男性10,501人的8%。

1654年4月，鄭成功（30歲）請荷蘭人派西醫去廈門替他治病。

1654年5月10日，台灣島爆發第二次蝗災，全島都被蝗蟲掩蓋。

1654年，荷蘭人統計平埔族有271村社，14,262戶，49,324人。中國移民成年納稅人口12,100人，以1.4倍計算，總人口數約16,940人；以3.08倍計算，總人口數37,268人。

1654年，清政府擬與鄭成功進行和平談判，鄭成功弟弟鄭世忠、鄭世蔭攜帶鄭芝龍勸降信函到廈門交給鄭成功，清政府擬封鄭成功為海澄公。

1654年，鄭成功派池士紳向永曆帝朱由榔報告和清軍戰鬥經過，永曆帝封鄭成功為「延平王」，任招討大將軍。

1654年10月19日，鄭成功再次進兵廣東，事先聯絡晉王李定國。並準備十個月份軍糧。

1654年11月1日，鄭成功進軍漳州，清軍守將劉國軒投降。

1655年，台灣島發生第三次蝗災，「稻田蔗園，全被破壞」。

1655年，荷蘭人統計平埔族有223村社，11,029戶，39,223人。中國移民成年納稅人口13,200人，以1.4倍計算，總人口數18,480人；以3.08倍計算，總人口數40,656人。

1655年3月至1658年2月間，據統計乘船從中國前往台灣島的移民人數

　　17,808人，男性16,241人，女性1,567人。

1655年，鄭成功針對台灣島的荷蘭人及菲律賓的西班人發布海禁令。

1655年，清政府派濟度統兵11萬進攻福建。6月鄭成功退出漳州，佔據銅山、海澄、廈門、古雷、游澳，與清軍繼續對抗。

1655年，鄭成功將廈門改名為「思明州」。

1656年3月至11月，荷蘭海關統計，從中國大陸搭船來台共有164船次，中國人乘客5,079人，男性4,358人，女性721人。

1656年，鄭成功的部將黃梧叛變，投降清軍，獻海澄給清軍，且建議「平海五策」。

1656年10月7至8日，台南地區出現百年未見的暴風雨，房屋大批倒塌，居民死亡慘重。荷蘭人在大員的北線尾修建的熱堡被暴風雨摧毀，熱堡用於守衛港道之用。

1656年，荷蘭人統計平埔族有162村社，8,294戶，31,221人。中國成年納稅人口數15,960人，以1.4倍計算，總人口22,344人；以3.08倍計算，總人口數49,156人。

1656年6月15日，揆一出任台灣島第12任長官。

1656年6月27日，鄭成功對住在台灣島的中國移民發布禁令，禁止與馬尼拉的貿易，禁止台灣島與中國大陸貿易，犯禁者處死刑，沒收貨物，切斷荷蘭人的經濟命脈。

1657年，中國移民成年納稅人口數16,600人，以1.4倍計算，總人口數約23,240人；以3.08倍計算，總人口數51,128人。

1657年，荷蘭台灣長官揆一派翻譯官何斌到廈門，承諾每年送5,000兩餉銀、箭柸10萬支、硫磺1,000擔給鄭成功，要鄭成功停止《海禁令》，開放兩岸通商。

1657年6月16日，清政府發佈「海禁」，命令浙江、福建、廣東、江南、山東、天津等沿海各省市嚴格執行。

1657年8月，鄭成功（33歲）開放海禁。

1657年9月，揆一派兵征伐竹塹社、南崁社、坑仔社、八里坌社、林仔

社、林仔分社。焚燒田舍及農作物，斬殺各社頭目，懸首於基隆要塞。

1658年，揆一在宜蘭的哆囉美遠社設立貿易站，與噶瑪蘭人進行貿易，甚至買噶瑪蘭人的子女爲奴。

1658年5月，鄭成功第一次北伐，率軍15萬，聯合張煌言、張名振北伐，但卻失敗。

1659年，鄭成功第二次北伐，率軍17萬，經舟山、崇明，深入長江，7月8日抵達吳淞口，也失敗。

1659年，揆一派兵攻擊淡水會議區的武溜灣社，焚毀全村。

1660年3月，何斌暗測水道，繪製鹿耳門至赤崁的港路，逃出大員。

1660年6月17日，清將達素率20萬大軍進攻廈門，鄭成功擊敗清軍。

1660年7月17日，馬茲克派範德連率12艘船艦，1,453名士兵來台支援，防阻鄭成功攻台。

1661年，康熙皇帝玄燁即位，年僅8歲。

1661年，台灣島的中國移民成年納稅人口達2.5萬人，以1.4倍計算，總人口在3.5萬人；以3.08倍計算，總人口數7.7萬人，都已超過平埔族人口數。

1661年1月8日至12日，揆一派兵進攻大龜文社頭目轄下的"力裡社"，焚毀部落，殺死11人，以示警告其他村社。2月14日至27日，再度率兵討伐大龜文社，"焚毀一切"。

1661年1月26日，《東印度事務報告》記載：揆一下令中國農民拆毀糧倉，放火燒毀7,000至8,000袋稻穀，甚至可能達20,000袋。數千農民從遠處的耕地被趕到大員，沒有時間收拾他們的財物。農民若違背命令，將受到嚴懲。

1661年4月30日，鄭成功率軍3.5萬人、船艦900艘，進攻台灣島。

1661年5月4日，鄭成功攻陷台南赤崁，包圍熱蘭遮城，將台灣島命名爲「東都明京」，簡稱「東都」，設承天府，下轄二縣。

1661年5月20日，鄭成功不得不向原住民「借糧」。

1661年5月25日，鄭成功發動熱蘭遮城的攻城第一次炮戰，但失敗。

1661年6月3日，鄭成功派赴台中屯墾的部隊，誤信大肚社原住民，其假意接待鄭軍屯田，又事先通知被鄭軍俘虜的荷蘭人做內應，深夜發動突襲，鄭軍大敗，死亡1,500人。

1661年6月14日，鄭成功以「本藩」名義，發布《令諭八條款》。

1661年7月5日，荷蘭巴達維亞總督派卡烏率9艘軍艦，兵士725名，急赴台灣島，救援被圍困的熱蘭遮城。

1661年8月，清政府發布「劃界遷民」的《遷界令》，沿海30里內，禁止居民居住，不得與台灣島通商，以經濟制裁鄭成功。

1661年9月10日，揆一下令炮轟佔領大員市街的鄭軍。

1661年9月12日，《熱蘭遮城日誌》記載：「（鄭軍）在諸羅山附近那一千人，有八百人被當地居民殺死」。

1661年9月下旬，鄭成功發動第二次炮戰，攻擊烏特勒支堡。

1661年10月上旬，鄭軍在北線尾沙洲建築炮戰堡壘，發動第三次炮戰，擬封鎖大員水道。

1661年11月24日，清政府以鄭芝龍私通鄭成功的罪名，處死鄭芝龍，及鄭世忠、鄭世恩、鄭世蔭、鄭世默、鄭芝豹等11人。

1661年12月16日，荷軍日耳曼雇傭兵中士拉迪斯中士投降鄭軍，指導鄭軍在烏特勒支堡南邊的二鯤鯓，用竹子編制的「堡籃」內裝滿砂土充作擋炮牆，三面轟擊烏特勒支堡。

1662年1月9日，《熱蘭遮城日誌》記載：「有兩個琅嶠的長老被中國人殺死，琅嶠的人乃屠殺一批中國人大舉報復。……南邊的村社因此幾乎沒有中國人。」

1662年1月25日，鄭成功砲轟烏特勒支堡，擊出2,500發砲彈，瓦解荷蘭人的抵抗意志。

1662年2月1日，荷蘭人正式投降。

四、中國藩王之島

1662年2月1日，鄭成功以「大明招討大將軍國姓爺」的身份，取得台灣島主權。

1662年2月17日，荷蘭人乘8艘船自大員出海，駛離台灣島。

1662年，鄭成功得知鄭經「亂倫」，下令處死鄭經，但鄭軍將領拒不受命。

1662年，鄭成功將大員港改名「安平鎮」。

1662年，西班牙人在菲律賓屠殺中國移民。

1662年4月26日，永曆帝朱由榔在緬甸被捕，押送到雲南昆明，被吳三桂絞殺，年僅40歲。

1662年，鄭成功派天主教神父李科羅，赴菲律賓見西班牙總督，要求稱臣入貢。

1662年6月23日，鄭成功猝死，年僅38歲，爆發鄭經與鄭襲的郡王位之爭，軍力大損。

1662年7月，靖南王耿繼茂向駐軍廈門的鄭經提議和談。

1662年10月，鄭經回師台灣島，爭奪延平王位，鄭襲兵敗投降。

1662年，沈光文攜眷從金門搭船去泉州，不料遇颱風，船隻被吹至台灣島。

1663年，鄭襲畏懼被殺，率官吏224人、士兵120人投降清政府。

1663年，鄭經於廈門殺鄭泰。

1663年，鄭泰的弟弟鄭鳴駿、鄭泰的兒子鄭纘緒，率船艦200多艘、兵員8,000人，及官員數百人，向泉州清軍投降。

1663年，鄭經與鄭鳴駿爭奪鄭泰在日本的30萬兩存銀。

1663年，荷蘭人聯合靖南王耿繼茂進攻鄭經，派遣船艦16艘，兵員2,600人，攻佔金門、廈門，鄭軍敗退澎湖。

1663年10月，清政府陸軍提督馬得功與鄭鳴駿，水師提督施琅與黃梧，渡海聯合進攻金門、廈門。11月18日鄭經失守金門、廈門。

1664年4月1日，鄭經全員退至台灣島，清政府厲行《海禁令》。

1664年，鄭經派黃安、陳瑞征伐大肚社。

1664年，荷蘭人失去台灣的第3年重佔基隆，重整舊城，設置砲台。

1664年，英國奪取荷蘭在美洲的殖民地「新阿姆斯特丹」，改名「新約克」，即「紐約」。

1665年4月15日，施琅率軍進攻台灣島，遇上颱風，攻台失敗。

1665年，鄭經建孔廟、設學校。建立教育、考試、用人合一的科舉制度。

1665年，林圯率領部隊開闢雲林斗六，築木柵爲寨，驅趕鄒族原住民，擴展至日月潭附近的水沙連。1668年，鄒族原住民反攻，林圯不敵戰死，中國移民爲紀念林圯，將當地取名「林圯埔」，即今南投竹山鎮。

1666年，台灣島首座孔廟落成。

1667年，沈光文作〈台灣賦〉。

1666年12月，荷蘭人進佔基隆。

1667年，康熙皇帝親政，擬削除藩王，收回藩鎮實權，實行中央集權，引發藩王抗爭。

1667年，台灣島的生活水平追上中國大陸。

1667年，沈光文設私塾教育平埔族原住民，撰〈台灣賦〉，〈台灣賦〉是最早以「台灣」取代「大員」爲名的中文文學作品。

1667年5月，清政府派孔元章到台灣島會見鄭經，提議停戰和談未成。

1668年，施琅上書請求進攻台灣島，康熙皇帝尚無意征服鄭經，遂調施琅回北京任閒差，施琅此後甚爲潦倒。

1668年，葡萄牙正式從西班牙獨立，恢復爲獨立王國。

1668年10月18日，荷蘭人拆毀雞籠城堡，撤離台灣島。

1669年，沿海居民要求停止海禁，但黃梧、施琅堅持「堅壁清野」，反對開禁。

1669年6月，康熙帝派明珠、蔡毓榮持詔書承諾「封藩王，世守台灣

島」爲條件，招撫鄭經。但鄭經堅持「不薙髮」，談判失敗。

1670年6月23日， 英國商船班丹號駛抵安平港。自從荷蘭人離開後，這是首度有歐洲人來台灣，英國人嘗試藉台灣與中國貿易。

1670年10月， 鄭經派劉國軒征伐彰化「沙轆社」，此社有數百人遭屠殺。

1671年6月，靖南王耿繼茂去世，其子耿精忠繼位鎮守福建。

1671年，鄭經建設台灣島，取得成效，中國福建漳泉移民湧入台灣島。

1672年1月， 顏望忠、楊祥建議鄭經征服菲律賓，但馮錫範反對。

1672年，英國東印度公司駐台商館館員報告指出：「台灣島糖產量只有100萬斤，比荷蘭時期減少很多，因鄭經較重稻米生產。」

1673年11月， 吳三桂誅殺雲南巡撫朱國治，起兵反清，揭開三藩之亂，攻佔雲南、四川、貴州各省。

1674年，清朝爆發「三藩之亂」，鄭經配合三藩，進軍大陸。

1674年3月，耿精忠起兵反清，勢力遍及福建、廣東、江西、浙江、安徽各省。

1674年，鄭經率軍抵達廈門，展開6年的反清戰爭。

1675年1月， 鄭經佔有漳州、泉州、潮州，耿精忠派張文韜約以楓亭爲界議和，雙方修好。

1675年6月， 鄭經派龔淳、黃熊官赴日本，取回鄭泰存銀。

1675年5月， 鄭經派劉國軒迎戰尚可喜，大獲全勝。

1675年，荷蘭末任台灣島長官揆一返回荷蘭，用C.E.S.爲名寫下《被忽略的台灣》（'t Verwarloosde Formosa 1675）。

1676年，鄭經派吳淑襲擊汀州，鄭經勢力在福建達到高峰。

1676年9月19日， 耿精忠外有清軍攻擊，內遭鄭經奪地，清政府康親王適時招降，耿精忠薙髮投降。清軍與耿精忠合攻鄭經，鄭經退守廈門。

1676年11月， 鄭經烏龍江之役慘敗。

1677年1月， 清軍攻佔興化、泉州、漳州。鄭經敗走廈門，勢力範圍全部喪失。

1677年，尚可喜去世，其子尚之信投降清軍。

1678年，劉國軒大敗清軍。

1678年，康熙帝派姚啓聖爲福建總督。

1678年10月， 姚啓聖擬與鄭經和談，派張雄赴廈門談判。談判失敗，姚啓聖厲行《禁海遷界令》，沿海地區荒地千里。

1679年，姚啓聖在福建漳州設「修來館」，招降鄭軍官兵。

1679年4月6日， 鄭經立鄭克臧爲「監國」。

1680年2月， 清將萬正色進攻金門、廈門，姚啓聖進攻海澄，鄭經大敗。

1680年2月26日， 鄭經率軍回台，3月12日返抵台灣島，6年的反攻全告失敗。

1680年3月， 鄭經解除陳永華的兵權， 7月陳永華去世。

1680年，鄭經敗走台灣島後，清朝貝勒爺賴塔來信招撫鄭經，條件不必薙髮，免著旗服，可稱臣入貢，但非必要。鄭經堅持要取得海澄作爲貿易據點，姚啓聖反對，談判失敗。

1681年3月16日， 鄭經去世，年僅39歲。隔2天，馮錫範殺鄭克臧，改立年僅12歲的鄭克塽繼位，台灣島政治陷入混亂。

1682年，鄭克塽爲鞏固防務，強迫原住民做苦工，原住民群起反抗，殺官員，搶糧餉，暴亂四起。

1682年，清政府處死耿精忠。

1682年，姚啓聖與施琅不合，施琅主戰，姚啓聖主和，和談條件甚至允許鄭克塽比照朝鮮，稱臣不薙髮。

1683年，台灣島已開發稻田有7,534甲、甘蔗園10,900甲，合計18,434甲，但實際面積更大。

1683年7月8日， 施琅率軍2萬多人，戰船600多艘，進攻澎湖，大敗劉國軒。

1683年9月17日及10月5日，鄭克塽兩度具表薙髮投降，納土稱臣，延平藩王國滅亡。

1683年，明鄭滅亡時，台灣島人口約20萬人，清政府命令鄭克塽部屬及軍隊移駐山東、山西、河南屯田墾荒，台灣島上中國人口因此銳減至5萬人。

五、清代中國之島

（一）康熙

1683年8月13日，施琅進駐台灣。

1683年8月15日，康熙皇帝將台灣島的「棄留」問題，交議政王及大臣商議，會議未做成決定。

1683年10月5日，延平王國鄭克塽正式呈表投降大清帝國。

1683年，康熙皇帝大量遣返延平王國的軍政人員回中國大陸。

1683年，康熙皇帝下令取消東南沿海的《遷界徙民令》。

1683年，施琅改建鹿港媽祖廟爲「鹿港天后宮」。

1684年4月14日，康熙皇帝決定納台灣島爲中國領土。

1684年5月27日，康熙皇帝設分巡台廈兵備道，隸屬福建省，兼管廈門和台灣。設立「台灣府」作爲台灣島的行政機構。

1684年，施琅趁機占有鄭克塽政權的王田7,500甲，稱「施公田」，向佃農收取租金，稱「施公租」，立刻成爲台灣島最大地主。

1684年，林日壽開墾嘉義「台斗坑」，施文標開墾屏東崁頂、潮州、萬巒、竹田，開啓中國人大移民台灣島，展開大開墾的時代。

1684年10月19日，蔡機功事件。

1684年，清政府解除海禁，允許大陸沿海商漁船到台灣島貿易捕魚。

1685年，山東布政使黃元驥替鄭克塽的降兵建棲息住處，遭清政府罷官。

1685年，中國與俄羅斯在雅克薩發生戰爭，彭春率領水、陸兩軍3千人北征。林興珠帶領鄭克塽舊屬5百名藤牌兵參戰。

1685年，清代中國的台灣島人口統計，中國移民共有52,902人，其中男性28,480人，女性24,422人，男女比例1: 0.86，並無嚴重的性別失衡。

1686年，康熙皇帝下令「台灣駐防兵丁，三年之中陸續更換」，此即「班兵制度」。

1686年，彰化墾首施東的兒子施世榜利用濁水溪始建「八堡圳」或稱「施公圳」，灌溉近兩萬甲田。

1686年，廣東客家移民入墾屏東。

1687年，傳說施琅引八掌溪水灌溉嘉義地區462甲農地的埤圳，稱為「將軍圳」。

1688年，噶爾丹反叛清朝，進攻喀爾喀蒙古。

1689年，清政府與俄羅斯簽訂《尼布楚條約》，以「中國」作為簽署的國號。

1689年，蔣毓英的《台灣府志》記載，中國移民30,229人，男性16,274人，女性13,955人，男女比例還是1: 0.86。

1690年，康熙皇帝第一次親征噶爾丹。

1693年，商人陳文、林侃搭船遇颱風飄至花蓮，是首位抵達台灣島花東地區的漢人。

1694年4月24日，台北新店或金山斷層發生芮氏規模7.0級大地震，形成「台北大湖」，又稱「康熙大湖」。

1696年，吳球、朱佑龍事件。

1696年，賴科從西部，晝伏夜行，越過中央山脈，到達台灣島東部。

1696年，康熙皇帝第二次親征噶爾丹。

1697年，康熙皇帝第三次親征噶爾丹，噶爾丹病死。

1698年，郁永和抵台採購硫磺，將見聞寫成「裨海紀遊」。

1699年，吞霄社事件。

1699年，邱永鎬開墾屏東平原，是客家人開圳台灣島的第一人。

1701年，劉卻事件。

1704年，諸羅縣的縣治從台南佳里遷至諸羅（嘉義）。

1704年，鳳山知縣宋永清發放客家人聚落「濫濫莊」墾照。

1704年，清政府下令中國移民與平埔族私定的租地開墾契約，都必須經官方核准。

1709年，泉州人的「陳賴章」墾號移民大佳臘，即台北地區，這是中國移民墾殖台北盆地的開端。

1709年，施世榜開始自彰化二水，設圳頭取水，挖掘渠道，建造水圳，引濁水溪灌溉農田。此後10年間陸續築成大埤圳，流經八個開墾「堡」界，稱為「八堡圳」。

1710年，台灣廈門道道員陳璸追捕海盜，抵達淡水，1711年派兵駐守淡水、竹塹、南崁，中國移民開墾北台灣更加安全。1718年清軍正式設淡水營。

1711年，王世傑開墾竹塹地區達數百甲，聚集中國移民把墾地擴至海濱，達幾千甲。到了雍正年間，墾殖團合股建造「隆恩圳」，把竹塹地區近二千餘甲荒地改善為水田。

1714年4月18日至5月20日，教士雷孝思、馮秉正、德瑪諾等三人抵台測繪「皇輿全覽圖」的台灣島部份。

1715年，諸羅縣知縣周鐘瑄擴張水路灌溉2,938甲農地，生前所建埤圳被稱為「道爺圳」。

1716年，平埔族頭目阿穆指揮族人協助中國移民開墾台中地方。彰化、台中在康熙、雍正年間，幾乎全被開墾完畢。

1716年，《諸羅縣誌》稱「客仔」來自廣東潮州府，當佃農、傭工維生。

1719年，彰化「八堡圳」完工，是台灣島史上第一條水利工程。

1719年，康熙皇帝頒布「皇輿全覽圖」。

1720年，台灣大地震和傳染病爆發，人心惶惶，謠言四起，社會動盪不安。

1720年，英國爆發「南海公司股價泡沫事件」，法國爆發「密西西比

公司股價暴跌事件」。

1721年，朱一貴事件。5月1日朱一貴攻陷台南府城。

1721年，下淡水溪客籍移民侯觀德、李直三等人，組織「六堆」民
　　兵，支持清軍。

1721年，閩浙總督覺羅滿保下令全台灣島修築土牛溝。

（二）雍正

1722年，康熙皇帝逝世，雍正皇帝繼位。

1722年，「鳳山縣」爆發閩客械鬥。

1722年，黃叔璥任巡台監察御史，撰有《台海使槎錄》。

1722年，福建巡撫楊景泰下令在「土牛番界」立碑，禁止「番人出、
　　漢人進」。

1722年，清政府劃定原住民耕地，明令保留，不得買賣。

1723年，彰化楊志甲引貓羅溪水建造「福馬圳」及「深圳」，灌溉彰
　　化地區1千餘甲農田；台中豐原的張振萬也在葫蘆墩建造水利設
　　施，灌溉1千餘甲農田，台中及彰化地區於是成為台灣島的米倉。

1724年，台北墾民自景美溪引水，建造「霧裡薛圳」，灌溉台北市西
　　南部農田，是台北盆地最早的水圳。

1725年，商行「台南三郊」成立，外銷米糖，促使米糖產量大增。

1726年9月，骨宗事件。

1729年，廣東客家人簡岳率族人至台北公館、景美、木柵一帶開墾，
　　遭巴賽族的平埔族原住民滅族，史稱「簡岳慘案」。

1731年，大甲西社平埔族原住民不滿清政府官員，聚眾抗議，演變為
　　台中一帶幾乎所有「番社」的暴動，範圍橫跨大安溪到大甲溪，
　　史稱「大甲西社事件」。

1732年，朱一貴的餘眾吳福生打著「大明得勝」的號召，聚眾數十人
　　攻佔高雄岡山，並進攻高雄鳳山縣城，遭遇台灣鎮總兵王郡帶兵
　　突擊，吳福生兵敗被殺，史稱「吳福生事件」。

（三）乾隆

1735年，雍正皇帝逝世，乾隆皇帝繼位。

1737年，乾隆下令嚴禁中國移民擅娶「番婦」，避免藉通婚侵佔平埔族原住民土地。

1738年，泉州移民在台北艋舺興建龍山寺。

1739年，郭錫瑠開墾台北松山興雅莊，創辦「金順興號」商行，集資開鑿水圳，稱「瑠公圳」。

1747年，簡經事件。

1747年至1792年，這46年間查獲的偷渡人數有4,496人，其中福建省籍者有4,177人，廣東省籍者只有319人。平均每年只有97.7人，每個月約8.1人。

1749年，林秀俊成立「林成祖」商號，拓殖屏東枋寮，集資在板橋開鑿「大安陂圳」。

1750年，清政府在台灣島西部地圖上，沿著中央山脈西側，划出一條南北向的紅線為界，稱「土牛紅線」。

1750年，英國開始工業革命，影響遍及全世界，從此人類進入工業時代。

1751年，「台灣縣」發生漳泉械鬥。

1752年，福建泉州人吳洛開墾台中霧峰的阿罩霧、斗六、南投等地，從南投引烏溪水灌溉70餘村莊的農田。

1753年，大坪林莊墾首蕭妙興組成「金合興號」，組織民兵防衛原住民，僱用石匠鑿穿大坪林引水隧道，1760年終於鑿通石硿的引水路，開始修築渠道、給水路，灌溉新店大坪林地區，稱為「大坪林圳」。

1760年，清政府在「土牛紅線」以東，高山族的領地以西之間，再划出一條「番界線」，以藍色線標示，稱「番界藍線」。

1765年8月，颱風侵襲北台灣，洪水氾濫，「瑠公圳」的圳道、暗渠等全遭沖毀。郭錫瑠無力修復而抑鬱成疾，同年11月病逝，年59

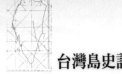

歲，葬於「舊里族」，即錫口山北邊的下塔悠。

1766年，張必榮引淡水河灌溉台北新莊，建造「後村圳」。吳際盛也同時開拓台北海山堡，建造「福安圳」。

1767年，台灣府知府鄒應元立「示禁碑」，處理「羅漢腳」的遊民問題。

1768年，漳州人林漢生率領佃丁移殖「蛤仔難」（宜蘭），是最先進入蛤仔難的中國移民，但隨即被原住民所殺。

1768年，黃教事件。

1776年，英國的美洲大陸殖民地發表《獨立宣言》，宣布建立美利堅合眾國。

1776年，清政府廢止官員不得攜眷渡台的規定。

1784年，彰化鹿港開港。

1784年，清政府在部分土牛紅線或藍線以東再劃出新界址，以紫線標示，稱「土牛紫線」，或「番界紫線」。

1787年，林爽文事件發生，當時台灣島人口約130萬人。

1787年，吳沙籌劃開發宜蘭，召集淡水的中國移民，先在與宜蘭交界的三貂社建立基地。

1788年2月5日，清軍海蘭察、鄂輝率兵跨越山嶺，經風港攻擊林爽文的反抗軍。莊大田戰敗被擒，反抗軍陣亡有2千餘人。

1788年3月10日，林爽文兵敗被殺，時年32歲。

1788年，台北八里坌港開港。

1792年，陳周全率領天地會眾在福建同安、台灣鳳山、台灣彰化等地起事，1795年失敗被殺。

1794年，清政府設置12個屯墾區（番屯）。

1795年，法國趁機入侵荷蘭，尼德蘭七聯省共和國滅亡。

（四）嘉慶

1796年，乾隆皇帝退位為太上皇，嘉慶繼位為皇帝。

1796年10月16日，吳沙率漳泉粵三籍移民1000餘人，民兵200餘人，翻譯23人入墾宜蘭，從基隆出發，乘船進占烏石港，登陸後築土圍，稱頭圍，即頭城。

1798年，海盜蔡牽劫掠台灣島沿海地區，閩浙總督魁倫追擊無效。

1799年，荷蘭東印度公司破產。

1804年，潘賢文率領近千名平埔族人越過中央山脈。

1808年，吳化等人將開拓宜蘭的住民戶口清冊，呈給閩浙總督方維甸，請求在蛤仔難，設行政機關。

1810年，中國政府設「噶瑪蘭廳」，廳政府設在五圍，即宜蘭市。

1810年，福建人柯朝自福建引進武夷山紅茶，到台北文山種植茶葉。

1814年，中國移民郭百年屠殺南投埔里社原住民所有老弱婦孺，慘絕人寰，清政府處決郭百年結案，史稱「郭百年事件」。

1816年，「無夏之年」事件。

（五）道光

1820年，嘉慶皇帝逝世，道光皇帝繼位。

1823年，颱風暴雨，氾濫成災，曾文溪改道。

1826年，黃斗奶事件。

1830年，宜蘭冬山鄉的「加禮宛社」噶瑪蘭族開始南遷到花蓮平原建立新的「加禮宛五社」，阿美族人稱之為「加禮宛社人」。

1832年11月，張丙事件。

1837年，曹謹興建「曹公圳」。

1838年，英國商人已在基隆港走私鴉片，換取走私樟腦。

1839年，林則徐奉詔禁鴉片，英商照舊販賣，林則徐搜查英商鴉片二萬箱焚毀，並禁止載鴉片西洋船隻進廣東港口。英艦砲擊廣東，中英爆發「鴉片戰爭」。戰爭延伸中國沿海及台灣島港口。

1840年，在舊大員港附近靠外海處建造安平港。

1841年8月16日，中英鴉片戰爭，英艦砲轟基隆二沙灣砲台。

1842年8月，清政府和英國簽訂《南京條約》，中國割讓香港，開放五
　港通商，即廣東、福州、廈門、寧波、上海。

1843年，郭光侯在台灣縣保大里起兵抗清，因爲清政府把田賦從穀納
　制改爲折銀制。

1848年12月3日，彰化發生大地震，芮氏規模7.0。

（六）咸豐

1850年，道光皇帝逝世，咸豐皇帝繼位。

1851年3月23日，洪秀全宣布登基，自稱「太平王」，後改稱「天
　王」。

1851年，林恭反清事件，呼應太平天國。

1854年，美國培里將軍建議美國政府佔領台灣島。

1855年，林鳳池引進武夷山青心烏龍茶苗，種植出舉世聞名的「凍頂
　烏龍茶」。

1858年，清政府與英法簽訂《天津條約》，台灣開港。

1860年，清政府按《天津條約》，開放基隆、淡水、安平、高雄做國
　際通商港口。

（七）同治

1861年，咸豐皇帝逝世，同治皇帝繼位。

1861年4月12日，美國爆發南北戰爭。

1862年，戴春潮事件。

1865年，馬雅各牧師抵台行醫傳教。

1866年，英國商人杜德從福建安溪引進另一種「烏龍茶」，在桃園、
　新竹、苗栗種植，大受海外市場歡迎，茶葉才成爲台灣島的主要
　國際貿易貨品。

1867年，美船羅發號（Rover，遊歷者號）事件。

1867年6月19日，美國陸戰隊181人登陸「鬼什舟」，軍艦開砲，進軍
　原住民村社，副艦長馬凱基（A.S.Mackenzie）中箭陣亡，美軍敗

退。

1867年，美國人李仙得向清政府交涉，閩浙總督嚴桂乃下令台灣兵備道吳大廷答曰：「生番之地不隸中國版圖，難用兵究辦。」

1867年，美船羅發號（Rover）事件在國際造成印象，台灣島原住民不是中國臣民的事實。

1868年，高雄鳳山發生殺害基督教士的「鳳山教案」，英國艦隊藉口報復，卻以圖取樟腦利益為重點，英國侵台戰爭因此被戲稱「樟腦戰爭」。

1869年，英國人何恩和德國人梅利屈自行墾殖台灣島東北部，在今宜蘭南澳附近，建立堡壘。

1869年5月18日，德川慶喜開城投降，明治維新啟動。

1869年，台灣茶首次不經過廈門，21萬3千1百斤烏龍茶由淡水直銷美國紐約，台灣茶名氣傳遍世界，福建茶商及外商陸續到台北開設洋行。

1869年12月，桑英士神父在屏東萬巒建立台灣島首座天主教堂。

1871年，英國基督教長老教會派甘為霖牧師來台，在台南等處建立50餘處教會，並設學校。

1872年，加拿大長老教會派馬偕抵達台灣島北部傳教。

1873年8月23日，樺山資紀抵達淡水，考察3個月。

1874年5月3日，沈葆楨出任「台灣海防欽差大臣」視察台灣島。

1874年5月8日，牡丹社事件。

（八）光緒

1875年，同治皇帝逝世，光緒皇帝繼位。

1875年，福建省台灣兵備道夏獻綸及台灣總兵張其光聯合公佈《招墾章程二十條》。

1875年，雞籠改名為「基隆」，噶瑪蘭改名「宜蘭」。

1875年，中國福建省設置台北府。

1875年，「獅頭社事件」。

1876年，「太魯閣事件」。

1877年，花蓮「大港口事件」、「加禮宛事件」。

1878年，台北知府陳星募集20餘萬兩，挖取士林山石爲材料，隔年開始興建台北城牆，1882年完工。

1878年，姚瑩撰《東槎紀略》。

1878年，花蓮的「加禮宛社」與高山族的「撒奇萊雅族」聯合反抗清政府「開山撫番」及「開闢蘇花公路」，爆發「加禮宛事件」。

1880 年，基督教長老教會設立台南神學院。

1881年，福建人吳福元引進「包種茶」，在台北、桃園、新竹廣泛種植。

1884年7月15日，劉銘傳抵達台灣島督辦軍務，先視察基隆砲台，考察海防。

1884年6月16日，中法戰爭，法軍進攻基隆失敗。

1884年7月22日，法軍進犯基隆、淡水。

1885年，劉銘傳開設「西學堂」。

1885年6月9日，簽訂《中法條約》，7月25日 法軍撤兵。

1885年，基督教長老教會在台南創設長榮中學，1887年並設立女校。

1886年，劉銘傳設立「電報學堂」。

1887年，台灣府升格爲台灣省，下設3府、11縣、4廳、1州。

1887年，劉銘傳在台灣島建設中國第一條客運鐵路。

1887年，劉銘傳在台北主要街道裝設路燈。

1888年，劉銘傳在台北所設立郵政總局。在台北新建考棚，改革考場的弊病。

1888年，施九緞事件、大庄事件。

1890年，劉銘傳興建台北到基隆的鐵路，架設八堵橋，工人水中造基礎，發現河床有金沙。

1891年，劉銘傳離任台灣巡撫，結束6年在台歲月。

1891年，基隆河淘洗金沙，由七堵、八堵溯溪而上，抵達三貂嶺。

1892年5月14日，馬偕博士於1892年5月14日記載宜蘭猴猴族，人口只剩下11戶。

1893年，九份發現的黃金石英脈是小金瓜石岩，即為金礦露頭處，匯流進基隆河。

1893年，美國侵略夏威夷。

1894年，台灣巡撫邵友濂收回金瓜石金礦採礦權，重設金砂局。

1894年7月25日，甲午戰爭爆發，史稱「第一次中日戰爭」。

1895年4月17日，清代中國政府和日本帝國簽署《馬關條約》，中國割讓台灣、澎湖給日本。

六、日本殖民之島

（一）明治

1895年5月10日，日本第1任台灣總督樺山資紀就任。

1895年5月23日，唐景崧發表《台灣民主國獨立宣言》。

1895年5月25日，「台灣民主國」成立。

1895年5月29日，日軍從貢寮的漁村澳底登陸台灣島。

1895年6月3日，「台灣民主國」「總統」唐景崧化妝老婦人，棄職潛逃。

1895年6月5日，「台灣民主國」「副總統」丘逢甲避走廣東，並捲款餉銀十萬兩。

1895年6月7日，台北市商賈推舉辜顯榮指引日軍進入台北市。

1895年6月17日，日本帝國開始在台灣島施行殖民地統治，史稱「始政」。

1895年6月21日，大湖口之役。

1895年6月22日，日軍佔領新竹。

1895年6月26日，劉永福在台南宣布繼任「台灣民主國」「總統」。

1895年6月28日，日本政府公布《台灣島地方假官制制定件》。

1895年6月28日，安平鎮之役。

1895年7月5日，頭家厝莊（台中潭子）戰役。

1895年7月12日，大溪三峽伏擊戰。

1895年7月22日，大溪三峽大屠殺。

1895年8月，吳得福謀刺樺山資紀失敗。

1895年8月8日，竹南尖筆山戰役。

1895年8月14日，日軍佔領苗栗。

1895年8月25日，東堡莊、溝倍莊戰役。

1895年8月27日，八卦山戰役。

1895年8月30日，西螺溪戰役。

1895年9月4日，日軍火燒他里霧（雲林斗南）。

1895年9月6日，日軍佔領斗六。

1895年9月23日，抗日民兵反攻彰化失敗。

1895年10月7日，雲林攻防戰。

1895年10月8日，嘉義攻防戰。

1895年10月11日，步月樓戰役。

1895年10月12日，鐵線橋戰役。

1895年10月12日，十八堡戰役。

1895年10月18日，王爺頭戰役。

1895年10月19日，劉永福易容，化妝抱嬰老婦，逃亡廈門。

1895年10月20日，「十八堡大屠殺」，日軍統帥北白川宮能久垂危。

1895年10月20日，日軍屠殺台南蕭壟（佳里）居民2,000多人，史稱「蕭壟大屠殺」。

1895年10月21日，台南開城投降。

1895年10月31日，台灣總督《第26號令》發佈《官有林野及樟腦製造業取締規則》。

1895年11月25日，日軍砲擊火燒庄（屏東長治鄉長興村），史稱「火燒莊大屠殺」。

1896年1月1日，「芝山岩事件」、「元旦事件」。

1896年1月4日，「林大北事件」、「宜蘭大屠殺」。

1896年3月31日，日本帝國議會公佈第六十三號法律《應於台灣施行法令相關之法律》，史稱《六三法》。

1896年，日本帝國議會討論預算時，提案「要將台灣以一億日圓賣給法國」，稱爲「台灣賣卻論」。

1896年5月17日，劉德杓事件。

1896年6月2日，日本第2任台灣總督桂太郎就任。

1896年6月22日，日本軍隊在雲林展開大屠殺，6,000人遇害，史稱「雲林大屠殺」。

1896年10月14日，日本第3任台灣總督乃木希典就任。

1896年10月31日，日本殖民政府頒布法令強佔原住民的山林地。

1896年，台灣縣改名爲台中縣，其下的彰化支廳改名爲鹿港支廳。從此有了「台中」一詞，同時「台灣」可作爲全島的專屬名稱。

1896年，日本殖民政府也制定《禁止進入番地密令》、《出入番地取締規則》。

1897年2月，簡大獅、羅錦春率抗日民兵在竹子湖與日軍部隊激戰六天，羅錦春犧牲，簡大獅率部退走深山。

1897年3月30日，公布《台灣銀行法》。

1897年4月，台灣總督府發佈律令第2號《台灣總督府特別會計法》，可隨時對台灣島民加稅彌補短缺預算。

1897年4月25日，林少貓率抗日民兵3千多人襲擊潮州、恆春。

1897年5月8日，《馬關條約》規定不願當日本殖民地臣民的台灣人最後離開台灣的截止日，只有7千多人選擇離台回中國大陸，其餘台灣人選擇留在台灣成爲日本殖民地的「島人」。

1897年5月8日，「大稻埕事件」簡大獅、詹振等人率6千多人的抗日部隊襲擊台北市區。

1897年6月27日，日本政府將玉山改名爲「新高山」。

1897年12月，柯鐵率抗日部隊攻佔大坪頂。

1898年2月26日，日本第4任台灣總督兒玉源太郎就任，後藤新平擔任
　　民政長官。

1898年5月，阮振事件。

1898年11月3日，高乞、林添丁事件。

1898年11月5日，日本殖民政府發佈《匪徒刑罰令》。

1898年11月12日，「阿公店大屠殺」。

1898年11月22日，「枋子林事件」。

1898年12月18日，林少貓率民兵襲擊阿猴（屏東市）、恆春。

1898年，伊能嘉矩發表《台灣土番開發狀況》杜撰「凱達格蘭族」
　　（Ketaganan）一詞。

1899年9月29日，總督府公開發行「台灣銀行券」，俗稱「台銀券」。

1899年12月，中國出現「義和團」。

1900年7月6日，日本派兵8,000名進軍天津、北京鎮壓「義和團」。

1900年8月31日，大嵙崁前山群戰役。

1900年9月24日，孫文從神戶抵達台北。

1901年2月，黃茂松、詹阿瑞率民兵襲擊嘉義朴子的日本官員辦公
　　廳。

1901年，降筆會事件。

1901年11月23日，樸仔腳事件。

1902年4月29日，人止關戰役。

1902年5月18日，「雲林歸順場大屠殺」。

1902年5月30日，林少貓遭日本人圍捕遇害，史稱「阿猴大屠殺」。從
　　1898年至林少貓犧牲為止，共有一般民眾11,950人犧牲。

1902年7月4日，日阿拐的南庄事件。

1903年10月5日，姊妹原事件。

1903年12月9日，獅頭山攻防戰。

1904年2月8日，「日俄戰爭」爆發。

1905年，日本的台灣島總督府實施首次戶口普查，全台人口300萬人。平埔族4萬6千人，占1.53%；高山族11萬3千人，占3.77%；漢族本島人284萬人，占94.7%。

1905年8月10日，日俄簽訂《樸資茅斯條約》。

1906年3月17日，梅山大地震。

1906年4月11日，日本第5任台灣總督佐久間左馬太就任。

1906年9月，大豹社滅社事件。

1907年1月，鼠疫（黑死病）爆發。

1907年5月5日，枕頭山事件。

1907年11月15日，「北埔事件」。

1908年1月11日，花蓮萬榮大地震。

1908年，縱貫鐵路通車。

1908年11月14日，光緒皇帝逝世，宣統皇帝繼位。

1908年12月15日，七腳川事件。

1909年4月15日，台北大地震。

1909年10月26日，伊藤博文被安重根刺殺。

1909年11月21日，宜蘭南澳大地震。

1910年4月12日，基隆大地震。

1910年5月14日，倫敦舉行「日英博覽會」，日本人帶台灣島排灣族去表演，聲稱台灣殖民地是證明日本人有能力治理海外殖民地的「人間動物園」。

1910年8月22日，日本併吞朝鮮。

1911年4月1日，台灣總督下令貨幣統一使用金本位的「台灣銀行券」。

1911年7月25日，麻荖漏事件。

1911年10月10日，中國湖南的革命黨發動武昌起義。

1912年1月1日，「中華民國」成立，孫文任臨時大總統。

1912年2月12日，宣統皇帝頒布《退位詔書》，宣佈退位成爲「遜

帝」，清代中國268年的皇朝結束，「大清帝國」滅亡。孫文辭職，袁世凱當選中華民國臨時大總統。

1912年2月，台灣總督下令不准台灣人獨資設立「公司」。

1912年3月23日，「林圮埔事件」。

1912年5月，「土庫事件」。

（二）大正

1912年7月30日，日本明治天皇睦仁去世，嘉仁太子繼位為大正天皇。

1912年12月，羅福星返台策動武裝抗日。

1913年，袁世凱就任中華民國大總統。

1913年10月20日，關廟事件。

1913年11月12日，羅福星等抗日志士921人被捕，羅福星等2百多人遇害，史稱「苗栗事件」。

1914年6月26日，「太魯閣事件」。

1914年7月28日，第一次世界大戰爆發。

1915年1月18日，日本向中國提出《二十一條要求》。

1915年4月15日，日本殖民政府通令禁止婦女纏足。

1915年5月1日，日本第6任台灣總督安東貞美就任。

1915年5月17日，布農族「大分事件」。

1915年8月6日，「噍吧哖事件」。

1917年11月7日，蘇聯共產黨革命。

1918年6月6日，日本第7任台灣總督明石元二郎就任。

1918年7月23日，日本爆發「米騷動」。

1918年11月11日，德國投降，第一次世界大戰結束。

1918年，林獻堂發起「六三法撤廢運動」。

1919年，日本殖民政府決定興建「烏山頭水庫」和開鑿「嘉南大圳」。

1919年5月4日，爆發「五四運動」。

1919年10月29日，日本第8任台灣總督田健治郎就任，是第一位文官總督。

1920年11月，連橫出版「台灣通史」，是第一部台灣島的歷史著作。

1921年1月30日，林獻堂發起「台灣議會設置請願運動」。

1921年7月23日，中國共產黨在上海成立。

1921年10月17日，林獻堂、蔣渭水、蔡培火等人成立「台灣文化協會」。

1921年11月4日，日本首相原敬遭刺殺。

1922年7月15日，日本共產黨成立。

1922年9月4日，孫文決定接受蘇聯援助，並接受中國共產黨員以雙重黨籍的身份加入國民黨，開啓「國共合作」。

1923年，日本皇太子裕仁訪問台灣島，即後來的昭和天皇。

1923年9月1日，日本關東大地震。

1923年9月6日，日本第9任台灣總督內田嘉吉就任，是第二位文官總督。

1923年12月16日，「治警事件」。

1924年9月1日，日本第10任台灣總督伊澤多喜男就任，是第三位文官總督。

1925年10月21日，「二林蔗農事件」。

1926年7月9日，蔣介石就任國民黨軍隊總司令，展開北伐。

1926年7月16日，日本第11任台灣總督上山滿之進就任，是第四位文官總督。

1926年9月，「台灣農民組合」成立，

（三）昭和

1926年12月25日，日本大正天皇嘉仁病逝，裕仁太子即位爲昭和天皇。

1927年4月12日，在蔣介石支持下，白崇禧派兵突襲上海總工會，鎮壓共產黨組織，屠殺共產黨員的「清黨」行動。

1927年7月10日，台灣民眾黨成立。

1928年2月，蔣渭水成立「台灣工友總聯盟」，會場在台北市蓬萊閣，門口豎立大標語「同胞須團結，團結真有力」。

1928年4月15日，台灣共產黨在上海成立，又名「共產國際日本共產黨台灣民族支部」。

1928年8月27日，世界各國包括中國、日本、俄羅斯等，都在巴黎簽訂《白里安及凱洛格公約》（Kellogg-Briand Pact）。這個公約又稱《巴黎非戰公約》，成為第二次世界大戰後審判日本戰犯的依據。

1928年9月23日，日本共產黨東京特別支部成立，成員都是台灣留日學生。

1928年6月1日，蔣介石完成北伐，統一中國。

1928年6月4日，「皇姑屯事件」張作霖遭日本關東軍炸死。

1928年6月16日，日本第12任台灣總督川村竹治就任，是第五位文官總督。

1928年12月29日，張學良宣布歸順南京國民政府。

1929年7月30日，日本第13任台灣總督石塚英藏就任，是第六位文官總督。

1929年2月12日，「二一二事件」。

1929年10月29日，美國紐約股市突然崩盤，爆發世界性的經濟大蕭條。

1930年8月17日，林獻堂成立「台灣地方自治聯盟」。

1930年10月27日，「霧社事件」爆發。

1931年1月16日，日本第14任台灣總督太田政弘就任，是第七位文官總督。

1931年2月18日，日本總督府解散台灣民眾黨。

1931年8月5日，蔣渭水病逝。

1931年9月18日，「九一八瀋陽事件」，關東軍很快佔領中國東北。

1932年1月8日，櫻田門事件。

1932年3月2日，日本第15任台灣總督南弘就任，是第八位文官總督，因內閣改組，任期不到三個月即辭職。

1932年3月9日，日本宣佈建立「滿洲國」。

1932年5月15日，日本首相犬養毅遭刺殺。

1932年5月26日，日本第16任台灣總督中川健藏就任，是第九位也是最後一位文官總督。

1934年9月2日，林獻堂領導的「台灣議會設置請願運動」決議停止活動。

1934年9月29日，鄭清水事件。

1935年4月21日，新竹台中大地震。

1935年6月17日，日本殖民政府舉辦台灣博覽會。

1935年11月22日，日本殖民政府舉辦地方議員選舉。

1936年2月26日，「二二六事件」。

1936年6月17日，「祖國支那事件」。

1936年9月2日，日本第17任台灣總督小林躋造就任。

1936年9月，日本台灣總督小林躋造發表「皇民化、工業化、南進基地化」等統治三原則。

1936年12月12日，張學良發動西安事變，劫持蔣介石。

1937年7月7日，盧溝橋事變，中國抗日戰爭及日本侵華戰爭爆發。史稱「第二次中日戰爭」。

1937年8月14日，「八一四筧橋空戰」。

1937年8月15日，日本殖民政府宣布台灣島進入「戰時體制」。

1937年，日本政府發布《有關為皇軍官兵徵調慰安婦委託文件》，開始徵集慰安婦。

1937年，日本總督府將「蕃人」改稱「高砂族」，並開始推動皇民化

政策。

1938年2月23日，中國空軍和蘇聯志願軍轟炸日軍松山機場。

1938年4月26日，日本總督府派「台灣島人」組成「台灣農業義勇團」赴上海。

1938年5月18日，日本空軍從台北松山航空基地出動，轟炸廣東。

1939年2月22日，李友邦成立「台灣義勇隊」。

1939年8月31日，德國侵略波蘭，併吞捷克，英法向德國宣戰，第二次世界大戰爆發。

1940年3月31日，汪精衛在南京宣布成立虛假的「國民政府」。

1940年5月27日，「瑞芳事件」。

1940年9月27日，日本與德國、義大利三國在柏林簽訂「經濟軍事同盟」，號稱「軸心國」，德義兩國承認日本的「大東亞新秩序」，日本承認德義兩國的「歐洲新秩序」。

1940年11月27日，日本第18任台灣總督長谷川清就任。

1941年2月9日，「台灣革命同盟會」成立。

1941年4月19日，「台灣皇民奉公會」成立。

1941年6月22日，德國入侵蘇聯。

1941年8月14日，羅斯福、邱吉爾發表《大西洋憲章》。

1941年11月8日，高雄的日本特高警察發動「特高事件」。

1941年12月7日（美國時間），日本偷襲珍珠港美國太平洋艦隊基地，美國對日宣戰，「太平洋戰爭」爆發。中國對日抗戰成為第二次世界大戰的一部份。日本時間是12月8日。

1941年12月8日，日軍從中國廣東的深圳進攻香港，「南洋戰爭」爆發，東南亞捲入戰火。

1941年12月17日，嘉義中埔大地震。

1942年1月1日，美、英、中、蘇四國為首的26個國家簽署《聯合國宣言》。

1942年2月28日，日本殖民政府實施「台灣特別志願兵制度」。

1942年，日本殖民政府組織「高砂挺身報國隊」。

1942年4月18日，「杜立德空襲」。

1942年6月4日，「中途島戰役」。

1942年6月20日，日本殖民政府開始徵集台籍「陸軍特別志願兵」。

1943年4月30日，日本殖民政府開始徵集台籍「少年工」。

1943年8月1日，日本殖民政府開始徵集台籍「海軍特別志願兵」。

1943年4月30日，日本殖民政府徵集「少年工」。

1943年11月23日，「開羅會議」。

1943年11月25日，美軍轟炸台灣島日軍新竹基地。

1943年11月28日，「德黑蘭會議」。

1943年12月1日，美國白宮發佈美、英、中三國領袖舉行開羅會議的新聞公報，史稱《開羅宣言》。

1943年，日本殖民政府人口統計，高山族人口161,961人，平埔族62,119人。

1944年10月12日，「台灣沖航空戰」，美軍轟炸高雄。

1944年12月30日，日本第19任台灣總督安藤利吉就任。

1945年1月15日，日本殖民政府實施全面徵兵制，開始徵召台籍日本義務兵。強徵原住民組織「高砂義勇隊」。

1945年2月4日，「馬尼拉大屠殺」。

1945年2月11日，美英蘇簽訂「雅爾達密約」，蘇聯同意對日作戰，出兵佔領中國東北和內外蒙古。

1945年2月16日至3月26日，美軍和日軍爆發「硫磺島戰役」。

1945年2月23日，東京大轟炸。

1945年3月26日，「琉球戰役」爆發。

1945年5月8日，德國戰敗，總統希特勒自殺，德國宣布無條件投降。

1945年5月31日，美軍發動「台北大空襲」。

1945年6月26日，《聯合國憲章》通過。

1945年7月26日，美、英、中三國發佈《波茨坦公告》，又稱《波茨

坦宣言》，要求日本無條件投降。8月8日 蘇聯簽署《波茨坦公告》。

1945年8月6日，美國在廣島投下原子彈，

1945年8月8日， 蘇聯出兵攻擊駐紮中國東北的日本關東軍，佔領中國東北。

1945年8月9日，美國在長崎投下原子彈。

1945年8月10日， 日本昭和天皇透過瑞典和瑞士向美、英、中、蘇四國照會接受《波茨坦公告》。

1945年8月14日，蔣介石與史達林簽訂《中蘇友好同盟條約》。

1945年8月15日， 日本天皇裕仁公佈《終戰詔書》，宣布接受《波茨坦公告》無條件投降。美英中蘇四國政府同時宣布接受日本無條件投降。第二次世界大戰結束。

七、南京民國政府之島

1945年8月22日， 辜振甫偕同杜聰明、林呈祿、簡朗山試圖推動「台灣自治獨立方案」。

1945年8月29日，蔣介石任命陳儀為台灣省行政長官。

1945年9月2日， 美國密蘇里號軍艦停泊於東京灣，軍艦甲板上舉行投降儀式，日本天皇及政府代表重光葵及軍隊代表梅津美治郎在《日本降伏文書》上簽字。

1945年9月2日， 同盟國盟軍太平洋戰區最高統帥麥克阿瑟發布《一般命令第一號》，命令規定在中國戰區、滿洲除外、台灣、越南北部的日本軍隊向蔣介石元帥投降。

1945年9月9日，日本在中國戰區的投降儀式在南京舉行，日本軍隊代表岡村寧次向中國軍隊代表何應欽致送投降書。

1945年10月12日， 南京民國政府的閻錫山部隊在上黨戰役，被中國共產黨軍隊全數殲滅。

1945年10月17日， 中國陸軍第七十軍第七十五師分乘美軍30餘艘軍艦

抵達基隆港。

1945年10月25日，台灣地區日本軍隊投降儀式在台北市中山堂舉行，日軍代表安藤利吉向中國代表陳儀投降。

1945年10月25日，台灣省行政長官陳儀宣布恢復中國主權在台灣、澎湖的統治。陳儀代表中國政府宣佈：「從今天起，台灣及澎湖列島已正式重入中國版圖，所有一切土地、人民、政事皆已置於中華民國國民政府主權之下。」

1945年11月2日，平漢戰役，南京民國政府軍有7個師被中國共產黨軍隊殲滅。

1945年11月9日，台灣島惡性通貨膨脹開始。

1945年12月27日，陳儀政府和安藤利吉合作，開始遣返在台日本人，總數約479,480人。

1946年1月5日，在美國特使馬歇爾調停下，國共雙方簽訂《國共停戰辦法》。

1946年1月12日，南京民國政府宣佈《台灣同胞國籍回復令》。

1946年2月26日，南京民國政府頒布《台灣人財產處理原則》。

1946年3月17日，國共內戰爆發。

1946年4月15日，台灣省選舉省參議員30人。

1946年4月16日，嘉義布袋爆發霍亂，警民衝突，史稱「布袋事件」。

1946年5月3日，「東京大審」開始。

1946年5月18日，陳儀政府實質接管台灣銀行。

1946年5月22日，陳儀政府發行「台幣兌換券」，即「舊台幣」，一比一兌換日本總督府發行的「台灣銀行券」。

1946年5月31日，日本政府宣布撤銷台灣總督府。

1946年6月26日，國共內戰再度爆發。

1946年8月11日，台南新營警察因霍亂流行要禁止民眾聚集看戲，遭民眾圍攻，開槍打傷人　，史稱「新營事件」。

1946年8月16日，台灣省參議會選出國民參政會參政員8人。

1946年9月24日，葵瑞達（Querida）颱風侵襲全島，損失慘重。

1946年11月11日，彰化員林發生警察暴力攻擊法警的「員林事件」。

1946年10月，台灣省選舉制憲國民大會代表17人。

1946年11月15日，南京民國政府召開制憲國民大會。

1946年12月5日，台南新化大地震。

1946年12月25日，南京民國政府通過《中華民國憲法》。

1947年1月29日，國共談判破裂，美國放棄調處工作。

1947年2月14日，上海南京的黃金美鈔瘋狂上漲。

1947年2月15日，台灣島上物價暴漲，陳儀宣布禁止黃金和外幣買賣。

1947年2月28日，台灣島發生228事件。

1947年3月12日，冷戰開始。1991年12月25日 蘇聯解體，長達44年的冷戰結束。

1947年3月19日，國民黨軍隊攻入共產黨的延安根據地。

1947年4月22日，蔣介石撤職陳儀，台灣省行政長官公署改制為台灣省政府，由魏道明出任省主席。

1947年5月16日，山東孟良崮大戰，國民黨軍隊大敗。

1947年6月30日，共產黨軍隊渡過黃河南下。

1947年7月31日，共產黨軍隊改稱「人民解放軍」。

1947年10月10日，共產黨全面推動土地改革，沒收地主富農土地。

1948年1月23日，台灣省選舉立法委員8人。

1948年6月24日，蘇聯封鎖柏林。

1948年5月20日，蔣介石擔任「中華民國」第一任總統，但大半統治區域已喪失。

1948年8月15日，南韓成立「大韓民國」，9月9日 北韓成立「朝鮮民主主義人民共和國」。

1948年8月19日，南京民國政府發行「金圓券」，9月30日金圓券就信用破產。

1947年11月16日，台灣省選舉國民大會代表27人。

1948年11月30日，蔣介石下令將國庫黃金200萬兩運到台北。

1948年12月1日，中國共產黨發行「人民幣」。

1948年12月22日，蔣介石運走第一批價值連城的古文物、圖冊及藝術品到台灣島。

1949年1月1日，陳誠擔任台灣省政府主席。

1949年1月10日，蔣介石下令將南京中央銀行的黃金外匯移至台北。

1949年1月10日，陳誠致電蔣介石說遷台的人員已達20萬人。

1949年1月12日，蔣介石發電報責怪陳誠「台灣……何能明言作為剿共最後之堡壘與民族復興之根據也」。

1949年1月21日，蔣介石宣布「總統因故不能視事」、「暫不行使總統職權」。

1949年4月4日，美國建立北大西洋公約組織。

1949年4月6日，陳誠下令軍警包圍台灣大學和師範學院的學生宿舍。

1949年4月14日，陳誠公布《台灣省私有耕地租用辦法》，實施三七五減租。

1949年4月21日，中國共產黨軍隊渡過長江，23日攻入南京。

1949年5月，西德的德意志聯邦共和國成立，10月東德的德意志民主共和國成立。

1949年5月20日，陳誠發布《台灣省戒嚴令》。

1949年6月15日，台灣銀行發行「新台幣」，一元新台幣兌換四萬元舊台幣。

1949年8月5日，美國國務院發表《對華政策白皮書》（The China White Paper）。

1949年8月29日，蘇聯原子彈試爆成功。

1949年9月21日，中國人民政治協商會議發佈《共同綱領》。

1949年10月1日，中國人民共和國成立，定都北京，毛澤東擔任主席。

1949年10月25日，發生古寧頭戰役。

1949年12月7日，閻錫山宣布南京民國政府遷往台灣島。

1949年12月10日，蔣介石飛抵台北，終生未再返回中國大陸。

1950年1月5日，杜魯門宣布美國不會防衛台灣島，發表《不介入台灣海峽爭端聲明》。

1950年1月，中共台灣省工作委員會書記蔡孝乾被捕，掀起「白色恐怖」案件。

1950年2月9日，美國爆發麥卡錫的瘋狂反共主義。

1950年2月28日，台灣民主自治同盟發表《告台灣同胞書》。

八、台北民國政府之島

（一）蔣介石

1950年3月1日，蔣介石在台北宣佈「復行視事」，開啓台灣島的「台北民國政府」時代。

1950年4月5日，台北民國政府釋放二二八事件人犯。

1950年5月30日，美國計畫發動政變推翻蔣介石未遂。

1950年6月，中國共產黨完全掌控中國大陸。

1950年6月25日，北韓進攻南韓，韓戰爆發。

1950年6月27日，杜魯門發表《韓國情勢聲明》。

1950年10月7日，鄧小平率領4萬名解放軍發起「昌都戰役」，西藏政府投降。

1951年，美國提供經濟援助台北民國政府，每年一億美元的貸款。

1951年4月10日，杜魯門罷黜麥克阿瑟。

1951年5月1日，美軍顧問團抵達台北，開啓美軍駐台的時代。

1951年9月8日，美國及48個扈從國家與日本簽訂《舊金山和約》。

1952年4月28日，日本與台北民國政府簽訂《中華民國與日本國間和平條約》，又稱《台北和約》。

1953年1月26日，實施「耕者有其田」的土地改革政策。

1954年5月7日，法國兵敗越南奠邊府，第一階段的越戰結束。

1954年，《中華人民共和國憲法》（54憲法）公佈。

1954年9月3日，解放軍砲擊金門，是第一次台海危機。

1954年12月2日，美國和台北民國政府在華盛頓簽署《中美共同防禦條約》。

1954年12月13日，美國國務卿杜勒斯發表模糊的「台灣地位未定論」。

1955年1月18日，大陳島撤退。

1955年1月，美國國會通過《台灣決議案》。

1955年5月14日，蘇聯建立華沙公約組織。

1955年5月25日，孫立人事件。

1956年2月22日，解放軍砲擊金門。

1956年4月19日，台北民國政府軍隊在馬祖擊沉解放軍艦艇1艘。

1956年10月23日，匈牙利爆發反蘇聯的暴動。

1957年5月7日，美國飛彈進駐台灣島。

1957年5月15日，蘇聯試射人類史上第一枚洲際彈道飛彈。

1957年5月24日，台北街頭爆發劉自然事件。

1957年10月4日，蘇聯發射人類史上第一顆人造衛星。

1957年12月26日台北民國政府軍隊在泉州灣擊沉解放軍艦艇3艘。

1958年8月23日，金門823砲戰爆發，是第二次台海危機。

1958年10月6日，彭德懷發表《告台灣同胞書》。10月20日解放軍恢復砲擊金門。

1958年10月23日，蔣介石與美國國務卿杜勒斯發表《蔣杜聯合公報》，美國要蔣介石不得以「武力」「反攻大陸」。

1958年10月25日，中華人民共和國國防部發表《再告台灣同胞書》，宣布砲擊金門，單打雙不打機場和港口。

1958年11月1日，中華人民共和國國防部發表《三告台灣同胞書》，宣布全面雙不打。11月3日解放軍砲擊金門3萬餘發。

1959年7月5日，台灣海峽空戰，解放軍損失戰機5架。

1959年8月7日，台灣島中南部發生八七水災。

1960年，楊傳廣在羅馬奧林匹克運動會獲得十項全能的銀牌。

1960年9月4日，雷震以「煽動叛亂」罪名被捕。

1961年8月12日，柏林圍牆開始興建。

1961年9月19日，蘇東啓主張台灣獨立被捕。

1962年10月20日，美蘇古巴導彈危機。

1963年9月25日，美國推翻多明尼加總統胡安博奇。

1963年11月1日，美國暗殺南越總統吳廷琰。

1964年1月18日，白河地震。

1964年1月21日，新竹湖口的裝甲兵基地發生兵變。

1964年6月20日，民航空運公司墜毀於台中神岡。

1964年8月2日，美國製造越南東京灣事件，美軍入侵越南。

1964年9月20日，彭明敏發表《台灣人民自救宣言》。

1964年10月16日，中國核子武器試爆成功。

1966年5月16日，毛澤東發動「文化大革命」。

1966年12月3日，李國鼎設立免關稅的「加工出口區」。

1968年8月20日，蘇聯入侵捷克斯洛伐克，消滅「布拉格之春」。

1968年9月1日，正式實施九年國民義務教育。

1969年3月2日，中俄軍隊爆發珍寶島衝突事件。

1969年7月21日，美國總統尼克森宣佈放寬對中國貿易和旅行的限制。

1969年9月16日，蔣介石在陽明山發生車禍。

1969年12月24日，尼克森終止美國第七艦隊定期巡航台灣海峽的任務。

1970年1月1日，「台灣獨立建國聯盟」成立。

1970年2月8日，台東泰源事件。

1970年4月24日，台灣獨立建國聯盟的盟員賴文雄、鄭自才、黃文雄、黃晴美刺殺蔣經國未遂。

1970年9月2日，保釣運動爆發。

1970年10月，尼克森公開稱呼中國國號為「中華人民共和國」。

1971年7月9日，美國總統尼克森的國家安全顧問季辛吉訪問中國。

1971年10月25日，聯合國大會通過〈第2758號決議案〉，中華人民共和國取得中國主權代表權，台北民國政府退出聯合國。這個決議案終結「中華民國」的國際法地位。

1971年11月12日，蔣經國提出「十大建設」方案。

1972年2月28日，美國總統尼克森訪問中國，發表《中美聯合公報》，史稱《上海公報》，聲稱美國承認一個中國，認知台灣是中國的一部份。

1972年9月29日，日本與中華人民共和國建交，與台北民國政府斷交。

1972年12月21日，西德和東德簽訂《東西德關係基礎條約》。

1973年3月10日，鄧小平復任共和國政府國務院副總理，立即提出對台灣島的新政策「和平統一」。

1973年9月11日，美國推翻並暗殺智利總統阿連德。

1975年4月5日，蔣介石去世，嚴家淦繼任台北民國政府總統，蔣經國任中國國民黨主席。

（二）蔣經國

1975年4月30日，南越「反共政府」敗亡。

1975年，《中華人民共和國憲法》（75憲法）公佈。

1976年1月8日，周恩來去世。

1976年9月9日，毛澤東去世，華國鋒繼任。10月6日四人幫被捕。

1977年8月16日，台灣基督長老教會發表《人權宣言》。

1977年11月19日，中壢事件。

1978年3月5日，《中華人民共和國憲法》（78憲法）公佈。

1978年12月18日至22日，中國共產黨第十一屆中央委員會第三次全體

會議決定改革開放。

1979年1月1日， 美國與中華人民共和國發表建立外交關係的聯合公報，史稱《建交公報》，美國同時宣布與台北民國政府斷交。

1979年1月1日， 大陸全國人大常委會發表《告台灣同胞書》，並決議要求兩岸統一，結束軍事對峙，開放三通。

1979年4月4日，蔣經國提出「三不政策」。

1979年4月10日， 美國國會通過《台灣關係法》，把原「中華民國政府」定位為「統治當局」。

1979年12月10日，美麗島事件。

1979年12月，鄧小平提出〈三個不變原則〉。

1979年12月27日，蘇聯入侵阿富汗。

1980年12月15日， 新竹科學工業園區成立。

1981年3月23日，國際奧委會確立「中華台北」模式。

1981年7月3日，陳文成墜落死亡事件。

1981年9月30日， 葉劍英發表〈有關和平統一台灣的九條方針政策〉，史稱〈葉九條〉。

1982年1月11日， 鄧小平發表「一國兩制」。

1982年4月14日，李師科搶劫銀行事件。

1982年8月17日， 美國與中國發表有關減少美國售台武器的聯合公報，史稱《八一七公報》。美國則另向台北民國政府提出「六項保證」。

1982年12月4日， 《中華人民共和國憲法》（82憲法）公佈。

1983年6月25日， 鄧小平發表〈解決台灣問題的六條方針〉，史稱〈鄧六條〉。

1984年10月15日，江南案。

1984年12月19日，中國與英國就香港問題簽署《關於香港問題的聯合聲明》。

1985年2月9日，十信案爆發。

1985年3月， 大陸全國人大第三次會議決議在香港實施「一國兩制」。

1986年2月20日， 亞洲開發銀行通過中華人民共和國入會，把台北民國政府的「中華民國」會員名稱改為「中國台北」（Taipei, China）。

1986年9月28日，民主進步黨在台北圓山飯店成立，江鵬堅任主席。

1987年2月28日，小金門慘案。

1987年7月15日， 台北民國政府宣佈解除戒嚴，11月2日 開放大陸探親。

1988年1月9日，張憲義事件。

1988年1月13日，蔣經國去世，李登輝繼任台北民國政府總統。

（三）李登輝

1988年5月20日， 農民抗議事件。

1988年9月24日，郭婉容證所稅事件。

1989年4月7日，鄭南榕自焚事件。

1989年11月9日，柏林圍牆倒塌。

1990年2月11日，國民黨爆發「二月政爭」。

1990年3月16日，「野百合學運」。

1990年7月21日， 大陸漁船「閩平漁5540號」漁民遭悶死25人。

1990年10月3日， 東西德簽訂《國家統一條約》，東德併入西德，德國統一。

1990年10月7日，李登輝宣佈成立「國家統一委員會」。

1991年3月9日， 台北民國政府成立的「海峽交流基金會」正式掛牌運行。

1991年2月23日， 台北民國政府的國家統一委員會制訂《國家統一綱領》。

1991年4月22日， 台北民國政府廢止《動員戡亂時期臨時條款》。

1991年4月22日，台北民國政府的國民大會通過《中華民國憲法增修條文》。

1991年8月19日，蘇聯爆發政變。

1991年10月13日，民進黨通過〈台獨黨綱〉。

1991年12月16日，大陸成立「海峽兩岸關係協會」。

1991年12月25日，蘇聯解體，獨立國協成立，「冷戰」結束。

1992年5月18日，修訂刑法第100條。

1992年8月1日，台北民國政府的國家統一委員會決議「一個中國的涵義」。

1992年10月26至29日，台灣海基會與大陸海協會舉行「香港會談」，討論「一個中國原則」的涵義，會中未達成共識，但會後以函件達成「一個中國原則」的各自口頭聲明的表述文字，史稱《九二共識》。

1992年11月3日，海基會致函海協會表示「一個中國」的聲明內容已獲得主管機關同意。

1992年11月16日，海協會致函海基會表示接受海基會關於「一個中國」涵義的聲明，並提出海協會對於「一個中國」聲明的內容。

1992年12月3日，海基會致函海協會表示尊重海協會11月16日函件的內容，不持異議。此即《九二共識》。

1993年4月27至29日，海基會董事長辜振甫與海協會會長汪道涵在新加坡舉行會談，史稱「辜汪會談」。

1993年8月31日，共和國政府發表《台灣問題與中國的統一白皮書》。

1993年12月10日，發生尹清楓命案。

1994年3月31日，浙江發生千島湖事件。

1994年7月1日，台北民國政府公佈《台海兩岸關係說明書》，提出「一中兩體論」。

1994年12月3日，台灣島舉辦台灣省省長與台北市、高雄市的市長的

選舉。

1995年1月30日，江澤民發表〈江八點〉。

1995年3月3日，台灣島正式實施全民健保。

1995年4月8日，李登輝發表〈李六條〉。

1995年6月7日，李登輝訪問美國，赴康乃爾大學演講。

1995年7月21至28日，台海第一波飛彈危機爆發。

1996年3月8至15日，台海第二波飛彈危機爆發。

1996年3月23日，李登輝當選台北民國政府第一任民選總統。

1996年9月14日，李登輝正式提出「戒急用忍」，限制海峽兩岸經貿交流。

1996年11月21日，發生劉邦友命案。

1997年2月19日，鄧小平逝世。

1997年4月14日，發生白曉燕命案。

1997年7月1日，香港回歸中國。

1997年7月2日，泰銖匯率暴跌17%，引爆亞洲金融風暴。

1997年11月29日，台灣地區舉行縣市長選舉，國民黨只取得8個縣市長。

1998年2月16日，中華航空676號班機在桃園機場附近墜毀。

1998年10月14日，第二次辜汪會談在上海舉行。

1999年7月9日，李登輝接受《德國之聲》訪問，發表「兩國論」。

1999年9月3日，台北民國政府的國民大會通過「國代延任案」。

1999年9月8日，國民黨開除蘇南成。

1999年9月21日，台灣島發生「921大地震」。

2000年2月21日，共和國政府發表《一個中國的原則與台灣問題白皮書》。

2000年3月18日，陳水扁當選台北民國政府第二任民選總統。

2000年3月20日，李登輝辭去國民黨主席。

2000年3月24日，「大法官」宣告「國民大會延任修憲案」無效。

2000年3月27日， 國民黨國民大會黨團由蔡正元領軍推動廢除「國民大會」。

2000年4月24日， 台北民國政府國民大會通過修憲案把國民大會改爲「任務型」。

2000年4月28日， 蘇起把1992年底海協會與海基會達成關於聲明「一個中國」涵義的表述方式的共識，定名爲《九二共識》。

（四）陳水扁

2000年5月20日， 陳水扁發表「四不一沒有」。

2000年7月22日， 八掌溪事件。

2000年10月27日， 陳水扁命令張俊雄宣佈停建台灣島第四座核能發電廠。

2001年7月29日， 桃芝颱風。

2001年9月11日，美國紐約發生「911事件」。

2001年9月16日，納莉颱風造成北台灣九一七水災。

2001年11月10日，中國與台灣獲准於2002年加入世界貿易組織。

2001年12月11日，中國正式加入世界貿易組織。

2001年12月27日，美國正式宣布給予中國永久正常貿易關係地位。

2002年5月25日，中華航空611號班機從台灣島桃園機場飛赴香港，在澎湖外海解體，機上225人全部罹難。

2002年8月2日，陳水扁公開表示台灣與中國的關係是「一邊一國」。

2003年7月25日，美國回應台灣公投議題時指出，美國沒有看到台灣非「公投」不可的理由，美國堅持「一個中國」原則。

2003年8月7日，2004年台北民國政府總統大選：陳水扁仍稱「一邊一國」爲次年大選定調。陳水扁發動十五國再提案支持台灣加入聯合國。

2003年9月6日，民進黨在台北舉行「正名運動」，有兩、三萬人參加。遊行民衆高呼「台灣中國，一邊一國」的口號，李登輝一家

三代7口也參加了正名運動。

2003年11月13日，台灣慰安婦赴日索賠。

2004年1月9日，中國國民黨主席連戰提出他的兩岸和平新路線圖，他宣示若當選總統，將在對等、尊嚴的前提下到大陸訪問，要求中共凍結並開始撤除對台灣有威脅性的飛彈部署；同時，他也要把徵兵制改為募兵制，把國民兵役期由兩年改為三個月。

2004年1月11日，華盛頓的一名匿名官員再度發表對台強硬談話，稱華府相信陳水扁正在往台獨的方向前進，他對台灣在3月份舉辦公投一事「深表憂慮」，並稱「絕不容許台灣把美國拖入同中國的一場代價昂貴的衝突」。

2004年1月16日，陳水扁在當天下午公布了兩個將於3月20日舉行的公民投票的題目，分別是「如果中共不撤除對台飛彈，人民是否允許政府購買部署反飛彈」，以及「是否同意與中國大陸展開協商」。

2004年2月3日，陳水扁宣布擬與中國大陸簽訂《兩岸和平穩定互動架構協議》。

2004年2月28日，李登輝發起200萬人牽起500公里人鍊「手護台灣」，縱貫台灣南北的活動，替陳水扁造勢。

2004年3月13日，連宋陣營舉行「換總統，救台灣」大型造勢活動，主辦單位宣稱有300萬人參加，是泛藍歷史上最大規模的群眾動員活動。活動中連宋夫婦分別以五體投地和跪下的方式親吻台灣土地。

2004年3月19日，陳水扁、呂秀蓮在台南掃街拜票途中發生意外，陳呂兩人被不明物體擊中，呂秀蓮腳部受傷，陳水扁腹部擦傷，邱義仁在3點30分證實陳呂兩人遭槍擊。

2004年3月20日，台北民國政府總統選舉陳水扁以不足三萬票之差，即六百多萬選票中少於0.5%的些微票數，打敗連宋配。連戰與宋楚瑜落敗後主張選舉無效，並懷疑有人在選舉中舞弊。

2004年5月20日，台北民國政府舉行「總統就職典禮」，陳水扁聲稱2000年強調的兩岸關係原則與承諾不變。

2004年6月30日，中國國務院台灣事務辦公室召開記者會，聲稱只要台灣方面承認錢其琛所提的幾點立場，就可以就三通展開談判。錢其琛曾提到在商談三通時可以避免一個中國的前提。

2004年10月10日，台北民國政府總統陳水扁發表國慶談話。他在談話中說到：海峽兩岸可以1992年九二香港會談作為基礎，尋求雖不完美、但可接受的方案，作為進一步推動協商談判的準備。

2004年10月20日，陳水扁宣佈限時、限量、限對象的金融機構合併方案，稱「二次金改」。

2004年12月11日，台北民國政府舉行第六屆立法委員選舉，泛藍陣營獲114席，佔總席次225席的50.67%；泛綠陣營獲101席，佔總席次44.89%；其他黨派獲10席，佔4.44%。

2005年2月19日，美國與日本雙方代表在華盛頓舉行「美日安全諮商委員會會議」，並發表聯合聲明。當中特別針對北韓問題、台海情勢、中國軍事擴張下的美日國防合作等議題作出表示。

2005年3月1日，陳水扁在歐洲議會的視訊連線中明白表示：在任內做不到將國號改為「台灣共和國」。

2005年3月7日，台灣時間早上十一點，最高法院檢察署和刑事警察局聯合舉行「319正副總統槍擊案」記者會，指稱陳義雄涉有槍擊案重嫌，但陳義雄已於2004年3月29日身亡。

2005年3月14日，上午九點二十四分，中華人民共和國第十屆全國人民代表大會第三次會議以2,896票贊成，0票反對，2票棄權的懸殊比例通過備受關注的《反分裂國家法》。

2005年3月17日，台北民國政府的立法院長王金平正式宣布參選中國國民黨主席

2005年4月5日，台灣團結聯盟主席蘇進強參拜日本靖國神社引起爭議。

2005年4月29日，連戰訪問中國大陸，與胡錦濤會談，發表〈連胡五項願景〉。

2005年5月1日，陳水扁呼籲海峽兩岸進行官方接觸。韓國針對台灣媒體「陳水扁要求韓國邀請他參加APEC」的報導，拒絕陳水扁出席APEC會議，並稱其懷有政治目的。

2005年5月14日，台北民國政府舉辦任務型國民大會代表選舉，以便就政府提出的一系列憲法修正進行討論。開票結果民進黨獲最多席位（127），其次國民黨獲得117席。

2005年5月18日，第一批台灣零關稅直達大陸的農產品在中國福建省露面

2005年5月30日，七種零關稅台灣水果首次登陸中國北京

2005年6月7日，任務型國民大會以贊成票超過四分之三通過修憲案，廢除國民大會，立法委員選舉改為單一選區兩票制，國民代表大會走入歷史。

2005年7月16日，中國國民黨舉行黨主席選舉。台北市市長馬英九當選新任黨主席。

2005年8月23日，台灣高雄捷運爆發長達17小時的泰勞暴動事件。

2005年12月3日，台北民國政府舉行縣市長、鄉鎮市長、縣市議員之三合一選舉。國民黨為首的泛藍陣營囊括17個縣市。蘇貞昌宣布辭去民進黨黨主席。

2005年12月24日，國民黨主席馬英九將國民黨所屬企業中國電視公司（中視）、中國廣播公司（中廣）、中央電影公司（中影），即所謂的「三中」出售給余建新的中國時報集團。

2006年2月27日，陳水扁宣佈《國家統一綱領》停止適用。

2006年9月9日，施明德控訴陳水扁貪污，發起倒扁運動。

2007年2月13日，馬英九因特別費案，遭檢察官侯寬仁以貪污罪起訴。

2008年，馬英九當選台北民國政府第四任民選總統。

（五）馬英九

2008年5月20日，陳水扁卸任，立即被檢方列為貪污案被告。

2008年5月28日，馬政府調漲油價12.7%，7月1日調漲電價12.6%，
7月2日再調漲油價4.3%。

2008年12月15日，兩岸直航。

2009年8月8日，台灣南部發生八八水災，是台灣島史上死亡人數第二
多的天然災害。

2009年9月14日，美國「雷曼兄弟公司」宣告破產，引爆全球性金融海
嘯。

2010年6月29日，台灣海峽兩岸簽訂《經濟合作框架協議》ECFA。

2011年3月11日，日本福島核電廠災難。

2012年，馬英九當選台北民國政府第五任民選總統。

2012年4月1日，馬英九政府調漲油價10.7%；5月15日 調漲電價
29.5%。

2012年4月12日，馬英九政府推出劉憶如版復徵證所稅，股市全面下
滑，摧毀國民黨與工商界的信賴基礎。

2012年6月4日，立法委員蔡正元獨立對抗支持馬英九課徵證所稅的輿
論攻勢，提出修正動議版，對劉版證所稅踩煞車，當日股市大跌
才止住。

2012年10月19日，馬英九政府用踐踏軍公教尊嚴的理由，呼應綠委管
碧玲的質詢，刪除軍公教年終慰問金，瓦解國民黨的鐵票基礎。

2013年2月18日，馬英九拉拔江宜樺任行政院長，與朱立倫種下接班人
心結，國民黨的內部裂痕持續擴大。

2013年6月21日，海峽兩岸在上海簽署《服務貿易協議》。

2013年7月20日，發生洪仲丘事件的白衫軍遊行，馬英九政府已兵困馬
疲，左支右絀。同日，第三度當選國民黨主席。

2013年9月8日，馬英九開除王金平黨籍，史稱「馬王九月政爭」。

2014年3月18日 ，台灣島爆發太陽花學運，反對與中國大陸簽訂《服

務貿易協議》，攻佔立法議場。

2014年4月15日，民進黨前主席林義雄絕食反核。

2014年5月21日，鄭捷在台北捷運車廂內，持刀隨機砍殺車廂內乘客，造成4死22傷的駭人事件。

2014年11月29日，國民黨在地方選舉大敗。

2015年2月14日，台獨出錢出力要透過罷免案，扳倒統派立場清楚的蔡正元，沒有成功。

2015年7月19日，國民黨提名洪秀柱參選總統。

2015年10月17日，國民黨廢止洪秀柱提名，改徵召朱立倫參選總統。

2015年11月7日，習近平與馬英九在新加坡會談。

2016年1月16日，民進黨蔡英文當選台北民國政府第六任民選總統。國民黨大敗，失去立法院多數黨的地位。民進黨首度成為立法院過半數的政黨。

2016年2月6日，高雄美濃發生芮氏規模6.6級地震。

2016年3月26日，洪秀柱當選為中國國民黨主席。

（六）蔡英文

2016年5月20日，蔡英文就任台北民國政府第六任民選總統。

2016年7月12日，〈南中國海仲裁案〉宣告，將台北民國政府定位為「中國的台灣當局」（The Taiwan Authority of China）。

2016年7月25日，民進黨利用立法手段制訂《政黨及其附隨組織不當取得財產處理條例》，沒收國民黨財產。

2017年5月20日，吳敦義當選中國國民黨主席。

2017年7月17日，蔡英文政府以涉嫌背信為由羈押禁見蔡正元，卻作為偵訊馬英九涉嫌背信出售國民黨黨產的手段，擬在2018年選舉前起訴馬英九。

2017年12月19日，蔡英文政府以涉嫌違反《國家安全法》為由，搜索偵訊新黨青年軍王炳忠、侯漢廷、林明正、陳斯俊。

參考書目

註：西文文獻和論文文獻暫略

一、通史

Cultueland著，麥盧寶全譯，《世界歷史地圖》，楓樹林，新北，2013年。

山崎繁樹、野上矯介著，楊鴻儒譯，《台灣史1600-1930》，鴻儒堂，台北，2014年。

王御風著，《圖解台灣史》，好讀，台中，2010年。

台灣文史工作室著，《圖解版台灣通史》，漢湘文化，台北，2018年。

台灣省文獻委員會編，《台灣史》，眾文，台北，2009年。

史明著，《台灣人四百年史》，蓬島文化，加州，1980年。

白若瑟（P. Jose Maria Alvarez）著，《福爾摩沙詳盡的地理與歷史》，台灣歷史博物館，台南，2017年。

石文誠等著，《簡明台灣圖史》，如果，台北，2015年。

石再添、張瑞津、陳翰霖著，〈台灣西南部台南海岸平原地形變遷之研究〉，《師大地理研究報告 第26期》，台灣師範大學，台北，1996年。

伊能嘉矩著，《台灣文化志》，台灣書房，台北，2011年。

克里斯提安（David christian）著，《極簡人類史》，遠足，新北，2017年。

吳密察等著，《地圖台灣》，南天，2007年。

李素芳著，《台灣的海岸》，遠足，新北，2001年。

李筱峰、劉峰松著，《台灣歷史閱覽》，自由時報，台北，1994年。

李筱峰著，《台灣史100件大事》，玉山社，1999年。

李筱峰、林呈蓉編著，《台灣史》，華立，2003年。

祁夫潤（Jerome F. Keating）著，陳正杰譯，《圖說台灣：渴望之經濟、覬覦之版圖》，南天，台北，2017年。

周婉窈著，《台灣歷史圖說》，聯經，台北，1998年。

呂學政、魏德文編，《經緯福爾摩沙——16-19世紀西方繪製台灣相關地圖》，南天，台南，2011年。

林呈蓉著，《台灣涉外關係史》，五南，台北，2015年。

波本克（Jane Burbank）、庫伯（Frederick cooper）著，馮奕達譯，《世界帝國二千年》，八旗，新北，2015年。

施雅軒著，《台灣的行政區變遷》，遠足，新北，2003年。

翁佳音、黃驗著，《解碼台灣史 1550-1720》，遠流，台北，2018年。

馬爾（Andrew Marr）著，邢科、汪輝譯，《BBC世界史》，廣場，新北市，2018年。

高明士編，《台灣史》，五南，台北，2013年。

戚嘉林著，《台灣史》，台北，2015年。

曹銘宗等著，《台灣史新聞》，貓頭鷹，台北市，2013年。

曹銘宗著，《台灣史新聞》，貓頭鷹，台北，2016年。

許極燉著，《台灣近代發展史》，前衛，1996年。

連橫著，《台灣通史》，國民黨黨史館，台北，2003年10月。

郭婷玉等著，《圖解台灣史》，晨星，台中，2016年。

陳文山、宋時驊、吳樂群、徐澔德、楊小青著，《末次冰期以來台灣海岸平原區的海岸線變遷》，《考古人類學刊》，台北，2005年2月。

陳世昌著，《台灣演進史》，五南，台北，2013年。

陳正茂著，《台灣經濟史》，新文京，新北，2010年。

陳映勳編，《台灣歷史年表》，漢宇，新北，2018年。

陳紹馨著，《台灣人口變遷與社會變遷》，聯經，2004年。

張隆志編，《跨越世紀的信號：書信裡的台灣史（17-20世紀）》，貓頭鷹，台北，2019。

陸傳傑、曾樹銘著，《航向台灣　海洋台灣舟船志》，遠足，新北，2013年。

陸傳傑著，《被誤解的台灣老地名》，遠足，新北，2014年。

陸傳傑著，《被誤解的台灣古地圖》，野人文化，新北，2018年。

程大學編，《台灣開發史》，眾文，台北，1991年。

黃美傳編，《一看就懂台灣地理》，遠足，新北，2018年。

黃清琦等著，《台灣歷史地圖》，台灣歷史博物館，台南，2015年。

黃清琦、黃驗、黃裕元著，《台灣歷史地圖》，台灣史博館、遠流，台北，2018年。

黃智偉著，《省道台一線的故事》，貓頭鷹，台北，2002年。

黃震南著，《台灣史上最有梗的台灣史》，究竟，台北，2017年。

楊建夫著，《台灣的山脈》，遠足，新北，2001年。

達飛聲（James w. Davidson）著，陳政三譯，《福爾摩沙島的過去與現在》，南天，台北，2014年。

廖宜方著，《圖解台灣史》，易博士，台北，2004年。

蔡石山著，黃中憲譯，《海洋台灣》，聯經，台北，2011年。

蔡培慧、陳怡慧、陸傳傑著，《台灣地名事典》，遠足，新北，2018年。

諾思（Douglas C. North），劉瑞華譯，《經濟史的結構與變遷》，聯經，台北，2016年。

諾思（Douglas C. North），劉瑞華譯，《西方世界的興起》，聯經，台北，2016年。

駱芬美著，《被誤解的台灣史》，時報出版，台北，2015年。

戴天昭著，李明峻譯，《台灣國際政治史》，前衛，台北，1996年。

戴昌鳳等著，《台灣地理全紀錄》，遠足，新北，2003年。

戴震宇等著，《台灣歷史全紀錄》，遠足，新北，2003年。

薛化元等編撰，《台灣貿易史》，對外貿易發展協會，台北，2008年1月。

薛化元編著，《台灣開發史》，三民，台北，1999年。

鍾孝上著，《台灣先民奮鬥史》，自立晚報，台北，1987年。

瞿海良等著，《圖解台灣文化》，易博士文化，台北，2019年。

二、史前人類之島

Ewen Callaway, "Neanderthals had outsize effect on human biology",《Nature》, 29 July 2015。

InfoVisual研究所著，周芷羽譯，《圖解人類大歷史》，漫遊者，台北，2018年。

Kelly Harris and Rasmus Nielsen, 'Q&A: Where did the Neanderthals go?'《BMC Biology》, 1, September, 2017。

Andy I. R. Herries et., "Contemporaneity of Australopithecus, Paranthropus, and early Homo erectus in South Africa",《Science》, 03, April, 2020.

Louis Humphrey and Chris Stringer, "Our Human Story", The Natural History Museum, London, 2018.

Robert Foley著，歐陽敏譯，《簡述人類演化》，韋伯，台北，2002年。

十三行博物館編，《塗紅陶器密碼：訊塘埔文化特展專輯》，十三行博物館，新北市，2011年。

土屋健著，張佳雯譯，《真實尺寸的古生物圖鑑》，如何，台北，2019年。

井上清著，閻伯緯譯，《日本歷史》，人民，北京，2013年。

田本康著，歐凱寧譯，《氣候文明史》，城邦，台北，2012年。

尹章義著，《台灣客家史研究》，台北市政府客家事務委員會，台

北，2003年。

方豪著，《台灣早期史綱》，學生書局，台北，1994年。

王飛凌著，《中華秩序》，八旗，新北，2018年。

平勢隆朗著，李彥樺譯，《從城市國家到中華》，台灣商務，新北，2018年。

白尾元理、清川昌一著，陳嫻若譯，《地球全史》，聯經，台北，2014年。

克里斯欽David Christian著，拾己安、王若馨譯，《大歷史 big history: maps of time》，聯經，新北，2018年。

李光周著，尹建中編，《墾丁史前住民與文化》，稻香，台北縣，1996年。

李伯謙著，《中國青銅文化》，龍圖騰，台北，2012年。

李相僖、尹信榮著，陳建安譯，《人類的起源》，三采，台北，2018年。

杜正勝著，《周代城邦》，聯經，新北，2018年。

佟洵、王雲松編，《看得到的中國史》，大是，台北，2019年。

岡田英弘著，陳心慧譯，《中國文明の歷史》，八旗，新北，2017年。

岡田英弘著，陳心慧譯，《日本史の誕生》，八旗，新北，2017年。

哈拉瑞（Yuval Noah Harari）著，林俊宏譯，《人類大歷史：從野獸到扮演上帝》，遠見，台北，2014年。

倉本一宏著，中公編，任鈞華譯，《日本千年歷史之謎》，遠足，新北，2019年。

科塔克（C. P. Kottak）著，范可譯，《人性之窗：簡明人類學概論》，上海人民出版社，上海，2014年。

宮本一夫著，郭清華譯，《從神話到歷史》，台灣商務，新北，2018年。

莫里斯（Desmond Morris）著，曹順成譯，《裸猿》，商周，台北，

2015年。

連恩（Nick Lane）著，梅苃芒譯，《生命的躍升》，貓頭鷹，台北，2016年。

普羅泰羅（Donald R. Prothero）著，《改寫地球史的25種石頭故事》，八旗，新北，2018年。

泰德薩（Ian Tattersall）著，柯明憲譯，《人種源始》，貓頭鷹，台北，2014年。

梁肇庭著，王東、孫業山譯，《中國歷史上的移民與族群性：客家、棚民及其鄰居們》，南天，台北，2015年。

陳歆怡撰，《考古台灣》，經典雜誌，台北，2017。

路易斯（Simon L. Lewis）、馬斯林（Mark A. Maslin）著，魏嘉儀譯，《人類世的誕生》"The Human Planet: How We Created the Anthropocene"，積木文化，台北，2019年。

凱利（Lynne Kelly）著，張馨方、唐岱蘭譯，《記憶密碼》，好優，新北，2018年。

博恩藍（Peter Brannen）著，張毅瑄譯，《地球毀滅記》，遠見，台北，2018年。

湯錦台著，《千年客家》，如果，台北，2010年。

張禮智著，《沈睡六千年的半坡遺跡》，崧燁，台北，2020年。

費根（Brian M. Fagan）著，楊寧譯，《世界史前史》，北京聯合出版公司，北京，2017年。

賈蘭坡著，《中國古人類大發現》，台灣商務，台北，1995年。

綜合文化俱樂部著，林詠純譯，《日本史古代篇》，楓葉社，新北，2013年。

臧振華著，《台灣考古》，文化建設委員會，台北，1999年。

蒲慕州著，《西洋上古文化》，三民，台北，2009年。

劉益昌著，《台灣全志》，〈卷三 住民志 考古篇〉，台灣文獻館，南投，2011年。

劉益昌編，《台灣史前史專論》，中央研究院，台北，2015年。

劉益昌著，《芝山岩遺址與台北史前》，北市文獻館，台北，2018年。

劉益昌著，《史前人群與文化》，玉山社，台北，2019年。

摩里士（Ian Morris）著，潘勛譯，《西方憑什麼》，雅妍，台北，2015年。

鄭梁生著，《日本古代史》，三民，台北，2006年。

鄭梁生著，《日本中世史》，三民，台北，2009年。

戴蒙（Jared Diamond）著，《槍砲、病菌與鋼鐵─人類社會的命運》，時報文化，台北，2015年。

戴蒙（Jared Diamond）著，《第三種猩猩》，王道還譯，時報文化，台北，2018年。

羅賓森（Andrew Robinson）著，洪世民譯，《文字的秘密》，聯經，台北，2017年。

三、原住民之島

Robert Day McAmis, "Malay Muslims: The History and Challenge of Resurgent Islam in Southeast Asia"

方豪著，《台灣早期史綱》，台灣學生，台北，1994年。

王存立 胡文青編著，《台灣的古地圖 明清時期》，遠足，新北，2002年。

王嵩山著，《原住民─人族的文化旅程》，遠足，新北，2010年。

包樂史（Leonard Blusse）、Natalie Everts、Everlien Frech編，林偉盛譯，《邂逅福爾摩沙 台灣原住民社會紀實：荷蘭檔案摘要 第1冊 1623-1635》，原住民委員會，台北，2010年。

包樂史（Leonard Blusse）、Natalie Everts編，康培德譯，《邂逅福爾摩沙 台灣原住民社會紀實：荷蘭檔案摘要 第2冊 1636-1645》，順益台灣原住民博物館，台北，2010年。

台灣總督府編，翁佳音、陳怡宏譯，《平埔族調查書》，台灣史博館，台南，2013年。

史塔萊迪（Admiral James Stavridis）著，譚天譯，《海權爭霸（Sea Power）》，聯經，新北，2018年。

田哲益著，《撒奇萊雅族神話與傳說及火神祭》，晨星，台中，2019年。

克羅斯比（Alfred W. Crosby）著，鄭明萱譯，《哥倫布大交換》，貓頭鷹，台北，2013年。

伊能嘉矩著，楊南郡譯，《平埔族調查旅行》，遠流，台北，2016年。

安介生著，《民族大遷徙》，中華書局，香港，2014年。

吳圳義著，《西洋近古史》，三民，台北，2005年。

吳密察等撰，《地圖台灣：四百年來相關台灣地圖》，南天，台北，2007年。

吳密察著，《唐山過海的故事：台灣通史》，時報，台北，2012年。

李壬癸著，《台灣南島民族的族群與遷徙》，前衛，2011年。

李筱峰著，《以地名認識台灣》，遠景，台北，2017年。

呂特根（Frederick K. Lutgens）、塔布克（Edward J. Tarbuck）、塔沙（Dennis Tasa）著，蔡菁芳、王季蘭譯，《觀念地球科學2》，遠見天下，台北，2012。

林修澈編，《台灣原住民族部落事典》，原住民族委員會，新北，2018年。

洪英聖著，《台灣先住民腳印：十族文化傳奇》，時報文化，台北，1993年。

馬偕著，林晚生譯，《福爾摩沙紀事：馬偕台灣回憶錄》，台北，前衛，2007年。

翁佳音、林孟欣、王靜慧著，《陽明山地區族群變遷與古文書研究》，陽明山國家公園管理處，2006年12月。

曹永和著，《台灣早期歷史研究》，聯經出版，台北，二版，2016年。

曹永和著，《台灣早期歷史研究續集》，聯經出版，台北，二版，2016年。

陳玉苹等著，石文誠等編，《看見平埔：台灣平埔族群歷史與文化特展專刊》，台灣史博館，台南，2013年。

陳叔倬、段洪坤著，〈平埔血源與台灣國族血統論〉，《台灣社會研究季刊》，72期，2008年12月。

陳奇祿著，《台灣土著文化研究》，聯經，台北，1992年。

陳宗仁著，《雞籠山與淡水洋：東亞海域與台灣早期史研究1400-1700》，聯經，台北，2005年。

湯錦台著，《大航海時代的台灣》，如果，台北，2011年。

黃應貴編，《台灣土著社會文化研究論文集》，聯經，台北，1986年。

詹素娟著，《台灣原住民史》，玉山社，台北，2019年。

遠足地理百科編輯組，《一看就懂台灣文化》，遠足，新北。2018年。

橫井祐介著，陳聖怡譯，《大航海時代大全》，楓樹林，新北，2015年。

潘英編著，《台灣平埔族史》，南天書局，台北，1996年。

簡史朗著，《貓霧捒社（Babusaga）的研究──貓霧捒社非貓霧捒族考》，政治大學民族學系博士論文，2016年5月。

四、荷蘭公司之島

中村孝志著，《荷蘭時代台灣史研究（上卷）概說、產業》，稻香，台北，1997年。

中村孝志著，《荷蘭時代台灣史研究（下卷）社會、文化》，稻香，台北，2001年。

古慧雯著，《十七世紀荷日貿易中台灣所扮演的角色》，台灣大學經濟學系研究報告。

司馬嘯青著，《台灣荷蘭總督》，玉山社，台北，2009年。

甘爲霖（William Campbell）英譯，李雄揮漢譯，《荷據下的福爾摩沙 Formosa under the Dutch》，前衛，台北，2003年。

甘爲霖英譯（William Campbell），李雄揮譯，翁佳音校訂，《荷蘭時代的福爾摩沙》，前衛，台北，2017年。

江樹生編，《鄭成功和荷蘭人在台灣的最後一戰及換文締和》，漢聲雜誌45期，台北。

江樹生譯註，《熱蘭遮城日誌（一）》，台南市政府，台南，2000年。

江樹生譯註，《熱蘭遮城日誌（二）》，台南市政府，台南，2002年。

江樹生譯註，《熱蘭遮城日誌（三）》，台南市政府，台南，2003年。

江樹生譯註，《熱蘭遮城日誌（四）》，台南市政府，台南，2011年。

江樹生著，《檔案敘事：早期台灣史研究論文集》，台灣史博館，台南，2016年。

羽田正著，林詠純譯，《東印度公司與亞洲的海洋》，八旗文化，新北市，2018年。

羽田正編，張雅婷譯，《從海洋看歷史》，廣場，新北市，2017年。

利邦（Elie Ripon）著，賴慧芸譯，《利邦上尉東印度航海歷險記》，遠流，台北，2012年。

吳美雲編，江樹生審稿，《十七世紀荷蘭人繪製的台灣老地圖》，漢聲，台北，1997年。

吳聰敏編著，《制度與經濟成長》，台大出版，台北，2020年。

呂理政編，《帝國相接之界—西班牙時期台灣相關文獻及圖像論文

集》，南天，台北，2006年。

周婉窈著，《海洋與殖民地台灣論集》，聯經，台北，2012年。

林媽利著，《圖解台灣血緣》，前衛，台北，2018年。

阿瓦列斯（Jose Maria Alvarez）著，李毓中、吳孟眞譯，《西班牙人在
　　台灣（1626-1642）》，台灣文獻館，南投，2006年。

翁佳音著，《荷蘭時代——台灣史的連續性問題》，稻香，新北，
　　2008年。

翁佳音著，《近代初期台灣的海與事》，中研院台灣史研究所，台
　　北，2022年。

高賢智編，《縱覽台江　大員四百年地輿圖》，台江國家公園管理處，
　　台南，2012年。

曹永和著，《近世台灣鹿皮考》，遠流，台北，2011年。

康培德著，《殖民想像與地方流變》，聯經，台北，2016年。

張淑勤著，《低地國（荷比盧）史》，三民，台北，2005年。

張淑勤著，《荷蘭史》，三民，台北，2012年。

揆一（C. E. S.）著，甘爲霖（William Campbell）英譯，林野文漢譯，
　　《被遺誤的台灣：荷鄭台江決戰始末記（Neglected Formosa）
　　》，前衛，台北，2011年。

程紹剛譯註，《荷蘭人在福爾摩沙》，聯經，台北，2000年。

楊彥杰，《荷據時代台灣史》，聯經，台北，2000年。

劉還月著，《琅嶠卑南道》，墾丁公園管理處，屏東，2018年。

藍柏（Lambert van der Aalsvoort）著，林金源譯，《風中之葉》，經典
　　雜誌，台北，2002年。

藍柏（Lambert van der Aalsvoort）著，林金源、劉怡　譯，《福爾摩沙
　　拾遺》，經典雜誌，台北，2019年。

盧泰康著，'台灣南部考古出土與傳世的西方銀幣研究'，《台灣
　　史研究》，22卷2期，中央研究院台灣史研究所，2015年6月，頁
　　151-196。

歐陽泰（Tonio Andrade）著，陳信宏譯，《決戰熱蘭遮Lost Colony》，時報文化，台北，2014。

歐陽泰（Tonio Andrade）著，鄭維中譯，《福爾摩莎如何變成台灣府？》，遠流，台北，2007年。

蔡宜靜著，《荷據時期（1624-1662）大龜文王國形成與發展之研究》，南華大學環境與藝術研究所碩士論文，2009年。

鄭維中著，《荷蘭時代的台灣社會》，前衛，台北，2004年。

鄭維中著，《製作福爾摩沙》，如果，台北，2006年。

鮑曉鷗（Jose Eugenio Borao）著，Nakao Eki 譯，《西班牙人的台灣體驗1626-1642》，南天，台北，2008年。

戴月芳著，《明清時期荷蘭人在台灣》，台灣書房，台北，2012年。

韓家寶（Pol Heyns）著，鄭維中譯，《荷蘭時代台灣的經濟、土地與稅務 （Economy, Land Rights and Taxation in Dutch Formosa）》，播種者文化，台北，2002年。

五、中國藩王之島

上田信著，葉韋利譯，《明清時代 海與帝國》，台灣商務，新北，2017年。

江日昇著，《台灣外記》，風雲時代，台北，1987年。

吳正龍著，《鄭成功與清政府間的談判》，文津，台北，2000年。

梅氏 （Philippus Daniel Meij van Meijensteen）著，江樹生譯註，《梅氏日記：荷蘭土地測量師看鄭成功》，漢聲雜誌，132期。

陳錦昌著，《鄭成功的台灣時代》，向日葵，新北，2004年。

湯錦台著，《開啓台灣第一人鄭芝龍》，城邦，台北，2002年。

湯錦台著，《閩南海上帝國》，如果出版，台北，2013年。

葉鴻洲、吳瑩著，《台灣古戰場風雲》，玉山社，台北，2008年。

楊渡著，《1624 顏思齊與大航海時代》，南方家園。

蕃芋著，《勇渡黑水溝》，台灣書房，台北，2013年。

蔣敏全著，〈台灣最早漢莊「白沙」之研究〉，《彰化師大國文經緯》第十六期，2020年。

六、清代中國之島

Joseph Beal Steere著，林弘宣譯，《福爾摩沙及其住民：十九世紀美國博物館學家的台灣調查筆記》，前衛，台北，2009年。

尹章義著，《台灣開發史研究》，聯經，台北，2004年。

王世慶著，《清代台灣社會經濟》，聯經，台北，2006年。

王詩琅著，張良澤譯，《清廷台灣棄留之議─台灣史論》，海峽學術，台北，2003年。

王惠君著，《台北歷史，空間，建築》，左岸，新北，2019年。

必麒麟（W. A. Pickering）著，陳逸君譯，《歷險福爾摩沙（Pioneering in Formosa）》，前衛，台北，2010年。

甘為霖（William Campbell）著，林弘宣、許雅琦、陳佩馨譯，《素描福爾摩沙》，前衛，台北，2009年。

弗格森（Niall Ferguson）著，雨珂譯，《帝國》，廣場，新北，2015年。

何順果著，《美國歷史十五講》，北京大學，北京，2015年。

李祖基著，《台灣歷史研究》，海峽學術，台北，2008年。

李文良著，《清代南台灣的移墾與「客家」社會（1680-1790）》，台大出版中心，台北，2011年。

李文良編，《成為台灣客家人》，台大出版中心，台北，2019年。

沈呂巡編，《百年傳承走出活路》，故宮博物院，台北，2011年。

林玉茹、詹素娟、陳志豪編，《紫線番界》，中央研究院，台北，2015年。

林修澈著，《牡丹社事件》，原住民族委員會，新北，2017年。

林偉盛著，《羅漢腳─清代台灣社會與分類械鬥》，自立晚報，台北，1993年。

林滿紅著，《茶、糖、樟腦業與台灣之社會經濟變遷（1860-1895）》，聯經，新北，2018年。

吳建昇著，《驚濤戰府城　海賊王蔡牽在台南》，臺南市政府文化局，2021年。

邵式柏（John R. Shepherd）著，林偉盛等譯，《台灣邊疆治理與政治經濟（1600-1800）》，台大出版中心，台北，2016年。

洪英聖編，《畫說乾隆台灣輿圖》，聯經，台北，2002年。

施志汶著，《台灣史研究的史料運用問題：以清代渡台禁令為例》，《台灣史蹟》，36期，2000年6月，頁127-166。

泰勒（George Taylor）著，杜德橋編，謝世忠、劉瑞超譯，《1880年代南台灣的原住民族，南岬燈塔駐守員喬治泰勒撰述文集》，原住民委員會，台北，2010年。

高良倉吉著，《琉球的時代：偉大歷史的圖像》，聯經，新北，2018年。

高賢治編，《大台北古契字三集》，台北市文獻委員會，台北，2009年。

陳志豪著，《清代北台灣的移墾與「邊區」社會（1790-1895）》，南天，台北，2019年。

陳政三著，《翱翔福爾摩沙：英國外交官郇和晚清台灣紀行》，五南，台北，2015年。

陳宗仁編，《晚清台灣番俗圖》，中央研究院，台北，2014年。

陳捷先著，《嘉慶皇帝與台灣》，故宮博物院，台北，2016年。

張世賢著，《晚清治台政策》，海峽學術，台北，2009年。

張怡雯編，《古蹟建築》，遠足，新北，2018年。

莊宏哲著/譯，《1771福爾摩沙：貝紐夫斯基航海日誌紀實》，前衛，台北，2014年。

莊展鵬編，《台灣的泉州人專集》，漢聲雜誌社，台北。

莊展鵬編，《台灣的漳州人專集》，漢聲雜誌社，台北。

莊吉發著，《故宮檔案與清代台灣史研究（一）》，文史哲，台北，
　　2020年。

菊池秀明著，廖怡錚譯，《末代王朝與近代中國》，台灣商務，新
　　北，2017年。

許雪姬著，《北京的辮子：清代台灣的官僚體系》，自立晚報，台
　　北，1993年。

許雪姬著，《滿大人最後的二十年：洋務運動與建省》，自立晚報，
　　台北，1993年。

許雪姬編，《來去台灣》，台大出版中心，台北，2019年。

黃阿有著，〈清代嘉義地區的田園主與陂圳的關係〉，台灣文獻，第
　　59卷，第4期。

黃美玲著，《明清時期台灣遊記》，文津，台北，2012年。

黃昭堂著，廖為智譯，《台灣民主國研究》，前衛，台北，2005年。

黃清琦編，《台灣輿圖暨解說圖研究》，台灣史博館，台南，2010
　　年。

黃樹仁著，《沒有唐山媽？拓墾時期台灣原漢通婚之研究》，《台灣
　　社會研究季刊》第93期，2013年12月，頁1-47。

費德廉、蘇約翰主編，羅效德、費德廉譯，《李仙得台灣紀行》，台
　　灣歷史博物館，台南，2013年。

費德廉等編譯，《看見十九世紀台灣》，如果，台北，2006年。

葉高華編，《十八世紀末御製台灣原漢界址圖解讀》，台灣歷史博物
　　館，台南，2017年。

蔡志展著，《明清台灣水利開發研究》，台灣省文獻委員會，南投，
　　1999年。

詹素娟編，《族群、歷史與地域社會——施添福教授榮退論文集》，
　　中央研究院台灣史研究所，新北，2011年。

豪士（Edward House）著，陳政三譯，《征台紀事　牡丹社事件始
　　末》，台灣書房，台北，2011年。

劉克襄著，《深入陌生地：外國旅行者所見的台灣》，自立晚報，台北，1993年。

劉枝萬編，《台灣埔里鄉土志稿》，南天，台北，2019年。

劉枝萬編，《台灣日月潭史話；台中彰化史話（上卷）》，南天，台北，2019年。

劉益昌著，《歷史的左營腳步》，晨星，台中，2019年。

鄧津華著，楊雅婷譯，《台灣的想像地理：中國殖民旅遊書寫與圖像1683-1895》，台大，台北，2018年。

盧建榮著，《入侵台灣》，麥田，台北，1999年。

賴福順著，《鳥瞰清代台灣的開拓》，日創社，台北，2007年。

駱芬美著，《被扭曲的台灣史》，時報文化，台北，2015年。

駱芬美著，《被混淆的台灣史》，時報文化，台北，2014年。

戴寶村策劃，《"小的"台灣史》，玉山社，台北，2012年。

戴寶村著，《帝國的入侵：牡丹社事件》，自立晚報，台北，1993年。

薛紹元總纂，《台灣通志稿》，台灣史博館，台南，2011年。

謝國興著，《官逼民反：清代台灣三大民變》，自立晚報，台北，1993年。

謝貴文著，《內門鴨母王朱一貴》，玉山社，台北，2015年。

魏斐德（Frederic Wakeman）著，《大清帝國的衰亡》，時報文化，台北，2017年。

七、日本殖民之島

Andrew Wiest、Gregory L. Mattson著，孫宇、李清譯，《血戰太平洋》，知書房，台北，2004年。

乃南亞沙著，沈玉慧、蕭家如譯，《日本統治台灣五十年》，五南，台北，2017年。

王詩琅譯註，《台灣社會運動史－文化運動》，稻香，台北縣，1995

年。

王泰升著,〈日本殖民統治下台灣的「法律暴力」及其歷史評價〉,
　　《政治大學歷史學報》,第25期,2006年5月,頁1-36。

中村孝志著,卞鳳奎譯,《中村孝志教授論文集:日本南進政策與台
　　灣》,稻香,台北,2002年。

丘秀芷編,《破碎山河誰來補?─台灣抗日先賢先烈傳》,台灣抗日親
　　屬協進會,2015年。

北岡伸一著,周俊宇等譯,《日本政治史》,麥田,台北,2018年。

北岡伸一著,魏建雄譯,《後藤新平傳》,台灣商務,台北,2005
　　年。

司馬嘯青著,《台灣日本總督》,玉山社,台北,2005年。

弗格森(Niall Ferguson)著,翁嘉聲譯,《世界大戰》,廣場,新北
　　市,2015年。

末光欣也著,辛如意、高泉益譯,《台灣歷史──日本統治時代的台
　　灣》,致良出版社,台北,2012年。

矢內原忠雄著,林明德譯,《日本帝國主義下之台灣》,吳三連基金
　　會,台北,2014年。

竹中信子著,蔡龍保譯,《日治台灣生活史──日本女人在台灣〈明
　　治篇 1895-1911〉》,時報文化,台北,2007年。

竹中信子著,曾淑卿譯,《日治台灣生活史──日本女人在台灣〈大
　　正篇 1912-1925〉》,時報文化,台北,2007年。

竹中信子著,熊凱弟譯,《日治台灣生活史──日本女人在台灣〈昭
　　和篇 1926-1945〉》,時報文化,台北,2009年。

李宜憲、莊雅仲著,《大港口事件》,原住民族委員會,新北,2019
　　年。

何義麟著,《矢內原忠雄及其〈帝國主義下之台灣〉》,五南,2014
　　年。

呂理政、謝國興編,《乙未之役隨軍見聞錄》,中央研究院,台北,

2015年。

林呈蓉著，《皇民化社會的時代》，台灣書房，台北，2010年。

近藤正己著，林詩庭譯，《總力戰與台灣：日本殖民地的崩潰》，台
　　大，2014年。

若林正丈等編著，《台灣百科》，克寧，台北，1995年。

官大偉著，《李崠山事件》，原住民族委員會，新北，2019年。

柯志明著，《米糖相剋》，群學，台北，2006年。

徐如林、楊南郡著，《大分 塔馬荷：布農抗日雙城記》，南天，台
　　北，2010年。

徐康、吳藝煤編著，《台灣共產黨抗日史實》，華品，台北，2017
　　年。

栗原純著，徐國章譯，《日本帝國主義與鴉片》，台大，台北，2017
　　年。

涂照彥著，李明峻譯，《日本帝國主義下的台灣》，人間，台北，
　　2017年。

翁佳音著，《台灣漢人武裝抗日史研究 一八九五－一九〇二》，台
　　大，台北，1986年。

溫吉編譯，《台灣蕃政志》，台灣省文獻委員會，南投，1999年。

傅琪貽（藤井志津枝）著，《大分事件》，原住民族委員會，新北，
　　2019年。

傅琪貽（藤井志津枝）著，《大嵙崁事件》，原住民族委員會，新
　　北，2019年。

張建隆著，《看見老台灣》，玉山社，台北，1999年。

莊永明著，《台灣紀事》，時報，台北，1996年。

許介麟編著，《台灣史記，日本殖民統治篇》，文英堂，台北，2007
　　年。

陳水逢著，《日本近代史》，台灣商務，台北，1997年。

陳芳明著，《殖民地台灣》，麥田，台北，2017年。

陳芳明著，《謝雪紅評傳》，麥田，台北，2009年。

陳昭宏著，《日治時期台灣皇漢醫道復活運動》，政治大學台灣史研究所碩士論文，2015年。

陸傳傑著，《隱藏地圖中的日治台灣真相：太陽帝國的最後一塊拼圖》，遠足，新北，2015年。

麥克萊恩（James L. McClain）著，王翔譯，《日本史（1600-2000）》，海南，海口市，2014年。

曾令毅著，〈二次大戰前日軍在台航空兵力發展之初探（1927-45）〉，《台灣國際研究季刊》，第8卷，第2期，頁69-90，2012年/夏季號。

黃昭堂著，廖為智譯，《「台灣民主國」研究》，前衛，台北，2005年。

黃昭堂著，黃英哲譯，《台灣總督府》，前衛，台北，2013年。

黃煌雄著，《蔣渭水》，時報，台北，2015年。

葉榮鐘著，《日據下台灣大事年表》，晨星，台中，2000年。

歐文魯特（Edward Owen Rutter）著，蔡耀緯譯，《1921年穿越福爾摩沙：一位英國作家的台灣旅行》，遠足，新北，2017年。

編寫組編著，《台灣抗日團體》，華品，台北，2015年。

蔡石山著，黃中憲譯，《台灣農民運動與土地改革1924－1951》，聯經，2017年。

蔡龍保著，〈日治時期台灣總督府之技術官僚——以土木技師為例〉，《興大歷史學報》，第十九期，2007年11月，頁309-390。

鄧相揚著，《霧社事件》，玉山社，台北，1998年。

戴寶村策劃，《"小的"與1895》，玉山社，台北，2015年。

鴻義章著，《太魯閣事件》，原住民族委員會，新北，2016年。

八、民國政府之島

Mock Mayson編，《台灣獨曆2019》，前衛，台北，2018年。

卜睿哲（Richard C. Bush）著，林添貴譯，《台灣的未來（Untying the Knot）》，遠流，2011年。

卜睿哲（Richard C. Bush）著，林添貴譯，《一山二虎》，遠流，2012年。

卜睿哲（Richard C. Bush）著，林添貴譯，《未知的海峽》，遠流，2013年。

天兒慧著，廖怡錚譯，《巨龍的胎動》，台灣商務，新北，2017年。

孔令杰編，《領土爭端成案研究》，社會科學文獻出版社，北京，2016年。

日暮吉延著，黃耀進、熊紹惟譯，《東京審判》，八旗，新北，2017年。

王海良著，〈台灣前途與祖國統一：可能的模式與路徑〉，《習近平十九大對台方略研究》，頁230-249，中國評論社，香港，2018年。

王崑義著，〈兩岸和平協議：理論、問題與思考〉，《全球政治評論（Review of Global Politics）》，2009年，No.26，頁45-92。

王御風著，《台灣選舉史》，好讀，台中，2016年。

米爾斯海默（John Mearsheimer）著，《大國政治的悲劇》，麥田，台北，2014年。

艾利森（Graham Allison）著，包淳亮譯，《注定一戰？中美能否避免修昔底德陷阱》，八旗，新北，2018年。

吳聰敏著，〈台灣戰後的惡性物價膨脹〉，《國史館學術集刊》，第十期，台北，2006年9月。

吳藝煤、徐康編，《台灣光復》，華品文創，台北，2015年。

李建榮著，《百年大黨 十年風雲》，遠見，台北，2017年。

李筱峰著，《島嶼新胎記：從終戰到二二八》，自立晚報，台北，1993年。

李筱峰著，《台灣戰後初期的民意代表》，自立晚報，台北，1987

年。

汪士淳著，《千山獨行――蔣緯國的人生之旅》，天下文化，1996
　　年。

里奇（Norman Rich）著，時殷弘譯，《大國外交》，中國人民大學，
　　北京，2015年。

尾形勇等著，陳柏傑譯，《日本人眼中的中國》，台灣商務，新北，
　　2017年。

季辛吉著，胡利平譯，《論中國》，中信出版，北京，2016年。

易思安（Ian Easton）著，申安喬譯，《中共攻台大解密》，遠流，台
　　北，2018年。

林邑軒、吳駿盛著，《重探二二八事件死亡人數:性別死亡比例的推
　　估》，紀念二二八事件70週年學術研討會論文，台北，2017年。

林孝庭著，《台海、冷戰、蔣介石》，聯經，台北，2015年。

林桶法著，《1949年大撤退》，聯經，台北，2014年。

林濁水著，《共同體：世界圖像下的台灣》，左岸文化，台北，2006
　　年。

林濁水著，《歷史劇場：痛苦執政八年》，印刻文學，台北，2009
　　年。

胡克（Steven W. Hook）、斯伯尼爾（John Spanier）著，白雲眞、李巧
　　英、賈啓辰譯，《二戰後的美國對外政策》，金城，北京，2015
　　年。

若林正丈，洪郁如等譯，《戰後台灣政治史：中華民國台灣化的歷
　　程》，台大出版中心，台北，2016年。

范亞倫（Aaron L. Friedberg）著，溫洽溢譯，《美國回得了亞洲
　　嗎？》，遠流，2014年。

唐耐心（Nancy Bernkopf Tucker）著，林添貴譯，《一九四九年後的海
　　峽風雲實錄》，黎明文化，台北，2012年。

唐德剛著，《袁氏當國》，遠流，台北，2002年。

唐賢龍著，《台灣事變內幕記》，時英，台北，2016年。

徐宗懋著，《台灣人論》，時報文化，台北，1993年。

翁嘉禧著，《戰後初期台灣經濟與二二八事件》，中山大學，高雄，2016年。

張若彤著，《究竟228 林茂生之死與戰後台灣反日力量的覆滅》，講台，台北，2021。

張若彤著，《原來228 湯德章之死與台灣戰後特務派系政治的成形》，講台，台北，2022。

張清滄編著，《真相228》，高雄，2017年。

梁明義、王文音著，〈台灣半世紀以來快速經濟發展的回顧與省思〉，《金融投資與經濟發展》，台灣大學經濟系，台北，2002年。

莊永明著，《台灣紀事》，時報文化，台北，1989年。

許雪姬編，《保密局台灣站二二八史料彙編》，中央研究院，2015年。

野島剛著，蘆荻譯，《台灣十年大變局》，聯經，2017年。

陳佳宏著，《台灣獨立運動史》，玉山社，台北，2016年。

陳隆志、許慶雄編，《當代國際法文獻選集》，前衛，台北，1998年。

陳翠蓮著，《重構二二八》，衛城，2017年。

雪融開、閻晶著，《蘇俄與中國抗日戰爭史話》，四川人民出版社，成都，2017年。

彭明敏、黃昭堂著，蔡秋雄譯，《台灣在國際法上的地位》，玉山，台北，1995年。

黃彰健著，《二二八事件真相考證稿》，聯經，台北，2007年。

楊渡著，《林江邁─尋找二二八的沈默母親》，南方家園，台北。

塩見俊二著，日本文教基金會編譯，《秘錄 終戰前後的台灣》，文英堂，台北，2001年。

葛智超（柯喬治，George Kerr）著，《被出賣的台灣》，前衛，台北，1991年。

賈兵兵著，《國際公法：和平時期的解釋與適用》，清華大學，北京，2015年。

賈兵兵著，《國際公法：理論與實踐》，清華大學，北京，2009年。

劉翠溶、周濟等著，《中華民國發展史――經濟發展》，政治大學、聯經出版，2011年。

鄭海麟著，《台灣：主權的重新解釋》，海峽學術，台北，2000年。

黎安友（Andrew J. Nathan）、施道安（Andrew Scobell）著，何大明譯，《尋求安全感的中國》，左岸文化，2013年。

薛化元著，《戰後台灣歷史閱覽》，五南，台北，2015年。

薛化元主編，《台灣歷史年表 終戰篇 I（1945-1965）》，張榮發基金會，台北，1990年。

薛化元主編，《台灣歷史年表 終戰篇 II（1966-1978）》，張榮發基金會，台北，1990年。

薛化元主編，《台灣歷史年表 終戰篇 III（1979-1988）》，張榮發基金會，台北，1990年。

薛化元主編，《台灣歷史年表 終戰篇 IV 索引》，業強，台北，1994年。

衛生署編印，《台灣地區公共衛生發展史（一）》，衛生署，台北，1995年。

謝政道著，《中華民國修憲史》，揚智文化，台北，2007年。

聶鑫著，《中華民國南京憲法研究》，香港城市大學，香港，2017年。

魏澤（Ronald Weitzer）著，"Transforming Settler States"，University of California Press，California，1990。

蘇碩斌策劃，《終戰的那一天》，衛城，新北，2017年。

The Chronicle of Taiwan Island

台灣島史記

典藏版

蔡正元 著

出版

中華書局（香港）有限公司

香港北角英皇道 499 號北角工業大廈 1 樓 B

電話：（852）2137 2338　傳真：（852）2713 8202

電子郵件：info@chunghwabook.com.hk

網址：http://www.chunghwabook.com.hk

發行

香港聯合書刊物流有限公司

香港新界荃灣德士古道 200 - 248 號

荃灣工業中心 16 樓

電話：（852）2150 2100　傳真：（852）2407 3062

電子郵件：info@suplogistics.com.hk

版次

2024 年 4 月初版

©2024 中華書局（香港）有限公司

規格

16 開（230mm x 170mm）

ISBN

978-988-8861-24-8